"十二五"职业教育国家规划教材
经全国职业教育教材审定委员会审定

供高职高专医药卫生类各专业使用

生 理 学

第四版

主　编　高明灿　张义伟
副主编　王光亮　郭　兵　蒋淑君　于晓婷　王晓宇
编　者　（按姓氏汉语拼音排序）

　　　　高明灿　（商丘工学院护理学院）
　　　　郭　兵　（重庆医药高等专科学校）
　　　　蒋　凯　（商丘医学高等专科学校）
　　　　蒋淑君　（滨州医学院）
　　　　金文艳　（昆明卫生职业学院）
　　　　孙晓霞　（运城护理职业学院）
　　　　王　青　（贵阳护理职业学院）
　　　　王光亮　（邢台医学高等专科学校）
　　　　王晓宇　（沧州医学高等专科学校）
　　　　卫丽霞　（滨州职业学院）
　　　　叶颖俊　（江西医学院上饶分院）
　　　　于晓婷　（辽宁医药职业学院）
　　　　张继红　（山西大同大学医学院）
　　　　张义伟　（宁夏医科大学高职学院）
　　　　赵江波　（承德护理职业学院）
　　　　周弘建　（长沙卫生职业学院）

科学出版社

北　京

·版权所有　侵权必究·

举报电话：010-64030229；010-64034315；13501151303（打假办）

内 容 简 介

本教材内容包括绪论、细胞的基本功能、血液、血液循环、呼吸、消化和吸收、能量代谢和体温、肾脏的排泄功能、感觉器官的功能、神经系统的功能、内分泌、生殖功能、生长发育与健康及生理学实验指导。为启发学生思维、提高学习兴趣，方便教学和自学，分别在各章正文前后或文中编入了学习要点及思考题，并结合教材内容编入部分案例、知识链接、考点提示，并附有与教材配套的电子课件，以增强其实用性。

本书适用于医学类高职高专各专业，也可作为医护执业资格考试的生理学教学用书。

图书在版编目（CIP）数据

生理学 / 高明灿，张义伟主编. —4 版. —北京：科学出版社，2016.6
"十二五"职业教育国家规划教材
ISBN 978-7-03-048719-3

Ⅰ. 生…　Ⅱ①高…．②张…　Ⅲ. 人体生理学–医学院校–教材
Ⅳ. R33

中国版本图书馆 CIP 数据核字（2016）第 129202 号

责任编辑：张　茵 / 责任校对：李　影
责任印制：赵　博 / 封面设计：张佩战

版权所有，违者必究。未经本社许可，数字图书馆不得使用

科 学 出 版 社 出版
北京东黄城根北街 16 号
邮政编码：100717
http://www.sciencep.com
三河市荣展印务有限公司 印刷
科学出版社发行　各地新华书店经销

*

2012 年 3 月第　一　版　开本：787×1092　1/16
2016 年 6 月第　四　版　印张：19 1/2
2018 年 8 月第二十一次印刷　字数：462 000
定价：51.00 元
（如有印装质量问题，我社负责调换）

第四版前言

全国医药高等学校规划教材《生理学》(第四版)是根据科学出版社 2015 年 4 月在北京召开的全国医药高等学校规划教材主编工作会议精神,以医学高等职业教育培养目标及生理学教学大纲为指导,对《生理学》(第三版)进行修订而成的,适用于高职高专医学类各专业。

本教材修订前,我们征求和收集了多所学校使用上版《生理学》的意见和建议,根据近年来生理学研究的新进展,吸纳其他生理学教材的编写经验,参考助理执业医师、执业护士资格考试大纲,对上版《生理学》进行了修订。修订过程中,我们以"三基"(基本理论、基本知识、基本技能)、"五性"(思想性、科学性、先进性、启发性、适用性)和培养学生的科学素质(包括学习能力、分析与综合能力、科学思维方法及实践能力)为目标,努力反映学科新进展、突出实践性和应用性,突出基础课教学为专业课教学和临床实践服务的宗旨,兼顾学生继续发展的需要,与国家执业资格认证及对口升学考试相衔接。

为使教材便于理解,我们努力做到内容编排循序渐进,知识叙述深入浅出,图文并用,以图释文;为拓宽视野、启发思维、帮助学生理解相关知识,我们结合教材内容编入部分案例、知识链接等;为指导学生实践,强化能力培养,在书末编入了生理学实验指导;为方便教学,还编制了与教材配套的电子课件供师生下载使用。

本书编写过程中,得到各参编学校领导、老师的大力支持,谨此一并致谢。同时感谢前三版的所有主编和编委所做的工作。

由于编者水平有限,尽管不懈努力,仍难免不妥或错误,恳请广大师生批评指正。

高明灿　张义伟

2016 年 2 月

目　　录

- 第一章　绪论 ··· 1
  - 第一节　概述 ·· 1
  - 第二节　生命活动的基本特征 ··· 4
  - 第三节　人体与环境 ·· 7
  - 第四节　人体功能的调节 ·· 8
- 第二章　细胞的基本功能 ·· 13
  - 第一节　细胞膜的基本结构和功能 ·· 13
  - 第二节　细胞的生物电现象 ·· 21
  - 第三节　肌细胞的收缩功能 ·· 28
- 第三章　血液 ··· 37
  - 第一节　血液的组成和理化特性 ··· 37
  - 第二节　血细胞生理 ·· 41
  - 第三节　血液凝固和纤维蛋白溶解 ·· 49
  - 第四节　血量、血型与输血 ·· 54
- 第四章　血液循环 ··· 59
  - 第一节　心脏生理 ·· 59
  - 第二节　心肌细胞的生物电活动及生理特性 ···························· 69
  - 第三节　血管生理 ·· 79
  - 第四节　心血管活动的调节 ·· 89
  - 第五节　器官循环 ·· 96
- 第五章　呼吸 ··· 100
  - 第一节　肺通气 ··· 100
  - 第二节　气体交换 ·· 110
  - 第三节　气体在血液中的运输 ··· 113
  - 第四节　呼吸运动的调节 ··· 116
- 第六章　消化和吸收 ·· 121
  - 第一节　概述 ·· 121
  - 第二节　口腔内消化 ··· 125
  - 第三节　胃内消化 ·· 127
  - 第四节　小肠内的消化 ·· 131
  - 第五节　大肠的功能 ··· 135
  - 第六节　吸收 ·· 137
  - 第七节　消化器官活动的调节 ··· 140
- 第七章　能量代谢和体温 ·· 143
  - 第一节　能量代谢 ·· 143
  - 第二节　体温及其调节 ·· 149
- 第八章　肾脏的排泄功能 ·· 156
  - 第一节　概述 ·· 156

第二节　肾小球的滤过功能……160
　　第三节　肾小管和集合管的物质重吸收与分泌功能……163
　　第四节　尿液的浓缩和稀释……171
　　第五节　尿生成的调节……175
　　第六节　尿液及其排放……181

第九章　感觉器官的功能……185
　　第一节　概述……185
　　第二节　一般感觉……186
　　第三节　本体感觉……187
　　第四节　特殊感觉……188

第十章　神经系统的功能……201
　　第一节　神经元活动的一般规律……201
　　第二节　反射活动的一般规律……207
　　第三节　神经系统的感觉功能……211
　　第四节　神经系统对躯体运动的调节……216
　　第五节　神经系统对内脏活动的调节……222
　　第六节　脑的高级功能与脑电活动……228

第十一章　内分泌……235
　　第一节　概述……235
　　第二节　下丘脑与垂体……239
　　第三节　甲状腺及甲状旁腺……244
　　第四节　肾上腺……248
　　第五节　胰岛……251

第十二章　生殖功能……254
　　第一节　男性生殖……254
　　第二节　女性生殖……256

第十三章　生长发育与健康……261
　　第一节　人体生长发育……261
　　第二节　衰老……264
　　第三节　健康……266

生理学实验指导……268
　　实验1　神经肌肉实验……268
　　实验2　血液实验……272
　　实验3　血液循环实验……277
　　实验4　血液循环实验（哺乳动物）……281
　　实验5　呼吸系统实验……284
　　实验6　生命体征的测量……287
　　实验7　胃肠运动与消化道平滑肌生理特性观察……291
　　实验8　影响尿生成的因素……293
　　实验9　感觉器官功能实验……295
　　实验10　神经系统功能……297

生理学教学大纲……301

主要参考文献……306

第一章 绪 论

> **学习要点**
> 1. 生理学研究的三个水平及内容。
> 2. 新陈代谢、兴奋性的概念及意义;刺激与反应、兴奋与抑制、刺激阈与兴奋性。
> 3. 内环境及内环境稳态的概念及生理意义。
> 4. 机体功能调节的方式及特点;反馈性调节的概念、特点及意义。

第一节 概 述

一、生理学研究的内容和任务

生理学(physiology)是生物学的一个分支,是研究生物体及其各组成部分正常功能活动规律的科学。因为生物体只在有生命的时候,即活着的时候才能表现出功能活动,所以功能活动又称生命活动,由此也可以说生理学是研究机体生命活动规律的科学。根据生理学研究的对象不同可将其分为细菌生理学、植物生理学、动物生理学和人体生理学等。通常把人体生理学简称为生理学,它是医学的重要基础课程。

人体生理学是以正常人体为对象,研究正常人体的生命活动及其规律。人体在生活过程中产生各种各样复杂的生命活动,如新陈代谢、生长发育、神经活动、躯体运动、腺体分泌、血液循环、呼吸、消化、泌尿、生殖等,并在神经和体液因素的调节下相互协调、相互配合,共同维持整个机体的生命活动。生理学的任务就是要阐明机体及各组成部分功能活动产生的条件、过程和机制,以及内外环境变化对它的影响,从而掌握正常人体生命活动的规律,为认识疾病、防治疾病和促进健康奠定必要的理论基础。

生理学与医学的关系

关于生理学与医学的关系,19世纪法国著名生理学家 Claude Bernard 指出:"医学是关于疾病的科学,而生理学则是关于生命的科学"。疾病时所表现出来的种种病理变化,无一不是正常生命活动发生量变和质变的结果。所以,不熟悉正常人体生命活动的规律,就不可能正确地认识和防治疾病。"欲知反常,必先知正常",这充分说明生理学是医学的基础。此外,医务工作者在认识和处理临床实践中许多实际问题时,生理学的基本理论和基本方法也是科学的思维方式和重要的研究手段。

知识链接

二、生理学的研究方法

生理学是一门实验性科学，其系统理论多来自于实验研究和临床实践。但早期的一些人体生理知识多根据对尸体解剖及动物活体解剖而对人体器官功能所作的推测。生理学真正成为一门实验性科学是从17世纪开始的。1628年，英国医生威廉·哈维（William Harvey）首先在动物身上用活体解剖和科学实验的方法研究了血液循环的途径和规律，发表了著名专著《论心脏与血液的运动》。这标志着生理学成为独立的实验性科学。由于实验的方法会对机体造成不同程度的损伤，因此多数生理实验是在动物身上进行的，只在保证不损伤人体及自愿的条件下才允许对人体进行部分生命指标的实验观察。

（一）动物实验

动物实验包括急性实验和慢性实验两类。

1. **急性动物实验**　急性动物实验又分为离体和在体两种方法：离体实验是将动物的器官、组织取出，置于一个能保持其正常功能活动的人工环境内，观察某种因素对其功能活动的影响。如将蛙心取出，在一定条件下观察离子、药物、温度对心脏活动的影响。在体实验是在麻醉状态下通过手术暴露出要观察的器官，观察和记录某些人为因素对其生理功能的影响。如剖开兔的胸腔暴露心脏，观察某些神经体液因素对心脏搏动的影响。急性动物实验的优点是实验条件比较简单，条件较易控制，便于进行直接的观察，尤其离体实验更能深入到细胞和分子水平，有助于揭示生命现象的本质。但急性动物实验的结果与真实情况可能会有很大的差异。

> **考点提示：**
> 动物实验的种类、特点及适用范围

2. **慢性动物实验**　慢性动物实验是以清醒、健康的动物为研究对象，在接近自然的环境中观察和记录整体或某一器官对各种环境变化的反应规律。实验前一般需对动物进行预处理，待动物康复后再进行观察。如研究某种内分泌功能时，先摘除动物相应的内分泌腺，待其康复后观察内分泌激素缺乏时及人为替代后的生理效应。慢性动物实验适用于观察某一器官或组织在正常情况下的功能和在整体中的作用地位，但不宜用来分析某一器官、组织功能的详细机制，且实验的干扰因素多，实验条件不易控制。

（二）人体实验

人体实验目前主要进行人群资料的调查，如人体血压、心率、肺通气量、肾小球滤过率以及红细胞、白细胞、血小板正常值等就是通过对大批人群采样及数据的统计分析得来的；测试人体在某些特殊环境下（如高温、低温、低氧、失重、高压）的生理活动的变化也可在人体进行。近年来，随着科学技术的快速发展，越来越多的无损伤检测技术被直接应用于人体功能的研究，为探索人体生命的奥秘，丰富生理学理论开辟了更为广阔的前景。

各种实验方法均有优、缺点，各有特殊的意义和适用范围，应根据不同的研究内容和目的，采用不同的实验方法。同时因为人与动物的差异，不可将动物实验结果简单地套用于人体。

> **近代生理学的奠基人——威廉·哈维**
>
> 威廉·哈维（Wllinm Harrey，1578—1657），于1578年出生于伦敦南海岸的肯特郡，16岁入剑桥大学。1602年在意大利巴都亚大学获医学博士学位，并当上了执业医生，32岁成为英国皇家学会会员。哈维根据人体及动物心血的结构进行反复思维和大量的观察，认为古罗马权威医学家盖伦（Galen，130—220）提出的"血液由肝脏形成流入右心房，再入右心室，然后经左右心室间膜上的微孔再转入左心室，在那儿与来自肺部的血液混合。左右心室的血液通过小孔可以相互流通，血液从心脏流入血管，在血管里像潮汐涨落那样，先朝着一个方向，然后再向相反的方向返回流动，流动动力是血管的收缩"这个经典医学理论是错误的。于是他提出了"血液通过流动在体内形成一个循环运动"的设想，为求证他的设想，哈维通过对80多种动物解剖和对人体的大量观察，证明了"血液从右心室进入肺动脉，经过肺组织再经肺静脉流回左心房……，指出心脏是血液循环的中心"，并发表了著名的《论心脏与血液的运动》。为近代生理学的诞生奠定了基础，哈维也因此被后人公认为近代生理学的奠基人。
>
> **知识链接**

三、生理学研究的三个水平

细胞是机体最基本的结构和功能单位，不同细胞构成不同的组织，进而构成机体的器官和系统，各器官、系统在功能上相互协调配合构成一个有机的整体。因此，生理学的研究可分为细胞分子水平、器官和系统水平及整体水平三个不同的研究层次。

（一）细胞和分子水平

细胞和分子水平的研究是以细胞及所含的物质分子为对象，研究人体细胞超微结构的功能以及细胞内各种物质分子的理化变化规律，例如神经递质合成与释放、细胞间的信息转导、肌细胞收缩时的肌丝滑行机制等，目的在于揭示生命活动最本质、最基本的规律。研究方法多为离体细胞实验法和分子实验法。

（二）器官和系统水平

器官和系统水平的研究是以机体的器官、系统为对象，研究各器官和系统的功能、活动机制、活动规律及各种因素对其活动的影响等。例如：心脏搏动是如何发生的，有什么特点，起什么作用，受哪些因素的影响和调节等。常用离体组织、器官实验法研究。

（三）整体水平

整体水平的研究以完整的机体为对象，研究人体各系统之间的相互作用和影响，以及人体与环境之间的相互联系和影响。例如在运动、劳动或环境急剧变化的情况下，人体多种器官和系统的功能都发生相应的改变，但这些变化并非互不相关、各自为政，而是相互联系、相互影响，各种功能相互协调，才能使机体成为一个完整的整体，在变化的环境中维持正常的生命活动。多用活体解剖实验法或慢性实验法进行研究。

上述三个水平的研究互相联系、相互补充、相辅相成。没有微观的细胞分子水平的研究，就无法了解组织和器官功能的细胞内变化及其物质基础；没有综合性整体水平的研究，将无法阐明生命活动的规律及发生机制。因此，对任何一种重要生命现象的认识都必须从不同水平综合研究、综合分析，才能得出正确的结果。

考点提示：生理学研究的三个水平

> **学习生理学的基本观点和方法**
> 　　人体的生命活动是一种高级的物质运动形式，它既服从于最基本的物质运动规律，又有自己独特的、更复杂的生物运动形式，而且还受到社会、心理因素的影响。因此，医学生学习生理学应坚持以辩证唯物主义指导思想，运用功能与结构、局部与整体、人体与环境等对立统一的观点，去认识和掌握人体生命活动的规律；同时，在学习中要坚持理论与实践结合的原则，既重视基本理论知识的学习，又重视基本技能的训练和态度素质的培养，不仅要认真学好基本理论知识，还要积极参与实验实训，并注意联系生活和临床实际，以深化、巩固理论知识，训练基本技能，培养科学求实的学风。

知识链接

第二节　生命活动的基本特征

　　前已提及，生命活动又称功能活动，是指生命的各种外在表现。如呼吸、心跳、肌肉运动、思维活动以及大家所熟悉的"吃、喝、拉、撒、睡"等都是生命活动。

　　生命活动的基本特征，是指所有生命个体最本质、都具有的共同特征。自然界中的生命个体种类繁多，生命活动的表现形式各异，如植物的生根、发芽、开花、结果是生命活动；动物的觅食、迁徙、求偶、争斗是生命活动；人体的运动、学习和思维也是生命活动。如此繁多的生命现象，表面虽看不出有什么共同之处，但究其实质却有一些共同的特征。这些共同的特征即生命活动的基本特征，包括新陈代谢、兴奋性、适应性和生殖等。

一、新陈代谢

　　机体通过不断与周围环境进行物质和能量交换而实现自我更新的过程，称为新陈代谢（Metabolism）。新陈代谢包括合成代谢（同化作用）和分解代谢（异化作用）。合成代谢指机体从外界环境摄取营养物质，并将其转化成构建自身结构所需要的原料和能量的过程；分解代谢是指机体分解自身成分，释放储存的能量供机体生命活动的需要，并把分解终产物排出体外的过程。

　　新陈代谢中，物质的合成与分解称为物质代谢，物质代谢是生命活动的物质基础，为机体自身成分的不断更新和生长、发育、组织增生、修复提供物质基础；伴随物质代谢而出现的能量的释放、转化、贮存和利用等过程，称为能量代谢，能量代谢则为一切生命活动提供了必需的能源。因此可以说，新陈代谢是一切生命活动的基础，是生命体区别于非生命体的根本标志。新陈代谢一旦停止，人体的功能活动立即丧失，生命也就随之终结。

考点提示： 新陈代谢的概念及含义

二、兴　奋　性

（一）刺激与反应

1. **刺激**　机体生活在不断变化着的环境之中，机体能对环境变化作出适应性反应。例如，环境温度升高时，机体散热活动增强，表现为皮肤血管扩张、出汗增多等，以防体温过高；反之，环境温度降低时，机体散热减少产热增加，表现为皮肤血管收缩、汗减少或停止，甚至会出现肌肉颤抖，以防体温过低。能引起细胞或机体发生反应的内外环境的变化统称为刺激（stimulus）。刺激的种类很多，按性质不同可分为物理性（如机械、压力、电、温度、声、光等）、化学性（酸、碱）、生物性（如细菌、病毒及其毒素等）以及社会心理性刺激

（如情绪波动、社会变革）等。生理实验中常用的是电刺激。

刺激要引起细胞或机体发生反应必须具备三个要素：

（1）足够的刺激强度：任何性质的刺激都必须达到足够的强度才能引起机体发生反应。当其他条件不变时，刚好能引起组织发生反应的最小刺激强度称为阈强度或阈值（threshold），阈值通常被作为衡量组织兴奋性高低的指标。阈值与兴奋性成反变关系，即组织细胞产生兴奋所需要的阈值愈高，说明该组织的兴奋性愈低（不易产生兴奋）；反之，说明组织的兴奋性高（容易产生兴奋）。即：

$$兴奋性 \propto 1/阈值$$

以阈值为标准，把刺激强度等于阈值的刺激称为阈刺激（threshold stimulus）；刺激强度小于阈值的刺激称为阈下刺激；刺激强度大于阈值的刺激称为阈上刺激。阈下刺激不能引起细胞兴奋。

（2）足够的刺激作用时间：作用于细胞的阈刺激或阈上刺激，必须有足够的刺激作用时间才能引起反应。

（3）适宜的强度-时间变化率：强度-时间变化率是指单位时间内强度变化的幅度。强度-时间变化率必须达到一定幅度才能成为有效刺激。强度变化率过快或过慢都不能成为有效刺激。

考点提示：阈值的概念，兴奋性与阈值的关系

刺激要素在临床上的运用

肌肉注射要求"两快一慢"，即进针和出针快，推药慢。"两快"可缩短刺激持续的时间，"一慢"能减弱刺激强度变化率，这样可减轻患者在接受肌肉注射时的疼痛感觉。又如理疗时使用的高频电热疗法，虽然电压可高达上千伏，但因电脉冲频率高、刺激时间短，所以电流通过组织时只产生热疗效应，而无触电的感觉。相反，在针刺治疗时采用捻针、提插针具等手法，则可增强刺激强度变化率，提高治疗效果。

知识链接

2. 反应 机体接受刺激后发生的活动状态（包括内部代谢和外在表现）的改变，称为反应（response）。如前面述及的寒冷刺激引起的皮肤血管收缩、高温引起的出汗等均是反应。反应有两种基本表现形式，即兴奋和抑制。

（1）兴奋：细胞或机体接受刺激后由相对静止变为明显活动，或功能活动由弱变强，称为兴奋（excitation）。例如心肌接受肾上腺素刺激后出现心跳加快、加强。近年来生理学家从生物电角度对兴奋的概念有了新的定义，认为尽管不同的可兴奋组织对刺激发生兴奋反应的表现形式不同，但其共同特点是先产生动作电位，然后才出现活动状态的改变。因此，把动作电位作为兴奋的标志或同义语。由此可以认为，兴奋是可兴奋组织接受刺激后产生动作电位的过程。

（2）抑制：细胞或机体接受刺激后由明显活动变为相对静止或功能活动由强变弱，称为抑制（inhibition）。例如心肌接受乙酰胆碱类药物后，使心率减慢、收缩减弱即为抑制。

兴奋和抑制是人体功能活动状态的两种基本表现形式，二者互为前提，既对立又协调，并可随环境的改变相互转化。一种组织接受刺激后究竟是发生兴奋还是抑制，取决于刺激的质和量以及组织接受刺激时的功能状态。同类刺激，由于强度不同，反应可以不同。如中等强度的疼痛可使人体兴奋，表现为烦躁不安、心跳加快、血压上升等；但过于剧烈的疼痛反而引起抑制，表现为心跳减弱、血压下降，甚至意识丧失。机体的功能状态不同，对同一刺激的反应亦不相同。例如，饥饿和饱食两种不同状态的机体对食物所产生的反应则大不一样。

考点提示：刺激、反应、兴奋、抑制的概念；刺激的分类、刺激三要素

（二）兴奋性

机体或细胞对刺激发生反应的能力或特性称为兴奋性（Excitability）。兴奋性是生命现象的一个重要特征，任何器官、组织和细胞对刺激发生的反应都必须以兴奋性为前提，丧失了兴奋性，机体就中断了与环境间的联系，生命也将终止。

机体的不同组织在受到刺激而兴奋时可出现不同的反应，如肌细胞表现为收缩、腺细胞表现为分泌、神经纤维表现为发放神经冲动和传导等。近年来电生理研究发现，尽管不同组织细胞受刺激而兴奋时表现形式各异，但有一点是相同的，即在接受刺激发生兴奋反应之前都首先产生动作电位（详见第二章），然后才出现肌肉收缩，腺体分泌等功能变化。可见，动作电位是这些组织兴奋的共同表现，由此，近代生理学从电生理角度，将组织或细胞受到刺激后产生动作电位的反应称为兴奋，将受到刺激产生动作电位的能力或特性称为兴奋性。在人体内因神经、肌肉和腺体组织细胞对刺激反应灵敏，容易发生反应或产生动作电位，故其兴奋性高，称为可兴奋组织。

> **考点提示：**
> 兴奋性的概念

（三）兴奋性的周期性变化

细胞在接受一次刺激而出现兴奋的当时和此后一段时间内，其兴奋性经历一系列有序的变化，然后才能恢复到正常水平，称为兴奋性的周期变化。它包括以下几个时期：

1. 绝对不应期　在组织接受刺激刚发生兴奋后的一段时期，不论再受到多大强度的刺激，都不能再引起兴奋，即兴奋性降低到 0。这一时期称为绝对不应期（absolute refractory period，ARP）。

2. 相对不应期　在绝对不应期之后的一段时间内，给予组织较强的阈上刺激，可使组织产生新的兴奋性。说明这一时期组织的兴奋性逐渐恢复，但仍低于正常时的兴奋性，故称此期为相对不应期（relative refractory period，RRP）。

3. 超常期　在相对不应期后，组织细胞的兴奋性高于正常水平，用低于阈强度的刺激也能引起兴奋，故称此期为超常期（supernormal period，SNP）。

4. 低常期　超常期后，组织的兴奋性低于正常，此时需用较强的阈上刺激才能引起新的兴奋，所以称为低常期（subnormal period）。

三、适 应 性

机体根据内外环境变化而调整自身活动以保持自身生存的能力或特性，称为适应性（adaptability）。例如，长期居住高原地区的居民，其血中红细胞的数量和血红蛋白含量远高于平原地区的居民，血液运氧的能力大大提高，以适应高原缺氧而生存。机体的适应能力有一定限度，超过限度机体就会产生适应不全，甚至完全不能适应。以体温为例，当环境温度过高时，人体散热不足，就会出现适应不全的病理现象，表现为中暑，严重时可危及生命。

适应性包括生理性适应和行为性适应。生理性适应是指机体内部的协调性反应，如在高温环境下皮肤血管扩张、血流量增加、汗腺分泌增多等，机体通过加强散热过程而保持体温的相对稳定；行为性适应是生物界普遍存在的、本能性行为，常通过躯体活动的改变而实现，如夏天趋凉、冬天趋暖、遇到伤害性刺激时的躲避活动等。

四、生 殖

人体生长发育到一定阶段后，通过男、女成熟生殖细胞的结合，可产生与自身相似的子代个体，这种功能称为生殖（reproduction）。生殖是生物体繁衍后代、延续种系的基本生命特征。

第三节 人体与环境

环境是机体赖以生存和生长发育的必要条件，脱离环境机体或细胞将无法生存。人体生存的环境包括外环境和内环境。

一、人体与外环境

人体生存的外环境是指人体整体直接接触和生活的环境，包括自然环境和社会环境。自然环境的各种变化如光照、气压、温度、湿度的变化等形成刺激，不断地作用于人体，而人体能够对此作出相应的反应以适应环境，维持正常生命活动。但过于剧烈的环境变化，超过人体适应能力时将会造成不良影响，甚至危及生命。

社会环境变化对人体生理功能及疾病的发生、发展的影响十分重要，因为人不仅有生物属性，同时也有社会属性。每个人都生活在特定的社会环境中，不断变化的社会因素，纵横复杂的人际关系无不对人的身心健康产生影响。如安定和协的社会环境、和睦友善的社会交往、积极向上的团队文化、团结协作的工作氛围等，可促进健康，延长寿命；反之，则可导致人体多种功能紊乱，甚至引起疾病。

二、内环境与稳态

(一) 体液与内环境

1. **体液及其分布** 人和动物体内含有大量的液体，机体内的液体总称为体液（body fluid）。正常成年人的体液量约占体重的60%。其中分布在细胞内的称为细胞内液，约占体重的40%；分布在细胞外的为细胞外液，约占体重的20%；细胞外液中组织液占15%，血浆占4%～5%。淋巴液和脑脊液等约占1%。由于细胞膜、毛细血管壁、毛细淋巴管壁都有选择通透性，所以，各部分体液既彼此分开，又相互沟通。细胞内液与组织液通过细胞膜进行物质交换；血浆与组织液则通过毛细血管壁进行水分和物质交换。在各种体液中，血浆是最活跃的部分，成为各部分体液与外界进行物质交换的媒介（图1-1）。

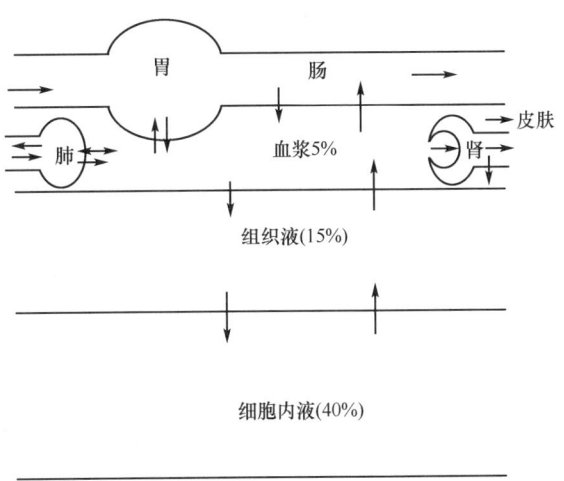

图1-1 体液的分布及相互关系示意图

2. **内环境** 人体内绝大多数细胞并不直接与外界环境接触，而是浸浴在体内的细胞外液之中。因此，细胞外液是细胞直接接触和赖以生存的环境，称为机体的内环境（internal environmemt），以区别于整个机体所处外环境。

（二）内环境的稳态

1. 稳态 内环境中各种化学成分（水、无机盐、有机物及气体成分等）和理化性质（如温度、渗透压、pH、各物质的浓度等）保持相对稳定的状态，称为内环境稳态，简称稳态（homeostasis）。内环境稳态并非是固定不变的静止状态，而是各种理化因素在一定范围内变动的动态平衡。例如血浆pH可在7.35～7.45之间波动，低于7.35时机体发生酸中毒，高于7.45机体发生碱中毒，机体在酸中毒和碱中毒的状态下均不能进行正常的功能活动；正常成年人的腋窝体温可在36.0～37.4℃之间波动，但每天的变动不超过1℃。

2. 稳态的维持和生理意义 稳态的维持是在神经、体液等因素的调节下，通过体内各器官系统的共同作用实现的。生理情况下，由于细胞不停代谢，O_2和营养物质因不断消耗而减少，CO_2和代谢产物也因组织的不断释放而增多，其他多种因素如高温、严寒、脱水、饥饿等均可干扰稳态。但机体在神经和体液的调节下，通过各器官系统的功能活动使稳态得以维持。如通过产热和散热调节体温；通过加强呼吸补充O_2，排出CO_2；通过肾的泌尿作用排出多余的代谢产物；通过消化器官从外界摄入水分及营养物质等。因此，稳态是在体内各种调控机构的作用下，通过各系统的功能活动所维持的一种动态平衡。如果内环境某种条件变化范围过大（如pH），不能及时纠正，则疾病就随之发生，甚至危及生命。

考点提示：内环境及稳态的概念、意义。

稳态概念的提出及扩展

"稳态"的概念是由美国生理学家坎农（W. B. Cannon，1871—1945）于1926年首先提出的。他认为内环境的稳定状态只有通过细致协调的生理过程才能实现，内环境的任何变化，都会引起机体自动调节组织和器官的活动，并产生一些反应来减小这种变化。他用"稳态（homeostasis）"一词来概括由这种代偿性调节反应所形成的稳定状态。他指出，稳态并不意味着固定不变或者停滞不动，而是指一种可变的但又是相对恒定的状态，这种状态是靠完善的调节机制抵抗外界环境的变化来维持的。

在现代生理学和医学中，稳态的概念已经扩展开来，它不仅指内环境理化性质的稳定状态，也可指细胞、组织、器官、系统的活动乃至整个机体的相对稳定状态的维持和调节。总之，凡能保持协调稳定的各种生理过程均属于稳态。

第四节 人体功能的调节

机体各系统、器官的功能活动能够相互配合、协调一致，形成一个统一的整体而活动和生存。同时，机体还能对内外环境的复杂变化及时做出适应性反应，维持内环境的稳态。这些都是通过人体功能的调节实现的。

一、人体功能的调节方式

人体生理功能调节的方式包括神经调节、体液调节和自身调节三种方式，这三种调节方式相互配合、密切联系，各有特点。

（一）神经调节

神经调节（nervous regulation）是指通过神经系统的活动对人体功能所进行的调节。神经调节是人体最重要的调节方式。神经调节的基本方式是反射。

1. 反射及反射弧　　反射（reflex）是指在中枢神经系统参与下，机体对刺激作出的适应性反应。例如，手指受到伤害性刺激时立即缩回，就是一种简单的反射活动。

反射活动的结构基础称为反射弧（reflex arc）。反射弧有五个部分组成：感受器→传入神经→神经中枢→传出神经→效应器（图1-2）。感受器能感受内外环境条件的变化，把不同形式的刺激转变为电信号（神经冲动）；传入神经可将来自感受器的电信号沿传至相应的神经中枢；反射中枢能对传入信号进行分析并发放指令；传出神经可把反射中枢发放的指令以神经冲动的形式传至效应器；效应器是完成反射动作的器官，一般是指肌肉或腺体。反射的实现有赖于反射弧结构和功能上的完整性。反射弧五个环节中任一环节损坏或功能障碍，反射活动都不能正常进行。

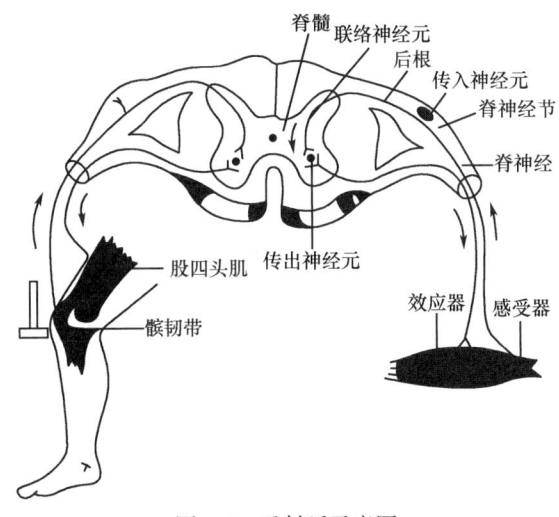

图1-2　反射弧示意图

在以后各章的学习中，要相继讲述神经系统对各器官生理功能的调节过程。这里以肢体躲避反射为例初步介绍神经系统的反射性调节：例如，当手无意中受到烧灼或针刺时，皮肤感受器将信息经传入神经传入脊髓反射中枢，中枢经分析综合作出判断，发出指令再以神经冲动的方式沿传出神经传到相应的肌肉，引起屈肌收缩，伸肌舒张，完成上肢缩回动作，以避开刺激防止伤害。神经系统对各器官功能的调节方式基本如此，只不过是更为复杂而已。

2. 反射的种类　　反射的种类很多，按其形成条件和反射弧的特点，分为非条件反射和条件反射两类：

（1）非条件反射：生来就有的反射称为非条件反射（unconditionedreflex）。如新生儿的吮吸活动、食物刺激口腔引起的唾液分泌、异物刺激角膜引起的眨眼反射、烧灼足趾引起的缩腿反射及性反射等均属于非条件反射。非条件反射的反射弧固定，反射数量有限，反射中枢位于中枢神经系统的较低级部位，因而是较初级的神经活动，可使机体简单适应环境变化，是人和动物维持生命的本能性活动，对个体生存和种族繁衍具有重要意义。

（2）条件反射：通过后天的学习（训练）获得的反射称为条件反射（conditioned reflex）。如"望梅止渴""谈虎色变"就是典型的条件反射。条件反射是人和动物在非条件反射的基础上结合个体生活经历而建立起来的，其反射中枢位于大脑皮质，所以是一种较高级的神经调节方式。

不同个体由于所处环境条件和生活经历各异，因此，所形成条件反射的种类及数量亦不相同。即便是已经形成的条件反射也会随着环境的改变而改变。可见，条件反射是灵活可变，数量无限的。机体通过建立条件反射，使其活动更具有灵活性和预见性，从而大大提高了人及动物适应环境变化的能力。

神经调节的特点是：反应迅速、准确，作用部位局限，持续时间短暂，适用于快速变化的生理过程，如对躯体运动和内脏活动的调节。

（二）体液调节

体液调节（humoral regulation）是指体内产生的一些化学物质（如激素、特殊化学物质和某些代谢产物）通过体液途径对机体各部分的功能所发挥的调节作用。体液调节有以下几种方式：

1. 全身性体液调节　一些内分泌细胞所分泌的激素（hormone）通过血液循环运往全身各处，调节靶细胞（target cell）的功能。这种方式称为远距分泌（telecrine）。例如甲状腺激素分泌后就由血液运往全身组织器官，对体内几乎所有细胞都有调节作用，主要促进细胞的物质代谢、能量代谢和生长发育；一些神经元也能将其合成的某些化学物质释放入血，经血液运行至全身各处，作用于靶细胞，这些化学物质称为神经激素（neurohormone），如血管升压素是由下丘脑视上核和室旁核的大细胞神经元合成，沿轴突运至神经垂体贮存，然后释放入血，作用于肾小管上皮细胞和血管平滑肌细胞。神经激素分泌的方式称为神经分泌（neurocrine）。

2. 局部性体液调节　也有些组织细胞所产生的生物活性物质或代谢产物，可不经血液运输，而是通过组织液扩散到邻近的组织细胞，对其活动发挥调节作用。这种方式称为旁分泌（paracrine）。例如生长抑素在胰岛内抑制α细胞分泌胰高血糖素就是以旁分泌方式进行的；再如一般组织细胞的酸性代谢物，可引起局部血管舒张就属于局部性体液调节。

3. 神经-体液调节　在完整机体内，体液调节与神经调节是密切联系的，因为内分泌细胞分泌激素也直接或间接受神经系统的控制，在这种情况下，体液调节就构成了神经调节的一个传出环节而发挥作用，故将这种情况称为神经-体液调节（neurohumoral regulation）（图1-3）。如肾上腺髓质受交感神经节前纤维的支配，交感神经兴奋时，可引起肾上腺髓质释放肾上腺素和去甲肾上腺素，从而使神经和体液因素共同参与机体功能的调节。

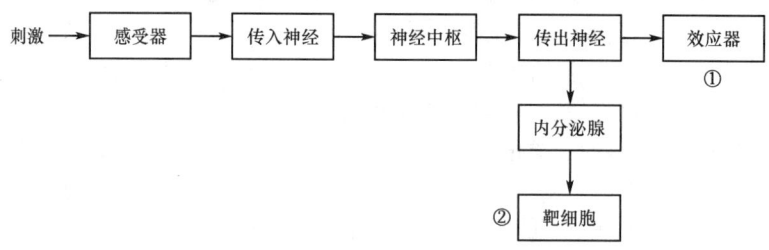

图1-3　神经-体液调节示意图
①神经调节；②神经-体液调节

考点提示：
人体功能调节的方式、特点及意义；反射的种类、特点及意义。

（三）自身调节

自身调节（autoregulation）是指组织细胞或器官不依赖神经、体液因素，仅通过自身功能的改变而对环境变化发生的适应性反应。例如，心肌的收缩强度在一定限度内与收缩前心肌纤维的初长成正比；肾动脉灌注压在80～180mmHg范围内变动时，肾血流量基本保持稳定，从而保证肾泌尿功能在一定范围内不随动脉血压的变化而变化，这些都属于自身调节。

上述三种调节各有特点。体液调节的特点是缓慢、广泛、作用持久，适应于对缓慢的、持续进行的生理过程的调节。如新陈代谢、生长发育、生殖等。自身调节的特点是常局限于一个器官或一小部分组织、细胞内，调节准确而稳定，调节幅度小，不很灵敏，但对人体功能活动相对稳定仍有重要作用。在整体内神经调节、体液调节、组织器官的自身调节紧密联系、相互配合，共同调节机体的各项功能。其中神经调节起主导作用。

二、人体功能调节的自动控制

机体通过调节把许多不同的生理反应统一起来，组成完整的、互相协调的生理过程，从而保持机体内部各种生理功能的相对稳定，并与环境取得动态平衡。然而这种强弱适中，恰到好处的调节效果的实现，则有赖于机体功能调节中的自动控制。

人体生理功能调节的自动控制与工程技术中的自动控制机制基本相同，因此借用该控制论中的术语来解释人体功能的调节。人体的控制系统由控制部分和受控部分组成，可将神经中枢或内分泌腺看作是控制部分，而把效应器或靶细胞看作是受控部分。按其工作方式控制系统可分为三类。

（一）自动控制系统

自动控制系统又称反馈控制系统。在这类控制系统中，控制部分发出指令调节受控部分的活动，同时受控部分又把其活动效应作为反馈信息，反过来影响控制部分的活动。这种受控部分通过反馈信息影响控制部分活动的过程，称为反馈（feedback）（图 1-4）。

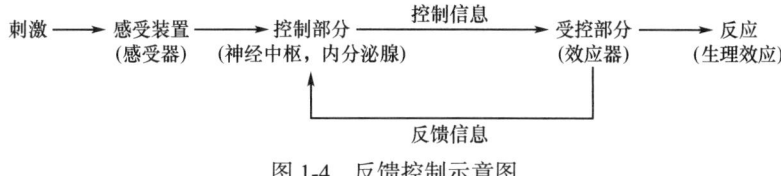

图 1-4　反馈控制示意图

根据反馈作用的效果不同，可将反馈分为正反馈和负反馈两种形式：

1. **正反馈**　受控部分发出的反馈信息促进或加强控制部分的活动，最终使受控部分的活动朝着与它原先活动相同的方向改变称为正反馈（positive feedback）。即受控部分发出的反馈信息能促进或加强控制部分的活动，从而使那些连续发生的生理过程不断增强或愈演愈烈，直至完成。在生理调节中正反馈调节很少，只见于一些速发速止，需"一次进行到底"的活动，如排尿、分娩和血液凝固等。

2. **负反馈**　受控部分发出的反馈信息调整控制部分的活动，最终使受控部分的活动朝着它原先活动相反的方向改变称为负反馈（negative feedback）。即当受控部分活动增强时，其反馈信息可抑制控制部分的活动，使原有的调节效应减弱，使受控部分的活动不至于过强；相反，当受控部分的活动减弱时，反馈信息可加强控制部分的活动，使原有的调节效应增强。可见，负反馈的作用是使受控部分的活动保持在适宜的状态。在维持各器官、系统的正常功能及内环境稳态中起重要作用。负反馈机制普遍见于各种需保持相对稳定的生理过程的调节。例如：动脉血压的调节就是负反馈调节的典型例子。心血管中枢相当于控制部分，心血管相当于受控部分，当动脉血压高于正常时，可通反射抑制心血管系统的活动，使心脏活动减弱，血管扩张，动脉血压降低到正常水平。反之，当动脉血压降低时，可通过反射增强心脏和血管的活动，使血压回升，从而维持动脉血压的相对稳定。需向大家强调的是，在神经调节、体液调节和自身调节过程中，都可通过负反馈实现自动控制，如血糖水平和体温的相对稳定也是通过负反馈调节实现的（详见有关章节）。

（二）非自动控制系统

在非自动控制系统中，控制部分发出的指令控制受控部分的活动，但受控部分并不反过来影响控制部分的活动,这种控制方式是单向的,不起自动控制的作用。该控制系统在人体功能调节中很少见。

(三)前馈控制系统

> **考点提示:**
> 正反馈、负反馈的概念、特点及意义

前馈(feed forward)控制系统是指在控制部分向受控部分发放指令的同时,又通过另一快捷通路向受控部分发出前馈信号,使受控部分的活动更加准确和适度。前馈控制与反馈相比更为迅速。例如要使骨骼肌完成某一动作,脑通过传出神经向骨骼肌发出收缩指令的同时,又通过前馈控制系统制约骨骼肌的收缩从而使骨骼肌收缩适度,使整个动作完成得更加恰如其分。有些条件反射也被认为是一种前馈控制,例如动物看见实物就引起唾液分泌,比食物进入口中再引起唾液分泌发生得更早,它可使机体的反应更具有预见性和超前性。

(高明灿)

思 考 题

1. 思考下列概念:新陈代谢 刺激 反应 兴奋 抑制 兴奋性 阈值 反馈 负反馈
2. 人体生理学的研究是从那几个水平进行的?它们各自的研究内容是什么?
3. 简述内环境、稳态的概念及其意义。
4. 何谓反射和反射弧?条件反射与非条件反射有哪些主要区别?
5. 人体机制活动调节的方式及其特点?

第二章 细胞的基本功能

> **学习要点**
> 1. 细胞膜结构及细胞膜跨膜物质转运功能和信号转导功能。
> 2. 细胞生物电现象及其产生机制,兴奋和传导的方式和特点。
> 3. 骨骼肌细胞的兴奋-收缩耦联过程及肌收缩的形式。

细胞(cell)是构成人体最基本的结构和功能单位。人体的细胞总数可达 $10^{14}\sim10^{15}$ 之多,可分为 200 多种每种细胞都有特殊的结构,分布于特定的部位,执行特定的功能。但是对于众多的细胞,又表现一些共有的基本活动规律。本章主要介绍这些具有共性的细胞基本功能,包括细胞膜的物质转运功能,细胞膜的信号转导功能,细胞的生物电现象,以及肌细胞的收缩功能。

第一节 细胞膜的基本结构和功能

细胞膜(cell membrance)是包围在细胞质表面的一层膜结构,又称质膜(plasma membrane)。细胞膜把细胞中的生命物质与细胞周围环境(主要是细胞外液)分隔开来,使细胞成为一个独立的结构和功能单位,细胞膜不仅维持细胞内的微环境,还行使物质转运、信号转导、细胞识别等多种复杂功能,并且接转内、外环境变化的信息,调整细胞增殖、分化、代谢、能量转换等活动状态,是细胞之间、细胞与环境之间相互交流的重要通道。细胞膜的改变与多种遗传病、神经退行性疾病、恶性肿瘤等的发生相关。

一、细胞膜的化学组成和分子结构

不同类型细胞其细胞膜的化学组成基本相同,主要由脂类、蛋白质和糖类组成。脂类排列成双分子层,构成膜的基本结构,形成对水溶性分子相对不通透的屏障;蛋白质以不同方式与脂质结合,构成膜的功能主体;糖类多分布于膜外表面,通过共价键与膜脂质或膜蛋白分子结合形成糖脂或糖蛋白。此外细胞膜中还含有少量水分、无机盐与金属离子等。

(一)脂质双分子层

膜的脂质主要由磷脂和胆固醇组成。其中磷脂占总量的 70% 以上,胆固醇不超过 30%。脂质分子都是双嗜性分子,有亲水端和疏水端。脂质分子的双嗜性使之在质膜中以脂质双层的形式存在,即在膜内外都是水溶液的情况下,自然出现疏水的脂肪酸烃链两两相对,而两层脂质分子的亲水端则分别朝向细胞外液或胞质。这是一种能量最低、最稳定的结构形式。

膜脂质的熔点较低,在体温条件下呈液态,因而膜具有流动性。这种特性使细胞能进行变形运动和自我修复。各种物质分子在膜中的排列形式和存在,是决定膜的基本生物学特性的关键因素。从 20 世纪 30 年代以来就提出了各种有关膜的分子结构假说,其中得到广泛认可的是 1972 年 Singer 和 Nicholson 提出的液态镶嵌模型(fluid mosaic model)。这一假想模型的基本内容是：液态脂质双分子层构成膜的基架，其中镶嵌着具有不同分子结构、因而也具有不同生理功能的蛋白质，糖类分子与脂质和蛋白结合并附在膜的表面（图 2-1）。

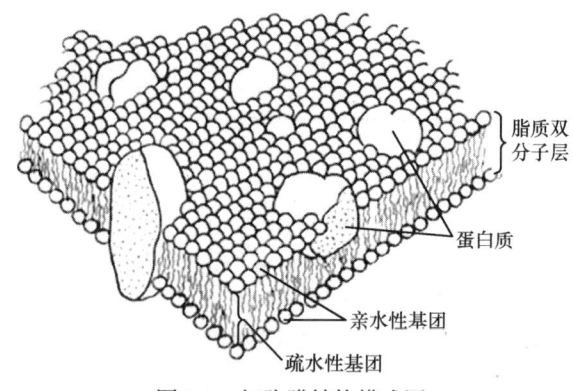

图 2-1 细胞膜结构模式图

（二）细胞膜蛋白

细胞膜的主要功能主要是通过膜蛋白来实现的，如膜蛋白中有些是运输蛋白，转运特定的分子或离子进出细胞；有些是结合于质膜上的酶，催化与之相关的代谢反应；有些起连接作用，连接相邻细胞或细胞外基质成分；有些作为受体，接受周围环境中激素及其他化学信号，并转导至细胞内引起相应的反应。根据膜蛋白在膜中的存在方式，分为表面蛋白和整合蛋白。表面蛋白占膜蛋白的 20%~30%，主要附着于膜的内表面或外表面，整合蛋白占膜蛋白的 70%~80%，以其肽链一次或多次贯穿整个脂质双分子层，两端露出在膜的两侧。与物质跨膜转运功能和受体功能有关的蛋白都属于整合蛋白，如载体蛋白、通道蛋白、离子泵、G蛋白耦联受体等。

（三）细胞膜糖类

细胞膜糖类占质膜质量的 2%~10%，主要是一些寡糖和多糖链，它们以共价键的形式与膜脂质或膜蛋白形成糖脂或糖蛋白，位于细胞膜的外侧，这些糖脂和糖蛋白由于糖链中单糖的排列顺序不同，从而成为细胞的特征性标识，或作为抗原决定簇，或作为受体的可识别部分。

液态镶嵌模型

关于生物膜构造的基本想法之一，是指在磷脂质双层膜上分布着保持流动性的蛋白质分子的模型，由辛格（S.J.Singer）和尼可尔松（G.L.Nicolson）提出。磷脂分子保持着极性，亲水性大的部分排列在外侧，非极性部分（脂肪酸直链）排列在内侧而构成双层膜。另一方面认为存在于膜上的球状蛋白质分子中，亲水性大的部分排列在外侧，疏水性部分在膜内排列起来。这一模型使蛋白质分子的旋转、膜面上平移、浮沉等运动成为可能，可以用各种方法证实这样的分子运动。

二、细胞膜的跨膜物质转运功能

细胞要通过跨膜物质转运与内环境进行物质交换，有选择地摄入和排出代谢物，进行新陈代谢。对于可兴奋细胞通过细胞膜的物质转运创建和维持跨膜电-化学梯度是细胞生物电活动的基础。然而，构成膜的脂质双分子层只允许少数脂溶性小分子物质通过，大多数水溶性物质的跨膜转运则需要膜蛋白参与才能完成，而一些大分子物质或颗粒出入细胞则需要细胞整体的生物过程才能完成。

（一）单纯扩散

通常是指一些脂溶性的小分子物质由膜的高浓度一侧扩散到膜的低浓度一侧的过程。经单纯扩散转运的物质并不多，如 O_2、CO_2、N_2、类固醇激素、乙醇、尿素、水等。影响单纯扩散的主要因素有两方面，一方面取决于膜两侧溶质分子的浓度差，溶质分子的浓度差越大，扩散的量就越多；另一方面也取决于该物质通过膜的难易程度或所遇阻力大小，即膜的通透性，如阻力小，易通过，通透性就大，反之则小。故经单纯扩散的物质都是脂溶性（非极性）物质或少数不带电荷的极性小分子，较大的极性分子，如葡萄糖（分子量180D），则很难以单纯扩散方式直接通过质膜。此外，质膜对各种离子，尽管其直径很小，但都高度不通透。

（二）易化扩散

非脂溶性的或亲水性强的小分子物质，借助于细胞膜结构中某些特殊蛋白质的帮助，由膜的高浓度侧向低浓度侧扩散，称易化扩散。易化扩散可分为经通道易化扩散和经载体易化扩散两种类型。

1. **经载体易化扩散** 是一种依靠载体蛋白（简称载体）进行的易化扩散（图2-2）。主要转运小分子物质，如葡萄糖、氨基酸等。载体蛋白在细胞膜的一侧与某物质结合，再通过本身的变构作用将其运往膜的另一侧。葡萄糖进入一般细胞，以及其他营养性物质如氨基酸和中间代谢产物的进出细胞，就属于这种类型的易化扩散。以载体为中介的易化扩散都具有如下的共同特性：①结构特异性，每一种载体只能转运有特定结构的物质。②饱和现象，膜一侧的物质浓度超过一定限度时，扩散量不再增加。饱和现象的合理解释是：膜结构中与该物质易化扩散有关的载体蛋白质分子的数目或每一载体分子上能与该物质结合的位点的数目是固定的，这就造成了该物质的扩散速度不再随物质浓度的增加而增大，于是出现了饱和。③竞争性抑制，即如果某一载体对结构类似的 A、B 两种物质都有转运能力，那么在环境中加入 B 物质将会减弱该载体对 A 物质的转运能力，这是因为有一定数量的载体或其结合位点竞争性地被 B 所占据的结果。

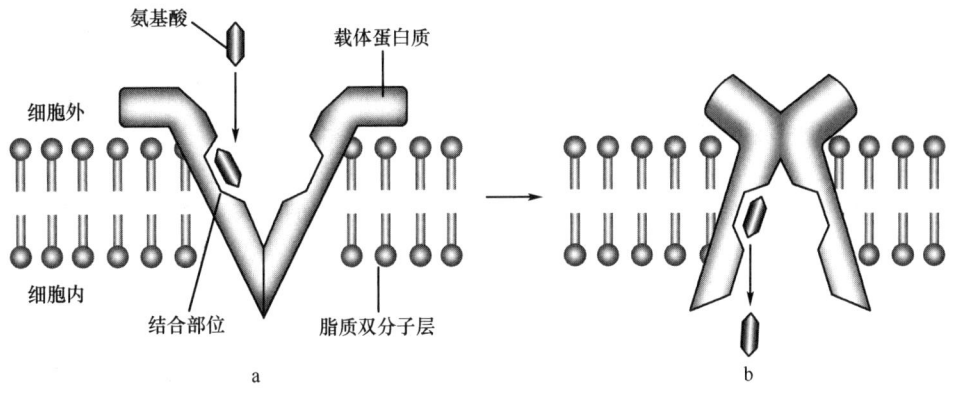

图2-2 载体转运示意图

a. 载体蛋白质与被转运物结合；b. 载体蛋白质与被转运物分离

> **葡萄糖转运体**
>
> 葡萄糖的跨膜转运主要通过经载体易化扩散方式进行，中介这一过程的载体称为葡萄糖转运体（GLUTs）。GLUTs 有多种，其在体内分布、与葡萄糖的亲和力和具体作用机制存在差异。GLUT 1 是分布于多种组织细胞上的一种基本的葡萄糖载体；GLUT 2 主要分布于肝细胞；GLUT 5 分布于小肠黏膜上皮。肌肉和脂肪等组织细胞有 GLUT1 和 GLUT4 两种葡萄糖载体，其中 GLUT4 在膜上的数量受胰岛素调节。在胰岛素作用下，含 GLUT4 的囊泡迅速镶嵌到细胞膜中，加速转运葡萄糖。糖尿病病人常伴有 GLUT4 数量或功能的下降，是发生胰岛素抵抗的原因之一。

2. 经通道易化扩散　是一种依靠通道蛋白进行的易化扩散（图 2-3），主要转运 Na^+、K^+、Ca^{2+}、Cl^- 等各种离子，所以又称离子通道。离子通道随着它们的构型变化而处于不同的功能状态。在一定的条件下通过蛋白质本身的变构而在其内部形成一个水相孔道，让被转运的离子顺浓度差和（或）顺电位差经通道跨膜扩散。

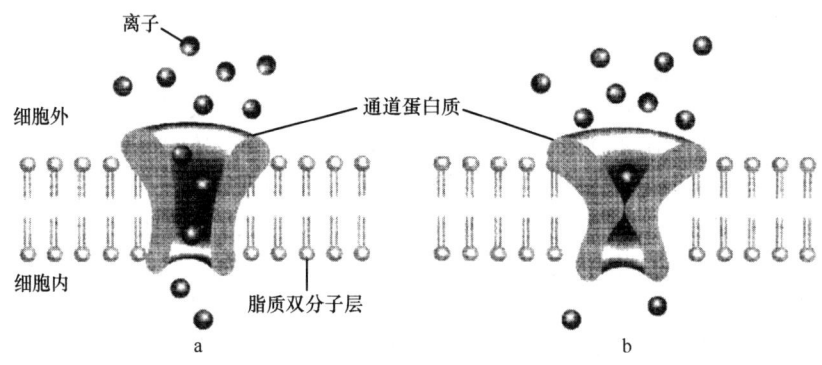

图 2-3　通道转运示意图
a. 通道开放；b. 通道关闭

离子通道有选择性和门控特性。由于结构上的差异，每种离子通道只对一种或几种离子有较高的通透能力，其他离子则不宜或不能通过。根据专属通道的选择性不同，可分为 Na^+ 通道、K^+ 通道、Ca^{2+} 通道和 Cl^- 通道等。但通道对离子的选择性不像载体那样严格，如 K^+ 通道对 K^+ 和 Na^+ 通透性之比约为 100∶1，N 型乙酰胆碱门控通道对 Na^+、K^+ 等阳离子都有高度通透能力。离子通道的门控特性是指各种离子通道对离子通透性的变化可随通道蛋白分子构象的变化开启或关闭，犹如闸门样的结构控制通道的开关。根据通道门控机制的差异，有电压门控通道、化学门控通道和机械门控通道等多种类型。由膜电位决定其功能状态的通道，称为电压门控通道。该通道是在细胞膜两侧的电位差变化到某一数值时使其开放或关闭，如神经细胞轴突膜中的电压门控钠通道；由化学因素控制的通道，称为化学门控通道，这类通道与环境中某化学物质（如神经递质、激素或药物等）结合时开放，与其脱离时关闭，如突触后膜和运动终板上以及某些腺细胞膜上的离子通道属此类。机械门控通道受机械刺激调控，如耳蜗毛细胞中的机械门控钾通道、动脉血管平滑肌细胞膜中的机械门控钙通道等。此外，还有少数通道始终是开放的，称为非门控通道，如神经纤维膜中的钾漏通道等。

单纯扩散和易化扩散的共同特点是物质都是顺浓度差移动，物质转移所需能量来自溶液浓度差所包含的势能，因此不需消耗细胞的能量，故这两种转运方式属于被动扩散。

水 通 道

细胞膜中除离子通道外，还存在水通道。水通过两种机制穿过膜。一种是通过脂双层的扩散，但由于膜脂质双分子层对水的通透性很低，水单纯扩散的速度很慢。第二种机制是通过专一的水通道，通过水通道某些细胞对水的转运速度可达到惊人的程度，例如，红细胞每秒允许百倍于自身容积的水通过质膜，将红细胞置于低渗溶液中，水很快进入细胞内，使之膨胀而发生溶血；此外肾小管、集合管等处的上皮细胞通过水通道蛋白对水的转运能力也很强，使我们在炎热的夏天浓缩尿液而不致发生脱水。组成水通道的蛋白质称为水孔蛋白（aquaporin），目前在血液、肾脏、大脑等部位有10多种水孔蛋白被发现。由于细胞膜水通道的发现，Peter Agre 被授予2003年诺贝尔化学奖。

3. 主动转运 主动转运指细胞通过本身的某种耗能过程，在膜蛋白的参与下，将某种物质逆浓度梯度和或电位梯度进行的跨膜转运过程。在这个过程中，需要细胞代谢提供能量。因此，主动转运过程与细胞代谢密切相关。根据膜蛋白是否直接消耗能量，主动转运可分为原发性主动转运和继发性主动转运。一般所说的主动转运是指原发性主动转运。

（1）原发性主动转运：细胞直接利用代谢的能量将物质逆浓度梯度和（或）电位梯度的跨膜转运，称为原发性主动转运。原发性主动转运的物质通常为带电离子，介导这一过程的膜蛋白称为泵蛋白，又称离子泵。离子泵的化学本质是 ATP 酶，可将细胞内的 ATP 水解为 ADP，自身被磷酸化而发生构象变化，从而完成离子逆浓度梯度和（或）电位梯度的跨膜转运。离子泵种类很多，如同时转运 Na^+ 和 K^+ 的钠-钾泵、转运 Ca^{2+} 的钙泵、转运 H^+ 的质子泵等。

钠-钾泵是在哺乳动物细胞中普遍存在的离子泵，简称钠泵，其作用是在消耗代谢能量的情况下逆浓度差将细胞内的 Na^+ 移出膜外，同时把细胞外的 K^+ 移入膜内，因而保持了膜内高 K^+ 和膜外高 Na^+ 的不均衡离子分布。钠泵是镶嵌在膜的脂质双分子层中的一种特殊蛋白质，具有 ATP 酶的活性，可被细胞内 Na^+ 浓度增高或细胞外 K^+ 浓度增高所激活，分解 ATP 使之释放能量，并利用此能量进行 Na^+ 和 K^+ 的主动转运，故钠泵也称 Na^+- K^+ 依赖式 ATP 酶（图2-4）。一般生理情况下，每分解一个 ATP 分子，可以使 3 个 Na^+ 移到膜外，同时有 2 个 K^+ 移入膜内，其直接效应是维持细胞膜两侧 Na^+ 和 K^+ 的浓度差，使细胞外液中的 Na^+ 浓度达细胞质中的 10 倍左右，细胞内的 K^+ 浓度达细胞外液的 30 倍左右。钠泵活动具有重要的生理意义：①钠泵活动造成的细胞内高 K^+ 状态，是细胞质内许多代谢反应所必需的。②维持细胞内渗透压和细胞容积的相对稳定。③钠泵活动造成细胞内外 Na^+、K^+ 的浓度差是细胞生物电活动的前提条件，同时也影响着膜电位的高低。（见本章第三节）。④建立起的 Na^+ 跨膜浓度梯度，为物质的继发性主动转运提供势能储备。

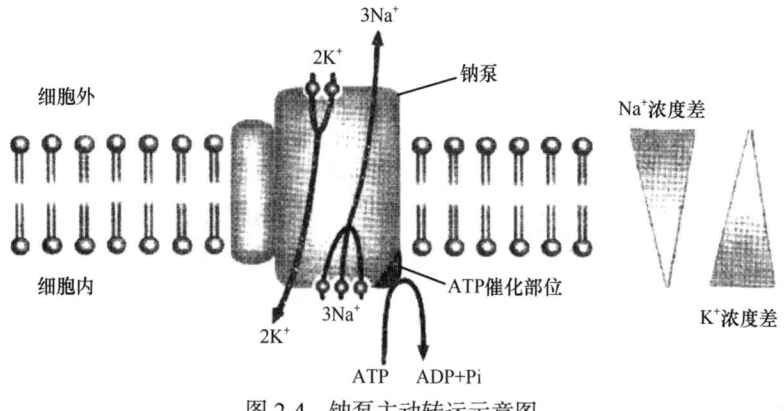

图 2-4 钠泵主动转运示意图

（2）继发性主动转运：指间接利用细胞代谢储备的生物能而实现的主动转运过程。事实上，继发性主动转运就是经载体易化扩散与原发性主动转运相耦联的主动转运系统，所以也称联合转运。

继发性主动转运在体内广泛存在，如跨质膜的 Na^+-H^+ 交换、Na^+-Ca^{2+} 交换、葡萄糖和氨基酸在小肠黏膜上皮被吸收和在肾小管上皮被重吸收、甲状腺上皮细胞的聚碘等都属于继发性主动转运。参与这种转运的膜特殊蛋白称为转运体蛋白或转运体。如被转运的物质分子与 Na^+ 扩散的方向相同，称为同向转运；如两者方向相反，称为逆向转运。例如，葡萄糖在小肠黏膜上皮的主动吸收就是通过 Na^+-葡萄糖同向转运体和钠泵的耦联活动而完成的继发性主动转运。在小肠粘膜上皮细胞基底-外侧膜存在钠泵，钠泵活动造成上皮细胞内 Na^+ 浓度低于肠液 Na^+ 浓度。而在小肠黏膜上皮细胞顶端膜存在 Na^+-葡萄糖同向转运体，该转运体同时结合 Na^+ 和葡萄糖分子，Na^+ 由肠液顺浓度差入细胞，由势能转化的能量用于葡萄糖分子逆浓度差进入上皮细胞，进而通过基底-外侧膜上的葡萄糖载体易化扩散入血（图 2-5）。葡萄糖主动转运所需的能量不是直接来源于 ATP 的分解，而是来自由钠泵造成的膜外 Na^+ 的高势能。用药物抑制钠泵活动一段时间后，葡萄糖转运随即减弱或消失，表明葡萄糖转运对钠泵活动的依赖性。氨基酸在小肠也是以同样的方式被吸收的。而心肌细胞上的 Na^+-Ca^{2+} 交换则是一种逆向转运，利用钠泵活动造成的 Na^+ 浓度势能，Na^+ 进入细胞同时将细胞内 Ca^{2+} 逆浓度移出细胞外，维持胞浆内的低钙状态。

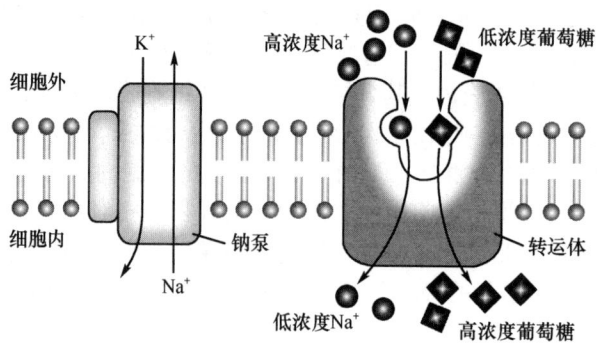

图 2-5 继发性主动转运示意图

细胞膜上的各种离子泵的化学结构虽有差异，但它们的共同特点是耗氧耗能，将某些离子进行逆浓度转运，这是与被动扩散方式的重要区别。但主动转运与单纯扩散、易化扩散有一个共同点，就是物质都是以小分子或离子的形式通过细胞膜的。

4. 胞吞和胞吐作用　细胞对某些大分子物质或物质团块可通过形成质膜包被的囊泡，以胞吞和胞吐的方式完成跨膜转运。

胞吞作用是指细胞外的某些物质团块或大分子物质（如细菌、病毒、大分子蛋白质等）被细胞膜识别后进入细胞的过程，又称入胞。固体物质进入细胞称为吞噬；液体物质进入细胞称吞饮。吞噬仅发生于一些特殊的细胞，如单核细胞、巨噬细胞和中性粒细胞等，形成的吞噬泡直径较大（1~2μm）；吞饮则可发生于体内几乎所有的细胞，形成的吞饮泡直径较小（0.1~0.2μm）。吞饮又可分为液相入胞和受体介导入胞两种形式。液相入胞是指细胞外液及其所含的溶质以吞饮泡的形式连续不断地进入胞内，是细胞本身固有的活动。受体介导入胞则是通过被转运物与膜受体的特异性结合，选择性地促进被转运物进入细胞的一种入胞方式。许多大分子物质都是以这种方式进入细胞的，如运铁蛋白、低密度脂蛋白、维生素 B_{12} 转运蛋白等。

胞吐作用是指胞质内的大分子物质以分泌囊泡的形式排出细胞的过程，又称出胞。例如，外分泌腺细胞将合成的酶原颗粒和黏液排放到腺导管腔内，内分泌腺细胞将合成的激素分泌到血液或组织液中，以及神经纤维末梢将突触囊泡内神经递质释放到突触间隙内等都属于出胞（图2-6）。

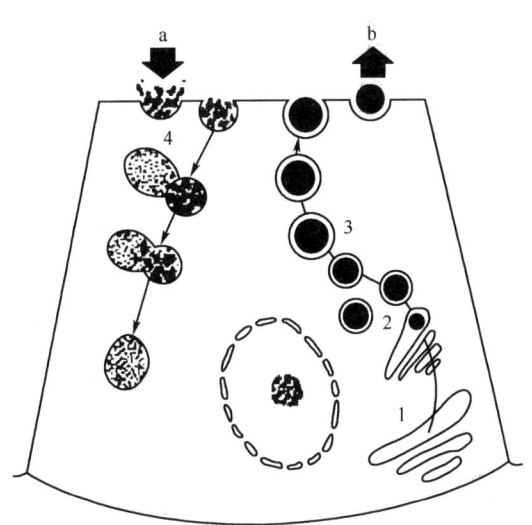

图 2-6　胞吞作用和胞吐作用示意图
a. 入胞；b. 出胞；1. 粗面内质网；2. 高尔基复合体；3. 分泌颗粒；4. 溶酶体

三、细胞膜受体的跨膜信号转导功能

多细胞生物作为一个整体，细胞间必须具备完善的信息传递系统以协调所有细胞的功能活动。细胞间传递信息的物质多达几百种，包括各种神经递质（neurotransmitter）、激素（hormone）、细胞因子（cytokines）、气体分子等。这些细胞外信号物质通称为配体（ligand）。它们通常是由特定的细胞合成和释放，并以体液为媒介作用于邻近或远距离的靶细胞。从化学结构上看，这些信号物质绝大多数是水溶性的，通常作用于细胞表面的受体（receptor）。受体是指存在于细胞膜或细胞内的特殊蛋白质。按照分布部位的不同，受体可分为膜受体、胞质受体和核受体，通常所说的受体主要指膜受体。受体能特异性识别配体并与之结合，进而诱发生物效应。配体与膜受体结合后还要通过多级的、由信号分子构成的信号特异系统来发挥作用，这种跨膜信号传导系统不仅是简单的信号传递，同时还具有信号放大功能，使少量的细胞间信号分子可以引发靶细胞的显著反应。要将一个信号跨膜传达到一个细胞内，需要三个方面的配合：①信号分子（配体）；②膜受体及跨膜转导系统；③膜内信号转导途径。根据受体分子结构和信号转导途径不同，跨膜信号转导方式大体可分为：①G蛋白耦联受体介导的信号转导；②酶耦联受体介导的信号转导；③离子通道介导的信号转导。事实上，每条通路上都存在着许多精细的调节，各通路之间也存在着复杂的相互联系和相互作用，形成一个错综复杂的信号网络。

（一）G蛋白耦联受体介导的信号转导

1. **参与G蛋白耦联受体信号转导的信号分子**　G蛋白耦联受体介导的信号转导是由膜受体（G蛋白耦联受体）、三磷酸鸟苷（GTP）结合蛋白（G蛋白）、G蛋白效应器、第二信使、蛋白激酶等一系列存在于细胞膜、胞质及核中信号分子的连锁活动来完成的。①G蛋白耦联受体（G protein-linked receptor）：是细胞膜上最大的受体分子超家族，包括β肾上腺素能受体、α肾上腺素能受体、乙酰胆碱受体、5-羟色胺受体、嗅觉受体、视紫红质以及多数肽类激素的受体。所有G蛋白耦联受体分子都由一条包含7次跨膜α螺旋的肽链构成，N端在胞外，C端在胞质侧，也称7次跨膜受体。受体蛋白的胞外侧有配体结合部位，胞质侧有G蛋白结合部位。受体在与配体结合后，其分子发生构象变化，引起对G蛋白的结合和激活。②G蛋白（G protein）：鸟苷酸结合蛋白（guanine nucleotide binding protein）简称G蛋白，是耦联膜受体与下游效应器（酶或离子通道）的膜蛋白，存在于质膜的胞质面。G蛋白通常是指由α、β和γ三个亚单位构成的三聚体G蛋白。③G蛋白效应器（G protein effector）：包括酶和离子通道两类。④第二信使：通常将细胞外信号分子（即配体）称为第一信使，而配体作用于细胞膜后产生的细胞内信号分子称为第二信使。较重要的第二信使有环-磷酸腺苷（cyclic adenosinemonophosphate，cAMP）、三磷酸肌醇（inositol triphosphate，IP3）、二酰甘油（diacylglycerol，DG）、环-磷酸鸟苷（cyclic guanosine monophosphate，cGMP）和Ca^{2+}等。⑤蛋白激酶：蛋白激酶可将ATP分子中的磷酸基团转移至底物蛋白，使其磷酸化。

2. **G蛋白耦联受体介导的几种主要信号转导方式**　①cAMP-PKA途径：cAMP是最早确定的第二信使，cAMP是由膜上的腺苷酸环化酶（AC）环化胞质内的ATP生成的，生成的cAMP又可被磷酸二酯酶迅速分解生成5-AMP。正常情况下，cAMP的生成与分解保持平衡。配体和受体结合后，通过构象改变激活G蛋白，G蛋白分成α-GTP复合物和β-γ二聚体，α-GTP复合物使G蛋白效应器AC激活，AC使ATP分解为cAMP。第二信使cAMP的增多（或减少）仅意味着不同的细胞外信号转换成了细胞质中的化学信号，它们通常还要通过细胞内的信号转导系统才能影响细胞的功能。例如，肝细胞中cAMP水平升高可通过PKA的激活去激活磷酸化酶激酶，后者促使肝糖原分解；在心肌细胞，PKA可使细胞膜上Ca^{2+}通道磷酸化，使Ca^{2+}内流增加，增强心肌收缩力。此外，cAMP也可通过调节离子通道来实现调节功能。②IP_3-Ca^{2+}途径：许多配体和受体结合以后可激活另一种G蛋白（Gq），Gq可激活膜上的磷脂酶C（PLC），PLC水解膜脂质中的二磷酸磷脂酰肌醇（PIP2）生成两种第二信使物质三磷酸肌醇（IP3）和二酰甘油（DG）。IP3与内质网或肌浆网膜上的IP_3受体结合，Ca^{2+}通道打开，Ca^{2+}释放进入胞质。胞质内，Ca^{2+}浓度升高发挥生物效应，Ca^{2+}也可作为第二信使直接作用于底物蛋白发挥调节作用。③DG-PKC途径：上述Gq耦联的膜受体激活PLC生成IP3和DG，IP3进入胞质并诱发胞质Ca^{2+}升高已如上述，留在膜内表面的DG作用于胞质中的蛋白激酶C（PKC），使之激活。

（二）酶耦联受体介导的信号转导

酶耦联受体介导的信号转导过程中的酶耦联受体分为两类：一类为酪氨酸激酶受体，另一类为鸟苷酸环化酶受体。

1. **通过酪氨酸激酶受体介导的信号转导**　具有酪氨酸激酶的受体是膜上的整合蛋白，膜外侧有与配体结合的受体位点，而伸入胞质的一端具有酪氨酸激酶的结构域，因而称之为具有酪氨酸激酶的受体或受体酪氨酸激酶。当配体与受体结合后，酪氨酸激酶被激活，导致受体自身或细胞内靶蛋白的磷酸化，这一过程与G蛋白无关。大部分生长因子和一部分肽类激素都是通过此途径最终将信号转至细胞核，从而引起基因转录的改变，影响细胞的生长和增殖。结合酪氨酸激酶的受体分子中没有酪氨酸激酶的结构域，但是一旦配体与之结合而被激活后，就可与细胞内的酪氨酸激酶结合而使之激活，通过对自身或底物蛋白的磷酸化作用把信号转入细胞内，引起细胞内生物效应。促红细胞生成素受体、生长素和催乳素受体以及许多细胞因子和干扰素等的受体都属于这类受体。

2. 通过鸟苷酸环化酶受体介导的信号转导　鸟苷酸环化酶受体膜外侧有与配体结合位点，膜内侧有鸟苷酸环化酶（guanylyl cyclase，GC）结构域。一旦配体与受体结合，GC 的活性增加，GC 催化 GTP 生成 cGMP，cGMP 进而结合并激活 cGMP 依赖的蛋白激酶 G（PKG），PKG 使底物蛋白磷酸化。心房钠尿肽（atrial natriuretic peptide，ANP）和脑钠尿肽（brain natriuretic peptide，BNP）是鸟苷酸环化酶受体的重要配体，可刺激肾脏排泄钠和水，并使血管平滑肌松弛。

（三）离子通道介导的信号转导

有些受体本身就是离子通道，例如 N2 型 ACh 受体、A 型 γ-氨基酸受体和甘氨酸受体，都是细胞膜上的化学门控通道。当这些通道打开让离子进出细胞膜时，实现化学信号的跨膜转导。ACh 和骨骼肌终板膜上 N2 型受体结合，使受体发生构象变化，通道打开，Na^+ 和 K^+ 经通道的跨膜流动引起膜的去极化，产生终板电位，引起终板膜周围肌膜的兴奋和肌细胞的收缩。神经元细胞膜上 A 型 γ-氨基酸受体与配体结合后，引起 Cl^- 通道开放，Cl^- 内流使膜产生抑制性突触后电位，进而引起神经元的抑制。电压门控通道和机械门控通道实际上是接受电信号和机械信号的受体，通过通道的开闭和离子跨膜流动把信号传递到内部。例如，心肌细胞膜上 L 型 Ca^{2+} 通道是一种电压门控通道，发生动作电位时，膜的去极化可激活 Ca^{2+} 通道，Ca^{2+} 内流后作为第二信使，进一步激活肌浆网的 Ca^{2+} 释放，引起胞质 Ca^{2+} 浓度的升高和肌细胞的收缩，从而实现信息的跨膜转导。大鼠主动脉内皮细胞受到血流切应力刺激时，可激活机械门控通道，通道的开放有助于 Ca^{2+} 进入内皮细胞，胞内增多的 Ca^{2+} 作为第二信使可进一步激活 NO 合成酶，进而 NO 合成增多，引起血管舒张，从而实现应力刺激信号的跨膜转导。

第二节　细胞的生物电现象

细胞在生命活动过程中伴有的电现象，称为细胞生物电（bioelectricity）。细胞生物电发生在细胞膜的两侧，由一些带电离子（如 Na^+、K^+、Cl^-、Ca^{2+}）跨细胞膜流动而产生的，故又称跨膜电位（trans-membrane potential），简称膜电位（membrane potential）。细胞的膜电位主要包括两种形式，即安静状态下的静息电位和受到刺激后产生的动作电位。临床上常用的心电图、肌电图、脑电图就是各器官细胞生物电的总和，通过体表电极的引导以及放大处理后记录到的图形。因此，体内各种器官或多细胞结构所表现的多种形式的生物电现象，大都也可以根据细胞水平的基本电现象来解释。

一、静息电位

（一）静息电位的概念

静息电位（resting potential，RP）是指安静状态时存在于细胞膜内外两侧的电位差。如图 2-7 所示，将与放大器和示波器相连的两个电极置于安静状态下的神经纤维表面的任何两点时，示波器的光点在零电位线上横向扫描，说明细胞外部表面任何两点都是等电位的，它们之间没有电位差。同样将其中的一个微电极刺穿细胞膜进入膜内，那么在电极尖端刚刚进入膜内的瞬间，在示波器上的光点迅速从零电位线下降后继续横向扫描，说明细胞膜内、外存在着电位差，且膜内电位低于膜外。一般设细胞外电位为零，各类细胞的膜内电位在安静状态下即均为负值，范围在–100～–10 mV 之间。例如，骨骼肌细胞的静息电位约–90mV，神经细胞–90～–70mV，平滑肌为–60～–50mV，红细胞为–10mV 等。大多数细胞的静息电位是一种稳定的直流电位，只要未受到外来刺激而且保持正常的新陈代谢，静息电位就稳定在某一相对恒定的水平。静息电位的大小通常以负值的大小来判断，负值越大表示膜两侧的电位差越大，即静息电位越大。例如从–90mV 变化到–70mV，即膜内电位负值的减小称为静息电位减小；反之，则称为静息电位增大。

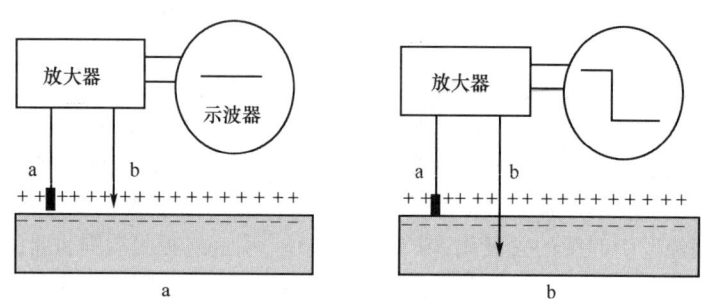

图 2-7　细胞膜静息电位观测示意图
A. 电极 a、b 放置细胞外；B. 电极 b 插入细胞内

生理学中，常用描述膜两侧电荷分布状态的术语用来描述静息电位的存在及其变化。细胞在安静状态时膜电位是一种处于"外正内负"的状态，及膜外带正电荷，电位高，膜内带负电荷，电位低。人们把静息电位存在时膜两侧所保持的外正内负的稳定状态称为膜的极化（polarization）。静息电位与极化是一个现象的两种表达方式，它们都是细胞处于静息状态的标志。静息电位的增大的过程或状态的称为超极化（hyperpolarization）；相反，静息电位减小的过程或状态称为去极化或除极（depolarization）；去极化至零电位后膜电位进一步变为正值，使膜两侧的电位的极性与原来的极化状态相反，称为反极化（reverse polarization），细胞去极化后再向静息电位方向恢复的过程称为复极化（repolarization）。

（二）静息电位的产生机制

静息电位形成的根本原因是离子的跨膜扩散，有关离子的跨膜扩散取决于两个因素：膜两侧离子的浓度差和细胞膜对离子的通透性。细胞膜两侧离子的浓度差是引起离子跨膜扩散的直接动力，该浓度差是由钠泵的活动形成和维持的。当质膜只对溶液中的一种离子有通透性时，该离子将顺浓度差跨膜扩散，但扩散的同时也在膜两侧形成逐渐增大的电位差，该电位差成为阻止离子进一步跨膜扩散的阻力。某种离子在膜两侧的电位差和浓度差两个驱动力的代数和称为该离子的电-化学驱动力（electrochemical driving force）。当电位驱动力逐渐增加，直至电-化学驱动力为零时，离子净扩散量为零，此时的跨膜电位差称为该离子的平衡电位（equilibrium potential）每种离子都可以根据它在膜两侧的浓度，利用 Nernst 公式可计算出它的平衡电位。

Nernst 公式

Nernst 公式是精确计算钾平衡电位数值的一种公式。由 Nernst 于 1889 年导出，即：

$$EK = \frac{RT}{ZF} \ln \frac{[K^+]_0}{[K^+]_i} \qquad (1)$$

式中 EK 即为 K^+ 的平衡电位（K^+ equilibrium potential），R 是气体常数，T 是绝对温度，Z 是离子价，F 是法拉第常数，$[K^+]_0$ 和 $[K^+]_i$ 分别代表膜外和膜内的 K^+ 浓度。如果把各种常数值代入，在钾及钠离子时 Z=1，自然对数基数为 10，在标准温度 37℃时，则公式（1）可简化为：

$$EK = 61.5 \log \frac{[K^+]_0}{[K^+]_i} \qquad (2)$$

将膜内侧和膜外侧溶液中的 K^+ 浓度代入式中，即可计算出 EK，而将膜内、外侧的 Na^+ 浓度代入式中，则同样可计算出 Na^+ 平衡电位（Na^+ equilibrium potential，ENa）。在哺乳动物，多数细胞的 EK 为 $-100 \sim -90$ mV，ENa 为 $+50 \sim +70$ mV。其他离子的平衡电位也可按此式计算。

知识链接

表 2-1 显示哺乳动物骨骼肌细胞膜两侧的离子浓度，细胞外液 Na^+ 浓度约为其细胞内液 Na^+ 浓度的 12 倍；而细胞内液 K^+ 浓度约为其细胞外液 K^+ 浓度的 39 倍。当细胞处于安静状态时细胞膜对 K^+ 通透性较大，对 Na^+ 的通透性很小，大约是 Na^+ 的 $10 \sim 100$ 倍，而对胞内的有机负离子几乎不通透。此时 K^+ 在电-化学驱动力的作用下由细胞内流向细胞外，直到电-化学驱动力为零时，K^+ 的跨膜净向扩散停止，此时的膜电位称为 K^+ 平衡电位。通过实际检测，静息电位总是不同程度地小于 K^+ 平衡电位，这是因为膜对 Na^+ 亦有一定的通透性，扩散内流的 Na^+ 可部分抵消由 K^+ 扩散外流所形成的膜内负电位。另外，钠泵活动除可建立和维持膜两侧的离子浓度差外，还可直接影响静息电位。钠泵每分解一分子 ATP，可使 3 个 Na^+ 排出胞外和 2 个 K^+ 进入胞内，结果使膜内电位的负值增大（超极化），但钠泵的生电作用对静息电位形成的作用并不很大。

表2-1 哺乳动物骨骼肌细胞内外离子浓度和平衡电位

离子	细胞内（mmol/L）	细胞外（mmol/L）	平衡电位（mV）
Na^+	12	145	+65
K^+	155	4	-95
Cl^-	3.8	120	-90
有机负离子	155		

综上所述，静息电位的产生主要是 K^+ 外流形成的，也有少量的 Na^+ 内流和钠-钾泵的生电作用参与。因此，影响以上三方面的因素都可以影响细胞的静息电位，例如，高血钾时，细胞内外的 K^+ 浓度差减小，结果静息电位减小；细胞膜对 Na^+ 通透性加大时，静息电位将减小；细胞缺血缺氧时导致代谢障碍，钠泵的生电作用减小，也会导致静息电位的减小。

二、动作电位

(一) 动作电位的概念和特点

动作电位 (action potential, AP) 是指细胞接受有效刺激后在静息电位基础上产生的一个扩布性的膜电位波动。动作电位是组织或细胞产生兴奋的标志。不同细胞的动作电位具有不同的形态和特点。例如，神经细胞的动作电位时程很短，呈尖峰状，持续时间仅为 1ms；而心室肌细胞动作电位时程较长，期间形成一个平台，可达 300ms 左右。图 2-8 示神经纤维动作电位的变化过程。膜电位首先从 –70mV 逐渐去极化达阈电位水平 (见后文)，后迅速去极化至 +30mV，形成动作电位的升支 (去极相)；随后迅速复极至接近静息电位水平，形成动作电位的降支 (复极相)，两者共同形成尖峰状的电位变化，称为锋电位 (spike potential)。锋电位是动作电位的主要组成部分，具有动作电位的主要特征。在锋电位后出现的膜电位低幅、缓慢的波动，称为后电位 (after potential)。后电位包括两个部分，前一部分的膜电位仍小于静息电位，称为后去极化电位 (after depolarization potential)，后一部分大于静息电位，称为后超极化电位 (after hyperpolarization potential)。电生理学发展早期使用细胞外记录方法时曾把后电位分为负后电位和正后电位。后电位结束后膜电位恢复到稳定的静息电位水平。

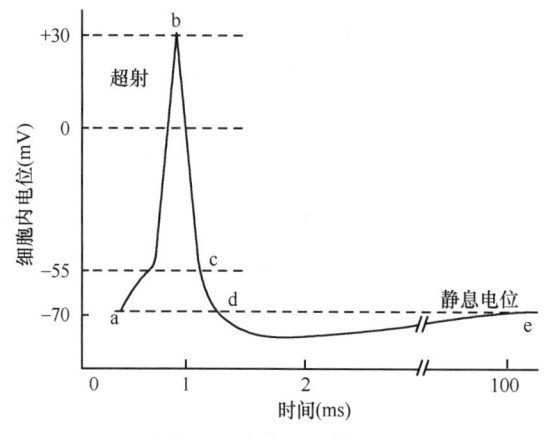

图 2-8 动作电位模式图

ab：锋电位升支；bc：锋电位降支；cd：后去极化电位；de：后超极化电位

动作电位具有以下特点：①全或无 (all or none) 现象。动作电位的产生需要一定强度的有效刺激，若刺激达不到一定强度，动作电位就不产生 (无)；若达到一定强度时，产生动作电位的幅度就达到该细胞动作电位的最大值，不会因刺激强度的继续增强而增大 (全)，这一特征称为动作电位的全或无现象。②不衰减性传导。动作电位一旦在细胞膜的某一部位产生，就会迅速向周围传播直至整个细胞膜，而且它的幅度和波形在传播过程中始终保持不变。③脉冲式发放。连续刺激产生的多个动作电位不会融合，总有一定的间隔，以脉冲式一个个地发放动作电位。

(二) 动作电位的产生机制

细胞在静息状态下，膜内带负电荷，膜外带正电荷，以形成静息电位。动作电位的发生，膜电位的波动实际上也是离子跨膜扩散的结果。如前所述，离子跨膜扩散需要两个必不可少的因素，一是膜两侧离子的电-化学驱动力，二是细胞膜对离子的通透性。因此，动作电位的产生即是在静息电位基础上两者发生改变的结果。

当可兴奋细胞受到一个有效刺激时，胞膜上的钠通道被激活，有少量的 Na^+ 内流，引起细胞膜轻度去极化。当膜电位去极化至阈电位（见后文）时，电压门控式 Na^+ 通道开放，此时膜对 Na^+ 的通透性突然增大，并且超过了膜对 K^+ 的通透性，Na^+ 迅速大量内流，使膜发生较强的去极化。膜去极化的幅度越大，就会引起更强的 Na^+ 内流，如此便形成 Na^+ 电流与膜去极化之间的正反馈，即发生再生性循环（regenerative cycle）。膜发生迅速去极化，直到膜两侧 Na^+ 的电-化学驱动力为零，从而形成了动作电位的上升支，此时膜两侧的电位差称为 Na^+ 平衡电位。膜电位高于零电位的部分称为超射（overshoot）；动作电位升支去极化的速度和幅就度是由 Na^+ 再生性循环决定的，只要刺激达到一定强度，触发这一过程，即可引发相同幅度的动作电位，这也是动作电位全或无特性的原因所在。然而，膜内电位并不停留在正电位状态，因为 Na^+ 通道开放的时间很短，它很快就进入失活状态，从而使膜对 Na^+ 通透性变小。与此同时，电压门控式 K^+ 通道开放，膜内 K^+ 在电-化学驱动力的推动下向膜外扩散，使膜迅速复极化，膜电位基本恢复到静息水平，形成动作电位的降支，并与升支共同构成尖峰状的锋电位。复极期末，膜电位的数值虽然已经基本恢复到静息电位水平，但细胞内外 Na^+、K^+ 的浓度差已发生变化，尽管变化微弱，但足以激活细胞膜上的钠泵，使其逆浓度差将流入细胞内 Na^+ 转运至细胞外，将流出细胞的 K^+ 转运回细胞内，恢复细胞内外的 Na^+、K^+ 在静息时的不均衡分布状态，这是个耗能的过程。而在在动作电位发生期间，Na^+ 内流和 K^+ 外流都是通过易化扩散，不需要细胞代谢供能。

综上所述，动作电位的升支是由于电压门控 Na^+ 通道激活后 Na^+ 大量快速内流形成的；动作电位的降支则是电压门控 Na^+ 通道失活使得 Na^+ 内流停止，同时电压门控 K^+ 通道激活后 K^+ 快速外流的结果。因此，改变膜两侧 Na^+、K^+ 的浓度差、电位差或者改变电压门控 Na^+、K^+ 本身的特性，均可影响动作电位。例如，试验中用氯化胆碱或葡萄糖替代细胞外液中的 NaCl，降低 Na^+ 浓度，将使动作电位幅度下降甚至消失。钠通道阻断剂普鲁卡因能够直接作用于神经纤维电压门控钠通道，抑制动作电位的产生和传导，从而发挥麻醉的作用。

（三）动作电位的产生条件

1. **阈刺激和阈电位** 能使细胞产生动作电位的最小刺激强度，称为阈强度（threshold intensity）或阈值（threshold value）。相当于阈强度的刺激称为阈刺激，大于阈强度的刺激称为阈上刺激，而小于阈强度的刺激则称为阈下刺激。能够触发动作电位的有效刺激，指的就是能使细胞产生动作电位的阈刺激和阈上刺激，阈下刺激通常不能触发动作电位。当有效刺激引起膜内正电荷增加（去极化）到某一临界值时，细胞膜中的大量钠通道开放而触发动作电位的产生，这个能触发动作电位的临界膜电位值称为阈电位（threshold potential，TP）（图2-9）。一般细胞的阈电位约比静息电位小 10～20mV，如神经纤维的静息电位为–70 mV，其阈电位为–55 mV 左右。去极化达阈电位水平是细胞产生动作电位的必要条件。某些情况下，如刺激引起细胞膜发生超极化（图2-9a），此时细胞产生的不是兴奋，而是抑制。动作电位之所以是全或无的，是因为刺激强度只决定是否能使膜去极化达到阈电位水平，一旦达到阈电位即可爆发动作电位，而动作电位的幅度和速度则取决于钠通道的性状和离子所受到的电-化学驱动力大小，与刺激强度变化没有关系。

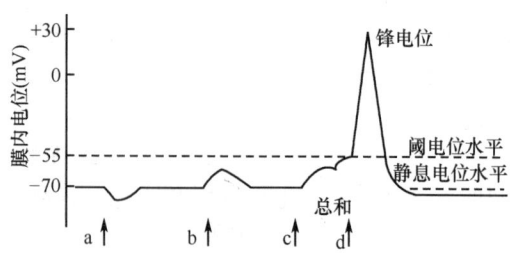

图 2-9 阈电位及刺激引起的超极化、局部兴奋、局部兴奋总和

a：超极化；b：局部兴奋；c、d：局部兴奋总和

2. 局部兴奋和总和　单个阈下刺激虽不能触发动作电位，但也使会引起少量的 Na^+ 内流，造成静息电位值减小，使细胞膜产生较小的去极化，这种去极化不足以使膜电位达到阈电位的水平，而且只限于受刺激的局部。这种只限于膜局部的去极化而不能向远距离传播的电位波动称为局部电位（local potential）或局部反应，也称为局部兴奋（local excitation）（图 2-9b）。

局部兴奋的特点是：①非全或无式。反应幅度可随阈下刺激强度的增强而增大。②衰减性传导。电位幅度小且呈电紧张性扩布，这种电位变化将随着扩布距离的增加而迅速减少以至消失，因此不能在膜上作远距离传播。③总和效应。由多个相距较近的局部兴奋同时产生的叠加称为空间总和（spatial summation），由连续刺激产生的多个局部兴奋先后产生的叠加称为时间总和（temporalsummation）。总和的结果就可能使膜去极化达到阈电位水平，从而触发动作电位（图 2-9c，d）。因此，动作电位可以由一次阈刺激或阈上刺激引起，也可以由多个阈下刺激产生的局部兴奋的总和而引发。

（四）动作电位的传导

细胞膜某一部分产生的动作电位可沿细胞膜不衰减地传播至整个细胞，动作电位在同一细胞上的传播称为传导（conduction）。如果发生在神经纤维上，传导的动作电位又称为神经冲动（nerve impulse）。动作电位传导的原理可用局部电流学说来解释（图 2-10）。

在动作电位的发生部位，细胞膜出现内正外负的反极化状态，而与它相邻的未兴奋部位仍处于内负外正的极化状态。因此，在兴奋部位和未兴奋部位形成了电位差，并产生由正电位向负电位的电流，这种在兴奋部位和未兴奋部位之间形成的电流称为局部电流（local current）。局部电流的方向在膜内是由兴奋部位经细胞内液流向邻近未兴奋部位，在膜外是由未兴奋部位经细胞外液回流至兴奋部位，这样构成了电流回路。局部电流的结果使邻近未兴奋部位细胞膜发生去极化，当去极化达到阈电位时即可触发该部位发生动作电位，使它成为新的兴奋部位，而原来的兴奋部位则进入复极化状态。这样，在兴奋部位与邻近未兴奋部位之间不断形成局部电流，如同多米诺骨牌倾倒一样，使动作电位由近及远的传播，直至整个细胞膜都产生动作电位。由于动作电位的传导其实是沿着细胞膜不断产生新的动作电位，因此它的幅度和形状在长距离传导过程中保持不变。同时由于局部电流的刺激强度远大于细胞兴奋的阈

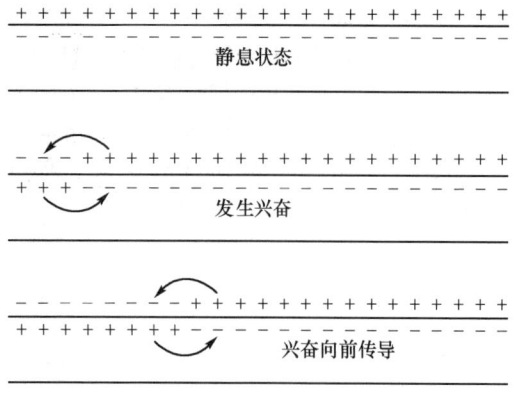

图 2-10　无髓神经纤维上动作电位的传导

值，所以动作电位在生理情况下的传导是十分安全的。

上述兴奋的传导过程和机制是在无髓鞘神经纤维和肌纤维等细胞上发生的。有髓神经纤维的轴突外面包有一层相当厚的髓鞘（图 2-11），髓鞘主要成分的脂质是不导电或不允许带电离子通过的，只有在髓鞘的朗飞结处，轴突膜才能和细胞外液接触。当有髓纤维受到外加刺激时，动作电位只能在邻近刺激点的朗飞结处产生，而局部电流也只能发生在相邻的朗飞结之间，这种传导方式称为跳跃式传导（saltatory conduction）。有髓鞘神经纤维及其跳跃式传导是生物进化的产物，这使得直径 4μm 的有髓鞘神经纤维和直径 600μm 的无髓鞘神经纤维具有相同的传导速度（25μm/s）。髓鞘不仅能提高神经纤维的传导速度，还能减少能量消耗。加上有髓神经纤维较粗，电阻较小，所以它的动作电位传导速度要比无髓神经纤维快得多。例如，人的粗大有髓神经纤维的传导速度超过 100m/s，而一些纤细的无髓神经纤维传导速度还不到 1m/s。

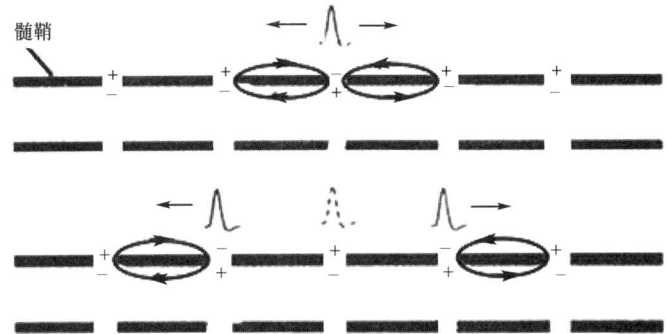

图 2-11 有髓神经纤维上动作电位的传导

（五）组织兴奋性及其周期性变化

如前所述，兴奋性是指活组织或细胞对外界刺激发生反应的能力。随着电生理技术的发展和大量事实表明，各种可兴奋细胞（以神经细胞、肌细胞、腺细胞为主）处于兴奋状态时有不同的外部表现，如机械收缩和分泌活动等，但它们都有一个共同的、最先出现的反应，就是受刺激处的细胞膜两侧出现一个特殊形式的电变化，即动作电位。因此，动作电位作为大多数可兴奋细胞受刺激时共有的特征性表现，在近代生理学中，兴奋性被赋予了新的定义，兴奋性是指细胞在受刺激时产生动作电位的能力。兴奋性的高低与细胞的静息电位和阈电位的距离（差值）呈反变关系。兴奋则是产生动作电位的过程，或者直接认为是动作电位的同义词。

体内不同组织具有不同的兴奋性，即使同一组织在不同生理和病理情况下，兴奋性也可能发生改变。但一个普遍存在于各种可兴奋细胞的现象是，在细胞发生兴奋后，其兴奋性会出现一系列的变化（图 2-12）。细胞接受前一个刺激兴奋后最初一段时间内，无论施加多么强大的刺激，都不能使它再次兴奋，这一段时期称为绝对不应期（absolute refractory period，ARP）。处于绝对不应期的细胞，阈值无限大，任何刺激均无效，可认为兴奋性为零。在绝对不应期之后，细胞的兴奋性逐渐恢复，在一定时间内，受到阈上刺激

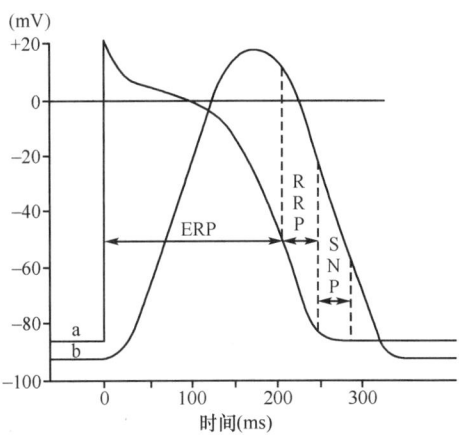

图 2-12 动作电位与兴奋性变化的时间关系

方可发生兴奋,这段时期称为相对不应期(relative refractory period,RRP)。相对不应期是细胞兴奋性从无到有,逐渐恢复正常的一个时期。相对不应期过后,有的细胞还会出现兴奋性的轻微波动,首先出现兴奋性的轻度增高,此期称为超常期(supranormal period);随后又出现兴奋性的轻度降低,此期称为低常期(subnormal period)。细胞动作电位和细胞兴奋时的兴奋性的变化存在一定的时间对应关系。锋电位相当于绝对不应期,因此,有锋电位存在的时期就不可能产生新的动作电位,细胞即便受到连续的快速刺激,也不会出现动作电位的融合;后去极化电位的前段相当于相对不应期,后去极化电位的后段相当于超常期,后超极化电位相当于低常期。

第三节 肌细胞的收缩功能

根据肌肉的功能特性,可将肌肉分为骨骼肌(skeletal muscle)、心肌(cardiac muscle)和平滑肌。根据形态学特点,可将肌肉分为横纹肌(striated muscle)和平滑肌(smooth muscle);根据神经支配,可将肌肉分为躯体神经支配的随意肌和自主神经支配的非随意肌。

一、横纹肌的兴奋与收缩

横纹肌包括骨骼肌和心肌。在完整的心脏中,心肌的节律性收缩由心脏的自律细胞发动,经特殊传导系统依次到达心房和心室,实现心脏节律性收缩舒张,实现心脏泵血功能,这将在第四章讨论。骨骼肌的收缩是在中枢神经系统控制下完成的,每个肌细胞都受到来自运动神经元轴突分支的支配;只有当支配肌肉的神经纤维发生兴奋时,动作电位经神经-肌接头传递给肌肉,才能引起肌肉的兴奋和收缩。本节主要以骨骼肌为例,说明肌细胞收缩的基本原理。

(一)骨骼肌的神经-接头处兴奋传递

骨骼肌的神经-肌接头(neuromuscular junction)由运动神经末梢和与它接触的骨骼肌细胞膜所构成。运动神经纤维末梢在接近肌细胞处失去髓鞘,裸露的轴突末梢沿肌膜表面深入到一些向内凹陷的突触沟槽,这部分轴突末梢膜也称为接头前膜(prejunctional membrane),与其相对的肌膜,称为终板膜(endplate membrane)或接头后膜(postjunctionl membrane),二者之间还有间隔约50nm的接头间隙(junction cleft),其中充满细胞外液。终板膜又进一步向内凹陷形成许多接头皱褶。接头前的神经轴突末梢中含有许多囊泡,称为突触囊泡(synaptic vesicle),也称突触小泡,囊泡内含有大量的ACh(每个囊泡约含有1万个ACh分子)。在接头后的终板膜上有ACh受体,即N_2型ACh受体阳离子通道(N_2-ACh receptor cantin channel),它们集中分布于皱褶的开口处。在终板膜的表面还分布有乙酰胆碱酯酶(acetylcholinesterase),它可将ACh分解为胆碱和乙酸。

当神经纤维传来的动作电位到达神经末梢时,造成接头前膜的去极化和膜上电压门控Ca^{2+}通道的瞬间开放,Ca^{2+}借助于膜两侧的电-化学驱动力流入神经末梢内,使末梢轴浆内Ca^{2+}浓度升高。Ca^{2+}可启动突触囊泡的出胞机制,将囊泡内的ACh排放到接头间隙。ACh在接头间隙内扩散至终板膜,与ACh受体阳离子通道结合并使之激活,于是通道开放,导致Na^+和K^+的跨膜流动。在静息状态下,细胞对Na^+的内向驱动力远大于对K^+的外向驱动力,因而跨膜的Na^+内流远大于K^+外流,从而使终板膜发生去极化。这一去极化的电位变化称为终板电位(end-plate potential,EPP),其幅度约50mV。终板膜上无电压门控钠通道,因而不会产生动作电位。但具有局部电位特征的EPP可通过电紧张电位刺激周围具有电压门控钠通道的肌膜，使之产生动作电位，并传播至整个肌细胞膜。正常情况下，一次神经冲动所释放的 ACh 以及它所引起的终板电位的大小，大约超过引起肌细胞膜动作电位所需阈值的 3~4 倍，因此神经肌接头处的兴奋传递通常是一对一的，亦即运动纤维每有一次神经冲动到达末梢，都能"可靠地"使肌细胞兴奋一次，诱发一次收缩。ACh 在刺激终板膜产生终板电位的同时，可被终板膜表面的胆碱酯酶迅速分解，所以 EPP 的持续时间仅几毫秒。EPP 的迅速消除可使终板膜继续接受新的刺激。

> **神经-肌肉接头与疾病**
>
> 骨骼肌神经-肌接头是许多药物和病理因素作用的靶点。筒箭毒和 α-银环蛇毒可特异性阻断终板膜上的 ACh 受体通道，使神经-肌接头传递的功能丧失，肌肉松弛，因而常用作实验研究中的工具药；临床上常用筒箭毒类化合物作为肌肉松弛剂。新斯的明等胆碱酯酶抑制剂，可通过抑制胆碱酯酶增加 ACh 在接头间隙的浓度，因而能改善肌无力病人的症状。有机磷农药中毒则是由于胆碱酯酶被药物磷酰化而丧失活性，造成 ACh 在接头间隙内大量蓄积，引起中毒症状。骨骼肌神经-肌肉接头处兴奋传递的障碍还与一些疾病的发生有关。在一些自身免疫性疾病，如重症肌无力，由于体内的自身抗体使终板膜上的 ACh 受体通道遭受破坏，结果使 ACh 的作用被阻断；而肌无力综合征(又称 Lamberr-Eaton 综合征)则是体内的自身抗体破坏了轴突末梢上的钙通道，当运动神经上的动作电位到达末梢时不能激活足够的钙通道而产生 Ca^{2+} 内流，使突触囊泡的递质释放发生障碍。
>
> **知识链接**

（二）骨骼肌细胞的微细结构

骨骼肌细胞含有大量的肌原纤维和高度发达的肌管系统，且其排列高度规则有序。

1. **肌原纤维和肌小节**　每个肌细胞内都含有上千条直径 1~2μm 的肌原纤维。肌原纤维纵贯肌纤维全长，每条肌原纤维沿长轴呈规律的明、暗交替，分别称为明带和暗带。暗带的宽度是不变的，不论肌肉在静止、被动拉长或进行收缩时，它都保持在 1.5~1.6μm 的长度。在暗带中央，有一段相对透明的区域，称 H 带。H 带和明带的长度都随肌肉所处状态而变化，肌肉收缩时，两者变窄，而肌肉被拉长时，两者均变宽。H 带中央有一条横向的暗线，称 M 线。在明带的中央有一条横向的暗线，称 Z 线。每两个相邻 Z 线之间的区域称为一个肌节（sarcomere），是肌肉收缩和舒张的基本单位。肌节的长度在不同情况下可变动于 1.5~3.5μm。通常在骨骼肌安静时，肌节的长度为 2.0~2.2μm。

肌原纤维之所以出现明带和暗带，是由于肌节中含有两套不同的肌丝（图 2-13）。直径约 10nm 的粗肌丝位于暗带，长度约 1.6μm，中间有细胞骨架蛋白将它们固定，形成 M 线；明带内含有直径约 5nm 的细肌丝，每条细肌丝的长度为 1.0μm，它的一端锚定在 Z 盘的骨架结构中，另一端插入暗带的粗肌丝之间，所以暗带中除粗肌丝外，也含有来自两侧 Z 线的细肌丝，M 线两侧没有细肌丝插入的部分，形成较明亮的 H 带。在骨骼肌的每个肌节中，细肌丝的数量是粗肌丝的 2 倍。

2. **肌丝的分子组成**

（1）粗肌丝：主要由肌球蛋白分子构成，每个肌球蛋白分子呈杆状，杆的一端有个球形的头，形似豆芽，称为横桥。一条粗肌丝大约含有 200 个肌球蛋白分子，每个分子长 150nm。粗肌丝的杆状部都朝向 M 线，聚合成束，形成粗肌丝的主干，横桥则有规律地裸露在 M 线两侧的粗肌丝主干的表面。当肌肉安静时，横桥与主干的表面垂直，突出于主干约 6nm。由于各肌球蛋白分子在粗肌丝上的起止点并不相同，在粗肌丝上每隔 14.3nm 起止一对肌球蛋白分子，因此每距 14.3nm 就从粗肌丝的主干上横向突出一对横桥，这一对横桥彼此呈 180°，但是在不同横断面的相邻两对横桥之间呈 60°夹角，如此反复。因此，从纵向来看，粗肌丝向 6 个方向突出横桥，每一列横桥正好对准一条细肌丝（图 2-14）。在靠近 M 线的一小段粗肌丝则无横桥突出，这样有规则的排列，对于粗细肌丝之间的相互作用显然是十分有利的。横桥有两个主要特性：一是可以和细肌丝上的肌动蛋白的分子呈可逆性的结合，同时出现横桥向 M 线方向上的扭动；二是具有 ATP 酶的活性，可分解 ATP 获得能量，作为横桥扭动做功的能量来源。

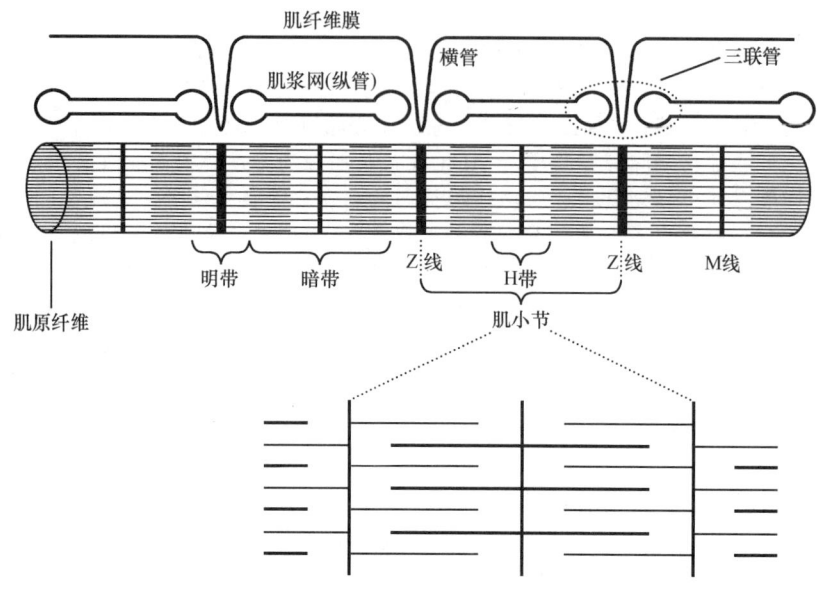

图 2-13 骨骼肌的微细结构示意图

（2）细肌丝：由肌动蛋白（亦称肌纤蛋白）、原肌球蛋白和肌钙蛋白三种蛋白质分子组成。它们在细肌丝中的比例为 7∶1∶1。肌动蛋白是球形分子，它们聚合成两条链并相互缠绕成螺旋状，构成细肌丝的主干（图 2-14）。原肌球蛋白是长杆状分子，其长度相当于 7 个肌动蛋白单体，它们首尾相连，也是双螺旋结构，走行于肌动蛋白双螺旋的浅沟附近，能阻止肌动蛋白分子与横桥头部结合。每个原肌球蛋白分子上还结合有另一个调节蛋白，即肌钙蛋白。肌钙蛋白是由 3 个亚单位组成的球形分子，三个亚单位为肌钙蛋白 T（TnT）、肌钙蛋白 I（TnI）和肌钙蛋白 C（TnC）：TnT 附着在原肌球蛋白上；TnI 附着在肌动蛋白上；TnC 位于 TnT 和 TnI 之间，每个 TnC 可结合 4 个 Ca^{2+}，当它与 Ca^{2+} 结合以后，即启动收缩过程。

3. 肌管系统　骨骼肌细胞有两套独立的肌管系统。其中一套是走行方向与肌原纤维垂直的管道，称为横管或 T 管（T tubule），由肌膜向内凹陷并向细胞深部延伸而形成；它使沿肌膜传导的电信号能迅速传播至细胞内部的肌原纤维周围。在骨骼肌，T 管位于每个肌节中明带和暗带的交界处。另一种管道的走行方向与肌原纤维平行，称为纵管，亦即肌质网（sarcoplasmic reticulum，SR）。SR 的管道交织成网，包绕在肌原纤维周围。在肌原纤维周围的 SR 也称纵行肌质网（loogitudinal SR，LSR），LSR 膜上有钙泵，可逆浓度梯度将胞质中的 Ca^{2+} 转运至 SR 内。SR 的末端膨大或呈扁平状，与 T 管膜或肌膜（见于心肌）相接触（但不连接），这部分 SR 称为连接肌质网（junctional SR，JSR）或终池（terminal cistema）。JSR 内的 Ca^{2+} 浓度约比肌质中高数千倍。JSR 膜上有钙释放通道（Ca^{2+} release channel）或称

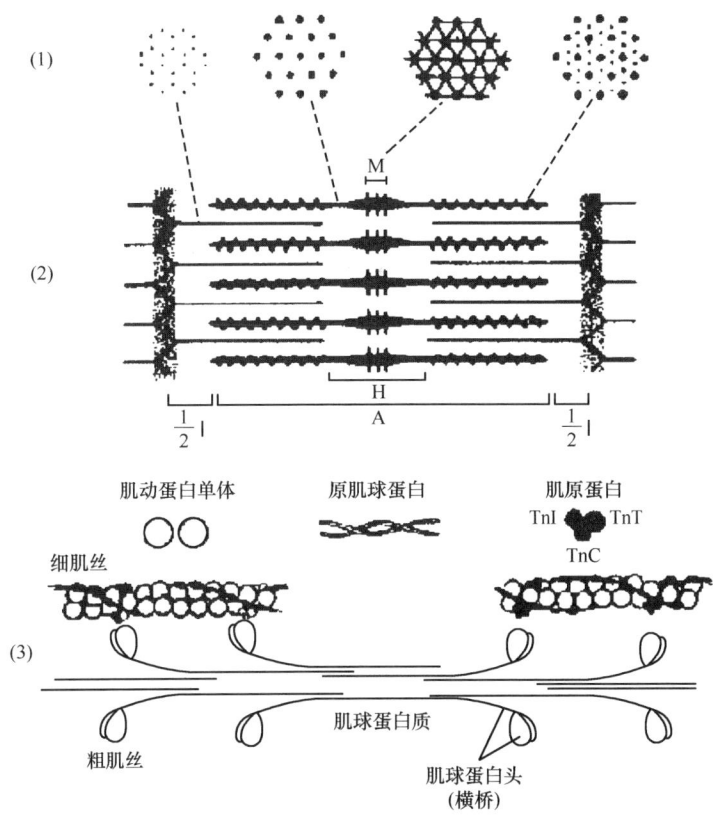

图 2-14 粗细肌丝的分子结构示意图

ryanodine 受体（ryanodine receptor，RYR），与其相对的 T 管膜或肌膜上有 L 型钙通道（L-type Ca^{2+} channel）。骨骼肌中 80% 的 T 管与其两侧的终池相接触而形成三联管结构，是发生兴奋-收缩耦联的关键部位。

（三）骨骼肌的收缩机制

目前公认的肌肉收缩机制是肌丝滑行学说，其主要内容是：骨骼肌的肌原纤维是由粗、细两组与其走向平行的蛋白丝构成，肌肉的伸长或缩短均通过粗、细肌丝在肌小节内的相互滑动而发生，肌丝本身的长度不变。这一理论的最直接的证据是，通过直接观察，肌肉收缩时并无暗带长度的变化，只能看到明带长度的缩短，与此同时也看到暗带中央 H 带相应地变窄，说明细肌丝向暗带中央移动，粗、细肌丝发生了更大程度的重叠。根据上述对骨骼肌微细结构的研究，目前一般公认的骨骼肌的收缩过程是：当肌细胞膜上的动作电位引起肌浆中 Ca^{2+} 浓度升高时，肌钙蛋白结合了足够数量的 Ca^{2+}，引起肌钙蛋白分子构象的改变，这种改变使原肌球蛋白发生扭转、移位，使肌球蛋白的横桥得以和肌动蛋白结合，使横桥分解 ATP 获得能量拉动细肌丝向 M 线方向扭动，继而出现横桥同细肌丝上新位点的再结合和再扭动，如此反复进行，肌细胞缩短。在横桥反复拉动的过程中，细肌丝不断向暗带中央移动；如果移动时由于肌肉的负荷而受阻，则会产生张力。与横桥扭动相伴随的是 ATP 的分解和化学能向机械功的转换。横桥的扭动在一个肌小节以至整个肌肉中都是不同步的，这样才能使肌肉产生恒定的张力和连续的缩短。参与工作的横桥数目以及横桥结合、分离、再结合的进行速率，是决定肌肉缩短程度、缩短速度以及所产生张力的关键因素。

（四）骨骼肌的兴奋-收缩耦联

肌细胞兴奋时，首先在膜上出现动作电位，然后才发生肌细胞机械收缩，将肌细胞的电兴奋过程与机械收缩过程联系起来的中介机制或过程，称为兴奋-收缩耦联。

目前认为，这个耦联过程包括三个步骤：①肌细胞兴奋时产生的动作电位沿肌细胞膜表面传导时，通过横管膜传入细胞内部。②在三联管结构处，横管膜与终池相距很近，横管处的动作电位产生的电场力变化影响终池膜，使终池膜对 Ca^{2+} 的通透性突然升高，终池内的 Ca^{2+} 顺浓度差迅速扩散入肌浆，使肌浆中的 Ca^{2+} 浓度从 10^{-7}mol/L 上升到 10^{-5}mol/L，即升高上百倍（骨骼肌在安静时细胞内的 Ca^{2+} 有 90%以上储存在终池内）。进入肌浆中的 Ca^{2+} 引发了肌丝的相互滑行，肌肉收缩。③肌浆中的 Ca^{2+} 和肌钙蛋白结合引发肌肉收缩后，肌质网膜上的钙泵开始活动。钙泵是一种 Ca^{2+}-Mg^{2+} 依赖的 ATP 酶，它分解 ATP 获得能量，将 Ca^{2+} 逆浓度差自肌浆转运回肌质网。由于肌浆中 Ca^{2+} 浓度降低，Ca^{2+} 即与肌钙蛋白解离，引起肌肉舒张。由于 Ca^{2+} 进入肌质网的再聚集也要分解 ATP 耗能，所以肌肉的舒张和收缩一样，也是主动的（图 2-15）。

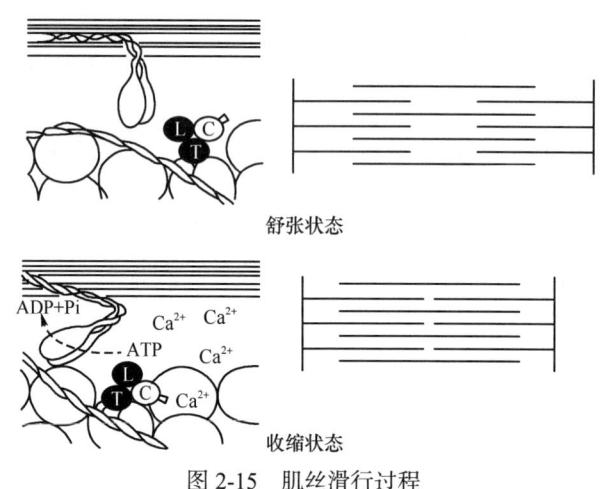

图 2-15　肌丝滑行过程

（五）骨骼肌收缩的形式及其影响因素

1. 等长收缩和等张收缩　骨骼肌在体内收缩完成各种运动功能和维持各种姿势时，引起两方面的力学变化：一种是肌肉缩短，牵动骨骼，改变躯体的位置；二是提高肌肉的张力，以对抗某种外力的牵拉，维持原有的姿势。肌肉收缩时，如果对抗的外力小，则肌肉缩短的程度大，所产生的张力就小；反之，若对抗的外力大，则肌肉缩短的程度小，所产生的张力就大。因此，骨骼肌有两个极端的收缩形式：一种是等长收缩，即肌肉在收缩时，由于负荷太大，肌肉实际上没有缩短，但这时肌肉能产生最大的张力，肌肉收缩消耗的能量全部转化为张力；另一种是等张收缩，即肌肉在收缩时，张力并无改变，但骨骼肌的长度明显缩短，而肌肉收缩所消耗的能量主要转变为缩短。实际上，人体在大多数情况下肌肉发生收缩时，往往是长度缩短，同时张力也在加大，既非单纯的等长收缩，也非单纯的等张收缩。

2. 单收缩和强直收缩　在离体实验条件下，给予骨骼肌一个单个刺激，先是出现一次动作电位，紧接着出现一次机械收缩，称为单收缩。如果给肌肉以连续的脉冲刺激，肌肉的收缩情况将根据刺激频率不同而不同。在刺激频率较小的情况下，每一个后续刺激引起的收缩产生时，前一个刺激引起的肌肉收缩全过程已经结束，因此出现一连串的单收缩（twitch）。当刺激频率增大时，后一次收缩有可能发生在前一次收缩的舒张期，这就发生了收缩过程的复合，形成不完全强直收缩（incomplete tetanus），其特点是在描记曲线上出现锯齿形波，即每次收缩都残留一部分舒张期。如果刺激频率进一步增大，后一收缩有可能在前一次收缩的收缩期结束前开始收缩，这就发生了完全强直收缩（complete tetanus），其特点是在描记曲线上发生肌肉收缩波的完全融合。无论是不完全强直收缩或完全强直收缩，其收缩曲线的高度都远远超过单收缩的曲线高度，这是因为后一次收缩是在前一次收缩的基础上产生的。骨骼肌收缩可以复合，是因为骨骼肌动作电位的绝对不应期甚短，约为1ms，故能接受较高频率的刺激而再次兴奋，而骨骼肌的机械收缩过程可达100ms以上。因此，有可能在收缩过程中接受新的刺激并发生新的兴奋和收缩，新的收缩可与前次尚未结束的收缩发生总和。这就是强直收缩发生的基础。强直收缩较单收缩能产生更大程度的张力和缩短。

在体的骨骼肌的收缩在中枢神经系统调节下通过运动单位数量的总和（详见第十章）与频率效应的总和快速调节其收缩强度。在整体内，骨骼肌的收缩都属于完全强直收缩，因为由运动神经传向骨骼肌的兴奋冲动都是连续成串的。即使在静息状态下，中枢神经也经常发放低频率的神经冲动至骨骼肌，使之产生微弱而持续的强直收缩维持肌紧张。

3. 影响骨骼肌收缩效能的因素　骨骼肌的收缩效能决定于肌肉收缩前或收缩时所承受的负荷、肌肉自身的收缩能力和总和效应等因素。

（1）前负荷对肌肉收缩力的影响：肌肉收缩时总是要克服一定的负荷。前负荷（preload）指肌肉在收缩前，肌肉已承受的外加负荷。因此，前负荷就必定会影响肌肉在收缩前的长度，即初长度。初长度影响肌肉收缩张力的大小，在等长收缩实验中，测定不同初长度条件下肌肉主动收缩产生的张力（即主动张力），对应作图即得到长度-张力关系曲线（图2-16）。在一定范围内，前负荷越大，肌肉的初长度也越长，肌肉收缩张力（主动张力）随初长度的增加而增大，但过度增加初长度则可使收缩张力下降。肌肉收缩产生的张力与细肌丝接触的横桥数目成正比，最适初长度时粗、细肌丝处于最佳配合，肌肉可以产生最大的主动张力。

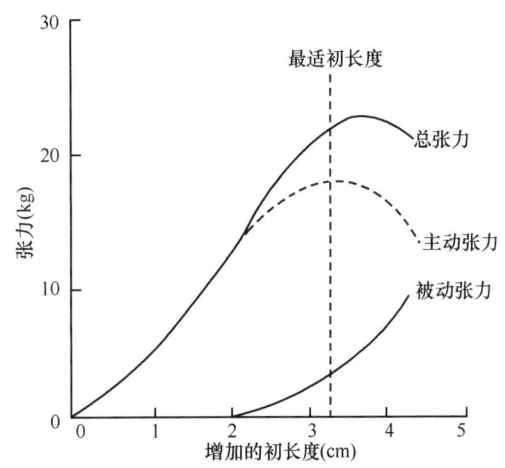

图2-16　骨骼肌等长收缩时的长度-张力关系曲线
（主动张力=总张力-被动张力）

（2）后负荷对肌肉收缩力的影响：后负荷（afterload）指肌肉开始收缩时遇到的负荷或阻力。在前负荷不变的条件下，可以观测不同后负荷对肌肉收缩的影响。给肌肉施加刺激后，肌肉最初出现等长收缩，当收缩张力超过负荷时就进入等张收缩，肌肉就会缩短，同时移动负荷。不断地改变后负荷，同时测定不同后负荷时肌肉缩短的速度，观察到随着后负荷的增加，收缩张力增加而缩短速度减小，对应作图可得到张力-速度关系曲线（图2-17）。当后负荷增加到使肌肉不能缩短时，肌肉可产生最大等长收缩张力（Po）；当后负荷为零时，肌肉的缩短可达到最大缩短速度（V_{max}）。随着后负荷的增加，肌肉缩短速度减慢，可以用横桥拉动细肌丝移动时，由于后负荷增加，横桥摆动速度下降来进行解释。

（3）肌肉收缩能力：肌肉收缩能力（contractility）是指与负荷无关的决定肌肉收缩效能的肌肉本身的内在特性。肌肉收缩能力提高时，收缩时产生的张力的大小、肌肉缩短的程度，以及产生张力或肌肉缩短的速度均将提高；肌肉收缩能力降低时则发生相反的改变。肌肉这种内在的收缩特性与多种因素有关，如兴奋-收缩耦联过程中胞质内 Ca^{2+} 浓度的变化、肌球蛋白的 ATP 酶活性、细胞内各种功能蛋白及其亚型的表达水平等。许多神经递质、体液因子、病理因素和药物，都可通过上述途径来调节和影响肌肉收缩能力。

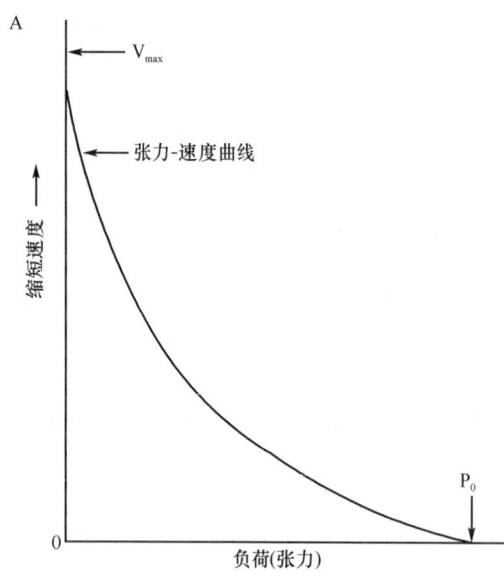

图 2-17　骨骼肌等张收缩时的张力-速度曲线

二、平滑肌的兴奋与收缩

平滑肌细胞是气道、消化道、血管、泌尿生殖器等器官的主要构成成分。它收缩时产生张力和缩短为这些器官的运动提供动力；它还可产生持续性或紧张性的收缩，以对抗外加的负荷，保持器官的形状和功能。平滑肌在细胞结构和收缩机制方面与骨骼肌有许多不同之处。

（一）平滑肌的微细结构

平滑肌细胞呈细长的纺锤形，细胞排列紧密，且相互交替。平滑肌细胞细肌丝的数量明显多于粗肌丝，二者之比高达 10∶1～15∶1（骨骼肌为 2∶1），且没有肌节结构，因而亦无横纹，但粗、细肌丝仍保持互相平行和有序的排列。平滑肌细胞内没有 Z 盘，与之功能相似的结构是致密体（dense body）和附着于细胞膜上的致密斑，它们是细肌丝的附着点和传递张力的结构。粗肌丝在不同方位上伸出的横桥的方向是相反的，这使得粗、细肌丝的滑动范围可以伸延到细肌丝全长，因而具有较大的舒缩范围。平滑肌的肌膜没有向内凹入的横管，使肌膜上传播的动作电位不能迅速到达细胞深部，这可能也是平滑肌收缩缓慢的原因之一。平滑肌细胞的肌质网（SR）不发达，但在 SR 膜上存在两种钙释放通道，即对三磷酸肌醇敏感的 IP_3 受体和对 Ca^{2+} 敏感的 ryanodine 受体（RYR）。

（二）平滑肌的分类

根据兴奋传导的特征，通常将平滑肌分为单个单位平滑肌（single-unit smooth muscle）和多单位平滑肌（multi-unit smooth muscle）两类。单个单位平滑肌包括小血管、消化道、输尿管和子宫的平滑肌，这些平滑肌细胞间存在大量缝隙连接，电活动可由一个肌细胞直接传播到其他肌细胞，其功能活动的形式类似于合胞体，即肌肉中所有的肌纤维作为一个单位对刺激发生反应。这类平滑肌中有少数细胞具有自动节律性，可成为起步点，带动整个肌肉的电活动和机械活动。

多单位平滑肌主要包括睫状肌、虹膜肌、竖毛肌以及气道和大血管的平滑肌。肌细胞之间很少缝隙连接，因此每个肌细胞的活动都是彼此独立的。这类平滑肌一般没有自律性，肌细胞的收缩活动受支配它们的自主神经的控制，收缩强度取决于被激活的肌纤维数目和神经冲动的频率。

(三)平滑肌细胞的电活动特征

平滑肌的静息电位较骨骼肌小,在-60~-50mV之间。在单个单位平滑肌,静息电位可出现缓慢的自发的波动,称为慢波(slow wave)(详见第六章)。平滑肌动作电位的去极相是由Ca^{2+}和Na^+内流形成的,两种离子各自的作用与肌肉的类型和部位有关。例如,肠管和输精管平滑肌主要依赖于Ca^{2+}内流,而膀胱和输尿管平滑肌则以Na^+内流为主。动作电位的复极相依赖于K^+外流。动作电位的时程为10~50ms,为骨骼肌的5~10倍。动作电位可触发平滑肌细胞收缩,但并不是唯一的方式。

(四)平滑肌的收缩机制

1. 胞质内钙浓度的调控　平滑肌的收缩蛋白也是由胞内Ca^{2+}浓度升高激活的。但与骨骼肌和心肌不同的是,平滑肌细胞可通过药物-机械耦联(pharmacomechanical coupling)和电-机械耦联(electromechanical coupling)两条途径诱发胞内Ca^{2+}浓度升高,即化学信号或动作电位都可诱发胞内Ca^{2+}浓度升高。由于平滑肌的肌质网不发达,增加的胞质内Ca^{2+}主要来自从肌膜上电压门控通道或机械门控通道流入的Ca^{2+},另一部分则来自肌质网RYR释放的Ca^{2+}。胞质内Ca^{2+}浓度的下降是通过SR钙泵将Ca^{2+}回收到SR,以及肌膜的Na^+-Ca^{2+}交换体和钙泵把Ca^{2+}转运至胞外完成的。与横纹肌相比,这一过程相对缓慢,这也是平滑肌舒张缓慢的一个原因。

2. 平滑肌的收缩机制　胞内游离Ca^{2+}浓度增加时,Ca^{2+}首先结合于钙调蛋白(CaM),Ca^{2+}与CaM的复合物进一步结合并激活胞质内的肌球蛋白轻链激酶(myosin light chain kinase,MLCK),活化的MLCK可使横桥中肌球蛋白轻链(myosin light chain,MLC)磷酸化。平滑肌粗肌丝的横桥是受磷酸化调节的,MLC的磷酸化使横桥ATP酶活性提高,并引发肌丝滑行和肌肉收缩。胞内Ca^{2+}浓度降低后,MLCK失活,磷酸化的MLC在胞质内肌球蛋白轻链磷酸酶的作用下脱磷酸,导致肌肉舒张(图2-18)。

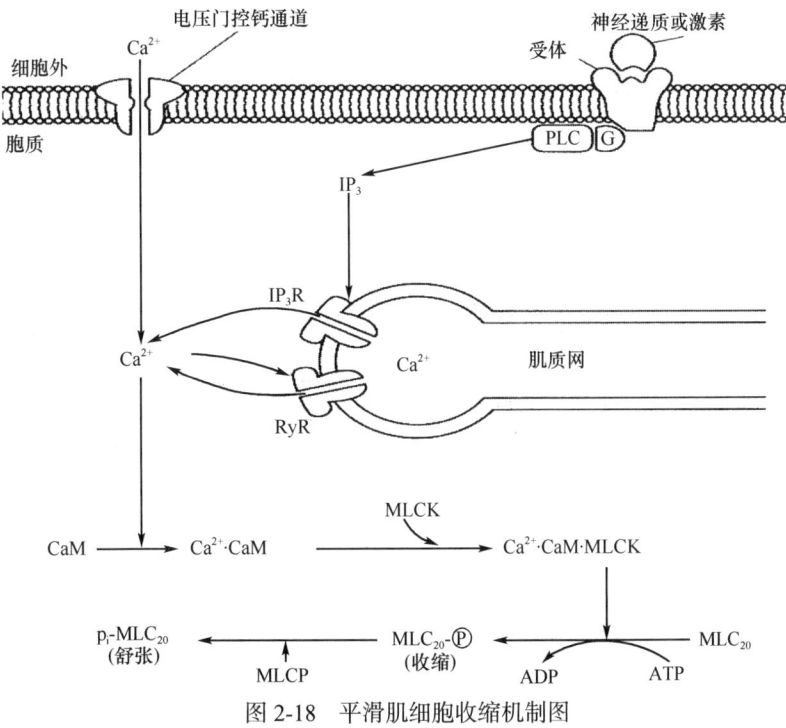

图2-18　平滑肌细胞收缩机制图

(五)平滑肌活动的神经调控

大多数平滑肌接受自主神经的支配,除小动脉平滑肌只接受交感神经一种纤维的支配外,其他器官的平滑肌都接受交感和副交感神经的双重支配。由于内脏平滑肌具有自律性活动。外源性的神经冲动并不是发动肌肉收缩的必要条件,而是起调节兴奋性和影响收缩强度与频率的作用。多单位平滑肌一般没有自律性,收缩活动受支配它们的自主神经的控制,收缩强度取决于被激活的肌纤维数目和神经冲动的频率。

(蒋淑君 卫丽霞)

思 考 题

1. 举例说明原发性主动转运和继发性主动转运的区别。
2. 钠泵的化学本质和功能是什么?其活动有何生理意义?
3. 增加细胞外液中的K^+浓度,神经纤维的静息电位和动作电位有何改变?为什么?
4. 何谓动作电位?试述动作电位的特征并解释出现这些特征的原因。
5. 何谓局部兴奋?试举例说明并比较局部兴奋与动作电位的不同特征。
6. 试述神经-肌肉接头处兴奋的传递过程。
7. 从分子水平解释骨骼肌的收缩机制。

第三章 血 液

> **学习要点**
> 1. 血液的组成、理化特性及功能；血浆的成分及生理作用；血浆渗透压正常值及生理作用。
> 2. 红细胞、白细胞和血小板的生成与破坏；正常值及功能。
> 3. 血液凝固的基本过程；体内的抗凝系统；血液凝固的加速与延缓。
> 4. 血量、血型及输血原则。

血液（blood）是一种红色流体组织，受心脏活动的驱动在心血管腔内不断地循环流动，在维持正常生命活动中发挥重要作用：一是维持与体内各组织器官的相互联系，并通过呼吸、消化、排泄等器官与外环境沟通，实现物质交换，维持内环境稳态；二是物质运输功能，主要运输 O_2 和 CO_2、营养物质、激素、代谢产物等，以维持机体的正常代谢；三是防御和保护功能，血液中的白细胞可抵御细菌、病毒对人体的伤害；四是血液中的缓冲物质可调节酸碱平衡；此外，血液还参与机体免疫、体温调节、生理止血等功能。当血液循环障碍，使组织器官供血不足时，可造成组织器官代谢失常、功能紊乱；机体新陈代谢及生理功能的改变或患某些疾病，可引起血液成分和性质的改变。因此，学习和掌握血液的基本知识对认识人体的功能和疾病防治有重要价值。

第一节 血液的组成和理化特性

一、血液的组成

血液是由血细胞（blood cells）和血浆（plasma）两部分组成（图 3-1）。

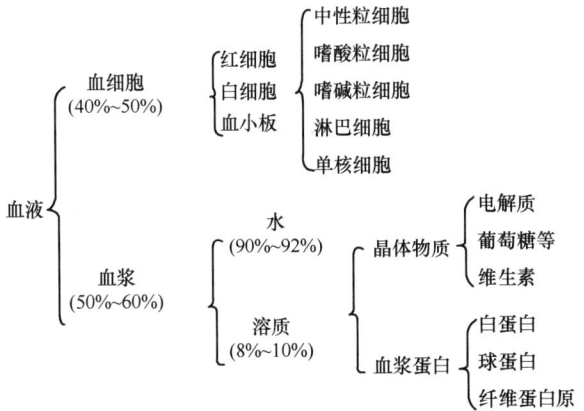

图 3-1 血液的组成

（一）血细胞

血细胞包括红细胞（red blood cell，RBC）、白细胞（white blood cell，WBC）和血小板（platelet），其中红细胞数量最多，约占血细胞总数的 99%，白细胞最少。将一定量的新

考点提示：
血液的组成及功能，血细胞正常值

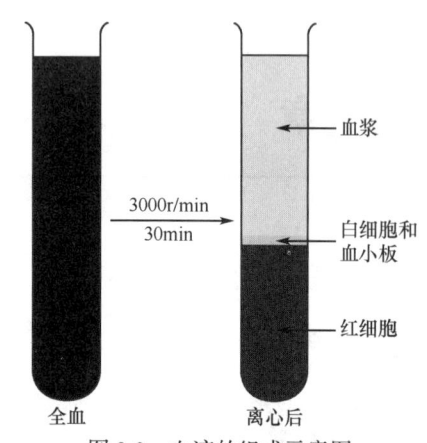

图 3-2 血液的组成示意图

采集血液放入加有抗凝剂的比容管内，以每分钟3000转的速度离心30min后，可见比容管内的血液分为三层（图 3-2），上层淡黄透明的液体为血浆，约占全血容积的50%～60%；下层红色不透明的血柱是红细胞，约占全血容积的40%～50%；血浆与红细胞之间灰白色的薄层物质是白细胞和血小板，约占全血容积的0.15%～1%。这种用离心方法测得的血细胞在全血中所占的容积百分比，称为血细胞比容（hematocrit，Hct），由于血液中的有形成分主要是红细胞，白细胞和血小板所占容积很小，故血细胞比容主要反映血液中红细胞的相对含量，因此血细胞比容也称红细胞比容。正常成人男性红细胞比容约为40%～50%，女性约为37%～48%，新生儿约为55%。血液浓缩时血细胞比容增高，贫血时血细胞比容可降低。

（二）血浆

1. 血浆的基本成分　血浆是含有多种溶质的水溶液，其中水约占91%～92%，溶质约占8%～9%。血浆的溶质主要包括多种电解质、小分子有机物、血浆蛋白等。由于血浆中的水及晶体溶质都很容易透过毛细血管壁与组织液进行物质交换，所以血浆中水及晶体物质的含量与组织液基本相同。临床检测血浆中各种物质的浓度，能够大致反映组织液中这些物质浓度。

2. 血浆成分的生理作用

（1）水和无机盐：血浆含水90%以上，血浆中的绝大部分物质使溶解于水中被运输的，同时血浆中的水对于实现血液的运输、调节体温等功能具有重要作用。血浆中含有多种无机盐，因多以离子状态存在，故称为电解质。无机盐在形成血浆晶体渗透压、维持酸碱平衡和神经肌肉的兴奋性等方面起重要作用。

（2）非蛋白含氮化合物：血浆中除蛋白质以外的含氮化合物总称为非蛋白含氮化合物，主要有氨基酸、尿素、尿酸、肌酸、肌酐等，均为蛋白质代谢过程中的中间产物。非蛋白含氮化合物中所含的氮称为非蛋白氮（non-protein nitrogen，NPN）其中1/3～1/2为尿素氮，血液中的NPN主要通过肾排出体外，因此，测定NPN或尿素氮含量，有助于了解肾的功能状况。

（3）其他成分：血浆中还含有：葡萄糖、脂类、酮体、乳酸、激素、维生素等，可供机体的能量消耗或调节生命活动所需；此外，血浆中还含一定量的气体，主要是 O_2 和 CO_2，与细胞呼吸及物质代谢有关。

（4）血浆蛋白：血浆蛋白（plasma protein）是血浆白蛋白（albumin）、球蛋白（globulin）和纤维蛋白原（fibrinogen）的总称。其中白蛋白含量最多，纤维蛋白原最少。用电泳法可将球蛋白分为 α_1、α_2、β 及 γ 球蛋白。正常白蛋白/球蛋白比值为1.5∶1～2.5∶1。由于血浆中的白蛋白主要在肝脏合成，所以肝功能异常可导致白蛋白减少及白蛋白/球蛋白比值下降。血浆蛋白的主要功能是：参与形成血浆胶体渗透压，调节血管内外水的分布；运输激素、脂质、离子、维生素等低分子物质；白蛋白及其钠盐组成的缓冲对具有调节血浆酸碱平衡的作用；参与机体生理性止血过程；抵抗病原微生物的免疫防御功能等。

三、血液的理化特性

（一）血液的颜色

血液呈红色，主要是因为红细胞内含有红色的血红蛋白（hemoglobin，Hb）。其中，氧合血红蛋白（HbO_2）呈鲜红色，还原血红蛋白呈暗红色。由于动脉血中氧合血红蛋白含量高，故动脉血呈鲜红色；静脉血因还原血红蛋白（即未带氧的Hb）含量高（约占1/3），故静脉血呈暗红色。

（二）血液的比重

正常人血浆的比重为1.025~1.030，红细胞的比重最大约为1.098，白细胞的比重大约是1.065，血小板的比重约为1.030。全血比重为1.050~1.060，它受机体营养状况、血细胞数量以及机体含水量等因素的影响。全血的比重大小主要取决于红细胞的数量，血浆的比重则主要取决于血浆蛋白质的含量。

（三）血液的黏度

由于血液中含有大量的血细胞和血浆蛋白，所以具有较大的黏度。通常全血的黏度是水的4~5倍。即以水的黏度为1，全血的黏度则为4~5，血浆为1.6~2.4。全血的黏度大小取决于红细胞数量和血浆蛋白的含量。严重贫血的病人红细胞减少，血液黏度下降；而大面积烧伤的病人，血中水分大量渗出血管，血液浓缩，血黏度增高。

血液黏度与流速的关系

水、酒精等在物理学上所谓"理想液体"的粘度是不随流速改变的，而血液在血流速度很快时（如在动脉内），类似理想液体，其黏度不随流速而变化；但当血流速度小于一定限度时，则黏度与流速成反变关系。这主要因为血流缓慢时，红细胞可叠连或聚集成其他形状的粒团，使血液的黏度增大。在人体内因某种疾病使微循环血流速度显著减慢时，红细胞在其中叠连和聚集，使血流阻力增大，影响循环的正常进行；这时可以通过输入白蛋白或低分子右旋糖酐以增加血流冲刷力量，使红细胞分散，降低血液黏度，增加血流速度。

知 识 链 接

（四）血液的酸碱度

血液的酸性或碱性通常用pH值表示。正常人血液pH在7.35~7.45之间保持相对稳定。当血浆pH低于7.35时为酸中毒，高于7.45时为碱中毒。酸中毒和碱中毒均可影响机体的正常生命活动，若血浆pH值低于6.9或高于7.8，将会危及生命。正常情况下血浆酸碱度之所以能保持相对稳定，有赖于血液中具有抗酸和抗碱作用的物质（缓冲对）以及肺、肾功能的调节。血浆中的缓冲对有：$NaHCO_3/H_2CO_3$、Na_2HPO_4/NaH_2PO_4、Na-蛋白质/H-蛋白质等。当酸性或碱性物质进入血液时，血液中的缓冲物质可有效的对抗酸性或碱性物质的影响。此外，肺和肾的正常功能也可排出体内多余的酸或碱，与血浆中的缓冲对共同维持血液酸碱度的相对稳定。

（五）血浆渗透压

1. 渗透现象及渗透压　渗透现象是指在半透膜隔开的两种不同浓度的溶液间，水分子从低浓度溶液通过半透膜向高浓度溶液扩散的现象（图3-3）。渗透现象也可以理解为高浓度溶液中含有较多的溶质颗粒，具有较高的吸引和保留水分子的能力，能够通过半透膜，将低浓度溶液中的水分子吸引过来。渗透压是指溶液所具有的吸引和保留水分子的能力。其大小取决于溶质颗粒数目的多少，而与溶质的种类及颗粒大小无关。渗透压的基本单位是Osm/L。由于体液渗透压很小，故医学上通常用mOsm/L作为单位来表示渗透压的大小。渗透压大，则吸引或保留水分的力量强，反之，吸引或保留水分的力量弱。

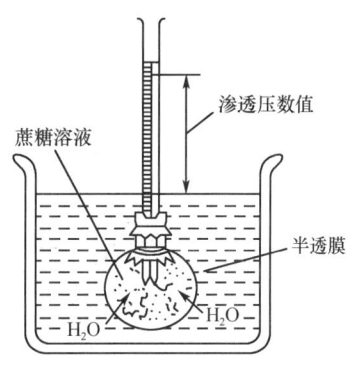

图3-3　渗透现象和渗透压

2. 血浆渗透压的正常值　血浆中溶质的吸水力量称为血浆渗透压，正常值约为

300mOsm/L（280~320mOsm/L）相当于 5 800mmHg（773kPa）。血浆渗透压包括血浆晶体渗透压和血浆胶体渗透压两部分。前者由血浆中的小分子晶体物质（主要是 NaCl）形成，其数值占血浆渗透压的绝大部分；后者由血浆中大分子的蛋白质（主要是白蛋白）形成，其数值很小，约为 1.5mOsm/L，相当于 25mmHg（3.3kPa）。

3. 血浆渗透压的生理作用

（1）血浆晶体渗透压的作用：由于正常人体细胞膜为半透膜，可允许水分子自由通过而不允许晶体物质自由通过。因此，血浆和组织液中晶体物质绝大部分只能在细胞外形成一定浓度，产生相对稳定的渗透压，从而维持细胞内外水平衡、保持细胞正常形态和体积。当血浆及细胞外液晶体渗透压降低时，细胞外液中的水会进入细胞，使细胞水肿；反之，细胞将会脱水皱缩（图 3-4）。因血浆晶体物质能自由透过毛细血管壁，血浆与组织液中的晶体物质几乎相等，所以毛细血管壁两侧的晶体渗透压基本相同。因此，正常情况下，血浆晶体渗透压对毛细血管内外的水交换影响较小。

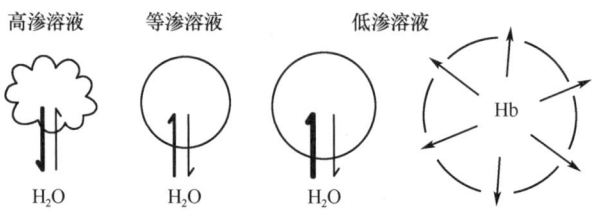

图 3-4 晶体渗透压对红细胞的作用

临床上以血浆的正常渗透压为标准，将与血浆渗透压相等的溶液称为等渗溶液，如 0.9% NaCl（生理盐水）和 5% 葡萄糖溶液；高于血浆正常渗透压的溶液称为高渗溶液；低于血浆正常渗透压的溶液称为低渗溶液。临床上为病人输液时，一般应输入等渗溶液，只有在特殊情况下才输入高渗或低渗溶液。

考点提示：
血浆渗透压及其意义

（2）血浆胶体渗透压的作用：由于血浆蛋白等胶体物质物质分子量大，难以透过毛细血管壁，而血浆中胶体物质的浓度又高于组织液，血液胶体渗透压（25mmHg）高于组织液胶体渗透压（15mmHg）。故血浆胶体渗透压能吸引组织液中的水分进入毛细血管，对保持毛细血管内外的水平衡和正常血容量有重要作用（图 3-5）。临床上，肝硬化、肾病综合征患者血浆白蛋白减少，血浆胶体渗透压降低，使组织液中水分增多，形成水肿。

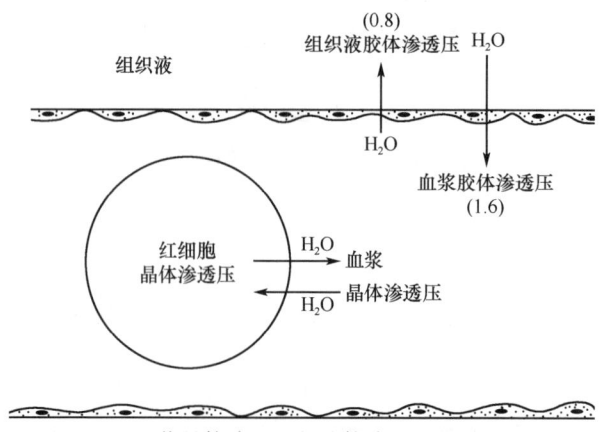

图 3-5 血浆晶体渗透压与胶体渗透压作用示意图

等渗溶液与等张溶液

不同溶质的等渗溶液不一定都能保持红细胞的正常体积和形态,只有等渗又等张的溶液才能维持红细胞的正常体积和形状。溶液的张力指溶液中不能通过红细胞膜的溶质颗粒所产生的渗透压。例如,NaCl 不能自由通过细胞膜,0.9% NaCl 溶液既是等渗溶液,也是等张溶液;尿素能自由通过红细胞膜,故 1.9% 的尿素溶液是等渗低张溶液,将红细胞置于其中会引起膨胀破裂溶血。

知 识 链 接

案例3-1

患儿,3 个月。入院前一天开始发热、呕吐、腹泻水样便。每日 20 余次,无黏液、脓血及腥臭味,伴烦躁、烦渴、流涕入院。体格检查:体温 39.8℃,嗜睡,醒后烦躁、烦渴,皮肤干热,弹性尚好,鼻流清涕、咽红、明显腹胀。实验室检查:WBC4.0×10^9/L,大便水样,无黏液及脓血,镜检偶见少量脓细胞。诊断"中毒性消化不良"。予四环素内服药,庆大霉素肌内注射,输入生理盐水(0.9%NaCl)1200 ml,哺母乳不限量。次日病情加重,极烦躁、烦渴,呼吸深,昏迷而死亡。

诊断:急性胃肠炎

问题与思考:

1. 该患儿有无脱水?
2. 该患儿的死因?

提示:

1. 患儿嗜睡,醒后烦躁、烦渴、高热,神经系统症状明显,而皮肤弹性尚可,脱水和循环血量不足的表现不明显,但病后继续哺乳不限量及输入大量生理盐水,水分补充相对不足,虽未做血钠检查,仍可诊断高渗性脱水。
2. 病毒性肠炎本易出现高渗性脱水,又错误地允许不限量哺乳,并输入大量盐水,补钠过多而相对水分不足,造成医源性高钠血症,加重了病情的恶化。细胞外液渗透压增高,导致细胞内脱水,最后出现严重酸中毒、细胞内缺钾,发生肠麻痹而死亡。

第二节 血细胞生理

一、红细胞生理

(一)红细胞的形态、数量和功能

1. **红细胞的形态和数量** 正常人体成熟的红细胞无细胞核、呈双凹圆盘状,中央较薄,边缘较厚,直径 7~8μm。红细胞是血细胞中数量最多的一种。我国健康成年男子红细胞数量为(4.0~5.5)×10^{12}/L,平均 5.0×10^{12}/L;成年女子为(3.5~5.0)×10^{12}/L,平均为 4.2×10^{12}/L。新生儿红细胞数可达(6.0~7.0)×10^{12}/L,出生后数周逐渐下降,在儿童期一直保持在较低水平,且无明显性别差异,到青春期才逐渐接近成人水平,性别差异也逐渐明显。红细胞内含有血红蛋白(hemoglobin,Hb),我国健康成年男子血红蛋白含量为 120~160g/L,成年女子为 110~150g/L。

生理情况下,红细胞数量和血红蛋白含量,可随年龄、性别、体质条件、营养状况以及生活环境不同而有一定差异。一般来说,男性多于女性,成人略高于儿童,体质和营养状况

较好者,以及久居高原的人,红细胞数量和血红蛋白含量较高。但同一个人,红细胞数量变动较小,一般增减不超过10%。血液中红细胞数量、血红蛋白浓度明显低于正常值,称为贫血(anemia)。

2. 红细胞的功能　红细胞的主要功能是运输 O_2 和 CO_2。红细胞通过血红蛋白携带 O_2 和 CO_2,血红蛋白只有存在于红细胞内才具有携带 O_2 和 CO_2 的功能。当红细胞破裂,血红蛋白逸出到血浆中称为溶血(hemolysis),溶血后的血红蛋白即丧失携带 O_2 和 CO_2 的功能。另外,当血红蛋白与CO结合时,或形成高铁血红蛋白时,其携带 O_2 和 CO_2 的功能也丧失。红细胞内有碳酸酐酶和多种缓冲对,具有调节体内酸碱平衡的功能。

(二)红细胞的生理特性

1. 可塑变形性　红细胞为双凹圆盘形,具有良好的变形能力(由红细胞的表面积/体积比决定),甚至可通过直径比自身小的毛细血管。红细胞在血管中流动时,需要通过口径比它小的毛细血管和血窦孔隙。这时红细胞要发生卷曲变形,通过之后又恢复原状,这种变形称为可塑变形性。遗传性球形红细胞增多症患者红细胞的变形能力减弱。

2. 渗透脆性　红细胞在低渗溶液中膨胀破裂的特性,称为红细胞渗透脆性,简称红细胞脆性(osmotic fragility)。做红细胞脆性试验可以看到,红细胞在0.9%氯化钠溶液中可保持正常形态和大小;在0.6%～0.8%氯化钠溶液中可因水分渗入而膨胀变大;在0.42%～0.46%的氯化钠溶液中,部分红细胞因过度膨胀而开始破裂;当溶液的渗透压过低时(0.32%～0.35%氯化钠溶液)则红细胞完全破裂(溶血)。这说明红细胞对低渗溶液具有一定的抵抗力,抵抗力的大小用渗透脆性表示。脆性大,说明红细胞对低渗溶液的抵抗力小,容易破裂;脆性小,说明红细胞对低渗溶液的抵抗力大,在低渗溶液中不易破裂。初成熟的红细胞脆性较小,衰老的红细胞渗透脆性增大。患某些疾病可影响红细胞脆性,如先天性溶血性黄疸、遗传性球形红细胞增多症患者红细胞脆性增大;巨幼红细胞贫血患者红细胞脆性减小。故临床上检验红细胞脆性有助于某些疾病的诊断。

红细胞并非在各种溶质的等渗溶液中都能保持正常的形态和大小。如将其置于与血浆等渗的1.9%的尿素溶液中,很快就发生破裂溶血。这是因为尿素能自由通过红细胞膜,导致红细胞内渗透压增高,吸水膨胀乃至破裂溶血。由此,临床上将溶液中不能通过红细胞膜的溶质颗粒所产生的渗透压称为张力,把悬浮于其中的红细胞能保持正常形态和大小的溶液称为等张溶液。1.9%的尿素是等渗溶液而非等张溶液,0.9%的NaCl既是等渗溶液又是等张溶液。

3. 悬浮稳定性　红细胞分散悬浮于血浆中不易下沉的特性,称为红细胞的悬浮稳定性(suspension stability)。通常用红细胞沉降率(erythrocyte sedimentation rate,ESR)简称血沉,作为评价指标。血沉即红细胞在血浆中自然下沉的速度,其测定方法是将新采集的静脉经抗凝处理后,置于有刻度的的血沉管内垂直静止,第一小时末红细胞下沉的毫米数即为血沉值。血沉越快,表示红细胞的悬浮稳定性越小。用魏氏法测定,正常值为:男性0～15mm/1h,女性0～20mm/1h。血沉值是诊断某些疾病的重要依据,如活动性肺结核、风湿热、恶性肿瘤、贫血等疾病可出现血沉加快。一些生理状态,如月经期、妊娠期也可出现血沉加快。血沉加快主要是由于红细胞彼此以凹面相贴聚集在一起,形成叠连(rouleaux formation),使红细胞的总表面积与总体积之比减小,与血浆的接触面减小,摩擦力降低,于是血沉加快。其原因可能与血浆中纤维蛋白原、球蛋白、胆固醇等促进红细胞叠连的因素增多有关。

考点提示:
红细胞的生理特性、血沉及意义

(三)红细胞的生成和破坏

1. 红细胞生成部位及过程

(1) 红细胞生成的部位：红细胞不断的生成和破坏以维持血液中红细胞数量的相对稳定。胚胎时期红细胞生成的部位是卵黄囊、肝、脾和骨髓，出生后红骨髓是生成红细胞的唯一场所。骨髓正常的造血功能是红细胞生成的前提。如骨髓功能受到抑制（如过量 X 线或放射性核素照射、某些药物的影响等），红细胞数量以及白细胞和血小板数量均会减少。由骨髓造血功能障碍引起的贫血称为再生障碍性贫血。

(2) 红细胞生成过程：红细胞起源于红骨髓的造血干细胞，由其分化成红系定向祖细胞，再经过原始红细胞，早幼红细胞、中幼红细胞、晚幼红细胞和网织红细胞等阶段发育为成熟的红细胞。从原红细胞到晚幼红细胞大约经历 3～5 次有丝分裂，每次有丝分裂大约持续 1 天。一个原始红细胞经过增殖分化，可产生 8～32 个晚幼红细胞（图 3-6）。晚幼红细胞不再分裂，发育成为网织红细胞。网织红细胞大约再经过两天，才能发育成为成熟的红细胞，而后离开骨髓进入血液循环。由原红细胞发育至网织红细胞并释放入血液，大约经历 6～7 天。在生成演变过程中，红细胞体积由大变小，细胞核从有到无，细胞质内的血红蛋白从无到有并逐渐增多。

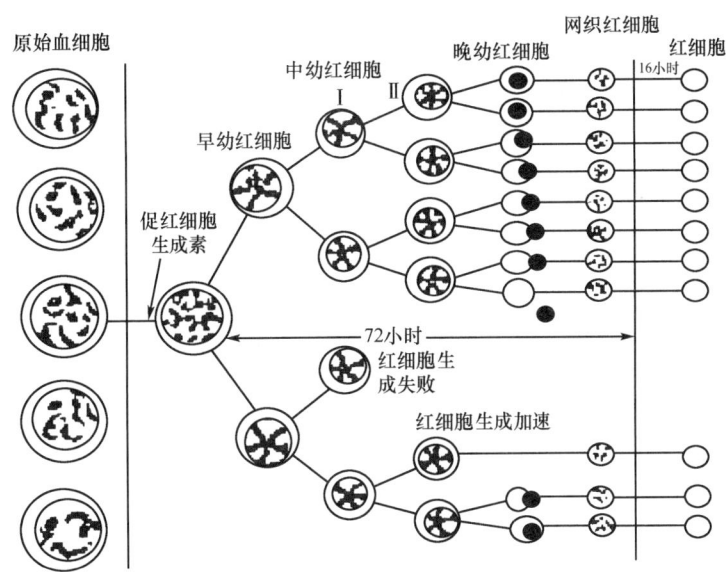

图 3-6　红细胞的生成和成熟过程示意图

2. 红细胞生成的原料　血红蛋白是红细胞的结构和功能成分，铁和蛋白质是合成血红蛋白的基本原料。

正常成人体内有 3～4g 铁，其中约 67% 存在于血红蛋白中。血红蛋白的合成从原红细胞开始，持续到网织红细胞阶段。成人每天需要 20～30mg 铁用于红细胞的生成。体内的铁有两个来源，一是红细胞更新释放的内源性铁，每日约 25mg，绝大部分以铁蛋白的形式贮存在肝、骨髓和巨噬细胞系统，供造血需要时再利用。二是从食物中吸收的外源性铁，每天约 1mg。外源性铁多以高铁（Fe^{3+}）化合物的形式含于有机物中，须经胃酸作用，将其从食物中分离出来，还原为亚铁离子（Fe^{2+}）或其他亚铁化合物，在十二指肠和空肠上段吸收。正常饮食中蛋白质和铁的供应量均能满足需要，在铁摄入不足、需要量增加（如儿童生长发育期、孕妇等）、吸收利用障碍或慢性失血而丢失时，人体会发生缺铁性贫血，也称小细胞低色素性贫血。

造血所需的蛋白质来至肉类及豆类食物，一般来说，日常膳食所含蛋白质已足够供应造血之需。

3. 红细胞成熟因子　在幼红细胞发育成熟过程中，细胞核的 DNA 对于细胞分裂及成合成血红蛋白都有重要作用。维生素 B_{12} 和叶酸是红细胞发育成熟过程中 DNA 合成所必需的辅酶，参与 DNA 的合成，故又称红细胞成熟因子。

（1）叶酸：叶酸是多叶植物中的一种维生素，在小肠上端吸收入血后转变为甲酰四氢叶酸，后者是合成胸腺嘧啶脱氧核苷酸所必需的辅酶，胸腺嘧啶脱氧核苷酸是合成 DNA 的前体物质，参与 DNA 的合成。幼稚红细胞有丝分裂上迅速，需要新的 DNA 合成。因此，缺乏叶酸可使红细胞分裂成熟延缓，导致巨幼红细胞性贫血。

（2）维生素 B_{12}：维生素 B_{12} 是一种含钴的 B 族维生素，参与参与叶酸的活化，增加叶酸的利用从而间接地促使 DNA 合成。当机体缺乏维生素 B_{12} 时，叶酸利用率降低，会引起叶酸相对不足，DNA 合成受阻，红细胞的分裂增殖和成熟障碍，使红细胞的生长停止在初始状态，数量减少、体积增大、寿命缩短，发生巨幼红细胞性贫血。维生素 B_{12} 的吸收有赖于胃腺壁细胞分泌的内因子，当内因子缺乏时，如先天性缺乏内因子、胃大部分切除或萎缩性胃炎，维生素 B_{12} 吸收障碍，叶酸的活化和利用下降，从而影响骨髓内红细胞的发育，发生巨幼红细胞性贫血。

叶酸缺乏常由于食物中缺少新鲜蔬菜而引起，在我国，巨幼红细胞性贫血因叶酸缺乏所致者多见，因维生素 B_{12} 缺乏者少见。

4. 红细胞生成的调节　正常人体的红细胞数量能保持相对恒定，说明红细胞的生成与破坏保持在一定的平衡状态。当机体所处的环境或功能发生变化时，红细胞可适应机体需要而调整数量和分布。红细胞的生成受促红细胞生成素（EPO）和雄性激素的调节（图 3-7）。

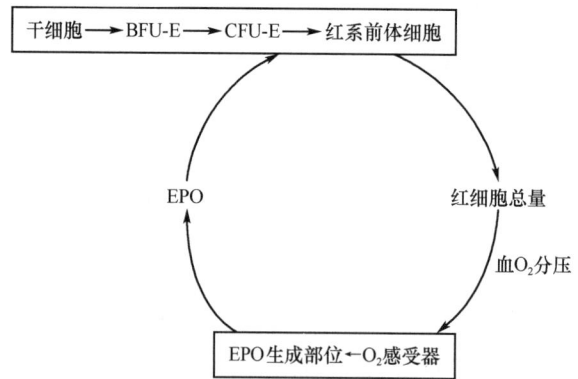

图 3-7　EPO 调节红细胞生成的反馈调节环

（1）促红细胞生成素：组织缺氧是刺激红细胞生成的主要因素。缺氧时，刺激肾皮质管周细胞释放促红细胞生成素（肝细胞也有少量合成），它作用于骨髓红系定向祖细胞膜上的促红细胞生成素受体，加速其增殖分化，使血中成熟红细胞增加。当红细胞数量增加，机体缺氧缓解时，肾释放促红细胞生成素也随之减少。严重肾疾患，可使促红细胞生成素合成减少，红细胞生成减少，临床称肾性贫血。

（2）雄性激素：雄性激素能直接刺激骨髓造血功能增强，促进红细胞生成；它也能促进肾合成促红细胞生成素，使骨髓造血增强，外周血中红细胞数量增多，这是成年男性红细胞多于女性的原因。

（3）爆式促进因子（BPA）：由白细胞产生的一种糖蛋白能强烈刺激早期红系祖细胞的增殖与分化。

此外，甲状腺激素、生长激素、糖皮质激素也有加强促红细胞生成素的作用，刺激红细胞的生成。

5. 红细胞的破坏　正常人红细胞的平均寿命为120天。因此，全身血液中每天约有1/120的红细胞衰老死亡，同时也有相应数量的新生红细胞进入血液予以补充，以维持红细胞的正常值。红细胞的破坏主要是由于衰老的红细胞膜变性及红细胞内酶异常造成红细胞变形能力减退，脆性增高，难以通过微小的间隙，因此容易滞留在脾和骨髓中而被巨噬细胞吞噬，这称为血管外破坏。巨噬细胞吞噬红细胞后，将血红蛋白消化，释出铁、氨基酸和胆红素，铁和氨基酸可被重新利用，而胆红素则由肝随胆汁排出体外。衰老、死亡的红细胞可被肝、脾等网状内皮系统的细胞所吞噬。正常条件下，大约4个月全部更新一次。在脾内被吞噬细胞吞噬的衰老红细胞经消化后，铁可再利用，脱铁血红素转变为胆色素随粪或尿排出体外；在血管内破坏的红细胞释放出血红蛋白与血浆中的触珠蛋白结合被肝摄取。血红蛋白中的血色素经代谢释出铁生成胆红素而随胆汁排出。严重溶血时，血红蛋白大量释放，超过了触珠蛋白的结合能力，未能与珠蛋白结合的血红蛋白直接经肾由尿排出，临床上称为血红蛋白尿。

> **考点提示：**
> 红细胞生成的原料及生成调节

二、白细胞生理

（一）白细胞的数量及分类

白细胞（white blood cell, WBC）是一类有核血细胞，其体积比红细胞大，在血液中一般呈球形，进入组织后可有不同程度的变形。根据胞质中有无嗜色颗粒，将白细胞分为两类：一类是颗粒白细胞，包括中性粒细胞、嗜碱粒细胞及嗜酸粒细胞；另一类是无颗粒白细胞，包括淋巴细胞和单核细胞（表3-1）。

表 3-1　正常人白细胞分类计数和主要功能

名称	均值	百分比（%）	主要功能
颗粒白细胞			
中性粒细胞	$4.5 \times 10^9/L$	50～70	吞噬细菌与坏死细胞
嗜酸粒细胞	$0.1 \times 10^9/L$	0.5～5	抑制组胺释放
嗜碱粒细胞	$0.025 \times 10^9/L$	0～1	释放组胺与肝素
无颗粒白细胞			
淋巴细胞	$1.8 \times 10^9/L$	20～40	参与特异性免疫
单核细胞	$0.45 \times 10^9/L$	3～8	吞噬细菌与衰老的红细胞
总数	$7.0 \times 10^9/L$		

正常人血液中白细胞总数为$(4.0 \sim 10.0) \times 10^9/L$，平均为$7.0 \times 10^9/L$。正常时，各种白细胞的数目常保持一定的比值，称为白细胞分类计数（表3-1）。白细胞数量生理变动较大，其总数在不同年龄、不同性别、不同的运动及功能状态时均可发生变化。如新生儿总数为$(12.0 \sim 20.0) \times 10^9/L$，剧烈运动时可高达$27.0 \times 10^9/L$。正常成年人白细胞总数超过$10.0 \times 10^9/L$，称为白细胞增多；低于$4.0 \times 10^9/L$，称为白细胞减少。

（二）白细胞的功能

白细胞的主要功能是参与人体的防卫反应。白细胞具有的变形、游走、趋化和吞噬等特性是执行防御功能的基础。除淋巴细胞外，所有的白细胞均具有通过变形运动穿过毛细血管壁的能力，此过程称白细胞渗出（diapedesis）；渗出的白细胞可借变形运动向某些化学物质集中的部位游走或迁移，称为化学趋化性（chemotaxis）；白细胞将细菌、异物包围并吞入细胞质内的过程成为吞噬（phagocytosis）。人体细胞的降解产物、抗原-抗体复合物、细菌及细菌毒素等对白细胞的游走具有趋化作用。白细胞可按照这些化学物质的浓度梯度游走到这些物质的周围，将异物包围并通过入胞作用吞噬异物。白细胞还可分泌白细胞介素、干扰素、肿瘤坏死因子等多种细胞因子参与免疫反应。白细胞中的中性粒细胞和单核细胞主要具有选择性吞噬功能，参与机体的非特异性免疫功能；而淋巴细胞主要参与特异性免疫功能。

1. 中性粒细胞　中性粒细胞的胞核呈分叶状，故又称多形核白细胞。血管内的中性粒细胞约有一半随血流循环，称循环池，通常血常规检查的白细胞分类计数即是这部分的白细胞的数量。另一半则不随血液流动而附着在小血管壁上，称边缘池。循环池和边缘池可以相互交换，保持动态平衡。此外，在骨髓中尚贮存大量成熟的中性粒细胞，称为贮存粒细胞，其数量为外周血液中性粒细胞总数的 15～20 倍。当机体需要时，贮存的中性粒细胞可在数小时内大量进入循环血液。中性粒细胞在血管内停留的时间平均只有 6～8 小时，然后进入组织并不再返回血液。

中性粒细胞具有很强的变形运动能力，使它很快穿过毛细血管进入组织而发挥作用。循环血液中的中性粒细胞，其细胞核一般可分 3～5 叶，分叶数随其老化而增加。若血液中出现大量分叶少的中性粒细胞，称细胞核左移，常提示可能有严重感染。中性粒细胞具有非特异性细胞免疫功能，其吞噬能力虽不及单核细胞，但其数量多、变形能力强，处于机体抵抗病原微生物尤其是化脓性细菌的第一线，在急性化脓性炎症时，其数量常明显增加。当炎症发生时，中性粒细胞受细菌或细菌毒素等趋化性物质的吸引，游走到炎症部位吞噬细菌，并利用细胞内含有的大量溶酶体酶分解细菌。当体内中性粒细胞减少至 1×10^9/L 时，机体对化脓性细菌的抵抗力将明显下降，极易引发感染。此外，中性粒细胞还可吞噬衰老受损的红细胞和抗原-抗体复合物。一般一个白细胞处理 5～25 个细菌后，本身也就死亡。死亡的白细胞集团和细菌分解产物构成脓液。

2. 嗜酸粒细胞　血液中嗜酸粒细胞的数目有明显的昼夜变化，清晨减少，午夜增多，二者差异可大于 40%。这种周期性波动可能与血液中肾上腺皮质激素含量清晨较高，午夜较低有关。嗜酸粒细胞变形和吞噬能力较弱，缺乏溶菌酶，故基本上无杀菌作用，其主要作用有：①限制嗜碱粒细胞和肥大细胞在速发型过敏反应中的作用。嗜酸粒细胞一方面是通过释放前列腺素 E，抑制嗜碱粒细胞合成和释放生物活性物质；另一方面通过吞噬嗜碱粒细胞和肥大细胞所释放的活性颗粒，以及释放组胺酶、芳香硫酸酯酶等，分别灭活嗜碱粒细胞所释放的组胺、白三烯等生物活性物质。②参与对蠕虫的免疫反应，通过释放碱性蛋白和过氧化酶损伤蠕虫体。当机体发生速发型过敏反应、蠕虫感染时，其数量增加。③在某些情况下可导致组织损伤。因为，嗜酸粒细胞可释放多种炎症介质，释放的碱性蛋白对支气管上皮细胞具有毒性作用，并能诱导支气管痉挛引起哮喘，目前认为嗜酸粒细胞是哮喘发生发展中组织损伤的主要效应细胞。

3. 嗜碱粒细胞　嗜碱粒细胞无吞噬能力，在血液中平均循环约 12 小时。在发生炎症时，受趋化因子的诱导才迁移到组织中。嗜碱粒细胞的胞质中存在较大的碱性染色颗粒，颗粒中含有肝素、组胺、过敏性慢反应物质、嗜酸粒细胞趋化因子等。当嗜碱粒细胞被活化时，不仅可释放颗粒中的生物活性物质，还能合成和释放白三烯（过敏性慢反应物质）、IL-4 等细胞因子。嗜碱粒细胞释放的肝素具有抗凝血作用，有利于保持血管通畅，使吞噬细胞能够到达抗原入侵部位而将其杀灭；肝素并可作为酯酶的辅基加快脂肪的分解。组胺及过敏性慢反应物质可使毛细血管壁通透性增加，引起局部水肿，并可使细支气管平滑肌收缩，进而引起荨麻疹、哮喘等过敏症状。可见，嗜碱粒细胞在速发型过敏反应中起重要作用。此外，嗜酸粒细胞趋化因子能吸引嗜酸粒细胞，聚集于局部以限制嗜碱粒细胞在过敏反应中的作用。

4. 单核细胞　单核细胞体积较大，在血液中约停留3~4天后迁移到周围组织，继续发育成巨噬细胞（单核-巨噬细胞），并使其吞噬能力大大增强。单核-巨噬细胞的主要功能是：①吞噬细菌、病毒、病原虫和真菌等侵入机体的有害物；②能合成、释放多种细胞因子，如集落刺激因子（CSF）、白细胞介素（IL-1、IL-3、IL-6等）、肿瘤坏死因子（TNF-α）、干扰素（INF-α、INF-β）等参与体内的防御机制，并激活淋巴细胞的特异性免疫功能；③激活的单核-巨噬细胞对肿瘤及病毒感染细胞有强大的杀伤力，可识别并杀伤肿瘤细胞及病毒细胞；④清除变性的血浆蛋白、衰老和损伤的组织细胞。在慢性炎症时，其数量常常增加。

5. 淋巴细胞　淋巴细胞具有后天获得性特异性免疫功能，在免疫应答反应过程中起核心作用。其中主要在胸腺发育成熟的淋巴细胞（T细胞）可通过产生多种淋巴因子完成细胞免疫；主要在骨髓发育成熟的淋巴细胞（B细胞）可通过产生免疫球蛋白（抗体）完成体液免疫。此外，还有第三类淋巴细胞，又称自然杀伤细胞（NK细胞），具有抗肿瘤、抗感染和免疫调节等作用。

（三）白细胞的生成与破坏

三种粒细胞同源于红骨髓中的造血干细胞。淋巴细胞和单核细胞主要在脾、淋巴结、胸腺、消化管壁内的淋巴组织中发育成熟。白细胞的生成需一定量的蛋白质、叶酸、维生素B_{12}和维生素B_6等。

白细胞寿命比红细胞短，中性粒细胞在循环血液中的停留6~8小时后进入组织，4~5天后死亡或经消化道排出。若有细菌侵入，中性粒细胞在吞食过量细菌后，释放溶酶体酶而自我溶解，与破坏的细菌、组织碎片共同形成脓液。单核细胞在血液中的寿命为几小时到几天，但进入组织，并发育成巨噬细胞后可生存数月；T细胞的寿命可长达一年以上，B细胞在血液中生存一至数天。衰老白细胞大部分由肝、脾内的巨噬细胞吞噬和分解，小部分穿过消化道和呼吸道黏膜而被排出。

三、血小板生理

（一）血小板的形态及数量

血小板是从骨髓成熟的巨核细胞质裂解脱落下来的，具有生物活性的细胞质碎片。它体积小，形状不规则，多类似于椭圆形或梭形。正常成人血小板的数量为$(100~300)\times 10^9/L$。正常人血小板的数量可随季节、昼夜和部位而发生变化，如冬季高于春季、午后高于清晨、静脉高于毛细血管，其变化幅度一般在6%~10%。

（二）血小板的生理特性

1. 黏附　血小板与非血小板表面的黏着，称为血小板黏附。血小板不能黏附在正常内皮细胞的表面，只有当血管内皮细胞受损，血管壁下的胶原纤维暴露时，血浆中的某些成分首先与胶原纤维结合，再与血小板膜糖蛋白结合，形成胶原-血浆成分-血小板，使血小板黏附于血管壁。血小板在黏附过程中需要Ca^{2+}的参与。血小板发生黏附后即被迅速激活，产生变形、黏附、聚集和释放等反应。因此，血小板黏附是其参与生理止血过程的重要机制之一。

2. 聚集　血小板彼此粘着的现象称血小板聚集。引起血小板聚集的因素统称为致聚剂，如二磷酸腺苷（ADP）、肾上腺素、5-羟色胺、组胺、胶原、凝血酶等，其中ADP是引起血小板聚集的最重要物质。血小板聚集可分为两个时相，即第一时相和第二时相。在血管壁受损胶原纤维暴露引起血小板粘着的同时，局部组织释放的致聚剂可引起血小板第一时相聚集，但这时的聚集为可逆性聚集。第一时相发生的聚集可促使血小板释放内源性 ADP，在 Ca^{2+} 和纤维蛋白原的参与下，引起不可逆的第二时相聚集。血小板的聚集可明显促进血小板血栓的形成。某些药物如阿斯匹林可抑制血小板的聚集。

3. 释放　血小板受刺激后，将贮存在致密体、α-颗粒或溶酶体内的物质排出的现象，称血小板的释放。血小板的生理功能与其所释放的物质有密切的关系，这些物质主要有：ADP、ATP、5-羟色胺、血小板因子、血小板源性生长因子、血栓素烷 A_2、纤维蛋白原、Ca^{2+} 等。许多生理性和病理性因素均可引起血小板的释放反应，而且血小板的黏附、聚集、释放几乎是同时发生的。

4. 收缩　血小板含有收缩蛋白 A 和 M，其作用类似于肌原纤维中的肌纤蛋白和肌凝蛋白，具有 ATP 酶的活性，在 Ca^{2+} 的参与下可发生收缩。当血凝块形成后，血块中的血小板伸出伪足，当伪足中的收缩蛋白发生收缩时，可使血凝块回缩变硬，挤出血清。

5. 吸附　在血小板膜表面可吸附一些凝血因子，如纤维蛋白原、因子Ⅴ、因子Ⅺ、因子ⅩⅢ等。当血管破损时，大量血小板可黏着、聚集于血管破损处，使局部凝血因子浓度升高，有利于血小板发挥其生理止血功能。

(三) 血小板的生理功能

血小板的功能与其生理特性密切相关。

1. 维持血管内皮的完整性　用放射性同位素标记血小板示踪和电子显微镜观察，发现血小板可以随时沉着在毛细血管壁上，填补血管内皮脱落留下的间隙，及时修复毛细血管壁，维持毛细血管壁的正常通透性。临床实践观察到，当血液中血小板数量减少至 $50×10^9/L$ 以下时，血管内皮的完整性常受破坏，毛细血管脆性增加，微小创伤或血管内压力稍有升高，便可使皮肤、黏膜下出现淤点，甚至出现大片的紫癜或淤斑，称为血小板减少性紫癜。

2. 参与生理性止血　正常情况下，小血管破损血液流出，数分钟后出血自然停止，这种现象称为生理性止血（图 3-8）。其主要过程大致包括：血管收缩、血小板血栓形成和血液凝固三个阶段。当小血管破损出血后，首先表现为破损的血管内皮细胞及黏附于血管内皮下胶原组织上的血小板释放一些缩血管物质，如 5-羟色胺、血栓烷 A_2、内皮素等，使受损血管局部及附近的小血管收缩，血管破口缩小或封闭，使局部血流减少。同时血管内膜下组织激活血小板，使血小板黏着、聚集于血管破损处，形成松软的止血栓堵塞破损口实现初步止血；与此同时，血浆中的血液凝固系统被激活，使血浆中纤维蛋白原转变为纤维蛋白，网罗血细胞形成血凝块。血凝块中的血小板内收缩蛋白在 Ca^{2+} 的参与下发生收缩，使血凝块回缩变硬，形成牢固的止血栓，从而达到止血目的。

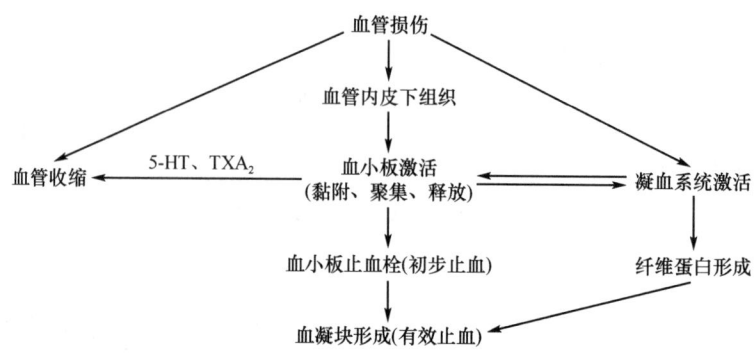

图 3-8　生理性止血过程示意图（5-HT：5-羟色胺；TXA_2：血栓烷 A_2）

当血管受损引起出血时，机体一方面迅速形成止血栓以避免血液的流失；另一方面又要使止血反应仅限于局部,以保持全身血管内的血液始终处于流体状态。因此,生理性止血是机体重要的保护机制之一。临床上常用小针刺破指尖或耳垂使血液自然流出,测定出血的延续时间,称出血时间,出血时间可反映生理性止血功能,正常约为1～4min。由于生理性止血功能与血小板的功能关系密切,因此血小板数量减少或功能有缺陷时,出血时间常延长。

3. 参与血液凝固　血小板含有许多与凝血有关的因子,统称为血小板因子(PF),较为肯定的有:纤维蛋白原激活因子(PF_2)、血小板磷脂表面(PF_3)、抗肝素因子(PF_4)、抗纤溶因子(PF_6)等。这些因子在血液凝固中均起重要作用,尤其是血小板所提供的磷脂表面,为各种凝血因子的激活提供了条件,可大大提高凝血因子的激活速度。此外,血小板膜表面可吸附一些凝血因子,当发生血管破损时,血小板的黏附、聚集,可使局部凝血因子浓度升高,促进血液凝固的进程。

案例3-2

患儿,男,13天。胎龄40周,体重3.6kg。因便血2d入院。体格检查:体温37.2℃,脉搏132次/min,呼吸36次/min,意识清,心肺及腹部未见异常,全身散在出血性斑点。化验:血红蛋白60g/L,血小板$20×10^9$/L,出血时间5min,患者的母亲患有特发性血小板减少性紫癜。

诊断:特发性血小板减少性紫癜

问题与思考:
1. 血小板的主要生理功能有哪些?
2. 患者哪些情况与血小板减少有关?

提示:
1. 血小板的生理功能主要是参与生理性止血和促进凝血。
2. 正常出血时间为1～4min,超过4min为出血时间延长,常见于血小板数量减少。
3. 血小板数量减少可引起毛细血管脆性增加,出现微小破损,导致皮肤出现淤点,称为紫癜。

第三节　血液凝固和纤维蛋白溶解

一、血液凝固

血液凝固(blood coagulation)简称血凝,是指血液由流动的液体状态变成不能流动的胶胨状态的过程。其实质是血浆中可溶性纤维蛋白原转变为不溶性的纤维蛋白(血纤维),血纤维网罗血细胞形成凝血块。从出血到出现血液凝固的间隔时间为凝血时间,正常值为2～8min,主要反映机体的凝血功能。

(一) 凝血因子

血液和组织中直接参与血液凝固的物质,统称为凝血因子(blood coagulation factor)。目前已知的凝血因子有13种,其中国际命名法按发现的先后顺序用罗马数字编号的有12种,分别为凝血因子Ⅰ～ⅩⅢ(简称FⅠ～FⅩⅢ),后来发现因子Ⅵ实际上是活化的第Ⅴ因子,故不再被视为独立凝血因子。因此,现公认的凝血因子只有12个(表3-2)。除罗马数字统一编号的凝血因子外,前激肽释放酶、高分子激肽原、血小板磷脂(PF_3)等亦直接参与血液凝固。

表3-2 按WHO命名编号的凝血因子

编号	同义名	编号	同义名
因子Ⅰ	纤维蛋白原	因子Ⅷ	抗血友病因子
因子Ⅱ	凝血酶原	因子Ⅸ	血浆凝血激酶
因子Ⅲ	组织凝血激酶	因子Ⅹ	斯图亚特因子
因子Ⅳ	钙离子	因子Ⅺ	血浆凝血激酶前质
因子Ⅴ	前加速素	因子Ⅻ	接触因子
因子Ⅶ	前转变素	因子ⅩⅢ	纤维蛋白稳定因子

凝血因子具有如下特征：①凝血因子中除Ⅳ和血小板磷脂外，其余均为蛋白质。②肝是合成凝血因子的重要器官，其中因子Ⅱ、Ⅶ、Ⅸ、Ⅹ在肝中合成且需维生素K的参与，又称依赖维生素K的凝血因子。③因子Ⅱ、Ⅸ、Ⅹ、Ⅺ、Ⅻ等均以无活性的酶原形式存在于血浆中，必须通过其他酶的水解才能被激活，其右下方标a表示已被激活。④因子Ⅶ以活性形式存在于血液中，但需与因子Ⅲ结合后才能发挥作用。由于因子Ⅲ存在于血浆外，故因子Ⅶ在血浆中一般不发挥作用。⑤在凝血中，因子Ⅱ、Ⅶ、Ⅸ、Ⅹ、Ⅻ和ⅩⅢ起酶促作用，因子Ⅲ、Ⅴ、Ⅷ和激肽原起辅助因子作用。其中因子Ⅷ和因子Ⅴ是血液凝固过程中的限速因子，可分别加强因子Ⅸa和Ⅹa的活性。当遗传或基因突变而发生缺陷，人体内的因子Ⅷ或因子Ⅴ合成明显减少时，可引起血友病，而导致内源性凝血途径障碍及出血性倾向的发生。

（二）血液凝固过程

血液凝固是一系列凝血因子相继被激活而生成凝血酶，最终结果是纤维蛋白原转变为纤维蛋白的过程。据此可将血液凝固过程大致分为凝血酶原激活物形成、凝血酶形成、纤维蛋白形成三个基本阶段（图3-9）。

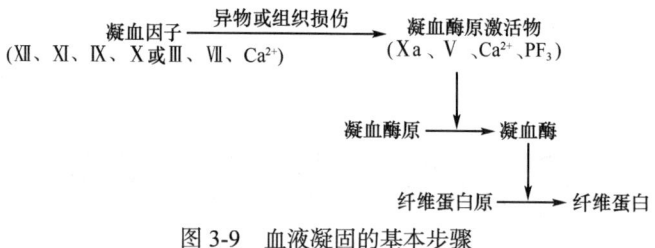

图3-9 血液凝固的基本步骤

1. 凝血酶原激活物形成　凝血酶原激活物是FXa和因子FV、Ca^{2+}、PF_3共同形成的复合物，其中根据因子FX的激活过程的不同，可将凝血过程分为内源性凝血和外源性凝血两条途径。

（1）内源性凝血途径：完全依靠血浆内的凝血因子完成的凝血过程称为内源性凝血途径。通常因血管内皮受损后，血浆中的FⅫ（接触因子）与带负电荷的异物表面如血管内皮下的胶原组织接触后，导致FⅫ的激活而启动。FⅫ被激活生成的FⅫa，一方面还可激活前激肽释放酶使之成为激肽释放酶，激肽释放酶又反过来激活FⅫ，使之形成更多的FⅫa，形成正反馈效应；另一方面FⅫa可激活FⅪ使之成为FⅪa。FⅪa在Ca^{2+}的参与下激活FⅨ为FⅨa。FⅨa再与FⅧ、PF_3、Ca^{2+}在血小板磷脂表面结合成FⅧ复合物，该复合物中FⅨa是一种蛋白水解酶，能使FⅩ水解而被激活为FⅩa。在此过程中，FⅧ是一个重要的辅助因子，能使FⅨ激活FⅩ的速度提高20倍。由于因子Ⅷ是血液凝固过程中的重要限速因子之一，当遗传或基因突变而发生缺陷时，人体内FⅧ合成明显减少，而导致内源性凝血途径障碍及出血性倾向的发生，称为血友病。

（2）外源性凝血途径：由组织中的FⅢ启动的凝血过程，称外源性凝血途径。FⅢ是一种跨膜糖蛋白，存在于大多数组织细胞，而以脑、肺、胎盘等组织尤为丰富。生理情况下FⅢ并不与血液直接接触，当组织损伤、血管破裂的情况下，FⅢ得以与血液接触，并与FⅦa结合形成复合物，在Ca^{2+}存在的条件下，迅速激活FⅩ，成为FⅩa。在激活FⅩ的过程中，FⅦa作为蛋白酶发挥对因子FⅩ的激活作用，而因子FⅢ则起辅因子作用，可使FⅦa的催化效力提高1000倍。FⅩa形成后又可正反馈激活因子FⅦ，生成更多的FⅩa。在病理状态下，细菌内毒素、补体C5a、免疫复合物、肿瘤坏死因子等均可刺激血管内皮细胞和单核细胞表达因子，从而启动凝血过程，引起弥漫性血管内凝血。凝血全过程见图3-10。

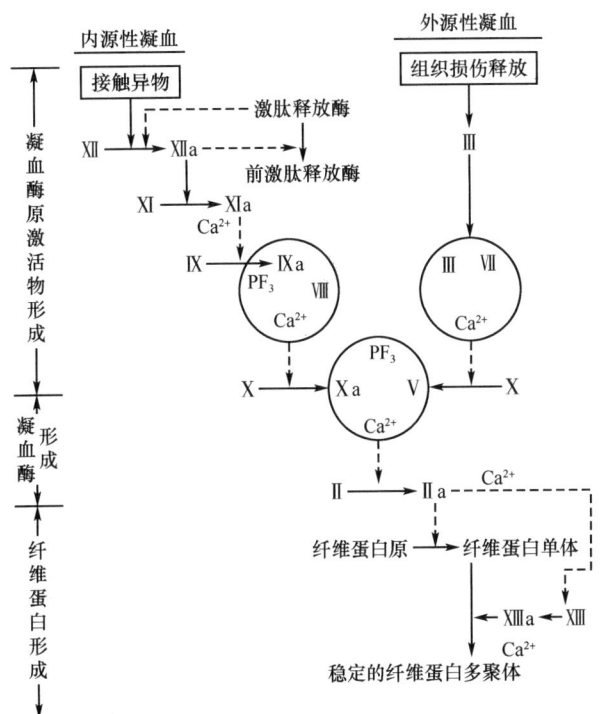

图3-10 血液凝固过程示意图

内源性凝血途径和外源性凝血途径的区别在于：①启动方式不同：内源性凝血途径通过激活凝血因子Ⅻ启动；外源性凝血途径是由组织因子暴露于血液启动。②参与的凝血因子不同：内源性凝血途径参与的凝血因子数量多，且全部来自血液，外源性凝血途径参与的凝血因子少，且需要有组织因子的参与。③外源性凝血途径比内源性凝血途径的反应步骤少，速度快。

2. **凝血酶形成** 经过内源性或外源性途径生成的FⅩa，在PF_3提供的磷脂膜上与因子FⅤ、PF_3、Ca^{2+}结合，形成FⅩa-PF_3-FⅤ-Ca^{2+}复合物即凝血酶原酶复合物，激活FⅡ（凝血酶原）为FⅡa（凝血酶）。凝血酶除可催化纤维蛋白原外，还可激活多种凝血因子，如因子Ⅴ、Ⅶ、Ⅷ、Ⅺ、ⅩⅢ，使凝血过程不断加速。

3. **纤维蛋白形成** 凝血酶形成后可催化血浆中可溶性纤维蛋白原转变为可溶性纤维蛋

白单体。同时，凝血酶可激活因子 XIII 为 XIIIa。XIIIa 在 Ca^{2+} 的作用下，使纤维蛋白单体形成不可溶性的纤维蛋白多聚体（血纤维），并网罗血细胞形成凝胶状的血凝块。

（三）血液中的抗凝因素

生理情况下，由于血管内皮保持光滑完整，FXII 不易与异物表面接触而激活，同时 FIII 也无与血液接触的机会，故一般不会启动凝血过程。即使有组织损伤，由此引发的凝血过程通常仅限于局部，不致于扩散至全身，因为正常人的血液中存在多种抗凝因素，与促凝因素保持动态平衡，使血液在血管内始终处于流体状态，从而保证血液循环正常运行。

1. **血管内皮的抗凝作用** 正常的血管内皮光滑完整，作为一个屏障可防止凝血因子、血小板与内皮下的成分接触，从而避免凝血系统的激活和血小板活化；血管内皮还具有抗凝血及抗血小板的作用；血管内皮细胞能合成硫酸乙酰肝素蛋白多糖，覆盖于血管内皮细胞表面，与血液中的抗凝血酶结合后，可灭活凝血酶和 FXa 等多种活化的凝血因子；血管内皮合成的前列腺素和一氧化氮能抑制血小板的黏着和聚集；血管内皮细胞能合成组织因子途径抑制物、抗凝血酶III、血栓调制素和蛋白质 S 等抗凝物质。通过上述途径，血管内皮细胞可灭活来自凝血部位的活化凝血因子，抑制凝血过度发展，防止血液凝固反应的蔓延。此外，血管内皮细胞还能合成释放组织型纤溶酶原激活物（t-PA），启动纤维蛋白溶解，保证血管通畅。

2. **纤维蛋白的吸附、血流的稀释和单核-巨噬细胞的吞噬作用** 纤维蛋白与凝血酶有高度的亲和力，凝血过程中形成的凝血酶 85%～90% 被纤维蛋白吸附，这不仅有助于加速局部凝血反应，也可避免凝血酶向周围扩散；进入血液中的活化凝血因子在被血流迅速稀释的同时，或被单核-巨噬细胞吞噬或被血浆中的抗凝物质灭活，大大削弱其凝血作用。

3. **生理性抗凝物质** 正常人每 100ml 血浆充分激活可生成凝血酶 300U。但在生理性止血时，每毫升血浆所表现出的凝血酶活性却只有 8～10U，这表明在生理状态下人体内存在很强的抗凝成分。体内的生理性抗凝物质主要包括丝氨酸蛋白酶抑制物、蛋白质 C 系统及组织因子途径抑制物三类，分别抑制活化的维生素 K 依赖性凝血因子、激活的辅助因子 FVa 和 FVIIIa 以及外源性凝血途径。

（1）丝氨酸蛋白酶抑制物：血浆中含有多种丝氨酸蛋白酶抑制物，如抗凝血酶、肝素辅助因子 II、C1 抑制物、α_1 抗胰蛋白酶、α_2-抗纤溶酶和 α_2-巨球蛋白等。抗凝血酶是最重要的抑制物，可灭活 60%～70% 的凝血酶；肝素辅助因子 II 可灭活 30% 的凝血酶。抗凝血酶能与凝血酶和凝血因子 FIXa、FXa、XIa、XIIa 结合而抑制其活性。在缺乏肝素的情况下，抗凝血酶的直接抗凝作用很弱，但它与肝素结合后，其抗凝作用可增强 2000 倍。正常情况下，循环血液中几乎无肝素存在，抗凝血酶主要通过与内皮细胞表面的硫酸乙酰肝素结合而增强血管内皮的抗凝作用。

（2）蛋白质 C 系统：包括蛋白质 C、凝血酶调节蛋白、蛋白质 S 和蛋白质 C 的抑制物。蛋白质 C 是以酶原形式存在的具有抗凝作用的血浆蛋白，在肝细胞合成时依赖维生素 K。当凝血酶与血管内皮上的凝血酶调节蛋白结合后，可激活蛋白质 C。蛋白质 C 的主要作用是在磷脂和 Ca^{2+} 存在的情况下，可灭活因子 V 和 VIII；阻碍 Xa 与血小板上的磷脂结合，削弱 Xa 对凝血酶原的激活作用；刺激纤溶酶原激活物的释放，增强纤溶酶的活性。蛋白质 S 是蛋白 C 的辅助因子，可使激活的蛋白 C 的作用大大增强。

（3）组织因子途径抑制物（tissue factor pathway inhibitor，TFPI）：TFPI 主要来自小血管内皮细胞，是一种相对稳定的糖蛋白。目前认为 TFPI 是体内主要的生理性抗凝物质，其主要作用是与 Xa 结合，抑制 Xa 的催化活性；并在 Ca^{2+} 存在的情况下，转而与 VIIa-III 复合物结合，形成 Xa-TFPI-VIIa-III 四合体，抑制 VIIa-III 复合物的活性，对外源性凝血途径产生负反馈抑制作用。

（4）肝素：肝素是一种酸性糖蛋白，主要由肥大细胞和嗜碱粒细胞产生。肝素能与血浆中的一些抗凝蛋白结合增强它们的抗凝作用，特别是肝素可明显加强抗凝血酶Ⅲ的抗凝活性。肝素可刺激血管内皮细胞释放大量 TFPI 和其他抗凝物质以抑制凝血过程。肝素还可增强蛋白质 C 的活性并增强纤维蛋白溶解。因此，肝素主要通过间接作用发挥抗凝作用。

（四）血液凝固的加速与延缓

在临床实际工作中，常需要加速、延缓或防止血液凝固。由于血液凝固是多种凝血因子参与的酶促反应，因此，如增加或减少凝血因子或在一定范围内改变温度可使血液凝固加速或延缓。例如：Ca^{2+} 作为重要的凝血因子参与凝血的全过程，若去除血浆中的 Ca^{2+}，则血液不能凝固。在输血或化验血时常在血中加入一定量的草酸盐，可与血浆中游离的 Ca^{2+} 结合，形成不易解离的草酸钙而沉淀，使血浆 Ca^{2+} 浓度降低，以阻断凝血过程，起到抗凝作用。还由于血液凝固是一酶促反应，在一定范围内升高或降低温度可加速或延缓血液凝固，如在外科手术时，常使用温热盐水纱布或明胶海绵压迫伤口止血，这就是利用粗糙面，加速Ⅻ因子激活及血小板黏附聚集；利用温热来提高酶的活性，加速酶促反应，以促使血液凝固加速而止血；又如手术病人常在术前注射维生素 K，目的在于促进肝合成因子Ⅱ、Ⅶ、Ⅸ、Ⅹ以加速血液凝固。临床输血、断肢断指（趾）再植手术，动物实验等常使用肝素对抗血液凝固。

二、纤维蛋白溶解

纤维蛋白和纤维蛋白原溶解液化的过程，称为纤维蛋白溶解（简称纤溶）。纤溶使凝固的血液重新液化，对防止血管内凝血过程的蔓延及血栓形成，保证血流通畅具有重要意义。纤溶过程可分为纤溶酶原的激活和纤维蛋白的降解两个阶段。纤溶的激活物（纤溶酶原和纤溶酶）、抑制物以及纤溶的一系列酶促反应，总称为纤维蛋白溶解系统，简称纤溶系统（图3-11）。

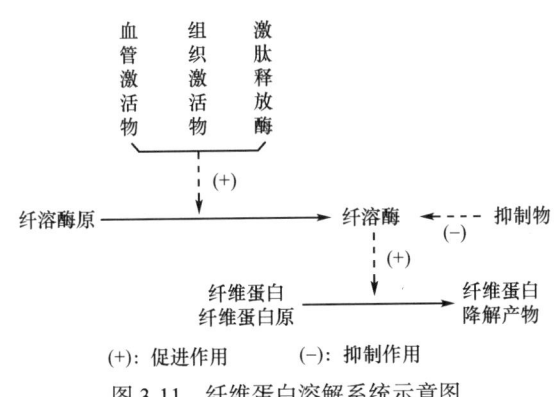

图3-11　纤维蛋白溶解系统示意图

（一）纤溶酶原的激活

纤溶酶原主要在肝、骨髓、嗜酸粒细胞和肾内合成，其激活是一个有限水解的过程，可分为内源性和外源性两条途径。内源性激活途径是通过内源性凝血系统中的有关凝血因子，如Ⅻa、激肽释放酶等激活纤溶酶原。外源性激活途径是通过来自各种组织，如由肾合成的尿激酶和血管内皮细胞所合成的组织型纤溶酶原激活物激活纤溶酶原。通过内源性激活途径可使凝血与纤溶相互配合保持平衡，通过外源性激活途径可防止血栓的形成，并在组织的修复和愈合中发挥作用。

（二）纤维蛋白的降解

纤溶酶原被激活成纤溶酶后，可作用于纤维蛋白或纤维蛋白原分子中的赖氨酸-精氨酸肽键，使纤维蛋白或纤维蛋白原水解为可溶性的小肽，称为纤维蛋白降解产物（图3-11），该产物一般不再发生凝固，其中一部分还具有抗凝作用。

（三）纤溶抑制物及其作用

体内纤溶的抑制物有两类：一类为抗纤溶酶（一种α球蛋白），可抑制纤溶酶、凝血酶、激肽释放酶等多种酶的活性；另一类为纤溶酶原激活物的抑制物（如α-巨球蛋白）能抑制纤溶酶原的激活。

由于体内纤溶抑制物大多是丝氨酸蛋白酶抑制物，其特异性不高，除可抑制纤溶酶外，还可抑制含有丝氨酸残基的凝血酶、激肽释放酶等凝血系统的组成成分。因此，这些纤溶抑制物既可抑制纤溶，又可抑制凝血，这对于保持体内凝血系统和纤溶系统活动的动态平衡，使凝血和纤溶局限于创伤局部具有重要的意义。

抗凝系统和纤溶系统活性亢进会引起出血倾向，例如肝素使用过量、蛇咬伤、水蛭咬伤和溶栓药物过量等；抗凝系统和纤溶系统活性降低可导致血栓性疾病。

第四节　血量、血型与输血

一、血　量

血量（blood volume）指人体内血液的总量。正常成年人血量占体重的7%~8%，即每公斤体重含70~80ml血液。据此推算，一个体重为60 kg的人，总血量为4200~4800ml。在静息状态下，绝大部分血量都在心血管中快速地循环流动着，这部分血量称为循环血量；小部分血液滞留于肝、肺、腹腔静脉及皮下静脉丛等处，流动速度缓慢，血浆量较少，红细胞比容较高，这部分血量称为储存血量。这些储血较多的部位和器官称为储血库。人体剧烈运动、失血等应急情况下，储血库中的血液将释放出来参加循环，补充循环血量。

通常情况下，人体的血量比较恒定，变动范围不超过10%，这对于维持正常血液循环及生命活动具有重要意义。如果一次失血不超过10%（约400ml），机体血量依靠自身调节——心脏活动增强、血管收缩和贮血库中血液释放等调节机制可自行恢复，不会对人体造成不良影响。如果一次失血超过总血量30%（1200~1500ml），血压会大幅度下降，仅靠机体的调节不能使之恢复，以至于大脑、心脏等重要器官的血液供应不足，引起昏厥甚至危及生命。临床上，对急性大出血的患者，此时，必须采取紧急措施，迅速输血、输液补充血容量。但是输血又受血型的限制，若输入血型不合的血液可引起严重后果，所以我们要对血型有一个基本了解。

二、血　型

血型（blood group）是指血细胞膜上特异性凝集原（抗原）的类型。红细胞、白细胞、血小板均有血型，通常说的血型是指红细胞膜上特异性抗原的类型。这些血型抗原是镶嵌在细胞膜上的糖脂或糖蛋白。目前，已经确定除血细胞具有血型外，一般组织细胞也有血型。血型的概念已经扩展到各种血细胞和人体的其他组织。1901年奥地利病理学家与免疫学家兰茨坦纳（Karl Landsteiner）发现了第一个人类血型系统，即ABO血型系统以来，至今已发现29个不同的红细胞血型系统，如Rh、P、MNSs、Lewis等。本节仅介绍在临床实践中具有重要意义的ABO血型系统和Rh血型系统。

(一) ABO 血型系统

1.ABO 血型系统的分型依据　在人类的 ABO 血型系统中，红细胞膜上含有两种特异性凝集原（抗原），分别称为 A 凝集原和 B 凝集原。与此对应，在血清中存在抗 B 和抗 A 两种凝集素（抗体）。根据红细胞膜上凝集原的类型和有无，将 ABO 血型系统分为 A 型、B 型、AB 型、O 型四种血型。红细胞膜上 A、B 两种凝集原都无的，称为 O 型血，其血浆中含有抗 A 和抗 B 两种凝集素；红细胞膜上只含 A 凝集原的，称为 A 型血，其血浆中含有抗 B 凝集素；红细胞膜上只含有 B 凝集原的，称为 B 型血，血浆中含有抗 A 凝集素；红细胞膜上含 A 与 B 两种凝集原，称为 AB 型血，其血浆中不含凝集素（表3-3）。

表3-3　ABO血型的凝集原和凝集素的凝集反应

红细胞膜上的凝集原	血清中的凝集素			
	A 型（抗B）	B 型（抗A）	AB 型（无）	O 型（抗A 和抗B）
A 型（A）	−	+	−	+
B 型（B）	+	−	−	+
AB 型（A 和B）	+	+	−	+
O 型（无）	−	−	−	−

现已发现，ABO 血型系统中还有亚型，其中比较重要的有 A 型中的 A_1 和 A_2 两种。A_1 型的红细胞膜上含 A 抗原和 A_1 抗原，血清中只含抗 B 凝集素；而 A_2 型红细胞膜上仅有 A 凝集原，但其血清中却含有抗 B 和抗 A_1 两种凝集素。由于 A_1 和 A_2 亚型的存在，AB 血型中也存在 A_1B 和 A_2B 两种亚型。汉族人，A_1 亚型占 99% 以上，A_2 亚型极少见。

2. ABO 血型的测定　鉴定血型是保证输血安全的基础。在输血中只有 ABO 系统的血型相合才能输血。测定 ABO 血型的方法有多种，但其原理都是用已知的标准血清（含凝集素），检测未知的凝集原。即将被测者的红细胞混悬液与已知的标准血清相混合，根据有无凝集反应判断被测红细胞的凝集原，进而确定其血型。具体方法是：在玻片上分别滴上一滴抗 A、抗 B 和抗 AB 血清，在每一滴血清上再加一滴被测红细胞的混悬液，轻轻摇动，使红细胞和血清混匀，观察有无凝集现象（图 3-12）。所谓凝集反应，就是红细胞的凝集原与其相对应的凝集素相遇时抗体抗原反应，其结果是红细胞彼此聚集黏合在一起，形成一簇簇不规则细胞团的现象。A 型红细胞与 B 型血的血清相遇或 B 型红细胞与 A 型血的血清相遇均可发生凝集现象。如果红细胞与抗 A 标准血清发生凝集，表明红细胞膜上具有 A 凝集原，与抗 B 标准血清发生凝集，则具有 B 凝集原，然后再根据凝集原类型确定血型（表 3-3、图 3-12）。

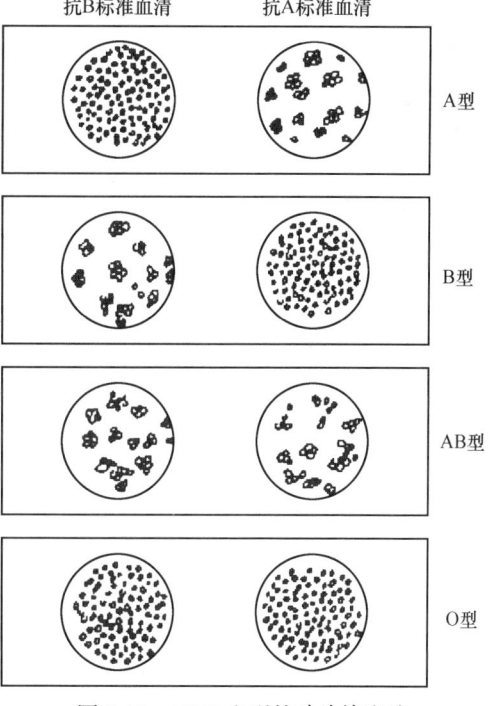

图 3-12　ABO 血型的玻片检查法

（二）Rh 血型系统

1. Rh 血型系统的发现和在人群中的分布　1940 年 Landsteiner 和 Weiner 在寻找新血型物质的探索中，将恒河猴（Rhesus monkey）的红细胞重复注射入家兔体内，引起家兔血清中产生抗恒河猴红细胞的抗体（凝集素）。再用含这种抗体的血清与人的红细胞混合，发现在白种人中，约有 85% 的人其红细胞可被这种血清凝集，表明这些人的红细胞上具有与恒河猴同样的抗原，故称为 Rh 阳性血型；另有约 15% 的人的红细胞不被这种血清凝集，称为 Rh 阴性血型。由此发现了 Rh 血型系统。在我国各族人中，汉族和其他大部分少数民族的人，属 Rh 阳性的约占 99%，Rh 阴性的人只占 1% 左右。但是在某些少数民族中，Rh 阴性的人较多。

2. Rh 血型系统的特点及临床意义

（1）在输血方面：与 ABO 血型系统相比 Rh 血型系统的一个显著特点是 Rh 血型系统的血清中不存在天然的抗 Rh 凝集素，只有当 Rh 阴性的人，接受 Rh 阳性的血液后，才通过体液性免疫才产生抗 Rh 的抗体。因此，第一次输血一般不产生明显的反应，但在重复输入 Rh 阳性血液时即可发生抗原-抗体反应，输入的 Rh 阳性红细胞可被凝集。因此，应避免 Rh 阴性患者再次输入 Rh 阳性血液。

（2）在妊娠方面的意义：与 ABO 血型系统相比 Rh 血型系统的另一显著特点是 Rh 抗体（抗 D 凝集素）分子较小，能透过胎盘进入胎儿体内。因此，当 Rh 阴性的母亲怀有 Rh 阳性的胎儿时，Rh 阳性胎儿的红细胞或 D 抗原有可能进入母体，通过免疫反应，在母体的血液中产生免疫抗体，主要是抗 D 抗体。这种抗体可以透过胎盘进入胎儿的血液，可使胎儿的红细胞发生凝集，造成胎儿死亡或新生儿溶血性贫血。但一般只有在分娩时才有较大量的胎儿红细胞进入母体，而母体血液中的抗体浓度是缓慢增加的，一般需要数月的时间，因此，第一次妊娠常不产生严重反应。如果 Rh 阴性母亲再次怀有 Rh 阳性胎儿时（或孕前曾输过 Rh 阳性血液的母亲在怀第一胎时），母体血液中高浓度的 Rh 抗体将会透过胎盘，引起胎儿溶血，且怀孕次数越多症状越严重。因此，对于多次怀孕均为死胎的妇女，特别是少数民族妇女，应引起高度注意，检查其是否属于少见的 Rh 阴性，如果是的话，应采取相应措施防止不幸发生。

（三）白细胞和血小板血型

白细胞和血小板除有与红细胞相同的血型外，还有自身特有的血型，如白细胞膜上最强的抗原是人类白细胞抗原（human leukocyte antigen，HLA），在体内广泛存分布，是引起组织器官移植后发生免疫排斥反应的最重要的抗原。由于在无关个体之间 HLA 表型完全相同的概率极低，所以 HLA 的分型成为法医学上用于鉴定个体或亲子关系的重要手段之一。人类血小板上也有特异性的抗原系统，如 PI、Zw、Ko 等。血小板抗原可能与输血后发生血小板减少症有关。

三、输　　血

输血（blood transfusion）已经成为治疗某些疾病、抢救患者生命和保证一些手术得以顺利进行的重要手段。但是，由于人类血型的复杂性，因输血事故造成病人损害甚至死亡的事故并不鲜见。当人体输入血型不合的血液后，可引起红细胞凝集进而发生溶血。凝集的红细胞可阻塞毛细血管，造成组织缺血缺氧；溶血时大量血红蛋白逸出，进入肾小管后造成肾小管阻塞，导致急性肾功能衰竭。因此，为了保证输血安全，必须遵守输血原则。

（一）输血原则

输血的基本原则是保证输入的红细胞不被受血者血浆中的凝集素所凝集。因此，输血时必须遵守以下原则。

1. 进行血型鉴定　在准备输血时，首先必须鉴定血型，保证供血者与受血者血型相合，避免因血型不合引起的严重输血反应。

2. 首选同型输血　只要条件许可，首选输同型血。这样，在受血者与供血者之间不会存在凝集原与凝集素相遇的机会，可从根本上避免凝集反应的发生。当在必须用输血抢救生命的紧急情况下，又无同型血时，可在保证输入的红细胞不被凝集的前提下少量（一般不超过 200ml）、缓慢输入异型血液，并需在输血过程中密切观察，如发生输血反应，应立即停止。

3. 交叉配血试验　在血型相合的基础上，为了避免亚型或其他血型系统的不同，还必须进行交叉配血试验（cross-match test）。其方法如图 3-13 所示，将供血者的红细胞与受血者的血清相混合，称为主侧试验；同时将受血者的红细胞与供血者的血清相混合，称为次侧试验（图 3-13）。如果交叉配血试验的两侧均未发生凝集反应，为"配血相合"，可以进行输血，即为同型输血；如果主侧发生凝集反应，不管次侧结果如何，均为"配血不合"，绝对不能输血；如果主侧不凝集，次侧发生凝集，则应遵守异型输血的原则少量、缓慢，在密切观察下输血。

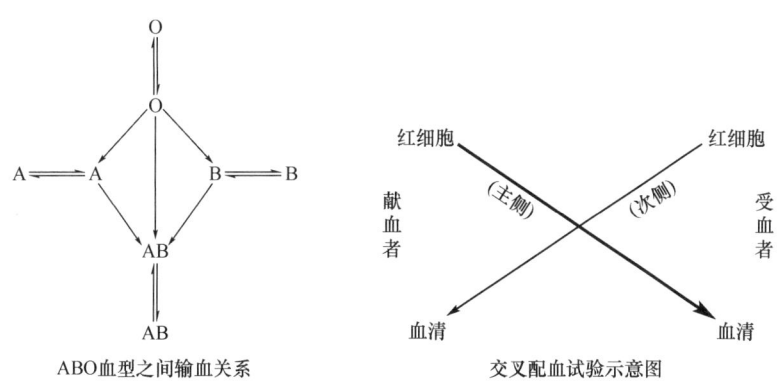

图 3-13　血型之间关系及交叉配血试验示意图

以往曾经把 O 型血的人称为"万能供血者"，认为他们的血液可以输给其他血型的人，实际上，这种看法不完全正确。虽然 O 型血的红细胞上没有 A 和 B 凝集原，不会被受血者的血浆凝集，但其血浆中的抗 A 和抗 B 凝集素却能与其他血型的红细胞发生凝集反应。如输入的血量较大、速度较快时，供血者血浆中的凝集素未被受血者的血浆充分稀释时，可使受血者的红细胞被广泛凝集。

（二）成分输血

随着医学和科学技术的进步，近年来输血的方法已不局限于输全血，根据病情需要选择性输入血液的有效成分已被广泛应用。如把红细胞、粒细胞、血小板和血浆分别制备成高纯度或高浓度的血液制品再输入体内。这样既能提高疗效，减少不良反应，又能节约血源。

（高明灿）

思 考 题

1. 名词解释：血浆　血清　血浆渗透压　等渗溶液　血量　红细胞比容　红细胞悬浮稳定性　红细胞沉降率　红细胞脆性　溶血　生理止血　血液凝固　纤维蛋白溶解　血型　交叉配血试验　再生障碍性贫血
2. 血浆渗透压的构成及生理意义？
3. 红细胞、白细胞、血小板各有什么生理功能？红细胞的生成原料和影响因素有哪些？
4. 简述血液凝固的基本过程。
5. 试述ABO血型系统的分型依据和相互输血关系。

第四章 血液循环

> **学习要点**
> 1. 心率、心动周期、心输出量、动脉血压、中心静脉压的概念与正常值。
> 2. 影响心输出量的因素，动脉血压形成及影响因素，组织液生成及其影响因素。
> 3. 心室肌细胞和窦房结P细胞的生物电现象，心肌细胞的生理特性。
> 4. 心脏射血过程中心室容积、心腔内压力、瓣膜开闭和血流方向的变化。
> 5. 颈动脉窦和主动脉弓压力感受性反射，肾上腺素和去甲肾上腺素对心血管活动的调节。

循环系统(circulation system)是一个封闭的管道系统，由心血管系统（cardiovascular system）和淋巴系统（lymphatic system）组成。心血管系统包括心脏和血管两部分。血液在心脏搏动的推动下，在心血管系统中按照一定方向周而复始地流动，称为血液循环。血液循环是维持人体生命的基本条件之一。血液循环的主要功能是完成体内的物质运输。如细胞代谢所需要的营养物质和 O_2，代谢产物和 CO_2 都需要血液循环来运输；内分泌细胞分泌的各种激素等生物活性物质也通过血液循环运输至相应的靶细胞，才能实现机体的体液调节；机体内环境理化特性相对恒定的维持以及血液的防卫免疫功能的实现，都依赖于血液的循环流动。血液循环功能一旦发生障碍，机体的新陈代谢便不能正常进行，一些重要器官将因供血不足而受到损害，严重时可危及生命。此外，心脏还有内分泌功能，如心肌细胞可以合成释放心房钠尿肽等生物活性物质，调节心血管和其他器官的功能。

心血管系统的活动受神经和体液因素的调节，且与呼吸、泌尿、消化、神经和内分泌等多个系统相互协调，从而使机体能很好地适应内、外环境的变化。

第一节 心脏生理

一、心脏泵血过程与机制

心脏是一个由心肌组织构成并具有瓣膜结构的空腔器官，是血液循环的动力装置。在人的生命过程中，心脏不断进行有节律的收缩和舒张活动为血液流动提供动力，舒张时容纳静脉血液返回心脏，收缩时把血液射入动脉。通过心脏节律性舒缩活动以及由此而引起心瓣膜的规律性开启和关闭，推动血液沿一定方向循环流动。

（一）心率与心动周期

1. **心率** 每分钟心脏搏动的次数称为心率(heart rate)。正常成年人安静时心率为60～100次/min，平均为75次/min。心率可因年龄、性别及其他因素而有较大差异。儿童心率较快，新生儿可达130次/min，随着年龄增长而逐渐减慢，至青春期接近于成人。成人中女性心率较男性稍快，长期从事体育活动或体力劳动者心率较慢，安静或睡眠时的心率较慢，运动或情绪激动时心率加快。临床上，成年人安静时心率超过 100 次/min，称为心动过速；低于 60 次/min，称为心动过缓。

2. 心动周期　心房或心室每收缩和舒张一次，称为一个心动周期（cardiac cycle）（图 4-1）。一个心动周期包括心房的收缩期和舒张期以及心室的收缩期和舒张期。在心脏的泵血活动中，心室起主要作用，故通常所说的心动周期是指心室的活动周期。正常心脏的活动由连续的心动周期组合而成，因此，心动周期可以作为分析心脏机械活动的基本单元。

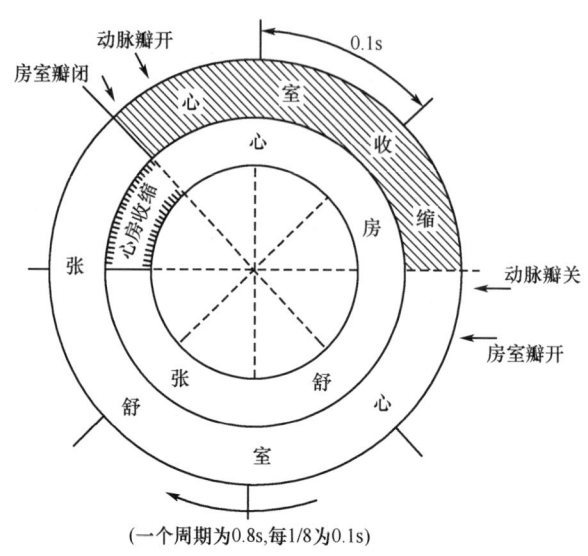

图 4-1　心动周期中心房和心室活动示意图

3. 心动周期与心率的关系　心动周期的长短与心率有关。以心率为 75 次/min 计算，一个心动周期占时约为 0.8s（图 4-1），其中心房收缩期约为 0.1s，舒张期约为 0.7s；心室收缩期约为 0.3s，舒张期约为 0.5s；心室舒张期的前 0.4s 与心房舒张期的后 0.4s 重叠，称为全心舒张期。正常情况下，心房和心室总是按一定的顺序进行活动，即心房先收缩，心室后收缩；当心室开始收缩时，心房已经开始舒张；心室舒张尚未结束，心房又开始下一个心动周期收缩。一次心动周期中，房、室收缩交替进行；房室的收缩期均短于舒张期；心率正常时，全心舒张期约占心动周期的 1/2。若心率加快，则心动周期缩短，其中舒张期缩短更为明显，使心脏休息时间缩短，工作时间延长，不利于心脏的持久工作。

（二）心脏的泵血过程

血液由心室泵入动脉有赖于心室舒、缩所引起的心腔内压力变化及心瓣膜对血流方向的控制。心室的泵血过程可分收缩期射血过程和舒张期充盈过程。左右心室的射血同时进行，机制相似。右心室收缩力量较弱，心室内压只有左心室的 1/4～1/6，但因肺循环途径短，肺动脉压也较低，血流阻力较体循环小，因此两心室射血量几乎相等。以下介绍在一个心动周期中左心室的泵血过程（图 4-2，表 4-1）。

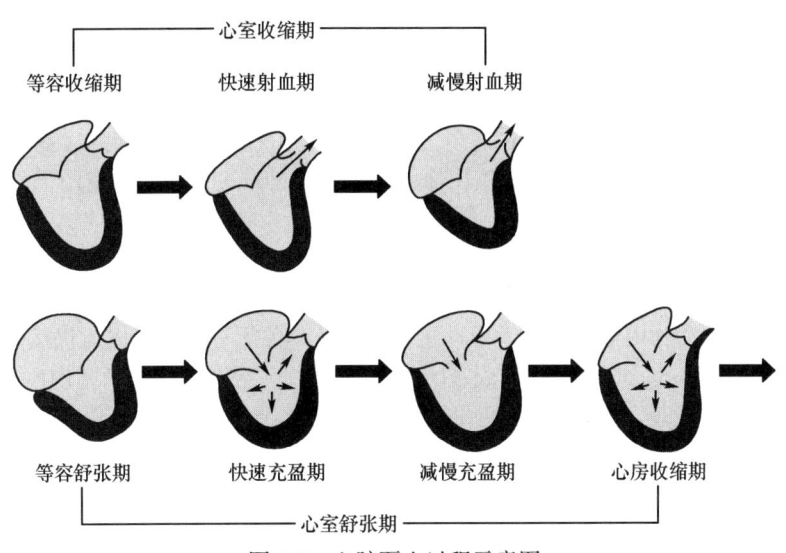

图 4-2 心脏泵血过程示意图

表4-1 心动周期中心腔内压力、瓣膜、血流、容积等变化

心动周期分期	心房、心室、动脉血压力比较	房室瓣	动脉瓣	血流方向	心室容积
房缩期	房内压＞室内压＜动脉血压	开	关	心房→心室	增大
等容收缩期	房内压＜室内压＜动脉血压	关	关	血存于心室	不变
射血期	房内压＜室内压＞动脉血压	关	开	心室→动脉	减小
等容舒张期	房内压＜室内压＜动脉血压	关	关	血存于静脉	不变
充盈期	房内压＞室内压＜动脉血压	开	关	心房→心室	增大

1. 心室收缩与射血过程

（1）等容收缩期：心室收缩之前，室内压低于心房内压和主动脉血压，此时房室瓣开放，主动脉瓣关闭。心房收缩完毕进入舒张期后，心室开始收缩，室内压迅速增高，当室内压超过房内压时，心室内的血液推动房室瓣使其关闭；此时，室内压仍低于主动脉血压，主动脉瓣仍处于关闭状态；这样，心室腔处于关闭状态，无血液进出心室，心室肌收缩只产生张力而无缩短。由于心室肌的强烈收缩，血液又具有不可压缩性，心室内的压力急剧升高，心室容积不变，故称等容收缩期（period of isovolumic contraction），此期持续约 0.05s。其特点是：房室瓣和主动脉瓣均处于关闭状态；室内压上升速率最快；血液存留于心室内。等容收缩期长短与心肌收缩力强弱及主动脉血压高低有关。心肌收缩力增强或主动脉血压降低时，等容收缩期缩短；反之，心肌收缩力减弱或主动脉血压增高，等容收缩期延长。

（2）快速射血期：等容收缩期末，心肌的持续收缩使室内压继续升高，当超过主动脉压时，血液冲开主动脉瓣由心室射入动脉，此期室内压随着心室肌的强烈收缩而继续升高至峰值，心室容积随着血液的射出而明显减小，射血速度很快，称为快速射血期（rapid ejection phase），历时约 0.10s。其特点是：房室瓣关闭，主动脉瓣开放；室内压继续上升达峰值；

射血量大（约占总射血量的 2/3）。

（3）减慢射血期：快速射血期后，因大量血液进入主动脉，主动脉内压力上升，同时，由于心室内血液减少，心室收缩强度减弱，导致射血速度减慢，称为减慢射血期（reduced ejection phase），历时约 0.15s。其特点是：房室瓣关闭，主动脉瓣开放；室内压逐渐下降，心室容积缩至最小；射血量小（约占总射血量的 1/3）。在减慢射血期内，室内压已略低于主动脉压，但由于心室肌的收缩，心室内血液具有较高的动能，在惯性作用下，继续流入主动脉。减慢射血期末，心室容积最小。

2. 心室舒张与充盈过程

（1）等容舒张期：减慢射血期结束后，心室开始舒张，室内压迅速下降，当室内压低于主动脉血压时，主动脉内血液返流，推动主动脉瓣使其关闭；此时室内压仍然高于房内压，房室瓣仍处于关闭状态，心室再次形成密闭的腔。这时，心室继续舒张，室内压进一步下降。因此期无血液进出心室，心室容积不变，故称为等容舒张期（period of isovolumic relaxation）。该期从主动脉瓣关闭到房室瓣开放为止，历时 0.06~0.08s。其特点是：房室瓣和主动脉瓣均处于关闭状态；室内压下降速率最快。

（2）快速充盈期：随着心室舒张，室内压进一步下降，当室内压低于房内压时，血液顺压力差冲开房室瓣快速流入心室，心室容积迅速增大，称为快速充盈期（rapid filling phase），历时约 0.11s。其特点是：房室瓣开放，主动脉瓣关闭；室内压下降达最低值；此期是心室充盈的主要阶段，进入心室的血液量约占心室总充盈量的 2/3。此时心房也处于舒张状态，心房内的血液向心室内快速流动，主要是由于心室舒张时，室内压下降形成的"抽吸"作用。大静脉内的血液也经心房流入心室。因此，心室的收缩和舒张，不仅有利于射血，而且有利于静脉血液向心房回流和心室的充盈。

（3）减慢充盈期：快速充盈期之后，随着心室内血量的增多，心室与心房和大静脉间的压力梯度逐渐减小，血液流向心室的速度减慢，称减慢充盈期（reduced filling period），历时约 0.22s。其特点是：房室瓣开放，主动脉瓣关闭；全心处于舒张状态，大静脉内的血液经心房缓缓流入心室，心室容积逐渐增大；充盈量少。接着进入下一心动周期，心房开始收缩。

（4）心房收缩期：心室舒张末，心房开始收缩，房内压升高，心房内血液被挤入心室，使心室的血液充盈量进一步增加，称为心房收缩期，此期持续约 0.1s。其特点是：房室瓣开放，主动脉瓣关闭；心室容积最大；占总充盈量的 10%~30%。故临床上心房纤颤患者虽心室充盈量有所减少，但对心脏静息状态下的泵血功能影响不大。心室充盈过程到此完成，并立即开始下一次心室收缩与射血的过程。

综上所述，心室肌的收缩和舒张引起室内压的升降，造成心房与心室之间、心室与大动脉之间形成压力差，而压力差是瓣膜启闭的决定因素和血液流动的动力，瓣膜的启闭又决定了血液只能是单向流动即从心房流向心室，再从心室流向动脉。可见，心动周期中心室的收缩与舒张是主要变化，它引起压力、瓣膜、血流和容积的改变，决定了心脏的充盈和射血的交替进行（图4-3）。

考点提示： 心率和心动周期的概念，心率的正常值；心脏泵血的过程和机制

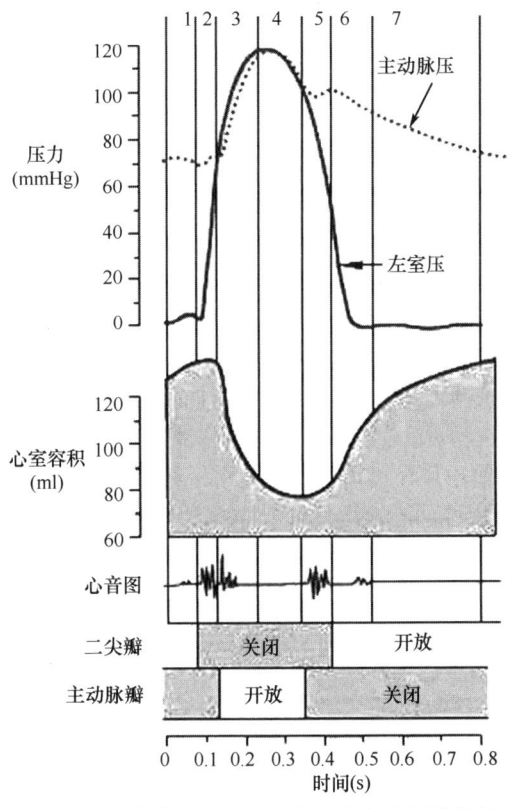

图 4-3 心动周期中左心室内压力、容积和瓣膜等的变化
1：房缩期；2：等容收缩期；3：快速射血期；4：减慢射血期；5：等容舒张期；6：快速充盈期；7：减慢充盈期

心 脏 骤 停

心脏骤停是指心脏射血功能的突然停止，大动脉搏动与心音消失，重要器官如脑严重缺血、缺氧，导致生命终止。这种出乎意料的突然死亡，医学上称猝死。

心脏骤停常迅速伴有呼吸骤停，因此一般应心肺复苏同时进行。复苏程序有新主张，一改过去的 ABC 变为 CAB，即首先是 C（circulation）建立人工循环，再 A（airway）疏通气道，以及 B（breathing）人工呼吸，理由是恢复有效血液循环应最先、最早、最重要。如有条件还有人主张应再加上 D（defibriUation）除颤，理由是心脏骤停大多数是心室颤动，除颤是最积极的心脏复苏手段。

知 识 链 接

二、心脏泵血功能的评定

心脏的主要功能是不断地泵出血液以适应机体新陈代谢的需要。因此，在医疗实践中，往往需要对心脏的泵血功能进行客观地评价。心脏在单位时间内泵出的血量是衡量心脏功能的基本指标。

（一）每搏输出量与射血分数

1. **每搏输出量**　每搏输出量是指一侧心室一次收缩时射入动脉的血量，简称搏出量（stroke volume），相当于心室舒张期末容量与收缩期末容量之差。每一次心跳，心室内的血液并没有全部射入动脉。正常成人静息状态下，心室舒张末期的容积左心室约为145ml，右心室约为137ml,搏出量为60~80ml,平均为70ml,即射血完毕时心室内尚有一定量的余血。

2. 射血分数 搏出量占心室舒张期末容积的百分比称为射血分数(ejection fraction,EF),健康成年人的射血分数为55%~65%。在正常情况下,搏出量与心室舒张末期容积是相适应的,即当心室舒张末期容积增加时,搏出量也相应增加,故射血分数改变很少。在心室功能减退、心室异常扩大的情况下,虽然搏出量与正常人相比可能没有明显区别,但射血分数明显下降,所以用射血分数来评定心脏泵血功能比搏出量更为准确。

(二)每分输出量与心指数

1. 每分输出量 一侧心室每分钟射入动脉的血量称为每分心输出量,简称心输出量(cardiac output),它等于搏出量与心率的乘积,左右两心室的心输出量基本相等。正常成人安静状态下,搏出量为60~80ml,心率按平均每分钟75次计算,心输出量是4.5~6.0L/min,平均5.0L/min左右。心输出量与机体新陈代谢水平相适应,可因性别、年龄及其他生理情况而不同。女性比同体重男性的心输出量约低10%,青年人心输出量高于老年人,情绪激动时心输出量可增加50%~100%,剧烈运动时心输出量可高达25~35L/min,麻醉情况下则可降低到2.5L/min。

2. 心指数 心输出量是以个体为单位衡量的,身材不同的个体,维持正常新陈代谢所需的心输出量不同。所以用心输出量来衡量不同个体的心功能,显然是不全面的。研究表明,人体静息时心输出量并不与体重成正比,而与身体表面积(m^2)成正比关系。以每平方米体表面积计算的心输出量称为心指数(cardiac index,CI)。我国成年人中等身材的体表面积约为1.6~1.7m^2,安静和空腹情况下心输出量约为4.5~6.0L/min,因此心指数约为3.0~3.5L/(min·m^2),称为静息心指数。心指数可以因代谢、年龄不同而异,一般静息心指数在10岁左右时最大,可达4L/(min·m^2)以上;以后随年龄增长逐渐下降,到80岁时,静息心指数降到接近于2L/(min·m^2);运动、妊娠、情绪激动、进食等情况下,心指数均增大。

(三)心脏做功量

心脏做功是维持心输出量和血液流动的前提。心脏做功所释放的能量一方面将血液由心脏输送到动脉,并使动脉压升到一定的高度,即转化为压强能,这是心脏做功的主要部分;另一方面使血液以较快的流速向前流动,即转化为血流的动能,这部分能量在整个心脏做功中占的比例很小,可忽略不计。

心室收缩一次所做的功,称为搏出功(stroke work)。肌肉做功可用收缩时产生的张力与缩短距离的乘积表示。心室射血时,张力与缩短距离的变化转化为压力与容积的变化。因此,心室所做的功应为射血期心室内压与搏出量的乘积。心室舒张期尚未收缩时,左心室内已存在由血液充盈所形成的充盈压。由于充盈压不是来自心室的收缩,在计算搏出功时应该从左心室内压中减去。

心室每搏功=搏出量×(射血期左心室内压-左心室充盈压)

在实际应用中,可以用平均主动脉压代替射血期左心室内压,用平均左心房压(约6mmHg)代替左心室充盈压。因此,每搏功可写为:搏出量×(平均主动脉压-平均左心房压)。左右心室搏出量基本相等,但肺动脉平均压仅为主动脉平均压的1/6,故右心室做功量只有左心室做功的1/6。

心室每分钟做的功称为每分功,它是搏出功与心率的乘积。

心脏做功与动脉血压有密切地关系。心脏向动脉内射血要克服动脉血压形成的阻力,动脉血压越高,阻力越大,在搏出量不变时,动脉血压升高可使心肌收缩增强和心脏做功增加，所以用心脏做功作为评价心脏泵血功能的指标比单纯地心输出量更全面、更精确。

三、影响心输出量的因素

正常情况下，心脏的泵血功能可随不同生理状态的需要而做出相应的改变，心脏的泵血功能可用心输出量表示，搏出量和心率是决定心输出量的两大基本因素，因此，凡能改变搏出量和心率的因素均能影响心输出量。

（一）影响搏出量的因素

搏出量的多少取决于心肌收缩的强度和速度。心肌收缩越强，速度越快，搏出量就越多。凡是能影响心肌收缩强度和速度的因素都能影响搏出量，而搏出量的调节正是通过改变心肌收缩的强度和速度来实现的。前负荷、后负荷和心肌收缩能力的改变均能影响搏出量。

1. 前负荷　在完整心脏，心室肌的前负荷就是其舒张末期的充盈量（充盈压），舒张末期充盈量的多少决定了心室肌收缩前的初长度，而初长度可影响心肌的收缩功能。在动物实验中，维持动脉压于一个稳定水平，逐渐改变左心室舒张末期的充盈压，同时测算左心室射血的搏出功，以前者为横坐标，后者为纵坐标，绘成的坐标图，称为心室功能曲线（ventricular function curve）或称为 Starling 曲线（图4-4）。心室功能曲线反映了左心室舒张末期容积或充盈压与心室搏功的关系。在一定范围内，心室每搏做功随心室舒张末期压力增加而增加。当心室舒张末期的充盈压增高到 12~15mmHg 时，心室的前负荷是最适前负荷，这时心室肌细胞的长度为最适初长度。心肌收缩强度因初长度变化而发生相应变化的现象称为心肌细胞的异长自身调节（heterometric autoregulation），其机制在于粗、细肌丝之间相互重叠程度的变化。早在 1914 年，生理学家 Starling 在哺乳动物身上就观察到肌纤维初长度对心脏功能的影响，因此异长自身调节也称为 Starling 机制。在充盈压超过最适前负荷后，心室功能曲线逐渐平坦，但不出现明显的下降支。这是因为心肌细胞外的间

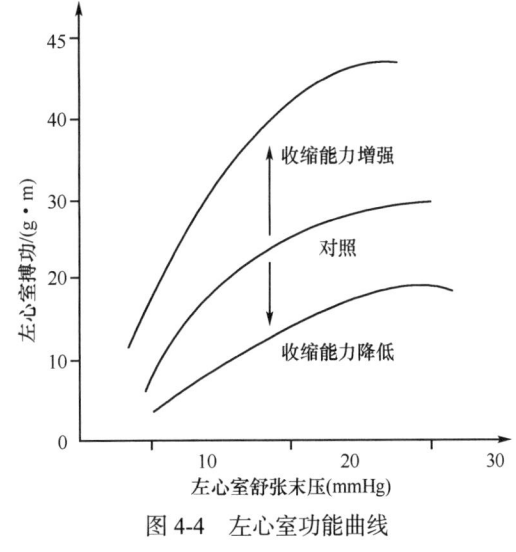

图 4-4　左心室功能曲线

质内含有大量的胶原纤维，形成胶原纤维网架，使心肌伸展性较小，对抗被拉长的力量较大。另外，心室壁由多层肌纤维组成，肌纤维有多种趋势和排列方向，因此，心室肌不能被任意拉长。所以当心室肌长度达到最适初长度后心肌长度便不再随充盈压增加而增加；心室的收缩强度（搏出功）也就不会随之而明显减小。只有在发生严重病理变化的心室功能曲线才会出现降支。

心室充盈量是静脉回心血量和心脏射血后心室内余血量之和，正常情况下射血后心室内余血量基本不变。搏出量相当大程度上决定于静脉回心血量。异长自身调节的生理意义在于对搏出量进行精细调节，使心室射血量和静脉回心血量相平衡。

2. 后负荷　指肌肉开始收缩时才遇到的负荷或阻力。肌肉收缩时产生的张力用于克服后负荷，当张力大小等于后负荷时肌肉开始缩短，后负荷越大，肌肉必须产生更大的张力

才能克服这种阻力而开始缩短。对于心室射血来说，心室肌收缩时必须克服来自大动脉血压的阻力，才能冲开动脉瓣将血液射入动脉。因此，大动脉血压是心室收缩射血时所承受的后负荷。心室收缩时，在左室内压未超过主动脉压前，心室肌不能缩短，表现为等容收缩，心室肌张力增加，室内压急剧上升，当左室内压超过主动脉压时，心室肌才能缩短射血。在心肌的前负荷和心肌收缩能力不变的情况下，大动脉血压升高，即后负荷增大，使动脉瓣开放推迟，导致等容收缩期延长，射血期缩短，再加上射血期心肌纤维缩短速度和程度均减小，则搏出量暂时减少。但是，在整体条件下，当动脉血压突然增高时，因搏出量的减少必然会造成射血末期心室内的余血量增多，如果此时静脉回心血量不变，将使心舒末期的容积增加，心肌初长度增加，通过心肌异长自身调节的作用，心室肌收缩强度增大，搏出量可逐步恢复到原有水平。若动脉血压持续保持较高水平，机体将通过增加心肌收缩力来维持适当的心输出量，这种心输出量的维持以增加心肌收缩力为代价，久之将会出现心室增厚等病理变化，最后可因失代偿而出现心功能不全。当动脉血压降低时，若其他条件不变，则心输出量将增加。可见，动脉血压降低，有利于心室射血。因此对后负荷增大引起的心力衰竭患者，临床上用舒血管药物降低后负荷以提高心输出量，以改善心脏功能。

3. 心肌收缩能力　心肌收缩能力是指心肌细胞不依赖于前、后负荷而能改变收缩强度和速度的一种内在特性。兴奋-收缩耦联过程中横桥活化的数量和ATP酶的活性，是影响心肌收缩能力的主要因素。在一定初长度的条件下，粗、细肌丝的重叠提供一定数量可连接的横桥，活化的横桥增多，心肌细胞的收缩能力增强，搏出量即增大；反之则减少。这种心肌收缩能力的改变与心肌初长度无关，在心肌初长度不变的条件下，取决于心肌本身收缩活动的强度和速度的改变而引起每搏输出量的改变，这种调节方式称为每搏输出量的等长自身调节。在心肌保持同一初长度的情况下，心肌收缩能力的大小与每搏输出量呈正比。人体的心肌收缩能力受神经和体液因素影响。如运动时，交感神经活动增强，肾上腺素和去甲肾上腺素分泌增多，使心肌收缩能力增强，每搏输出量增多；副交感神经活动增强时，则引起相反效应。经常进行体育锻炼的人心肌发达，从而心肌收缩力增强，每搏输出量增加；某些心脏疾病（如心肌炎）患者，由于心肌收缩能力下降，心脏不能有效泵血，容易发生心力衰竭。

（二）心率对心输血量的影响

考点提示：心脏泵血功能的评价：每搏输出量、每分输出量、射血分数；影响心输出量的因素；每搏输出量和心率对心泵功能的影响。

心输出量是搏出量与心率的乘积。在一定范围内，心率加快，心输出量增加。心率加快时，心动周期缩短，主要为心舒期的缩短。如果心率过快（超过180次/min），则心舒期明显缩短，心室内血液充盈量不足，搏出量和心输出量反而降低。反之，若心率太慢，低于40次/min，心室舒张期尽管很长，但心室充盈有一定限度，再延长心舒时间也不能相应增加充盈量和搏出量。可见，心率最适宜时，心输出量最大；心率过快或过慢，心输出量都会减少。

心率受自主神经的控制，交感神经活动增强时，心率增快；副交感神经活动增强时，心率减慢。影响心率的体液因素主要有循环血液中的肾上腺素、去甲肾上腺素和甲状腺素，这些体液因素可使心率增快。此外，心率受体温的影响，体温每升高1℃心率将增加12～18次/min。这些改变心率的因素，都会导致心输出量的改变。

案例4-1

患者,男,72岁。反复咳嗽、咳痰15年,心悸、气短8年,嗜睡1天。患者于入院前15年开始反复咳嗽、咳白色泡沫痰,受凉时加重,经治疗后缓解;以后上述症状反复发作。8年前上述症状加重,伴活动时心悸气短,下肢水肿,多次到当地医院诊治。20天前咳嗽、咳痰加重,夜间不能平卧;一天前神志不清、嗜睡。体格检查:P 105次/min, R 30次/min, BP 110/85mmHg;神志不清,口唇发绀,颈静脉怒张,桶状胸,双肺叩诊呈过清音,双中下肺可闻及细湿啰音;剑突下可见心尖搏动,可闻及早搏,三尖瓣区有收缩期杂音;肝肋下3cm,双下肢水肿。

诊断:慢性肺源性心脏病,右心衰竭。

问题与思考:

1. 引起右心衰竭的原因是什么?
2. 根据所学生理知识,试分析心衰的治疗措施。

提示:

1. 长期缺氧引起肺血管收缩,血流阻力增加,肺动脉压升高,加重右心室负荷,引起右心肥大,心室腔扩大,最终导致右心衰竭。
2. 心衰的治疗措施有:①休息;②通过利尿减轻前负荷和水肿;③通过扩张静脉血管减轻前负荷和扩张动脉血管减轻后负荷;④通过增强心肌收缩能力而增加心输血量。

四、心脏泵血功能的储备

心输出量随机体代谢的需要而增加的能力称为心脏泵血功能储备,简称心力储备(cardiac reserve),包括心率储备和搏出量储备,体育锻炼对心力储备也有明显影响。健康成人静息状态下的心输出量约为5L/min,而强体力劳动时可达25~30L/min,为静息时的5~6倍。心脏每分钟能射出的最大血量,称为最大心输出量,它反映心脏的心力储备能力。

(一)心率储备

一般情况下,动用心率储备是提高心输出量的主要途径。心率的最大变化约为静息时心率的2倍,在剧烈活动时可增快至180~200次/min。充分动用心率储备可使心输出量增加2~2.5倍。此时虽然心率增快很多,但不会因心舒期缩短而使心输出量减少。这是由于剧烈运动或重体力劳动时,静脉回流速度加快、心室充盈速度增大、心肌收缩力量增强的缘故。

(二)搏出量储备

搏出量是心室舒张末期容积和收缩末期容积之差。若舒张末期容积更大,而收缩期容积更小,则搏出量会更多,这就是搏出量储备,它分为舒张期储备和收缩期储备。

1. 舒张期储备 一般心室舒张期末的容积为145ml,由于心肌伸展性很小,心室容积最大只能达到160ml,因此舒张期储备只有15ml左右。

2. 收缩期储备 一般心室射血期末,心室内余血约75ml。当心室作最大程度收缩,提高射血分数,可使心室内余血减少到不足20ml。因此,充分动用收缩期储备,可以使搏出量增加55~65ml。

（三）体育锻炼对心力储备的影响

心力储备反映心脏泵血功能的潜力，是判断能够胜任劳动强度的一个指标。心力储备小者，能够胜任的运动强度小；心力储备大者，能够胜任的运动强度大。健康人有相当大的心力储备，最大心输出量一般可达静息时的5～6倍。经常体育锻炼的人，可使心肌纤维变粗，收缩能力增强，心脏射血能力增强，最大心输出量可达35L/min以上，为静息时的8倍，对急性缺氧的耐受性提高，神经调节更加灵敏、有效，搏出量储备和心率储备都能得到提高。缺乏体育锻炼或有心脏疾患者，心力储备下降，虽然静息时心输出量能够满足代谢需要；但是当活动增加时，心输出量却不能相应增加，会出现心慌、气喘、头晕、目眩等症状。

案例4-2

两青年男性患者，每搏输出量均为70ml，心率均为80次/min，左心室舒张末期容积均为160ml。其中甲患者身高150cm，体重50kg，体表面积为$1.4m^2$；乙患者身高160cm，体重68kg，体表面积为$1.7m^2$。

问题与思考：
1. 衡量心功能的主要指标有哪些？
2. 如何判断两患者的心功能？

提示：
1. 评价心功能的主要指标有每搏输出量、心输出量、射血分数、心指数等。
2. 心指数是评价不同个体心功能的常用指标。故乙患者的心功能弱于甲患者。

五、心　音

心动周期中，由心肌的收缩与舒张、瓣膜的启闭、血流撞击心室壁和大动脉管壁等因素引起的机械振动，经周围组织传到胸壁，可用听诊器在胸壁表面听到，此声音称为心音（heart sound）。通常用听诊器很容易听到第一和第二心音，在某些健康儿童和青年人也可听到第三心音，40岁以上的健康人也可能出现第四心音。若将这些机械振动通过换能器转换成电信号并记录下来，便得到心音图。心音图可记录到每一心动周期中4个心音。

第一心音　发生在心室收缩期，标志着心室收缩的开始，在左锁骨中线与第五肋间隙交界稍内侧（心尖部）听得最清楚。特点是音调较低，持续时间较长。它的产生与心室肌收缩、房室瓣关闭、心室射血冲击主动脉根部等原因引起的振动有关。其中房室瓣关闭引起的振动是第一心音产生的主要原因。第一心音的强弱可反映心室肌的收缩强弱和房室瓣的功能状态。心室收缩力愈强，第一心音愈响。

第二心音　发生在心室舒张期，标志着心室舒张的开始，在第二肋间与胸骨左（或右）缘交界处听得最清楚。特点是音调较高，持续时间较短。它的产生与心室开始舒张、室内压迅速下降引起的室壁振动以及主动脉瓣和肺动脉瓣的关闭有关，其中动脉瓣关闭的振动是第二心音产生的主要原因。第二心音的强弱可反映动脉血压高低和动脉瓣的功能状态。第一心音开始至第二心音开始之间的间隔为心室收缩期，第二心音开始与后一心动周期的第一心音开始之间的间隔为心室舒张期。

第三心音　发生在心室快速充盈期末，此时因心室已部分充盈，血流速度突然变慢，引起心室壁和瓣膜振动而产生，亦称舒张早期音。特点是音调低、时间短。在青年和儿童易听到，尤其在运动后引起静脉回心血量增加时明显。

第四心音 是心房收缩时血液进入心室引起的振动,故又称心房音。在部分老年人和心室舒张末期压力增高的病人可能听到。

听取心音可了解心率及心律、心肌收缩力、瓣膜的功能状态是否正常等。瓣膜关闭不全或狭窄时,均可使血液产生涡流而发生杂音。因此,心音听诊在某些心脏疾病的诊断中有重要意义。

考点提示:
第一心音与第二心音的区别

> **心脏杂音**
> 心脏杂音是指在正常心音之外,血液在心脏或血管内产生湍流所致的异常声音。发生在第一心音与第二心音之间的收缩期,称为收缩期杂音;发生在第二心音与下一个第一心音之间的舒张期,称为舒张期杂音;杂音甚至可以在收缩期与舒张期内连续听到,称为连续性杂音。心脏杂音分为生理性(功能性)和病理性(器质性)。生理性杂音多发生在正常青少年,均为收缩期杂音,多在三级以下,声音呈柔和吹风样,妊娠、贫血、发热等时也可出现功能性杂音;而病理性杂音主要是心瓣膜本身的器质性病变或心脏及其附近的大血管有先天性畸形引起,心缩期和心舒期均可产生,性质多为粗糙或隆隆样声音。如二尖瓣狭窄时可在心尖区听到舒张期隆隆样杂音;二尖瓣关闭不全时可在心尖区听到收缩期吹风样杂音。因此,临床上通过听取杂音可帮助诊断某些心血管疾病。

知识链接

第二节 心肌细胞的生物电活动及生理特性

心脏进行有节律地收缩和舒张,是以心肌细胞的生物电活动和生理特性为基础的。根据心肌细胞的电生理特性,可将心肌细胞分为两大类:①非自律细胞:构成心房和心室壁的普通心肌细胞,细胞内含有排列有序的丰富肌原纤维,具有兴奋性、传导性和收缩性,执行心肌的收缩功能,故称为工作细胞;不具有自律性,故又称为非自律细胞。②自律细胞(autorhythmic cell):是一些特殊分化的心肌细胞,在没有外来刺激的条件下,会自动产生节律性兴奋,它们也具有兴奋性和传导性,但是细胞内肌原纤维少且排列不规则,故收缩性弱,主要功能是产生和传播兴奋,控制心脏活动的节律。这类细胞包括窦房结P细胞、房室交界区、房室束、左右束支和浦肯野细胞等,它们共同构成心脏的特殊传导系统。

一、心肌细胞生物电现象

心肌细胞的跨膜电位和神经细胞、骨骼肌细胞跨膜电位的形成机制相似,也是由跨膜离子流形成;但心肌细胞跨膜电位有显著特点,其波形和离子流机制要复杂得多;不同类型心肌细胞的跨膜电位也不完全相同(图4-5)。现以心室肌细胞和自律细胞为例介绍两类心肌细胞的生物电活动。

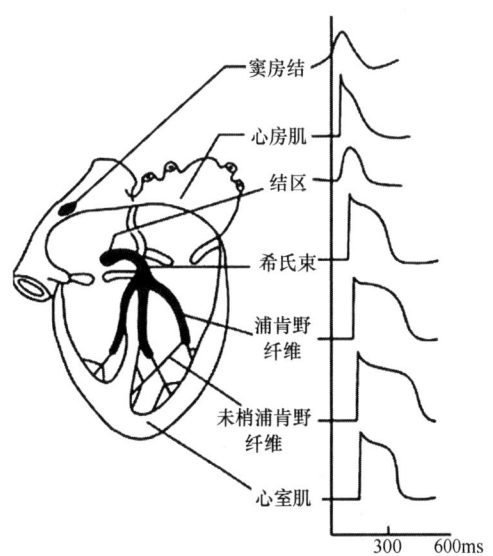

图4-5 心脏各部分心肌细胞的跨膜电位

(一) 心室肌细胞的生物电活动

普通心肌细胞的生物电现象分为静息电位及动作电位，现以心室肌细胞为例来说明工作细胞的跨膜电位及其形成机制。

1. **静息电位** 人和哺乳类动物的心室肌细胞和骨骼肌细胞一样，在静息状况下膜两侧呈极化状态，即膜外为正电位，膜内为负电位，静息电位约为 -90mV。其形成机制与骨骼肌细胞相同，主要是由细胞内的 K^+ 顺电化学梯度向细胞外扩散形成的 K^+ 平衡电位。因此，凡能降低细胞膜对 K^+ 通透性或膜内外 K^+ 浓度差的因素，都可降低心室肌静息电位。

2. **动作电位** 工作细胞的动作电位与骨骼肌细胞明显不同。骨骼肌细胞的动作电位时程短，去极化和复极化的速度几乎相等，动作电位的升支和降支基本对称，呈尖锋状。心室肌细胞的动作电位的特征是复极过程比较复杂，持续时间很长，动作电位的升支和降支很不对称。一般可将心室肌细胞的动作电位分为 0、1、2、3、4 五期，其中 0 期属于去极化过程，1~3 期属于复极化过程（图 4-6）。

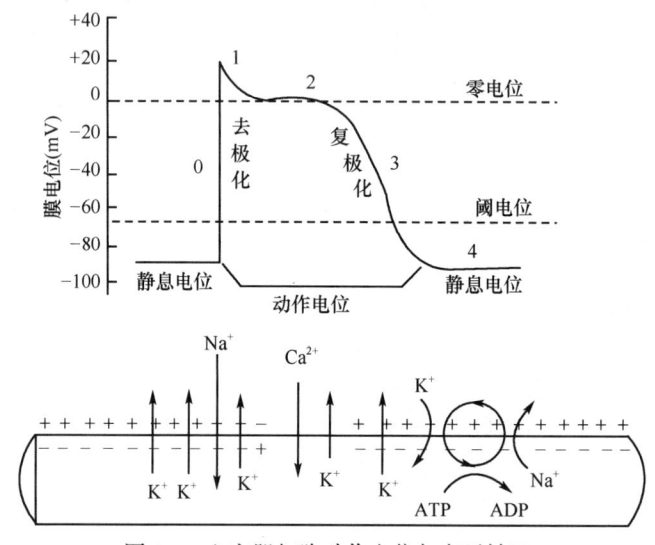

图 4-6 心室肌细胞动作电位与离子转运

（1）去极化过程（0 期）：心室肌细胞兴奋时，膜内电位由静息时的 -90mV，迅速升高到 +30mV，即膜两侧由原来的极化状态迅速转变为反极化状态，形成动作电位的上升支。0 期的特点是：去极化速度快，膜电位的最大变化速率可达 800~1000V/s；持续时间短，仅 1~2ms；去极化幅度大，约达 120mV。

其产生机制与神经细胞和骨骼肌细胞相似，是由 Na^+ 通道（I_{Na}）开放，Na^+ 内流所引起。即心室肌细胞受到有效刺激时，首先引起心肌细胞膜上的 Na^+ 通道部分开放，少量 Na^+ 内流，使膜局部去极化。当去极化达到阈电位（-70mV）时，大量的 Na^+ 通道被激活，膜对 Na^+ 通透性急剧升高，Na^+ 顺浓度梯度和电位梯度快速大量内流，膜内电位迅速上升到 +30mV，达到 Na^+ 的平衡电位，形成动作电位的 0 期。因为 Na^+ 通道激活快，失活也快，开放时间短（开放时间为 1ms 左右），故称为快通道。以 Na^+ 通道为 0 期去极化的心肌细胞，如心房肌、心室肌和浦肯野纤维称为快反应细胞，所形成的动作电位称快反应动作电位。Na^+ 通道可被河豚毒（TTX）选择性阻断。

（2）复极化过程：心室肌细胞复极过程比较缓慢，形成动作电位下降支，分为 4 个时期。

1 期（快速复极初期）：在 0 期后立即出现快速而短暂的复极化过程，膜内电位由 +30mV

快速下降到 0mV 左右，称为 1 期。0 期与 1 期形成锋电位，历时约 10ms。形成机制为：此期 Na^+ 通道已经关闭，Na^+ 内流停止，而一过性外向电流（I_{to}）被激活，其主要离子成分为 K^+ 快速外流，导致膜的快速复极化。

2 期（平台期）：当复极化使膜电位达到 0mV 左右时，复极化过程变得非常缓慢，基本停止于 0mV 水平持续一段时间，形成平台期，这是心室肌细胞动作电位持续时间较长的主要原因，是心室肌细胞动作电位区别于骨骼肌和神经纤维的主要特征，此期持续约 100～150ms。平台期是方向相反的两种离子流共同形成的。复极化后，K^+ 通道开放，K^+ 的外流随时间而逐渐增强；心室肌细胞膜上有一种电压依赖性的 Ca^{2+} 通道，当细胞膜去极化到 $-40mV$ 时，Ca^{2+} 通道打开，Ca^{2+} 顺浓度梯度由膜外向膜内扩散，这种缓慢持久的内流与上述的 K^+ 外流互相抵消，使膜电位保持在零电位附近。Ca^{2+} 通道激活、失活及再复活过程均较缓慢，故又称慢通道。Ca^{2+} 通道可被维拉帕米（异搏定）和 Mn^{2+} 所阻断。

3 期（快速复极末期）：膜内电位由 0mV 左右较快地下降到 $-90mV$，恢复到静息水平，完成复极化过程，持续 100～150ms。该期内 Ca^{2+} 通道已经失活，Ca^{2+} 内流终止；而 K^+ 通道的开放随时间而递增，K^+ 较快地外流，致使细胞内电位迅速下降。

4 期（静息期）：在 3 期后，膜电位基本上稳定于静息电位水平，故又称静息期。由于在形成动作电位过程中，细胞内外原有的离子分布有所改变，激活了心肌细胞膜上 Na^+-K^+ 泵，将内流的 Na^+ 泵出，同时摄回外流的 K^+，并通过膜上 Na^+-Ca^{2+} 交换机制，将内流的 Ca^{2+} 排出细胞，从而恢复膜内外正常的离子分布。此外，少量 Ca^{2+} 泵也可主动排出 Ca^{2+}。这样，细胞内外离子分布恢复至静息时的水平，为心肌细胞的再度兴奋做好准备。

心房肌细胞的动作电位及形成机制与心室肌相似，但持续时间较短，仅历时 100～150ms（图 4-7）。

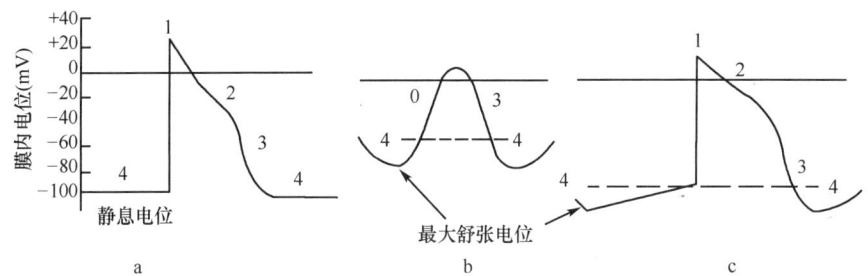

图 4-7　心房肌、窦房结和浦肯野细胞的动作电位
a. 心房肌；b. 窦房结；c. 浦肯野细胞

（二）自律细胞的跨膜电位及其离子机制

窦房结 P 细胞及浦肯野细胞等属于自律细胞，与心室肌细胞相比，其动作电位的最大特点是 3 期复极末达最大值（最大舒张电位）之后，4 期膜电位不稳定，立即开始自动去极化（即 4 期自动去极化），当去极化达阈电位时可引起细胞产生一个新的动作电位。这种现象周而复始，动作电位就不断发生。4 期自动去极化是自律细胞与非自律细胞生物电现象的主要区别，也是形成自动节律性的基础。不同类型自律细胞 4 期自动去极化的速度不同，其产生原理也有差异。

1. 窦房结 P 细胞的跨膜电位　窦房结中的 P 细胞属于慢反应自律细胞，其动作电位的形态与心室肌细胞动作电位明显不同（图 4-8），主要特征如下：①无明显的复极化 1 期和 2 期，仅表现为 0、3、4 三个时期；②动作电位 0 期去极化速度慢、幅度小、持续时间较长；

③0 期去极化结束时，膜内电位仅上升到 0mV 左右，无明显的极化反转；④ 3 期最大舒张电位（-70mV）和阈电位（-40mV）的绝对值较小；⑤4 期膜电位不稳定，由最大舒张电位开始自动去极化，当去极化达到阈电位水平（-40mV）时，爆发一次动作电位；⑥4 期自动去极化的速度较快（约 0.1V/s）。

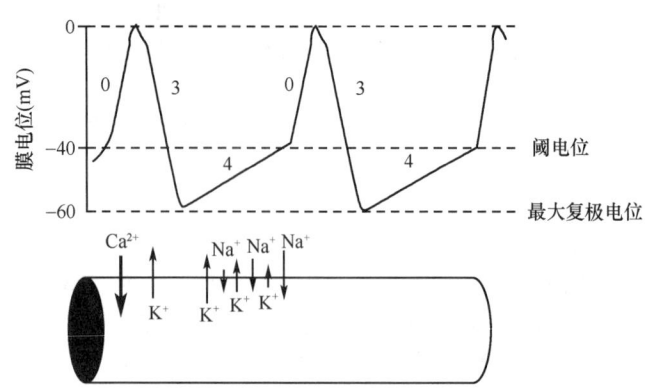

图 4-8 窦房结 P 细胞动作电位与离子转运

窦房结 P 细胞动作电位的 0 期主要是由 Ca^{2+} 的内流引起的。当膜电位由最大舒张电位自动去极化达阈电位水平时，膜上的 Ca^{2+} 通道激活，Ca^{2+} 缓慢内流，导致 0 期去极化，由于 Ca^{2+} 通道是慢通道，因此，0 期去极化的速度较慢。随后 Ca^{2+} 通道失活，Ca^{2+} 内流逐渐减少，而 K^+ 通道被激活，K^+ 外流逐渐增加，膜便逐渐复极化形成 3 期。窦房结 P 细胞 4 期自动去极化，目前认为与 3 种离子流有关，即 K^+ 外流的进行性衰减，Na^+ 内流的进行性增加以及生电性 Na^+-Ca^{2+} 交换。其中衰减性 K^+ 外流是最重要的。最终导致膜内电位缓慢上升，因而出现 4 期自动去极化。

2. 浦肯野细胞的跨膜电位　浦肯野细胞属快反应自律细胞，其动作电位的形态和产生机制与心室肌细胞相似（图 4-9）。不同的是 4 期膜电位不稳定，即在 3 期达最大舒张电位后，立即开始缓慢地 4 期自动去极化，因而有自动产生节律性兴奋的特点。

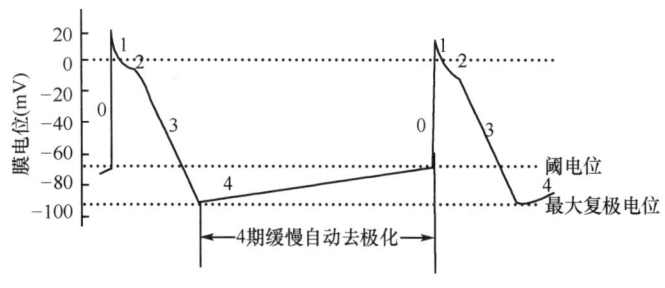

图 4-9 浦肯野细胞的动作电位

考点提示：
工作细胞和自律细胞的跨膜电位及其形成机制

浦肯野细胞的 4 期自动去极化除了与 K^+ 外流的进行性衰减有关外，目前认为还存在一种电压依赖性 I_f 通道，此通道在 3 期复极化达 -60mV 时开始激活，其激活程度随着复极化的进行而增强，至 -100mV 时充分激活。此通道主要允许 Na^+ 通过，由此产生的电流叫 I_f 电流。这种内向电流的产生和增强，导致膜进行性去极化。当膜电位去极化达到 -50mV 左右时，该通道失活而使 I_f 电流终止。I_f 通道不同于快 Na^+ 通道，I_f 通道是逐渐激活，快 Na^+ 通道呈爆发性激活，I_f 通道不能被河豚毒素所阻断，但可被铯离子（Cs^+）所阻断。交感神经兴奋和去甲肾上腺素可提高浦肯野细胞的自律性，即是通过增强 I_f 所引起的。

二、心肌的生理特性

心肌具有自律性、兴奋性、传导性和收缩性4种生理特性。兴奋性、自律性、传导性是以生物电活动为基础的，属于电生理特性，它们反映了心脏兴奋的产生和传导；收缩性是以收缩蛋白质之间的功能活动为基础的，属于机械特性，它反映了心脏的泵血功能。心肌组织的这些生理特性共同决定着心脏的机械活动。这些特性在不同心肌表现程度可不一样，如窦房结的自律性最高；浦肯野纤维传导兴奋的速度最快；心室肌的收缩能力最强。

（一）自律性

组织或细胞在没有外来刺激的作用下，具有自动产生节律性兴奋的能力或特性，称为自动节律性，简称自律性（autorhythmicity）。单位时间（每分钟）内自动发生兴奋的次数，是衡量自动节律性高低的指标。具有自律性的组织或细胞称为自律组织或自律细胞。心脏的自律性来源于心内传导系统的自律细胞，包括窦房结、房室交界、房室束及分支、浦肯野纤维。这些自律细胞的自律性高低不等，自律性高的细胞所产生的兴奋，可以控制自律性低的细胞的活动。正常情况下，窦房结的自律性最高，约为100次/min；房室交界区次之，约为50次/min；浦肯野细胞自律性最低，约为25次/min。

1. 心脏的起搏点　因为正常心脏的节律性活动是受自律性最高的窦房结控制的，所以窦房结是心脏活动的正常起搏点（pacemaker）。由窦房结所控制的心跳节律称为窦性心律（sinus rhythm）。其他部位自律组织因其自律性较低，正常情况下受窦房结节律性兴奋的控制，自身的节律性表现不出来，只起传导兴奋的作用，故称为潜在起搏点。异常情况下，当潜在起搏点的自律性异常升高、窦房结的自律性降低或兴奋传导阻滞时，潜在起搏点就可取代窦房结成为异位起搏点，由异位起搏点控制的心跳节律称为异位心律。心跳起源于房室交界区的称为交界性心律，起源于房室束及其束支和浦肯野纤维等室内传导系统的称为室性心律。

> **心脏起搏器**
> 心脏起搏器是由电池和电路组成的脉冲发生器，能定时发放一定频率和振幅的脉冲电流，通过起搏电极导线使局部的心肌细胞受到刺激而兴奋，兴奋通过细胞间的传播，导致整个心房和心室的收缩。因此，当心脏起搏点功能失常或心脏传导系统有严重病变时，心脏起搏器能替代心脏的起搏点，使心脏有节律地跳动起来。起搏器适用于严重心率过慢、心脏骤停等患者。
> 知识链接

2. 影响自律性的因素　自律性是通过4期自动去极化使膜电位从最大舒张电位达到阈电位所引起的，所以4期自动去极化速度、最大舒张电位和阈电位水平均是影响自律性的因素（图4-10）。

（1）4期自动去极化速度：4期自动去极化速度增快，从最大舒张电位到阈电位所需的时间缩短，单位时间内产生兴奋的次数增多，自律性增高。反之，则自律性降低。例如，交感神经兴奋，其末梢释放的递质去甲肾上腺素和肾上腺髓质释放的激素，均可使窦房结细胞4期Na^+内流加速，使4期自动去极化速度加快，提高自律性，使心率加快；而乙酰胆碱则增加膜对K^+的通透性，使4期去极速度减慢，自律性降低。

（2）最大舒张电位：最大舒张电位的数值越大，与阈电位的距离就越远，自动去极化达阈电位的时间延长，因而自律性降低，反之自律性增高。如迷走神经兴奋时，末梢释放的递质乙酰胆碱可提高窦房结自律细胞对 K^+ 的通透性，3 期复极化 K^+ 外流增多，最大舒张电位增大，自律性降低，心率减慢。

（3）阈电位水平：如 4 期自动去极化的速度和最大舒张电位不变，阈电位下移，最大舒张电位与阈电位之间的差距减小，去极化达到阈电位所需的时间缩短，自律性增高，反之则自律性降低。

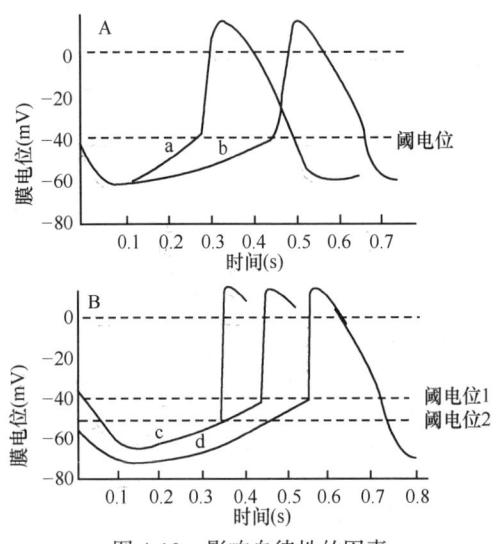

图 4-10　影响自律性的因素
A：自动去极化速度（a、b）对自律性的影响；
B：最大复极电位（c、d）对自律性的影响和阈电位水平（1、2）对自律性的影响

（二）兴奋性

心肌细胞和骨骼肌细胞一样，具有对刺激发生反应的能力，即具有兴奋性。心肌细胞的兴奋性不是一成不变的，在一次兴奋的时程中兴奋性发生着周期性的变化（图 4-11）。

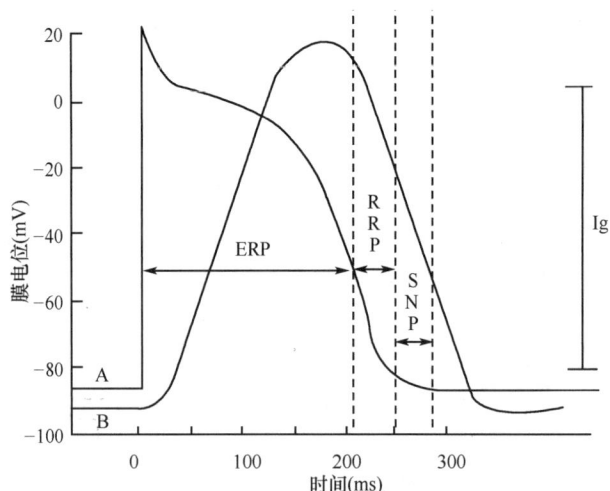

图 4-11　心肌兴奋性的周期性变化及其与机械收缩的关系
A：动作电位；B：机械收缩
ERP：有效不应期；RRP：相对不应期；SNP：超常期

1. **兴奋性的周期性变化**　心肌细胞在受到刺激而发生兴奋的过程中，其兴奋性发生的周期性变化，表现在对第二个刺激的反应能力发生了变化，这主要是由于膜电位变化引起离子通道的性状发生变化的结果。在这过程中，离子通道经历了激活、失活和复活（备用状态）的变化。心肌细胞发生一次兴奋时其兴奋性的周期性变化依次经历有效不应期、相对不应期和超常期，而后恢复到原来状态。现以心室肌为例说明其兴奋性的变化。

（1）有效不应期：从去极化 0 期开始到复极化 3 期膜电位约 –60mV 的时间内，心肌细

胞不能产生动作电位，称为有效不应期（effective refractory period，ERP），它包括绝对不应期和局部反应期两部分。绝对不应期是指从去极化 0 期开始到复极化 3 期膜电位约 –55mV 的时间内，如果再受到第二个刺激，不论给予多么强大的刺激，都不能产生去极化，表示此期兴奋性已降低至零；局部反应期是指从复极化 3 期膜内电位 –60～–55mV 的时间内，受到足够强度刺激，可引起局部去极化（局部兴奋），但仍不能产生动作电位，表示此期心肌兴奋性稍有恢复。有效不应期的形成是因为此时膜电位绝对值太小，Na^+ 通道激活开放后就迅速失活，再次开放必须是在膜电位复极到一定程度，使 Na^+ 通道从失活状态恢复到备用状态时才能实现。在绝对不应期内，Na^+ 通道完全失活，心肌的兴奋性下降至零，因此对任何刺激都不发生反应；在局部反应期内只有少量的 Na^+ 通道复活，因此强大的刺激虽能引起局部反应但不足以达到阈电位，不能引起动作电位。

（2）相对不应期：在有效不应期之后，膜电位从复极化 –80～–60mV 的时间内，给予阈刺激，心肌仍不能产生动作电位，须给予阈上刺激才可以使心肌细胞膜产生可传导的动作电位，说明此期兴奋性逐渐恢复，但仍低于正常，这段时间称为相对不应期。其发生原因是此时钠通道尚未完全复活，其开放能力未达到正常状态，细胞的兴奋性仍低于正常，只有给予阈上刺激才能引起细胞兴奋。此时，Na^+ 内流所引起的去极化的速度和幅度均小于正常，兴奋的传导速度也比较慢。

（3）超常期：从复极化 –90～–80mV 的时期为超常期。在此期用阈下刺激即能引起动作电位，表明兴奋性高于正常。这是由于 Na^+ 通道已基本恢复到备用状态。此时膜电位与阈电位之间的距离小于正常，容易产生兴奋，因而细胞兴奋性高于正常。此时，动作电位去极化的速度和幅度也都小于正常，兴奋传导的速度也较慢。

复极化完毕，膜电位恢复至静息水平，细胞的兴奋性也恢复到正常状态。

2. 兴奋性周期性变化对收缩活动的影响　心肌细胞兴奋性变化的特点是有效不应期特别长，200～300 ms，几乎占据整个收缩期和舒张早期，也就是说心肌从收缩开始到舒张早期之间，不能再次产生兴奋和收缩。只有在收缩完毕开始舒张以后，兴奋性进入相对不应期或超常期时，才可能再次接受刺激发生兴奋和收缩。因此，心肌不能像骨骼肌那样产生强直性收缩，而始终保持收缩与舒张交替进行，这对保证心脏射血和充盈，提高心脏泵血效率有重要意义。

正常情况下，整个心脏是按照窦房结发出的兴奋节律进行活动的。如果在有效不应期之后，下一次窦房结的兴奋到达之前，有一人工或病理性的额外刺激作用于心肌，将导致心肌产生一次提前出现的兴奋，即期前兴奋，由期前兴奋所引起的收缩称为期前收缩（premature systole），又称早搏。期前收缩也有自己的有效不应期。如果正常窦房结的节律性兴奋正好落在心室期前收缩的有效不应期中，便不能引起心室兴奋，即出现一次兴奋脱失，必须等到下一次窦房结的兴奋到来才能引起心室的兴奋和收缩。因此，在一次期前收缩之后往往出现一段较长时间的心室舒张期，称为代偿性间歇（compensatory pause）（图 4-12）。正常人可以因情绪激动、过度疲劳、过量烟、酒、茶等原因偶而出现早搏，因持续时间短，对血液循环影响不大。但病理情况下的频发早搏可造成严重的心律紊乱，甚至危及生命。

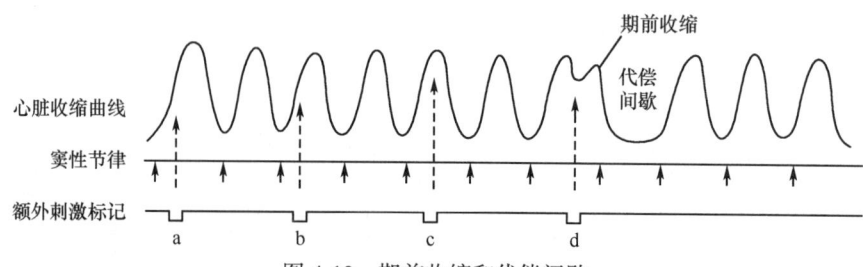

图4-12　期前收缩和代偿间歇

刺激a、b、c落在有效不应期内，不起反应；刺激d落在相对不应期内，引起期前收缩与代偿间歇

3. 影响兴奋性的因素

（1）静息电位水平：心肌的兴奋性在一定范围内与静息电位成反变关系。静息电位增大，与阈电位的距离增大，引起兴奋所需的刺激阈值也增大，故兴奋性降低；反之，静息电位减小，兴奋性升高。但若静息电位过低，Na^+通道不能从失活状态恢复到备用状态，其兴奋性反而降低，甚至丧失兴奋性。

（2）阈电位水平：阈电位水平上移，与静息电位之间的差距增大，引起兴奋所需的刺激阈值增大，兴奋性降低；反之，兴奋性增高。一般情况下阈电位变化较少。

（3）Na^+通道的状态：Na^+通道有备用、激活、失活三种状态。当膜电位在静息水平时，Na^+通道处在可被激活的备用状态，此时适宜刺激可激活Na^+通道，引起Na^+内流而发生0期去极化，继之Na^+通道很快失活关闭，使Na^+内流停止。此时Na^+通道处在不能被立即激活的失活状态，只有当其恢复到备用状态后才能被激活。Na^+通道的激活、失活和恢复到备用状态既受膜电位变化的控制，又有时间依赖性，特别是复活过程需时较长。可见细胞膜上Na^+通道是否处在备用状态，是决定心肌细胞兴奋性高低的关键。

（三）传导性

1. 传导性的概念　心肌细胞具有传导兴奋的能力或特性，称为传导性（conductivity）。心肌细胞之间兴奋的传导是通过局部电流实现的，传导性的高低可用兴奋的传导速度来衡量。

2. 心脏内兴奋传播的途径　正常情况下，窦房结的兴奋通过心房肌直接传至右心房和左心房，同时由心房内优势传导通路快速传至房室交界区，再经房室束和左、右束支、浦肯野纤维网传至左右心室，先引起靠内膜侧的心室肌兴奋，然后直接通过心室肌将兴奋由内膜侧向外膜侧扩布，迅速引起两侧心室肌兴奋。兴奋在心内的传播途径如下（图4-13）。

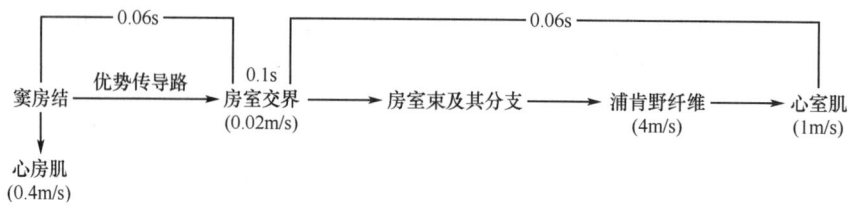

图4-13　心脏内兴奋传播途径示意图

3. 兴奋在心脏内传导的速度和特点

（1）心房内的传导：兴奋通过心房肌传导速度为0.4m/s；通过心房内优势传导通路的速度为1.0～1.2m/s。窦房结的兴奋经心房内特殊传导组织和心房肌传至整个心房和房室交界，需0.06～0.11s。传导特点：兴奋在心房的传导速度快，这可使左右心房同时收缩。

（2）房室交界处的传导：房室交界是窦房结的兴奋从心房传向心室的必经之路。因其传导速度最慢，只有0.02m/s，故兴奋需在此延搁约0.1s才能传向心室。兴奋在房室交界处传导速度很慢的现象称为房室延搁（atrioventricular delay）。传导特点：存在房室延搁，使心室的活动迟于心房，避免房室同时收缩，有利于心室充盈和射血。

（3）心室内的传导：兴奋通过房室交界后，再经房室束，左、右束支，浦肯野纤维传向心室肌。房室束及浦肯野纤维传导速度达2~4m/s，心室肌的传导速度约1m/s。故兴奋一旦通过房室交界，只需0.06s即可传至整个心室肌。传导特点：兴奋在心室内传导速度最快，保证左右心室同步收缩，以提高心室射血效率。

4. 影响传导性的因素

（1）心肌细胞的直径：心肌传导速度与细胞直径呈正变关系。直径越大，细胞内电阻越小，兴奋传导速度越快。如心脏内浦肯野细胞的直径最大，兴奋传导速度最快；房室结区细胞直径最小，传导速度最慢。

（2）动作电位0期去极的速度和幅度：0期去极的速度愈快，局部电流的形成也愈快，促使邻近未兴奋部位迅速去极达到阈电位水平，故兴奋传导愈快。0期去极幅度愈大，兴奋和未兴奋部位之间的电位差越大，形成的局部电流越强，兴奋传导也愈快。浦肯野纤维0期去极速度和幅度明显高于窦房结细胞，因此，其传导速度更快。

（3）邻近部位膜的兴奋性：兴奋的传导是细胞膜依次兴奋的过程，因此，邻近部位膜的兴奋性必然影响兴奋的传导。如邻近部位处在有效不应期，则不能引起兴奋，导致传导阻滞；如处在相对不应期，兴奋性降低，传导减慢。可见，不应期的存在是导致兴奋传导障碍的重要因素。

（四）收缩性

心肌接受一次有效刺激而发生收缩反应的能力，称为心肌的收缩性。心肌的收缩原理与骨骼肌基本相同，即先出现动作电位，然后通过兴奋—收缩耦联，引起肌丝滑行，从而使整个肌细胞收缩，但心肌细胞的收缩也有其明显的特点。

1. 对细胞外液 Ca^{2+} 浓度依赖性大 心肌细胞的肌质网终池很不发达，容积较小，Ca^{2+} 贮量少。因此，心肌兴奋-收缩耦联所需的 Ca^{2+} 除从终池释放外，还需由细胞外液通过肌膜和横管膜内流。因此，心肌细胞的收缩对细胞外液 Ca^{2+} 浓度有明显依赖性。兴奋过后，肌浆中 Ca^{2+} 一部分返回终池贮存，另一部分则转移出细胞。心肌细胞的横管系统远比骨骼肌的发达，因而为 Ca^{2+} 内流提供了有利的条件。在一定范围内，细胞外液的 Ca^{2+} 浓度升高，兴奋时内流的 Ca^{2+} 增多，心肌收缩力增强；反之，心肌收缩力减弱。因缺氧、代谢障碍等因素使慢通道受抑制时，Ca^{2+} 内流显著减少，心脏可兴奋（产生动作电位），却不发生收缩，这一现象称为兴奋-收缩脱耦联。此时，心电图上有电活动，但病人已经没有心跳。因此，临床上心电图不能作为检查心跳停止与否的直接依据。

2. 不发生强直收缩 心肌细胞的有效不应期特别长，它相当于心肌的整个收缩期和舒张早期。因此，心肌不像骨骼肌那样发生多个收缩过程的融合，只有在收缩完毕并开始舒张后，才可能接受新的刺激而产生第二次兴奋和收缩，所以不会形成强直收缩。这就使心肌始终保持收缩与舒张交替进行的节律性活动，从而保证心脏有序地充盈与射血。

3. 同步收缩 心房和心室内传导速度快，心肌细胞间通过闰盘相连，且心肌细胞间闰盘电阻又很小，因此，当一处心肌细胞兴奋时，兴奋便很快传播到所有的心房或心室，可以把它们看作各自构成了一个功能合胞体。阈下刺激不能引起心肌收缩，当刺激强度达到阈值后，可引起所有的心房（或心室）肌细胞几乎同步收缩，称为全或无式收缩，即心肌纤维要么完全不收缩，要么全部收缩。显然，这种形式的收缩力量大，有利于提高心脏泵血效率。

（五）理化因素对心肌生理特性的影响

1. **温度** 温度可影响心肌的代谢速度，尤其对窦房结的自律性影响较为显著。体温在一定范围内升高，可使心率加快；反之则心率变慢。一般体温每升高 1℃，心率约增加 10 次/min。

2. **酸碱度** 血液 pH 降低，心肌收缩力减弱；pH 升高，心肌收缩力增强。

3. **主要离子对心肌生理特性的影响** 上述心肌生理特性多与心肌细胞生物电活动的特点有关，而心肌细胞的生物电活动又是以跨膜离子流为基础的。因此，细胞外液中离子浓度的变化必然会对心肌生理特性产生影响，其中以 K^+、Ca^{2+} 对心肌的影响最为重要。

（1）K^+：K^+ 对心肌细胞有抑制作用，当血 K^+ 升高时，心肌的自律性、传导性和收缩性均下降，表现为心动过缓，传导阻滞和心收缩力减弱，严重时心肌的活动可停止在舒张状态。故临床上给病人补 K^+ 时 K^+ 的浓度不能过高，由静脉缓慢滴入，以免引起心脏停搏。血 K^+ 降低时，心肌的自律性、兴奋性和收缩性均增强，但传导性减弱，易发生期前收缩及异位心律。

（2）Ca^{2+}：Ca^{2+} 是心肌收缩所必需的离子，有增强心肌收缩力的作用，当血 Ca^{2+} 浓度明显降低时，心肌收缩力减弱；反之则增强。一般生理条件下，Ca^{2+} 浓度的变化达不到明显影响心功能的水平。

> **考点提示：**
> 心肌电生理特性的特点及意义

三、体表心电图

每一个心动周期中，由窦房结发出的兴奋，沿心内兴奋的传导途径，依次传向心房和心室，引起整个心脏的兴奋。在正常体内，这种生物电变化，通过心脏周围的导电组织和体液，传导到全身体表。这样体表各部位在每一个心动周期中也都发生有规律的电变化。用心电图机在体表记录出来的心脏电变化曲线，就是体表心电图，即平常所说的心电图（electrocardiogram，ECG）。心电图反映心肌细胞的生物电活动，但不是单个心肌细胞的电位图，它是整个心脏兴奋的发生、传导和恢复过程中的综合电变化，是临床常用的器械检查方法之一，对心血管疾病的诊断具有重要意义。以下简述正常典型心电图（图 4-14）。

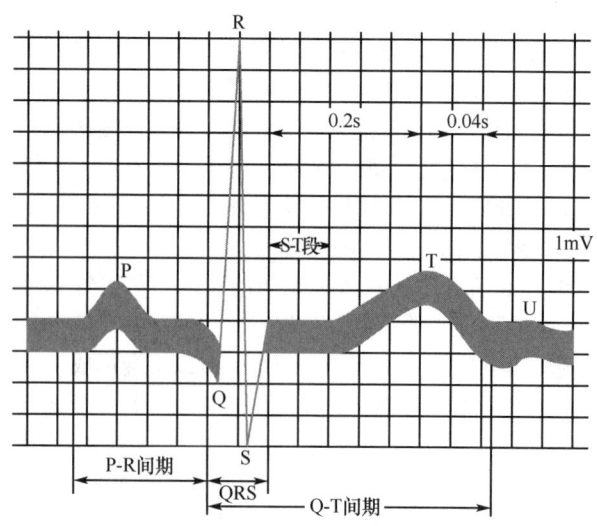

图 4-14　正常典型心电图

（一）心电图的导联

心电图机中两个电极与体表一定部位的连接方式，称为导联。将两电极置于人体表面不同的两点，用导线与心电图机连接构成电路，即可描记出心电图波形。在临床心电图中，为了便于对不同患者或同一患者不同时期的心电图进行比较，对电极的安放部位和导线的连接方式，做了严格的规定。目前，临床上常用的导联包括标准导联（Ⅰ、Ⅱ、Ⅲ），加压单极肢体导联（aVR、aVL、aVF）及胸导联（V_1、V_2、V_3、V_4、V_5、V_6）3种导联。标准导联为双极导联，描记的心电图波形反映双极下的相对电位差；加压单极肢导联和胸导联则属于单极导联，能直接反映电极下的心肌电变化。

（二）正常心电图的波形及意义

心电图记录纸上印有1mm间隔的横竖线，横向小格表示时间，由于心电图记录纸通常以25mm/s速度移动，故横向每一小格表示0.04s；竖向小格表示电压，每一小格表示0.1mV。

每个导联的心电图波形各有特点，但基本波形都包括有P波、QRS波群和T波，有时在T波之后，还会出现一个小的U波。

1. P波 反映左右两心房的去极化过程，在心电图上最早出现。P波的起点标志心房兴奋的开始，终点表示左、右心房已全部兴奋。P波波形小而圆钝，历时0.08~0.11s，波幅不超过0.25mV。当心房肥厚时，P波时间和波幅超过正常。

2. QRS波群 代表左右两心室去极化过程的电位变化。典型的QRS波群，包括三个紧密相连的电位波动：第一个向下波为Q波，以后是向上的R波，再后是向下的S波。但在不同导联中，这三个波不一定都出现，且波幅在不同导联中变化较大。正常QRS波群历时0.06~0.10s，代表心室肌兴奋扩布所需的时间。在心室肥厚或心室内兴奋传导异常时，QRS波群将发生改变。

3. T波 反映心室复极化过程的电位变化。波幅一般为0.1~0.8mV，在R波较高的导联中，T波不应低于R波的1/10。T波历时约0.05~0.25s。T波的方向与QRS复合波的主波方向相同。当心肌损伤、缺血或血液中离子浓度发生变化时，T波将发生低平、倒置等改变。

4. P-R间期（或P-Q间期） 指从P波开始到QRS复合波开始之间的时间，代表窦房结产生的兴奋经由心房、房室交界和房室束到达心室，并引起心室开始兴奋所需的时间，故也称房室传导时间。P-R间期正常一般为0.12~0.20s。心率越快，P-R间期越短；在房室传导阻滞时，P-R间期延长。

5. Q-T间期 指从QRS复合波开始到T波结束之间的时间，代表心室肌由开始去极化到复极化结束总共所需时间。正常成人一般为0.36~0.44s。Q-T间期的时间长短与心率呈反比，心率越快，间期越短。Q-T间期延长，常见于心肌炎、心功能不全以及血Ca^{2+}过低时。

6. ST段 指从QRS波群终点到T波起点之间的线段。正常与基线平齐，代表心室肌完全进入去极化状态，心室各部分之间没有电位差存在。在心肌缺血和急性心肌梗死等情况下，可出现ST段异常偏移基线。

考点提示：
正常心电图各波段的意义

第三节 血管生理

血管是运输血液的管道系统，其主要功能是运输血液、形成和维持血压、调节组织器官血流量和实现血液与组织细胞间的物质交换等。

一、各类血管的功能特点

在血液循环中，由心室射出的血液流经动脉、毛细血管和静脉返回心房。根据不同血管的生理功能，可将血管分为以下几类。

（一）弹性储器血管

指主动脉、肺动脉主干及其发出的大分支。其特点是管壁厚，富含弹性纤维，有明显的可扩张性和弹性。心室收缩时，射出的血液一方面推动血液流动，另一方面使大动脉管壁扩张，暂时储存血液。心室舒张时，被扩张的大动脉管壁发生弹性回缩，将血液继续向外周方向推动。大动脉的这种功能称为弹性储器作用。

（二）分配血管

指中动脉及其分支。其特点是管壁平滑肌较多，收缩性较强。分配血管的功能是将血液输送至各器官、组织，故称之为分配血管。

（三）阻力血管

指小动脉和微动脉。其特点是管壁富含平滑肌，管径小，血流阻力大。其功能是改变血流的阻力和所在器官、组织的血流量。

（四）交换血管

指真毛细血管，管壁由单层内皮细胞和基膜构成。其特点是通透性高，数量多。其功能是进行血管内外的物质交换。

（五）容量血管

指静脉血管。其特点是口径大，管壁薄，易扩张，容量大。安静时循环血量的60%～70%容纳在静脉中，故静脉血管称为容量血管。

二、血流量、血流阻力和血压

血液在心血管系统中流动的一系列物理学问题属于血流动力学的范畴。血流动力学和一般的流体力学一样，主要研究流量、阻力和压力之间的关系。由于血管是有弹性和可扩张的，不是硬质的管道系统；血液是含有血细胞和胶体物质等多种成分的液体，而不是理想液体，因此，血流动力学除与一般流体力学有共同点之外，又有它自身的特点。

（一）血流量和血流速度

单位时间内流过血管某一横截面的血量称为血流量，通常以 ml/min 或 L/min 来表示。根据流体力学原理，血流量（Q）与血管两端的压力差（ΔP）成正比，与血流阻力（R）成反比，即 $Q=\Delta P/R$。血液中某一质点的移动速度，称为血流速度。血液在血管内流动时，其血流速度与血流量成正比，与血管的横断面成反比。

（二）血流阻力

血流阻力是血液在血管内流动时所遇到的阻力，是血液流动时因血液成分之间的摩擦及血液与管壁的摩擦而产生的。血流阻力与血管的长度（L）和血液的黏滞度（η）成正比，与血管半径（r）的4次方成反比，即 $R=8\eta L/\pi r^4$。血管长度和血液黏滞度一般变化很小，因此，血流阻力主要由血管口径决定。在体循环的血流阻力中，大动脉占9%，小动脉和微动脉约占57%，毛细血管约占27%，静脉约占7%。可见，小动脉和微动脉是形成血流阻力的主要部位，其口径变化对血流阻力的影响最大。

（三）血压

血压（blood pressure，BP）是血管内流动的血液对单位面积血管壁的侧压力，包括动脉血压、毛细血管血压和静脉血压。血压的计量单位用毫米汞柱（mmHg）表示。

在体循环，血压具有以下几个特征：①整个血管系统存在着压力差，即动脉血压＞毛细血管血压＞静脉血压，这个压力差是推动血液流动的基本动力。②一个心动周期中，动脉血压呈周期性波动，心缩期升高，心舒期下降；毛细血管和静脉血管血压比较稳定，没有周期性变化。③ 血液从大动脉流向心房的过程中，由于克服血流阻力而不断消耗能量，血压逐渐下降，其中流经阻力血管（小动脉和微动脉）时血压降落幅度最大，到腔静脉时几乎接近于0（图4-15）。

三、动脉血压和动脉脉搏

（一）动脉血压

1. 动脉血压　动脉血压（arterial blood pressure）是指动脉血管内的血液对单位面积动脉管壁的侧压力。心室收缩时，动脉血压升高达到的最高值，称为收缩压（systolic pressure）。心室舒张时，动脉血压下降到的最低值，称为舒张压（diastolic pressure）。收缩压和舒张压的差值称为脉压差，简称脉压（pulse pressure）。一个心动周期中每一个瞬间动脉血压的平均值，称为平均动脉压（mean arterial pressure），约等于舒张压加1/3脉压。

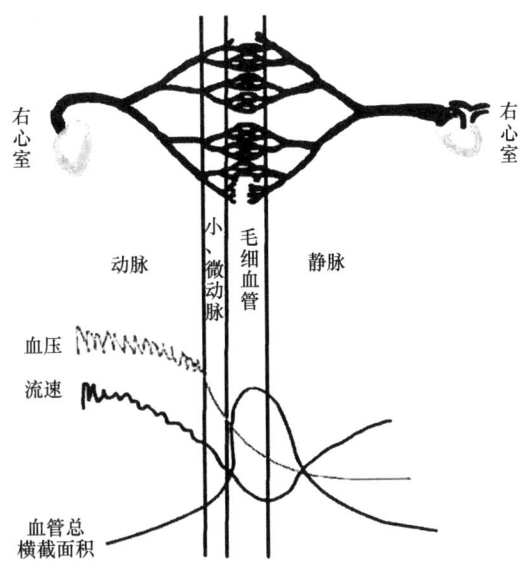

图4-15　血液流经体循环时血压（mmHg）、总截面积、速度和阻力变化的示意图

2. 动脉血压的正常值　一般所说的动脉血压是指主动脉血压。因为在大动脉中血压降落很小，故通常将在上臂测得的肱动脉血压代表主动脉血压。我国健康青年人安静时的收缩压为100～120mmHg，舒张压为60～80mmHg，脉搏压为30～40mmHg，平均动脉压约100mmHg。动脉血压的高低受遗传、个体差异、性别、年龄和机体功能状态等因素的影响。

目前我国采用国际上统一标准，若长期持续存在收缩压≥140 mmHg 和（或）舒张压≥90 mmHg 称为高血压；若长期持续存在收缩压＜90 mmHg 和（或）舒张压＜60 mmHg 称为低血压。

一定高度的动脉血压是维持各器官，特别是脑、心、肾等重要器官血流量的主要因素。如果动脉血压过低，可致各器官血流量减少，因缺血缺氧造成严重后果；动脉血压过高，则因心室肌后负荷长期过重，可致心室肥厚，甚至发生心力衰竭，同时，长期高血压容易损伤血管壁，造成脑出血和脑梗死等严重后果。因此，动脉血压保持相对稳定，对保证重要器官的血液供应，减轻心血管的负荷具有重要的生理意义。

原发性高血压的预防

近年原发性高血压发病率增高，与社会心理和饮食两方面因素相关。社会因素使人们长期心理紧张，导致交感缩血管中枢紧张性增高，交感缩血管神经传出冲动增多，使小动脉收缩导致外周阻力增加，动脉血压升高。高盐饮食导致循环血量明显增加；高脂饮食将导致血液黏滞度增高，使血流阻力增大，动脉血压升高。对于原发性高血压的预防，在社会心理因素方面要注意生理平衡的调整和心理平衡的调适，以排除对心血管活动的影响；在饮食方面要有合理的饮食习惯，降低循环血量和血液黏滞度，将是原发性高血压有效的预防措施。

知识链接

3. 动脉血压的形成　在循环系统有足够血液充盈的前提条件下，心脏射血和外周阻力是形成动脉血压的基本因素。在每个心动周期中，左心室每次收缩克服阻力向主动脉内射出60～80ml血液。由于外周阻力及动脉的可扩张性，在心缩期约1/3流至外周，其余2/3被暂时储存在大动脉内，使大动脉进一步扩张，动脉血压也就随之升高，形成收缩压。这样，心室收缩时释放的能量中有一部分以势能的形式储存在弹性储器血管的管壁中（图4-16）。心室舒张时，射血停止，被扩张的弹性储器血管发生弹性回缩，将心缩期储存的那部分血液继续推向外周，使血液能连续流动，同时血压逐渐下降，形成舒张压。

可见，大动脉的弹性储器作用，一方面使左心室的间断射血变为动脉内的连续血流；另一方面，大动脉管壁在心缩期的扩张作用，使收缩压不致过高，在心舒期的回缩作用，使舒张压不致过低，起缓冲动脉血压的作用。因此，大动脉的弹性储器功能在动脉血压形成中具有重要作用。

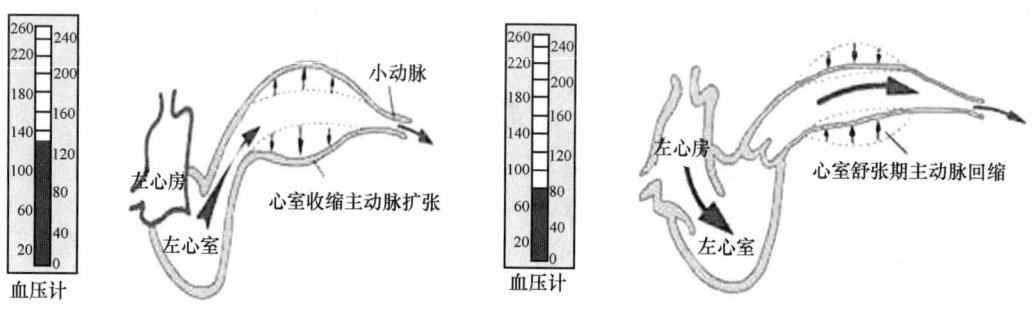

图4-16　主动脉弹性作用

4. 影响动脉血压的因素　凡是参与动脉血压形成的因素发生改变，都能影响动脉血压。

（1）每搏输出量：如果每搏输出量增加，心缩期中大动脉内血量增多并使管壁扩张，故收缩压升高。由于收缩压升高，使血流速度加快，流向外周的血量增多，到舒张期末，大动脉内存留的血量和每搏输出量增加之前相比，增加并不多，故舒张压升高不如收缩压升高明显，脉压增大。反之，当每搏输出量减少时，则收缩压降低明显，脉压减小。可见，在一般情况下，收缩压的高低主要反映每搏输出量的多少。

（2）心率：其他因素不变时，心率加快使心动周期缩短，心舒期缩短比心收缩期更明显，在心舒期流至外周的血液比心缩期更少，心舒期末大动脉内存留的血量比心缩期更多，故舒张压明显升高，收缩压升高不明显，脉压减小。相反，心率减慢时，舒张压较收缩压降低更显著，脉压增大。

（3）外周阻力：如果其他因素不变而外周阻力增大，则心舒期中血液向外周流动的速度减慢，心舒期末存留在大动脉中的血量增多，故舒张压升高。在心缩期，由于动脉血压高于心舒期，血流速度加快，心缩期末存留在大动脉的血量增多没有心舒期明显，因此收缩压的升高不如舒张压升高明显，脉压减小。反之，当外周阻力减小，舒张压降低更明显，脉压增大。可见，在一般情况下，舒张压的高低主要反映外周阻力的大小。

（4）大动脉的弹性储器作用：如前所述，大动脉的弹性储器功能有缓冲血压的作用。老年人的大动脉管壁硬化，大动脉的弹性储器作用减弱，使收缩压升高而舒张压降低，脉压增大。如果老年人伴有小动脉硬化所致的外周阻力增加，舒张压也升高，但升高幅度不如收缩压明显。

（5）循环血量和血管容量的比例：循环血量和血管容量保持适当的比例，维持血管系统足够的充盈度，产生一定的体循环平均充盈压，这是形成动脉血压的前提条件。当机体失血后，循环血量减少，而血管容量改变不大，则体循环平均充盈压必然降低，使动脉血压降低。当药物过敏或细菌毒素等作用，循环血量不变而外周血管扩张，血管容量增大时，也会造成动脉血压下降。

上述 5 种因素对血压的单独影响可以概括为如表 4-2。

表4-2　影响动脉血压的各个因素对血压的影响

影响因素	变化情况	收缩压	舒张压	脉压
搏出量	↑	↑↑	↑	↑
心率	↑	↑	↑↑	↓
外周阻力	↑	↑	↑↑	↓
大动脉弹性	↓	↑	↓	↑
循环血量/血管容积	↑	↑↑	↑	↑

上述影响动脉血压的各种因素，都是分析单一因素发生变化时对动脉血压的影响。实际上，在完整机体内，动脉血压的变化往往是多种因素相互作用的综合结果。

考点提示：
动脉血压的概念、正常值；动脉血压的形成及影响因素。

案例4-3

患者，男，50 岁。主诉：反复头晕头痛 3 年，加重 2 天。

病史：患者 3 年前无诱因头昏头痛，到某医院门诊测得血压为 160/92mmHg，经服用某降压药一段时间后上述症状减轻，以后间断服用。2 天前因工作紧张，头昏头痛明显加重。家族中无类似患者。体格检查：体温 36℃，脉搏 76 次/min，呼吸 18 次/min，血压 180/106mmHg，神清面红，体形较胖，自主体位，双肺呼吸音清，心律齐，无杂音。辅助检查：心电图、血常规、小便常规、肝功、血糖均正常。总胆固醇（TC）6.8mmol/L，甘油三脂（TG）2.5mmol/L，高密度脂蛋白（HDL）0.6mmol/L。

诊断：高血压病、血脂异常。

问题与思考：
1. 正常血压与高血压的判断标准？
2. 机体在正常情况下是怎样调节血压的？
3. 引起或加重高血压的因素有哪些？如何预防？
4. 高血压有哪些危害？

提示：
1. 收缩压≥140mmHg 或舒张压≥90mmHg 即为高血压。
2. 机体对血压的调节主要是通过神经、体液因素。正常人维持动脉血压的相对稳定主要是靠压力感受性反射，肾上腺髓质激素、肾素-血管紧张素系统等体液因素也参与其调节。
3. 高血压与交感中枢的紧张性过高、缩血管物质分泌过多、血管硬化狭窄等有关，另外也与遗传，不良生活习惯如烟、酒嗜好，脂肪、盐等摄入过多等有关。养成良好生活方式和保持良好心态等可预防高血压。
4. 长期高血压可导致心、脑、肾和眼的损害。

（二）动脉脉搏

在每个心动周期中，动脉血压发生周期性的波动。这种周期性的压力变化可引起动脉血管发生搏动，称为动脉脉搏（arterial pulse）。用手指可触到身体浅表部位的脉搏。正常情况下,脉搏的频率与心跳的频率是一致的,约 60~100 次/min。动脉脉搏沿着动脉管壁传播,其传播的速度远比血流速度快。一般情况下,动脉管壁的可扩张性愈大,脉搏波的传播速度就愈慢。主动脉的传播速度最慢,为 3~5m/s,大动脉段为 7~10m/s,小动脉为 15~35m/s。老年人主动脉管壁的可扩张性减小,脉搏波的传播速度可达 10m/s。由于小动脉和微动脉对血流的阻力很大,故在微动脉段以后脉搏波动即大大减弱。到毛细血管,脉搏已基本消失。

四、静脉血压和静脉血流

静脉血管在功能上不仅是血液流回心脏的通道,也起着血液储存库的作用。

(一)静脉血压

当体循环血液到达微静脉时,血压已降至 15~20mmHg,故静脉血压无收缩压和舒张压的之分。

1. **外周静脉压** 指各器官静脉的血压。通常以机体平卧时肘静脉压表示,正常为 5~14cmH_2O。当心功能减弱时,静脉回流减慢,血液滞留在外周静脉,外周静脉压增高。

2. **中心静脉压(central venous pressure,CVP)** 指右心房和胸腔内大静脉的血压,正常值为 4~12cmH_2O。中心静脉压的高低取决于心脏射血能力和静脉回心血量之间的相互关系。心脏射血能力减弱或静脉回流增多,则中心静脉压升高。反之,中心静脉压降低。可见,中心静脉压是反映心血管功能的一项重要指标,测定中心静脉压可了解心脏的泵血功能和确定补液的速度和量。如果中心静脉压偏低或有下降趋势,常提示输液量不足;如果中心静脉压高于正常并有进行性升高的趋势,则提示输液过快或心脏射血功能不全。当心脏射血功能减弱而使中心静脉压升高时,静脉回流将会减慢,较多的血液滞留在外周静脉内,故外周静脉压也升高。

(二)静脉回心血量及其影响因素

静脉回心血量主要取决于外周静脉压与中心静脉压之差,凡能改变这个压力差的因素,都能影响静脉回心血量。

1. **体循环平均充盈压** 是反映血管系统充盈程度的指标。血管系统内血液充盈程度愈高,则静脉回心血量愈多。当血量增加或容量血管收缩时,体循环平均充盈压升高,静脉回心血量增多。反之,静脉回心血量减少。

2. **心脏收缩力** 当心脏收缩力增强时,搏出量增多,心舒期室内压较低,对心房和大静脉内血液的抽吸力量增大,静脉回心血量增加。反之,则回心血量减少。如右心衰竭时,回心血量减少,血液淤积在右心房和大静脉内,患者可出现颈静脉怒张、肝充血肿大、下肢水肿等体征。左心衰竭时,左心房压和肺静脉压升高,造成肺淤血甚至肺水肿。

3. **重力和体位** 由于静脉管壁薄、易扩张且血压较低,因此,静脉血压和静脉血流易受重力和体位的影响。人体在平卧时,身体静脉血管的位置与心脏处在相同的水平,故重力对静脉血压和静脉血流的影响很小。当人体从卧位或持久下蹲位变为直立位时,心脏水平以下的静脉充盈扩张,容量增大,故回心血量减少,心输出量减少,动脉血压降低,导致脑和视网膜的供血减少而出现头晕、眼花等现象。这种变化在正常人因神经系统的迅速调节而表现不很明显。长期卧床的患者,静脉管壁的紧张性降低,神经系统的调节能力减弱,上述症状较明显,甚至发生晕厥。

4. **骨骼肌的挤压作用** 骨骼肌收缩时对肌肉间的静脉产生挤压,使外周静脉压升高,静脉回流加快。因静脉瓣的存在,静脉内的血液只能向心脏方向流动而不发生倒流。这样,骨骼肌和静脉瓣组成"肌肉泵"(图 4-17)。例如步行时,下肢肌肉进行节律性舒缩活动,肌肉泵能减少血液在下肢静脉内存留和降低下肢静脉压。长期站立不动时，肌肉泵的作用不能充分发挥，易引起下肢静脉淤血，重者可导致下肢静脉曲张。

5. 呼吸运动　对静脉回流起着"呼吸泵"的作用。在吸气时，胸腔容积加大，胸膜腔负压增大，胸腔内的大静脉和右心房受牵拉而扩张，中心静脉压降低，回心血量增加；呼气时，静脉回心血量相应减少。需要指出，呼吸运动对肺循环静脉回流的影响和对体循环的影响不同。吸气时因肺的扩张，肺部的血管容积增大，储留较多的血液，故回流至左心房的血量减少；呼气时的情况则相反。

五、微　循　环

微循环（microcirculation，MC）是指微动脉和微静脉之间的血液循环。微循环的最基本功能是进行血液与组织之间的物质交换，其次是调节组织器官血流量、参与维持动脉血压和影响毛细血管内外体液的分布。

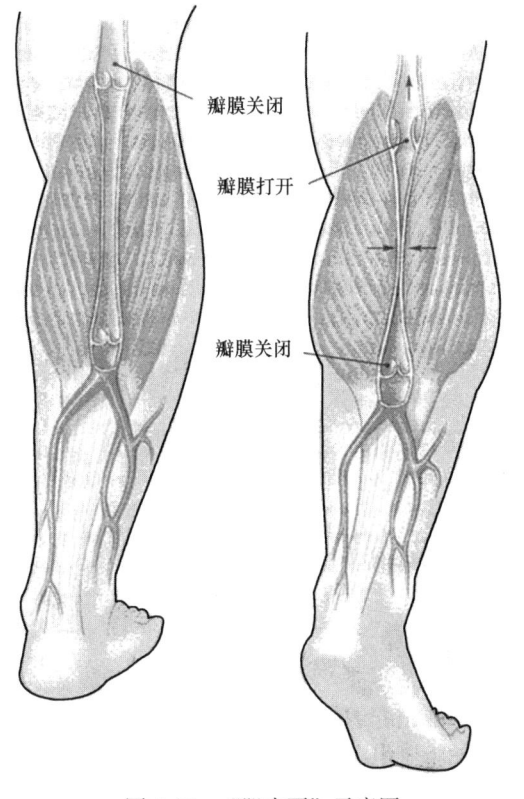

图 4-17　"肌肉泵"示意图

考点提示： 中心静脉压的概念、正常值及测定的意义

（一）微循环的血流通路与功能

各器官、组织微循环的组成不同。典型的微循环由微动脉、后微动脉、毛细血管前括约肌、真毛细血管、通血毛细血管、动-静脉吻合支和微静脉等组成。血液经微动脉流向微静脉有三条通路（图 4-18、表 4-3）。

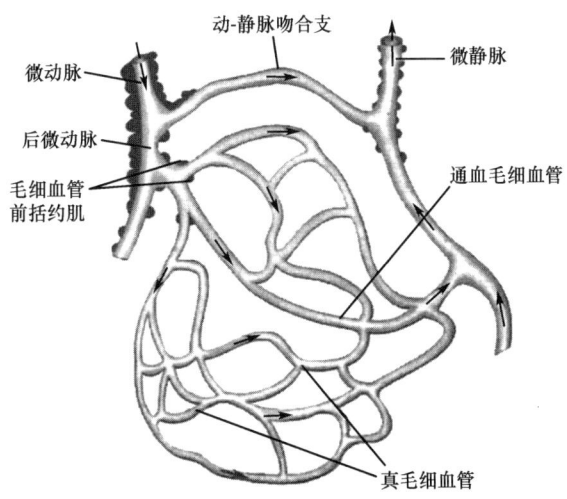

图 4-18　微循环组成及血流通路示意图

表4-3　三条微循环血流通路的血流特点和生理意义

血流通路	血流特点	生理意义
迂回通路	真毛细血管交替开放、数量多、管壁薄、血流缓慢	物质交换的主要场所
直捷通路	通血毛细血管经常开放、血流速度较快	保证血液迅速回流
动-静脉短路	动-静脉吻合支经常关闭、管壁厚、平时无血流通过	调节体温

1. 迂回通路　指血液经微动脉→后微动脉→毛细血管前括约肌→真毛细血管网→微静脉的通路。这条通路中，真毛细血管处于开放与关闭的交替状态。真毛细血管管壁薄，数量多，相互交织成网，迂回曲折，血流缓慢，是血液与组织细胞进行物质交换的主要场所，故又称为营养通路。

2. 直捷通路　指血液经微动脉→后微动脉→通血毛细血管→微静脉的通路。这类通路在骨骼肌较多，经常处于开放状态。该通路短而直，阻力小，血流速度快，很少进行物质交换，其主要功能是使部分血液迅速通过微循环经静脉流回到心脏，从而保证回心血量。

3. 动-静脉短路　指血液经微动脉→动-静脉吻合支→微静脉的通路。这类通路在皮肤中较多，一般情况下，该通路经常处于关闭状态。它不与组织进行物质交换，其主要功能是参与体温调节。当环境温度升高时，动-静脉吻合支开放增多，局部血流量增多，有利于皮肤散热，调节体温。动-静脉吻合支的开放增多，在一定程度上减少了血液与组织之间的物质交换，能引起组织相对缺氧。如感染性休克或中毒性休克时，由于动-静脉吻合支的大量开放，加重了组织的缺氧，从而使病情恶化。

（二）微循环的调节

微循环血流量主要受微动脉（总闸门）、毛细血管前括约肌（分闸门）和微静脉（后闸门）舒缩活动的影响。

1. 神经体液调节　微动脉和微静脉的舒缩活动受交感缩血管神经和肾上腺素、去甲肾上腺素、血管紧张素等神经体液因素的调节。当交感-肾上腺髓质系统兴奋时，微动脉和微静脉均收缩，微循环的血液灌注量和流出量均减少。

2. 局部代谢产物的调节　后微动脉和毛细血管前括约肌主要受缺氧和局部代谢产物的调节。安静状态时，组织代谢水平低，组织中代谢产物积聚较少，后微动脉和毛细血管前括约肌收缩，真毛细血管网关闭；一段时间后，局部组织代谢产物积聚和氧分压降低，导致后微动脉和毛细血管前括约肌舒张及真毛细血管开放，代谢产物被血流带走，后微动脉和毛细血管前括约肌又收缩，使真毛细血管网再次关闭。如此周而复始，后微动脉和毛细血管前括约肌在安静时每分钟交替性收缩和舒张约5～10次，并保持约20%的真毛细血管处于开放状态。

六、组织液和淋巴液的生成与回流

组织液存在于组织细胞间隙内，绝大部分呈胶冻状，不能自由流动，极小一部分呈液态，可自由流动。组织液是组织细胞直接所处的环境，组织细胞通过细胞膜和组织液发生物质交换，组织液与血液之间则通过毛细血管壁进行物质交换。因此，组织细胞和血液之间的物质交换需通过组织液作为中介。组织液是由血浆经毛细血管壁滤过产生，除蛋白质外，其他成分基本与血浆相同。

（一）组织液的生成与回流

组织液既可通过血浆滤过毛细血管壁而生成，又可通过毛细血管壁重吸收而回流。促使液体由毛细血管内向血管外滤过的力量是毛细血管血压和组织液胶体渗透压,而将液体从血管外重吸收入毛细血管内的力量是血浆胶体渗透压和组织液静水压。滤过的力量与重吸收的力量之差,称为有效滤过压(图4-19)。有效滤过压可表示为:有效滤过压=(毛细血管血压+组织液胶体渗透压)-(血浆胶体渗透压+组织液静水压)

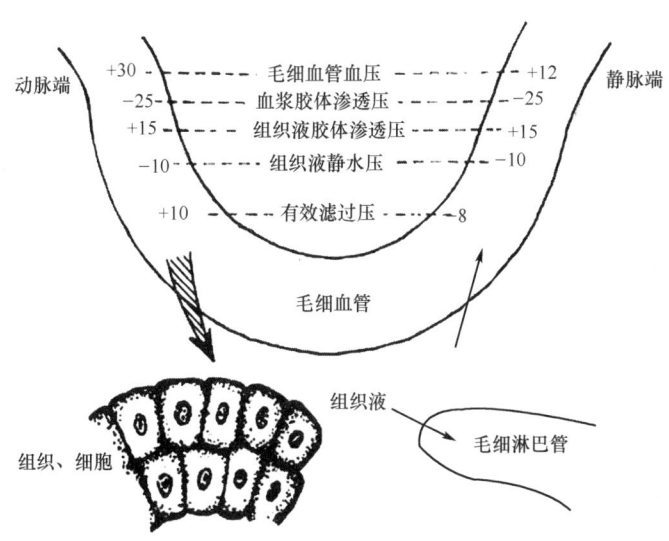

图4-19 组织液生成与回流示意图

毛细血管动脉端血压约 30mmHg,静脉端血压降低约 12mmHg,血浆胶体渗透压约25mmHg,组织液胶体渗透压约 15mmHg,组织液静水压约为10mmHg。根据上述公式计算,毛细血管动脉端的有效滤过压为10mmHg,毛细血管内液体滤过生成组织液;毛细血管静脉端的有效滤过压为-8mmHg,大部分组织液又回流入毛细血管,剩余小部分的组织液进入毛细淋巴管生成淋巴液,再经淋巴系统回流入血液。

(二)影响组织液生成与回流的因素

在正常情况下,组织液生成与回流保持动态平衡。如果组织液生成过多或回流减少,组织间隙中液体潴留增多,便形成水肿。有效滤过压、毛细血管壁的通透性和淋巴回流均可影响组织液的生成与回流。

1. 毛细血管血压 当毛细血管血压升高而其他因素不变时,有效滤过压升高,组织液生成增多而回流减少。如右心衰竭时,静脉回流受阻,毛细血管血压升高,组织液生成增加,引起全身水肿;炎症时,局部血管扩张,毛细血管血量增加,毛细血管血压升高而发生局部水肿。

2. 血浆胶体渗透压 某些肝脏或肾脏疾病,由于血浆蛋白合成减少或随尿排出,使血浆胶体渗透压降低,有效滤过压增大,组织液生成增多,引起水肿。

3. 毛细血管壁通透性 在过敏反应或烧伤时毛细血管壁通透性增高,部分血浆蛋白渗出血管,使病变部位组织液胶体渗透压升高,有效滤过压增大,组织液生成增多而发生水肿。

4. 淋巴回流 正常时小部分组织液经淋巴管回流入血。当肿瘤压迫或丝虫病时,可阻塞淋巴管,使淋巴回流受阻,引起水肿。

考点提示:组织液生成与回流及其影响因素

案例4-4

患者，男，38岁。1月前因受凉后咽痛，在当地医院服用中药1周后好转，但随即出现颜面及双下肢水肿，尿量减少，食欲减退，腹胀，乏力。既往无肝炎病史。体格检查：体温37.8℃，脉搏76次/min，呼吸18次/min，血压120/76mmHg，眼睑及面部水肿，双肺呼吸音减弱，心脏正常，腹部隆起，移动性浊音阳性，下肢凹陷性水肿。辅助检查：白细胞：13×10^9/L，中性粒细胞0.82，Hb150g/L，血小板385×10^9/L；尿蛋白 ++++，尿蛋白定量7.13g/d；人血白蛋白13g/L，胆固醇148mmol/L；B超发现腹腔积液；X线发现双下肺炎表现；肾活检为系膜增生性肾炎。

诊断：肾病综合征。

问题与思考：

1. 该患者的主要诊断依据是什么？
2. 为何患者会出现大量蛋白尿和全身水肿？

提示：

1. 肾病综合征的主要诊断依据是：大量蛋白尿（>3.5g/d），低蛋白血症（<30g/L），高脂血症，高度水肿。
2. 蛋白尿引起的主要原因是肾小球滤过膜的电学屏障受损，其通透性增加，使正常不能滤过的蛋白质漏出。其水肿的主要原因是血浆蛋白降低，有效滤过压增高，组织液生成增多。

（三）淋巴液的生成和回流

组织液进入淋巴管即成为淋巴液。毛细淋巴管起始端呈盲端，其通透性大于毛细血管，相邻内皮细胞的边缘像瓦片般互相覆盖，形成向管腔内开启的单向活瓣（图4-20）。因此，组织液及其中的微粒在压力差的作用下通过活瓣进入毛细淋巴管而不会倒流。正常成人安静时每天生成2~4L淋巴液，淋巴液经淋巴系统回流入静脉。

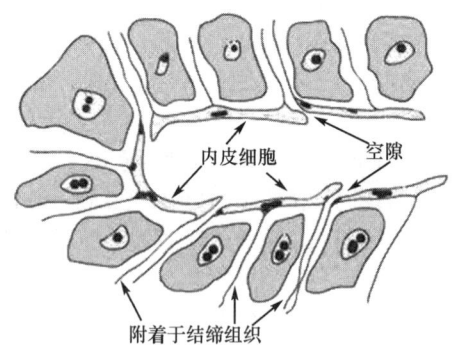

图4-20 毛细淋巴管起始端结构

淋巴回流具有重要的生理意义。①回收蛋白质是淋巴回流最重要的功能。组织液中的蛋白质通过毛细淋巴管运回血液，每天可回收蛋白质约75~100g，这对维持血管内外胶体渗透压及水平衡具有重要生理意义。②调节血浆与组织液之间液体平衡。组织液的一部分通过淋巴循环回流入血液，淋巴回流在组织液与血浆之间的液体平衡中起着调节作用。③运输脂肪等营养物质。食物中的脂肪、脂溶性维生素等经小肠吸收后，其中80%~90%通过淋巴循环运回血液。④防御和免疫功能。淋巴液途经淋巴结时，淋巴结内的巨噬细胞能清除由组织进入淋巴液中的细菌及其他异物，淋巴结所产生的淋巴细胞和浆细胞参与免疫反应。

第四节　心血管活动的调节

在不同的生理情况下，各器官组织的代谢水平不同，对血流量的需求也不同。机体主要通过神经调节、体液调节，改变心输出量和各器官的血流量，使各组织器官的血流量与自身的代谢需要相适应，从而保证了其功能活动的正常进行。

一、神　经　调　节

心血管活动受自主神经系统的紧张性活动控制，副交感神经系统主要调节心脏活动，而交感神经系统对心脏和血管的活动都有重要的调节作用。神经系统对心血管活动的调节是通过各种心血管反射实现的。

（一）心脏的神经支配

心脏接受交感神经和迷走神经双重支配（图 4-21），心交感神经兴奋增强心脏的活动，而心迷走神经兴奋抑制心脏的活动，两者既对立又统一地调节心脏的功能活动。

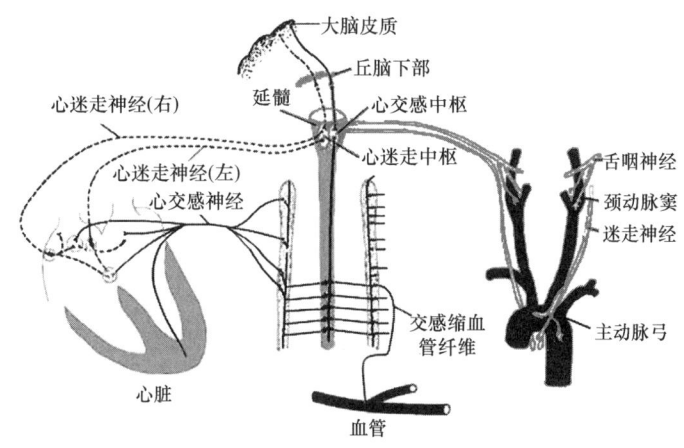

图 4-21　心血管中枢和神经支配示意图

1. 心交感神经及其作用　心交感神经的节前神经元的胞体位于第 1～5 胸段脊髓的中间外侧柱，其轴突末梢释放的乙酰胆碱可激活节后神经元膜中的 N_1 型胆碱能受体（简称 N_1 受体）。心交感神经的节后神经元胞体位于星状神经节和颈交感神经节内，其轴突组成心上神经、心中神经、心下神经和心脏神经丛，支配心脏的各个部分，包括窦房结、房室结、房室束、心房肌和心室肌。心交感神经节后纤维末梢释放去甲肾上腺素，作用于心肌细胞膜中的 β 肾上腺素能受体（简称 β 受体，包括 $β_1$ 和 $β_2$ 受体，以 $β_1$ 受体为主），使心肌细胞膜对 Na^+ 和 Ca^{2+} 的通透性增高，对 K^+ 的通透性降低，从而导致心肌收缩力增强、心率加快和传导性加快。心交感神经对心脏的抑制作用可被 $β_1$ 受体阻断剂美托洛尔阻断。

2. 心迷走神经及其作用　支配心脏的副交感神经节前纤维行走于迷走神经干中，节前神经元的胞体位于延髓的迷走神经背核和疑核。心迷走神经纤维和心交感神经纤维一起组成心脏神经丛。节前神经元的末梢释放乙酰胆碱，作用于心内神经节节后神经元胞体膜中的 N_1 受体。心迷走神经的节后纤维主要支配窦房结、心房肌、房室交界、房室束及其分支。

心迷走神经节后纤维末梢也释放乙酰胆碱，作用于心肌细胞膜的 M 型胆碱能受体（简称 M 受体），引起膜对 K^+ 的通透性增大而对 Ca^{2+} 的通透性降低，导致心率减慢和房室传导速度减慢，心肌收缩力减弱，心输出量减少。迷走神经对心脏的抑制作用可被 M 受体阻断剂阿托品阻断。

心迷走神经和心交感神经对心脏的作用是相互拮抗的。在一般情况下，心迷走神经的活动占优势；当机体处于运动或情绪激动时，心交感神经的活动占优势。

（二）血管的神经支配

除真毛细血管外，其他血管壁上均有平滑肌分布，大多数血管平滑肌受自主神经系统的调节。引起血管平滑肌收缩的神经纤维称为缩血管神经纤维，引起血管平滑肌舒张的神经纤维称为舒血管神经纤维，两者统称为血管运动神经纤维。

1. 缩血管神经纤维　都是交感神经纤维，因此也称为交感缩血管神经纤维。其节前神经元位于胸、腰段脊髓灰质的中间外侧柱，末梢释放乙酰胆碱，作用于椎旁神经节和椎前神经节内的节后神经元胞体，引起节后神经元兴奋，节后神经纤维末梢释放的递质为去甲肾上腺素。血管平滑肌细胞有 α_1 和 β_2 两类肾上腺素能受体，去甲肾上腺素与 α_1 受体结合可引起血管平滑肌收缩，与 β_2 受体结合则引起血管平滑肌舒张。去甲肾上腺素与 α_1 受体结合的能力较 β_2 受体强，故交感缩血管纤维兴奋时的主要效应是引起血管收缩。

机体内多数血管只接受交感缩血管神经纤维的单一支配。在安静状态下，交感缩血管神经纤维持续地发放低频率的冲动，称为交感缩血管紧张。这种紧张性活动使血管平滑肌保持一定程度的收缩状态。交感缩血管神经紧张性增强时血管收缩加强，而交感缩血管神经紧张性减弱时血管舒张。生理状况下，交感缩血管神经纤维的放电频率在数秒 1 次至每秒 8～10 次的范围内变动，这一变动范围可使血管口径在很大范围内发生变化，从而能有效调节器官的血流阻力和血流量。

在不同器官和管径的血管中，交感缩血管神经纤维的分布密度是不同的，皮肤血管的神经纤维分布最密，骨骼肌和内脏的血管次之，冠状动脉和脑血管的神经纤维分布最少。交感缩血管神经纤维在同一器官中各类血管的支配密度也不同，在动脉的分布密度高于静脉，微动脉分布的密度最大。在毛细血管前括约肌，交感缩血管神经分布极少，其舒缩活动主要受局部组织代谢产物浓度的调节。

交感缩血管神经纤维兴奋时，总外周阻力增加，动脉血压升高。当支配某一器官的交感缩血管神经纤维兴奋时，该器官的血流阻力增高，血流量减少。由于微动脉的交感缩血管神经纤维密度高于微静脉，交感缩血管神经纤维兴奋时毛细血管前阻力和后阻力的比值将增大，可使毛细血管血压降低，组织液的生成减少而重吸收增加。交感缩血管神经纤维兴奋时还能引起容量血管收缩，器官内的血容量减少，静脉回心血量增加。

2. 舒血管神经纤维　体内有一部分血管除受交感缩血管神经纤维支配外，还受舒血管纤维支配。舒血管的神经纤维有交感和副交感两种。

（1）交感舒血管神经纤维：主要支配骨骼肌血管，其节后纤维末梢释放乙酰胆碱，其作用于血管平滑肌膜上的 M 受体，可引起骨骼肌血管舒张，骨骼肌血流量增加，其效应可被 M 受体拮抗剂阿托品所阻断。交感舒血管神经纤维在平时没有紧张性活动，只有在情绪激动或做剧烈运动等情况下时发放冲动，使骨骼肌血管舒张，体内其他器官的血管则因交感缩血管神经的活动加强而发生收缩，体内血液发生重新分配，从而使运动着的骨骼肌得到充足的血液供应。

（2）副交感舒血管神经纤维：少数器官如脑膜、唾液腺、胃肠外分泌腺和外生殖器的血管平滑肌除接受交感缩血管神经纤维支配外，还接受副交感舒血管神经纤维的支配，其节后纤维末梢释放的递质为乙酰胆碱，与血管平滑肌的 M 受体结合可引起血管舒张和局部血流量增加。副交感舒血管神经的活动只调节局部器官血流量，而对循环系统总的外周阻力影响很小。

（三）心血管中枢

心血管中枢是指在中枢神经系统中与控制心血管活动有关的神经元集中的部位。控制心血管活动的神经元广泛分布在中枢神经系统从脊髓到大脑皮质的各个水平，它们虽然功能不同，但是相互联系，使心血管系统的活动协调一致，以适应整个机体的活动。

1. 脊髓 脊髓胸腰段中间外侧柱有支配心脏和血管的交感节前神经节，脊髓骶段还有支配血管的副交感节前神经元，它们的活动主要受高位心血管中枢活动的控制，是中枢调控心血管活动的最后传出通路。脊髓交感节前神经元能完成某些原始的心血管反射，维持一定的血管张力，但调节能力低，且不够完善。

2. 延髓 延髓是调节心血管活动的最基本的中枢。这一概念最早是在 16 世纪 70 年代提出的。动物实验显示，在延髓上缘横断脑干，动脉血压并无明显的变化，而在延髓和脊髓之间横断，动脉血压迅速下降至 40mmHg。可见，心血管正常的紧张性活动不是起源于脊髓，而是起源于延髓，只要保留延髓及其以上中枢部分的完整，血压就能接近正常水平，并完成一定的心血管反射。在完整动物，选择性破坏延髓背侧或延髓腹内侧部分，心血管紧张性活动也不受影响，说明延髓腹外侧区可能是调控心血管活动的关键部位。

延髓心血管中枢包括四个功能部位：①缩血管区：包括心交感神经中枢和交感缩血管中枢。这些中枢神经元平时都有紧张性活动，分别称为心交感紧张和交感缩血管紧张；②心抑制区：指心迷走中枢，平时有紧张性活动，称为心迷走紧张；③舒血管区：该区的神经元在兴奋时可以抑制缩血管区神经元的活动，导致血管舒张；④传入神经接替站：指延髓孤束核通过中继来自各方面的信息而参与心血管活动的调节。孤束核一方面接受来自颈动脉窦和主动脉弓压力感受器、颈动脉体和主动脉体化学感受器、心肺感受器、骨骼肌感受器和肾脏等内脏感受器的传入，以及来自下丘脑、小脑、脑干其他区域等处与心血管调节有关的核团的纤维投射，另一方面发出的纤维投射到心迷走中枢、交感缩血管中枢和下丘脑室旁核等区域，继而影响心血管活动。

3. 延髓以上的心血管中枢 在延髓以上的脑干部分及小脑和大脑中，都存在与心血管活动相关的神经元，它们对心血管活动和机体其他功能进行复杂的整合。例如，下丘脑在机体的体温调节、摄食、水平衡和情绪反应等功能活动的整合中起着重要作用，在这些反应中都包含有相应的心血管活动的变化。又如，在机体处于紧张和恐惧等状态时，通过各级中枢的整合作用，出现心率加快，心肌收缩能力增强，血压升高以及其他内脏活动的变化，进而使各种功能在整体水平上相互协调。

（四）心血管反射

心血管系统的活动能随着机体的功能状态不同而发生相应的变化，主要是通过各种心血管反射来实现的。

1. 颈动脉窦和主动脉弓压力感受性反射 当动脉血压升高时，可引起压力感受性反射，其反射效应是使心率减慢、心输出量减少、血管舒张、外周血管阻力降低，血压下降，因此这一反射也被称为减压反射（depressor reflex）。

（1）反射弧的组成：在颈动脉窦和主动脉弓血管壁的外膜下，有丰富的对牵张刺激敏感的感觉神经末梢，膨大呈椭圆形，称为压力感受器（图 4-22）。颈动脉窦和主动脉弓压力感受器的适宜刺激并不是动脉血压本身，而是血液对动脉管壁的机械牵张刺激。当动脉血压升高时，动脉管壁被牵张的程度就增大，压力感受器发放的传入神经冲动增加。在一定范围内，压力感受器的传入冲动频率与动脉管壁被动扩张的程度成正比。颈动脉窦压力感受器的传入神经是窦神经，主动脉弓压力感受器的传入神经是主动脉神经。它们分别加入舌咽神经和迷走神经进入延髓，到达延髓孤束核，然后投射到心迷走中枢、心交感中枢和交感缩血管中枢，并与延髓以上其他中枢部位的神经元发生联系。传出神经分别是心迷走神经、心交感神经和交感缩血管神经。效应器为心脏和血管。

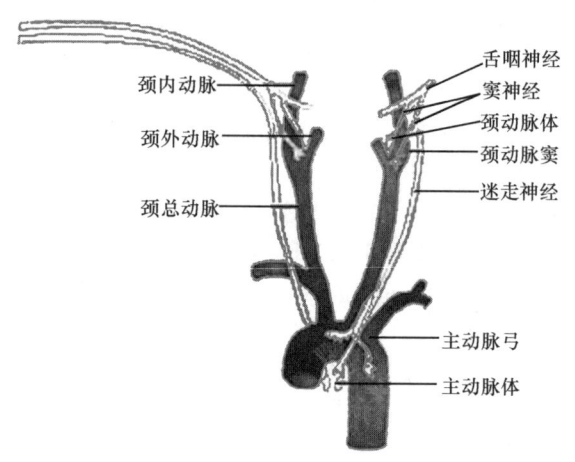

图 4-22　颈动脉窦与主动脉弓的压力感受器和化学感受器

（2）反射过程和效应：当动脉血压突然升高时，颈动脉窦和主动脉弓压力感受器所受到的牵张刺激增强，沿窦神经和主动脉神经传入延髓的冲动频率增加，使心迷走中枢的紧张性增加，而心交感中枢和交感缩血管中枢的紧张性降低，经心迷走神经传至心脏的冲动增加，引起心率减慢、心肌收缩力减弱、心输出量减少；由交感缩血管神经传至血管的冲动频率降低，引起血管舒张、外周阻力减小。心输出量减少，外周阻力减小，动脉血压回降至正常水平。相反，如果动脉血压突然降低如由卧位或蹲位突然变为站立位时，压力感受器所受到的牵张刺激减弱，传入冲动的频率降低，使心交感中枢和交感缩血管中枢紧张性增加，心迷走中枢紧张性降低，则引起心率加快、心肌收缩力增加，心输出量增多，外周阻力增大而使血压回升（图 4-23）。

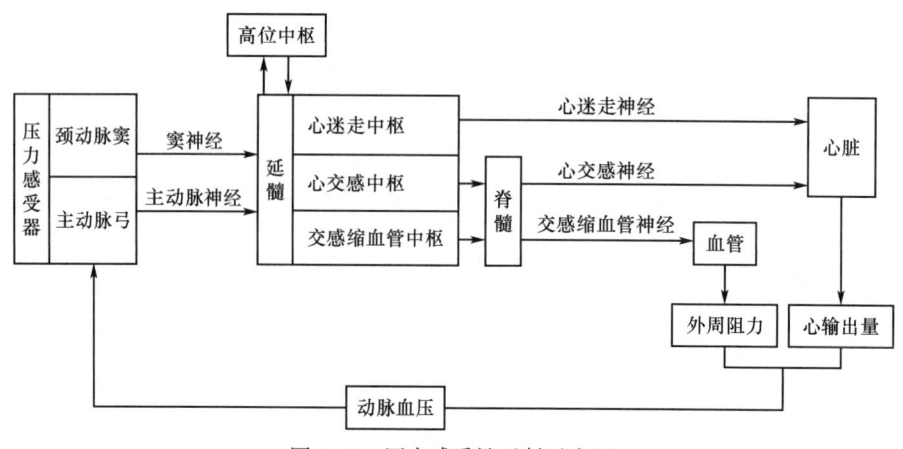

图 4-23　压力感受性反射示意图

将动物颈总动脉与颈动脉窦阻断，对颈动脉窦进行人工灌流实验，改变颈动脉窦的灌注压，同时监测体循环动脉血压。实验结果表明，当灌注压在60～180mmHg范围内变化时，动脉血压随灌注压的升高而降低；当灌注压在100mmHg即正常平均动脉压水平左右变化时，动脉血压下降速度最快；当灌注压超过180mmHg时动脉血压不再随之而降低；当灌注压低于60mmHg时动脉血压也不再随之而升高。该实验说明，当动脉血压在正常平均动脉压水平左右发生变动时，压力感受性反射最为敏感，监测纠正血压变化的能力最强，动脉血压偏离正常水平越远，压力感受性反射监测纠正血压变化的能力就越低。当动脉血压超过180mmHg或低于60mmHg时，压力感受性反射失去了监测、纠正血压变化的能力。

（3）生理意义：压力感受性反射是一个典型的负反馈调节机制。压力感受器对动脉血压的急骤变化最为敏感，当心输出量、外周阻力、血量或环境条件等突然变化时，对动脉血压进行快速的调节，使动脉血压不至于发生较大的波动，保持相对稳定。可见颈动脉窦和主动脉弓压力感受性反射的重要意义在于维持正常动脉血压的相对稳定。

2. 颈动脉体和主动脉体化学感受性反射　在颈总动脉分叉处和主动脉弓区域有颈动脉体和主动脉体化学感受器。当动脉血液中O_2分压降低、CO_2分压升高、H^+浓度升高时，可刺激化学感受器，其冲动分别由窦神经和迷走神经传入至延髓孤束核，传入延髓后主要是兴奋呼吸中枢，使呼吸加深加快（详见第5章），而对心血管的活动影响较小。只有在低氧、窒息、失血、动脉血压过低和酸中毒等情况下才明显调节心血管的活动，此时的主要意义是对体内血液重新分配，保证心、脑等重要器官的供血。

3. 心肺感受器反射　在心房、心室壁和肺循环大血管壁内存在对机械牵拉和化学刺激敏感的感受器称为心肺感受器，其传入神经纤维走行于迷走神经干内。在生理状态下，心房壁的牵拉刺激主要是由血容量增多引起，故心房壁的牵张感受器又称容量感受器。大多数心肺感受器受到刺激时引起的效应是使交感神经的紧张性减弱，心迷走神经的紧张性加强，导致心率减慢、心输出量减少、总外周阻力减小，动脉血压下降。在动物实验中观察到，心肺感受器兴奋时，肾交感神经活动的抑制特别明显，使肾血流量增加，肾排水和排钠增多，表明心肺感受器引起的反射对血量的调节具有重要意义。

4. 其他心血管反射　机体其他某些系统或部位的感受器受到刺激时，也可以产生不同程度的心血管反射。例如刺激躯体传入神经，或肺、胃、肠、膀胱等器官受到扩张性刺激，均可引起心率减慢和外周血管舒张等效应。脑缺血可以引起交感缩血管中枢的紧张性增强，外周血管强烈收缩，动脉血压升高，称为脑缺血反应。

> 考点提示：
> 颈动脉窦和主动脉弓压力感受性反射的过程及生理意义。

二、体液调节

心血管活动的体液调节，是指血液和组织液中一些化学物质对心血管活动的调节。这些体液因素有些是通过血液循环运输，广泛作用于心血管系统，称为全身性体液调节；有些则在组织中产生，对局部组织的血流起调节作用，称为局部性体液调节。

（一）肾上腺素和去甲肾上腺素

肾上腺素（epinephrine，E）和去甲肾上腺素（norepinephrine，NE）的化学结构都属于儿茶酚胺。循环血液中的肾上腺素和去甲肾上腺素主要来自肾上腺髓质的分泌。肾上腺髓质释放的儿茶酚胺中，肾上腺素约占80%，去甲肾上腺素约占20%。肾上腺素能神经末梢释放的递质去甲肾上腺素也有一小部分进入血液循环。肾上腺素和去甲肾上腺素对心脏和血管的作用有许多共同点，但由于和不同的肾上腺素能受体结合的能力不同，它们对心脏和血管的作用也不尽相同。

1. 心血管系统的受体及效应　肾上腺素和去甲肾上腺素通过与心血管系统细胞膜上肾上腺素能受体结合而发挥调节作用，这些受体主要包括α_1、β_1和β_2三种。皮肤粘膜血管和腹腔内脏血管平滑肌主要以 $α_1$ 受体为主；心肌细胞膜主要是 $β_1$ 受体；骨骼肌、肝脏和冠状动脉血管平滑肌 $α_1$ 和 $β_2$ 两种受体都有，但以 $β_2$ 受体为主。$α_1$ 受体激动时使血管收缩；$β_2$ 受体激动时使血管舒张；$β_1$ 受体激动时引起心脏兴奋效应，使心肌收缩力增强、心率加快。

2. 肾上腺素和去甲肾上腺素对心血管系统的作用　肾上腺素与上述三种肾上腺素能受体的亲和力都很强。与心肌细胞膜 $β_1$ 受体结合，引起心脏兴奋效应，表现为心率加快，心肌收缩力增强，心输出量增多，临床上常作为强心药使用。肾上腺素对血管具有双重效应，与血管平滑肌 $α_1$ 受体结合，使皮肤、肾、胃肠道的血管收缩；而骨骼肌、冠状血管和肝脏血管平滑肌细胞膜上 $β_2$ 受体占优势，与其结合表现为血管舒张。由于小剂量的肾上腺素以兴奋 $β_2$ 受体效应为主，引起血管舒张；大剂量时兴奋 $α_1$ 受体使血管收缩，故生理浓度的肾上腺素对总外周阻力的影响不大。因此，肾上腺素对血管的调节作用表现在使全身器官的血流重新分配，特别是心肌和骨骼肌的血流量明显增加。

> **考点提示：**
> 肾上腺素与去甲肾上腺素对心血管的作用。

去甲肾上腺素主要与 $α_1$ 受体结合，也能与 $β_1$ 受体结合，但与 $β_2$ 受体的亲和力较弱。静脉注射去甲肾上腺素，与心肌细胞 $β_1$ 受体结合，增强心肌收缩力，使心率加快，心输出量增多；与血管平滑肌 $α_1$ 受体结合，使除冠状动脉以外的全身小动脉强烈收缩，引起外周阻力明显增大而动脉血压升高，故临床上常作为升压药使用。在完整机体内，静脉注射去甲肾上腺素后，由于动脉血压升高，刺激颈动脉窦和主动脉弓压力感受器，通过压力感受器反射对心脏的效应超过了去甲肾上腺素对心脏的直接效应，因而使心率反而减慢。

正常安静时肾上腺髓质分泌的肾上腺素和去甲肾上腺素较少，但在运动、情绪激动、窒息、疼痛、失血等情况下分泌量增多，有利于促进血液循环，以适应机体的各种需要。

（二）肾素-血管紧张素-醛固酮系统

血管紧张素原（在肝合成的肾素底物）
↓ ← 肾素（由肾近球细胞分泌的一种酶）
血管紧张素Ⅰ（十肽）
↓ ← 血管紧张素转换酶（主要在肺血管）
血管紧张素Ⅱ（八肽）
↓ ← 血管紧张素酶A
血管紧张素Ⅲ（七肽）

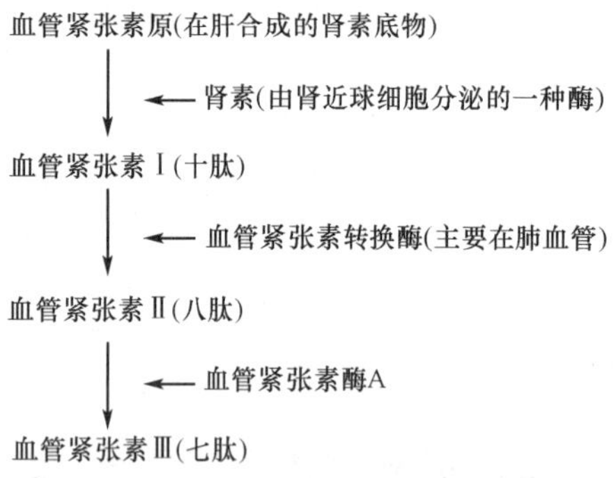

图4-24　肾素-血管紧张素-醛固酮系统

肾素（renin）是由肾脏的球旁细胞合成和分泌的一种酸性蛋白酶，可以将血浆中来自肝脏的血管紧张素原水解为血管紧张素Ⅰ（10肽）。血管紧张素Ⅰ在血浆和组织（主要是肺循环血管内皮表面）中血管紧张素Ⅰ转换酶的作用下，生成血管紧张素Ⅱ（8肽）。血管紧张素Ⅱ在血浆和组织中的血管紧张素酶A的作用下水解成血管紧张素Ⅲ（7肽）（图4-24）。

血管紧张素Ⅰ作用不明显。血管紧张素Ⅱ的主要作用有：①兴奋血管平滑肌细胞膜上的血管紧张素Ⅱ受体，使全身微动脉收缩，外周阻力增大；使静脉收缩，回心血量增加，心输出量增多，故动脉血压升高；②作用于中枢神经系统，使交感缩血管中枢的紧张性增强，同时刺激机体产生渴觉并导致饮水；③使交感神经末梢释放去甲肾上腺素增多；④刺激肾上腺皮质球状带细胞合成和释放醛固酮，从而促进肾脏对钠和水的重吸收，使血容量增加。血管紧张素Ⅲ的缩血管效应仅为血管紧张素Ⅱ的10%~20%，但其刺激肾上腺皮质球状带合成和释放醛固酮作用较强。由于肾素、血管紧张素和醛固酮三者关系密切，故将其称为肾素-血管紧张素-醛固酮系统（简称RAAS）。该系统在调节血量和血管收缩等方面发挥作用，故在维持动脉血压的长期稳定具有重要意义。

正常状态下，血液中仅含微量血管紧张素。当机体大量失血时，血压迅速下降，肾血流量减少，可刺激肾球旁细胞分泌大量的肾素，通过肾素-血管紧张素-醛固酮系统的活动加强，从而促使血压回升和血容量增加。

(三) 血管升压素

血管升压素 (vasopressin, VP) 是下丘脑视上核和室旁核的神经元合成的, 经下丘脑-垂体束运送至神经垂体储存, 当机体需要时释放入血液循环。血管升压素的主要作用有: ①促进集合管上皮细胞对水的重吸收而使尿量减少; ②作用于血管平滑肌的相应受体, 引起血管收缩、外周阻力增大, 动脉血压升高。在正常情况下, 生理浓度的血管升压素主要促进肾集合管对水的重吸收而引起抗利尿效应, 故又称之为抗利尿激素 (antidiuretic hormone, ADH)。当机体失血或失液等病理情况下, 血液中的血管升压素的浓度明显升高, 引起血管广泛收缩而发挥升压效应。可见, 血管升压素对保持体内细胞外液容量和动脉血压的稳定具有重要意义。

(四) 心房钠尿肽

心房钠尿肽 (atrial natriuretic, ANP) 是由心房肌细胞合成和释放的一种多肽。当循环血量增加, 回心血量增多时, 可使心房壁受到牵拉刺激, 引起心房钠尿肽释放增多。心房钠尿肽的主要作用有: ①使肾入球小动脉舒张, 出球小动脉收缩, 肾毛细血管血流量增多, 肾小球毛细血管血压升高, 有效滤过压增大, 原尿生成增多; 抑制肾集合管对 Na^+ 和水的重吸收; 对抗血管升压素和醛固酮对水和 Na^+ 的重吸收作用, 因而具有很强的排 Na^+ 和排水作用。②刺激心脏感受器, 经迷走神经传入中枢, 可以使心交感神经紧张性降低, 心脏活动减弱; 与血管平滑肌上的相应受体结合后, 通过阻断 Ca^{2+} 通道和增强钙泵活动使血管舒张。③通过抑制血管紧张素的活性而引起血管舒张, 故有很强的降压作用。

生理和病理情况下, 血管升压素、醛固酮和心房钠尿肽相互协同, 在维持循环血量和血压的相对稳定中都发挥重要的作用。

(五) 其他体液因素

1. 血管内皮生成的血管活性物质 血管内皮细胞可以合成并释放多种血管活性物质, 引起血管平滑肌舒张或收缩。血管内皮生成的舒血管物质主要有前列环素和内皮舒张因子。前列环素通过降低平滑肌细胞内的 Ca^{2+} 浓度使血管舒张。目前认为内皮舒张因子就是一氧化氮。一氧化氮激活血管平滑肌细胞内的鸟苷酸环化酶, 使 cGMP 浓度升高, 游离 Ca^{2+} 浓度降低, 引起血管舒张; 同时它还可以减弱缩血管物质对血管平滑肌的收缩效应。血管内皮细胞也可产生多种缩血管物质, 如内皮素与血管平滑肌上的特异受体结合后, 促进肌浆网释放 Ca^{2+}, 从而加强血管平滑肌的收缩。

2. 激肽释放酶和激肽系统 激肽释放酶是体内的一类蛋白酶, 能水解激肽原生成激肽。激肽具有较强的舒血管作用, 可参与对血压和局部组织血流量的调节。激肽释放酶分两类: 一类存在于血浆中, 称为血浆激肽释放酶, 能水解血浆中的高分子激肽原生成缓激肽; 另一类存在于肾、唾液腺、胰腺、汗腺以及胃肠黏膜等组织中, 称为组织激肽释放酶, 能水解血浆中的低分子激肽原生成赖氨酰缓激肽, 也称为血管舒张素。赖氨酰缓激肽可在氨基肽酶作用下脱去赖氨酸成为缓激肽, 其主要作用是促进血管平滑肌舒张和增大毛细血管的通透性。缓激肽可在激肽酶作用下水解失活。缓激肽和血管舒张素是目前已知最强的舒血管活性物质, 能使局部组织的血流量增加。循环血液中的激肽也参与动脉血压的调节, 引起全身血管舒张, 外周阻力减小, 血压降低。

3. 前列腺素 前列腺素是一类活性强、种类多、功能复杂的脂肪酸衍生物, 存在于全身各种组织中, 不同类型的前列腺素对血管平滑肌的作用不同, 多数前列腺素具有舒血管作用, 参与调节局部组织血流量。

4. 组胺 由组氨酸在脱羧酶的作用下产生。许多组织特别是皮肤、肺和肠黏膜等的肥大细胞中含有大量组胺。当组织受到损伤、发生炎症和过敏反应时，都可释放组胺。组胺有强烈的舒血管作用，并能使毛细血管和微静脉管壁通透性增加，引起局部组织水肿。

三、社会心理因素对心血管活动的影响

心血管系统不仅受神经体液因素的调节，也常受到社会心理因素的影响。如害羞时面部血管扩张，愤怒时血压升高，情绪激动时心跳加速等。目前已证实，心血管系统许多疾病的发生发展都与社会心理因素有着密切的关系。如长期巨大的工作生活压力、极度紧张的工作氛围等，如果没有得到良好的心理和生理调节，持续的紧张刺激可引起机体发生一系列心理和生理应激反应，表现为交感神经兴奋，肾上腺髓质和皮质激素分泌增多，动脉血压升高，导致原发性高血压的发病率明显增加。据统计，在有吸烟、酗酒等不良习惯的人群中，冠心病、高血压、猝死的发病率明显高于无此类不良习惯的人群。目前，心血管疾病的发病率位于各类疾病之首，也是死亡的主要原因，这说明社会心理性因素对心血管系统的影响与心血管疾病的发生、发展及防治有着密切的联系，作为医务工作者应予以高度重视。

第五节 器官循环

体内各器官的血流量与其动静脉血压之差成正比，与其血流阻力成反比。由于各器官的结构功能不同，其血液循环也各有特点。本节主要叙述冠脉循环、肺循环和脑循环。

一、冠脉循环

（一）冠脉循环的解剖特点

心肌的血液供应来自左、右冠状动脉，其主干行走于心脏的表面，小分支以垂直于心脏表面的方向穿入心肌，并在心内膜下分支形成毛细血管网，这种结构特征使冠状动脉分支在心肌收缩时受到压迫而影响心肌的血液供应。在多数人，左冠状动脉主要供应左心室的前部，右冠状动脉主要供应左心室后部和右心室。左冠状动脉血液最后主要由冠状窦口回流入右心房，右冠状动脉血液多由细小的心前静脉直接流入右心房。心肌的毛细血管网分布极为丰富，毛细血管数目与心肌纤维数目的比例为1∶1。在心肌横截面上，每平方毫米有2500～3000根毛细血管，使心肌能迅速与血液之间进行物质交换。当心肌肥厚时，心肌纤维直径增大，但毛细血管数目并不相应增加，容易发生供血不足。由于冠脉侧支较细小，血流量少，在冠脉突然阻塞时不易及时建立有效的侧支循环，易造成心肌梗死。如果阻塞形成缓慢，侧支逐渐扩张，可建立新的有效侧支循环，起到代偿作用。

（二）冠脉循环的生理特点

1. 灌注压高，血流量大　由于冠状动脉直接开口于主动脉根部，冠脉循环途径短，因而冠脉血管血压较高、血流速度快、血流量大。在安静状态下，每100g心肌组织冠脉血流量为60～80ml/min，总的冠脉血流量为200～250 ml/min，占心输出量的4%～5%。当心脏活动加强时，冠状动脉扩张，血流量增加。冠脉达到最大舒张状态时，其血流量可增加到安静时的4～5倍。

2. 耗氧量大、摄氧率高　心肌耗氧量大，摄氧率高，流经冠脉的动脉血中65%～70%的氧被心肌摄取，因此冠脉血管动、静脉血中的氧分压差很大，氧的储备较少。当剧烈运动时，心肌耗氧量显著增加，心肌提高从血液中摄取氧的能力较小，此时主要依赖扩张冠脉血管来增加其血流量和氧的供应量。心肌对缺血缺氧非常敏感，冠状动脉阻塞时易引起心肌缺血坏死。

3. **血流量受心肌收缩的影响大** 由于冠状动脉分支大部分深入心肌组织之间，心肌的节律性收缩舒张对冠脉血流量产生显著的影响。心肌收缩时，冠脉受压，冠脉血流尤其是左冠状动脉的血流减少。在等容收缩期，心肌强烈收缩，左冠状动脉血流急剧减少，甚至发生倒流。在心室射血期，主动脉压升高，冠状动脉血压也随着升高，冠脉血流量增加。到减慢射血期，冠脉血流量又减少。心肌舒张时，对冠脉血管的压迫解除，冠脉血流量迅速增加。在舒张早期达到最高峰，然后逐渐回降（图4-25）。一般情况下，左心室在收缩期血流量只有舒张期的20%~30%。当心肌收缩增强时，收缩期冠脉血流量所占比例更小。当体循环外周阻力增大时，动脉舒张压增高，冠脉血流量增加；当心律加快时，由于心舒期明显缩短，冠脉血流量则减少。可见，动脉舒张压的高低和心舒期的长短是影响冠脉血流量的重要因素。在某些病理状态（如主动脉瓣关闭不全）时，常因动脉舒张压过低而发生心肌供血不足。右心室壁心肌比左心室薄弱，收缩时对冠脉血流量的影响不如左心室明显，在安静状态下，右心室收缩期的冠脉血流量和舒张期的冠脉血流量相差不大，或略多于后者。

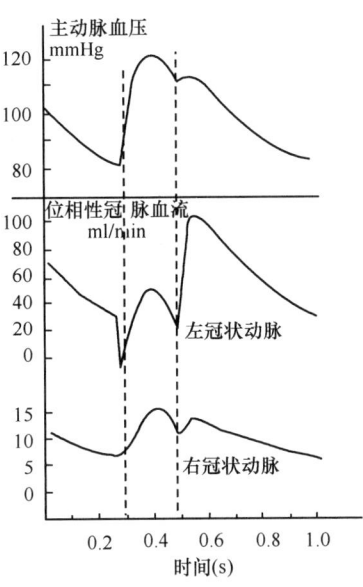

图4-25　一个心动周期中左、右冠状动脉血流变化情况

（三）冠脉血流量的调节

冠脉血流量主要受心肌代谢水平的调节，同时也受自主神经的调节，但自主神经的调节作用相对次要。

1. **心肌代谢水平的影响** 心肌收缩的能量来源几乎仅依靠有氧代谢。实验证明，冠脉血流量和心肌代谢水平成正比。在切断心的神经支配和没有激素作用的情况下，这种关系依然存在。心肌代谢增强时，冠脉血流量可突然增至原来血流量的5倍或以上。在肌肉运动、精神紧张等情况下，心肌代谢增强，耗氧量增加，局部组织中氧分压降低，ATP分解为ADP和AMP，存在于冠脉血管周围间质细胞中的5′-核苷酸酶可将AMP分解而产生腺苷。腺苷具有强烈的舒张小动脉作用。腺苷生成后在几秒钟内即被破坏，因此不会引起其他器官的血管舒张。心肌的其他代谢产物，如H^+、CO_2、乳酸、缓激肽等也具有舒张冠脉的作用。

2. **神经调节** 冠状动脉受迷走神经和交感神经支配。迷走神经兴奋引起冠脉血管舒张，但同时使心率减慢，心肌代谢水平降低，这些因素可抵消迷走神经对冠状动脉的直接舒张作用。交感神经兴奋对冠脉血管的直接效应是收缩，但交感神经兴奋又使心脏活动加强，耗氧量增加，代谢产物增加，从而使冠脉舒张。因此，在整体情况下，冠脉血流量主要由心肌的代谢水平来调节，神经因素对冠脉血流量的影响较小。

3. **体液调节** 肾上腺素和去甲肾上腺素可通过增强心肌的代谢活动和耗氧量使冠脉舒张，冠脉血流量增加，也可直接作用于冠脉血管α_1或β_2受体，引起冠脉血管的收缩或舒张。甲状腺激素增多时，心肌代谢增强，可使冠脉扩张，血流量增多。大剂量的血管升压素和血管紧张素都可使冠脉收缩，冠脉血流量减少。

二、肺　循　环

肺循环的功能是使静脉血在流经肺泡时与肺泡进行气体交换，变成动脉血。肺循环与体循环中的支气管血管在末梢处有吻合支相沟通,有一部分支气管静脉血可经过这些吻合支进入肺静脉和左心房,使动脉血中掺入1%～2%的静脉血。

(一)肺循环的生理特点

1. 血流阻力小、血压低　与体循环血管相比,肺动脉及其分支短而粗,管壁薄,可扩张性较大,且肺循环的全部血管都被胸腔负压所包绕,故肺循环血流阻力小,血压低。在安静状态下,肺循环平均动脉压约为13mmHg,毛细血管平均压约为7mmHg,低于血浆胶体渗透压(25mmHg),有效滤过压为负值,使肺泡间隙内基本上没有组织液生成,肺泡膜和毛细血管壁紧密相贴,有利于肺泡和血液之间的气体交换。当发生左心衰竭时,肺静脉压和肺毛细血管压升高,可引起肺淤血和肺水肿。

2. 血容量大、变动范围大　平静呼吸时,肺血容量占全身血量的9%,约为450ml。由于肺组织和肺血管的可扩张性大,故肺血容量的变化范围较大,有贮血库的作用。肺容量在用力呼气时可减少到约200ml,而在深吸气时可增加到1000ml左右。当机体失血时,肺循环可将一部分血液转移至体循环,发挥代偿作用。在呼吸周期中,肺循环血流可发生周期性变化,并对左心室搏出量和动脉血压发生影响。

(二)肺循环血流量的调节

1. 肺泡气氧分压的调节　肺泡气氧分压对肺血管的舒缩活动有明显的影响。当一部分肺泡因通气不足而氧分压降低时,其周围的肺血管收缩,使这部分肺组织的血流阻力增大,血流量减少,而使通气好、氧分压高的肺组织血流量增加,提高肺换气效率。长期居住在高海拔地区的人,吸入气氧分压较低,引起肺动脉广泛收缩,肺血流阻力加大,肺动脉血压升高,使右心室负荷长期加重而可能导致右心室肥厚。

2. 神经调节　肺循环血管受交感神经和迷走神经支配。刺激交感神经直接引起肺血管收缩和血流阻力增大;但在整体情况下,因体循环的血管收缩,将一部分血液挤入肺循环,肺循环血容量增加。刺激迷走神经可使肺血管轻度舒张,血流阻力稍下降。

3. 体液调节　肾上腺素、去甲肾上腺素、血管紧张素Ⅱ、组胺、5-羟色胺等都能使肺血管收缩;而前列环素、乙酰胆碱等则可引起肺血管舒张。

三、脑　循　环

脑的血液供应来自颈内动脉和椎动脉,在脑底部连成脑底动脉环,由此分出分支,供应脑的各部分。脑静脉血先汇入硬脑膜静脉窦,再经颈内静脉注入腔静脉。脑血管可根据局部的需要来调节血流量的大小,以保证脑细胞活动所需营养物质的供应,并排出代谢产物。

(一)脑循环的特点

1. 血流量大、耗氧量多　脑的重量仅占体重的2%,但安静状态下脑血流量约为750ml/min,相当于心输出量的15%。脑组织的代谢水平高,耗氧量大,在安静情况下,整个脑的耗氧量约占全身耗氧量的20%。脑组织细胞对缺血缺氧很敏感,对缺氧的耐受力极低,如果脑供血停止3～10s,将会引起意识丧失,缺血超过5～6min以上,将会引起永久性脑损伤。

2. 血流量变化小　脑位于骨性的颅腔内,容积固定。由于脑组织不可压缩,故脑血管舒缩程度受到很大的限制,血流量的变化较小。

3. 存在血-脑屏障和血-脑脊液屏障　在毛细血管血液和脑组织之间存在限制某些物质扩散的屏障,称为血-脑屏障。另外,在血液和脑脊液之间也存在类似的屏障,称为血-脑脊液屏障。血液中的O_2、CO_2等脂溶性物质,某些麻醉药物,水溶性物质,如葡萄糖和氨基酸等均容易通过血-脑屏障和血-脑脊液屏障,而甘露醇、蔗糖和许多离子则不易通过。这两种屏障的存在，对于保持脑组织内环境的相对稳定和防止血液中的有害物质侵入脑内具有重要的生理意义。临床用药时，应考虑到上述两种屏障的存在。

（二）脑血流量的调节

1. 自身调节　脑血流量与脑动、静脉之间的压力差成正比，与脑血管阻力成反比。正常情况下，颈内静脉压接近右心房压，且变化不大，脑血管的阻力变化也很小，故影响脑血流量的主要因素是颈动脉压。当平均动脉压在 60～140mmHg 范围内变化时，脑血管可通过自身调节使脑血流量保持相对稳定。但当平均动脉压低于 60mmHg 时，脑血流量将显著减少，引起脑的功能障碍；反之，当平均动脉压超过 140mmHg 时，脑血流量显著增加，可因毛细血管血压过高引起脑水肿。

2. 体液调节　脑血管的舒缩活动主要受局部化学因素的影响。当动脉血液中 CO_2 分压升高时，CO_2 进入脑组织，使细胞外液 H^+ 浓度升高而引起脑血管舒张，血流量增加。过度通气时，CO_2 呼出过多，动脉血 CO_2 分压过低，脑血流量显著减少，可引起头晕等症状。血液中 O_2 分压降低时，也能使脑血管舒张。目前认为，CO_2 分压升高引起脑血管舒张可能需要通过 NO 作为中介，而低氧的舒血管效应则依赖 NO、腺苷的生成和 ATP 依赖的钾通道的激活。此外，当脑的代谢活动增强时，H^+、K^+、腺苷等代谢产物增多，引起脑血管舒张，血流量增多。

3. 神经调节　脑血管接受交感缩血管纤维和副交感舒血管纤维支配，但神经对脑血管的调节作用很小。若刺激或切断支配脑血管的交感或副交感神经，脑血流量均无明显的变化。在多种心血管反射中，脑血流量也无明显变化。

（三）脑脊液的生成与吸收

脑脊液存在与脑室系统、脑周围的脑池和蛛网膜下腔内，相当于脑和脊髓的组织液和淋巴液。成人脑脊液总量约 150ml，主要由脑室脉络丛上皮细胞和室管膜细胞分泌，亦由少量来自软脑膜血管和脑毛细血管滤出的液体。脑脊液主要通过蛛网膜绒毛进入硬膜静脉窦的血液。每天生成与吸收的脑脊液量约 800ml。正常人取卧位时，脑脊液压平均为 10mmHg。当脑脊液吸收发生障碍时，脑脊液压升高，可影响脑血流和脑的功能。

脑脊液的功能：①作为脑和血液之间进行物质交换的媒介；②回收蛋白质；③保护作用，当脑受到外力冲击时，可因脑脊液的缓冲而大大减少脑的震荡，在脑脊液的浮力作用下使脑的重量减轻到仅 50g 左右，有效减轻了脑对颅底部神经及血管的压迫。

（郭　兵　王　青　孙晓霞）

思 考 题

1. 何谓中心静脉压？说出其正常值和临床上测定中心静脉压的意义。
2. 组织液是如何生成与回流的？
3. 影响心输出量的因素有哪些？
4. 心动周期中心腔压力、瓣膜开闭、血流方向、心室容积的变化如何？
5. 解释影响动脉血压各种因素对血压的影响有何不同？
6. 运用所学知识，解释有的人从卧位或蹲位突然站立时可出现头晕、眼发黑但片刻即可恢复的现象。
7. 试比较肾上腺素与去甲肾上腺素对心血管的作用。

第五章　呼　吸

> **学习要点**
> 1. 呼吸过程包含的几个环节；肺通气的动力和阻力。
> 2. 肺容量和肺通气量；影响气体交换的因素。
> 3. 气体在血液中的运输形式。
> 4. 呼吸运动调节。

机体在新陈代谢过程中，需要不断地从外界环境中摄取 O_2，并排出代谢中产生的 CO_2。机体与外环境之间的气体交换过程称为呼吸（respiration）。整个呼吸过程由四个既相互衔接又同步进行的环节组成（图 5-1），肺通气（pulmonary ventilation）——肺与外环境的气体交换；肺换气（gas exchange in lungs）——肺泡与肺毛细血管之间的气体交换；气体运输（transport of gas）——气体在血液中的运输；组织换气（gas exchange in tissues）——血液与组织细胞之间的气体交换。肺通气和肺换气又合称为外呼吸（external respiration），组织换气又称为内呼吸（internal respiration）。通常所说的呼吸，一般是指外呼吸。

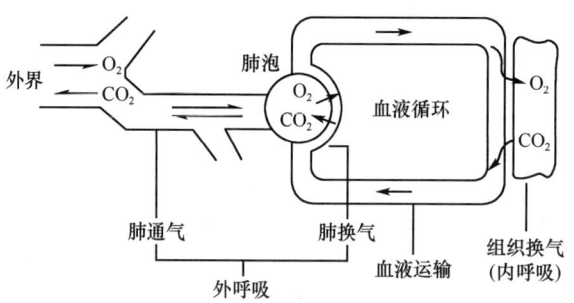

图 5-1　呼吸全过程示意图

呼吸是人体内最基本的生理活动之一，是通过呼吸和循环两系统协同完成的，其意义在于维持机体内环境中 O_2 和 CO_2 含量的相对稳定，以保证生命活动的正常进行。呼吸过程的任一环节发生障碍，均可引起组织缺 O_2 和 CO_2 蓄积，导致内环境紊乱，从而影响新陈代谢的正常进行，严重时将危及生命。

第一节　肺　通　气

肺与外环境之间的气体交换过程称为肺通气。气体进出肺取决于肺通气的动力和肺通气的阻力的相互作用，只有动力克服阻力，才能实现肺通气。实现肺通气的结构有呼吸道、肺和胸廓等。

一、肺通气的动力

肺通气的直接动力是肺泡与大气之间的压力差。一般情况下，大气压是相对稳定的，因此，气体能否进、出肺主要取决于肺内压的变化。肺位于密闭的胸廓中，通过呼吸道与外界相通。由于肺本身无主动扩张和回缩的能力，肺的扩大或缩小必须依赖于呼吸运动才能实现。由此可见，呼吸运动是肺通气的原动力。

（一）呼吸运动

呼吸肌收缩和舒张引起胸廓节律性扩大与缩小称为呼吸运动，包括吸气运动和呼气运动。参与呼吸运动的肌肉称为呼吸肌。凡是使胸廓扩大，产生吸气运动的肌肉称为吸气肌，主要有膈和肋间外肌；凡是使胸廓缩小，产生呼气运动的肌肉称为呼气肌，主要有肋间内肌和腹壁肌群。此外，斜角肌、胸锁乳突肌等在用力呼吸时也参与呼吸运动，称为辅助吸气肌。

1. 呼吸运动的过程　呼吸运动包括吸气运动和呼气运动。

（1）吸气运动：当胸廓扩大时，带动肺扩张而使肺容积增大，导致肺内压下降，当肺内压低于大气压时，外界气体进入肺泡，形成吸气运动。平静呼吸时，吸气运动主要由膈肌和肋间外肌等吸气肌收缩引起。膈位于胸、腹腔之间，构成胸腔底部，呈穹窿状向上隆起。当膈收缩时，穹窿部下降，使胸腔上下径增大。肋间外肌收缩时，肋骨前端和胸骨上举，并使肋弓稍外展，胸腔前后径和左右径均增大（图5-2）。因此，膈肌和肋间外肌收缩共同使胸腔容积增大，产生吸气。用力呼吸时，辅助吸气肌收缩，使胸廓进一步扩大，以吸入更多的气体。由于胸腔呈圆锥形，下部容积比上部容积大得多，因此，膈肌稍下降，就可使胸腔和肺的容积显著增大，膈的舒缩在肺通气中起重要作用。

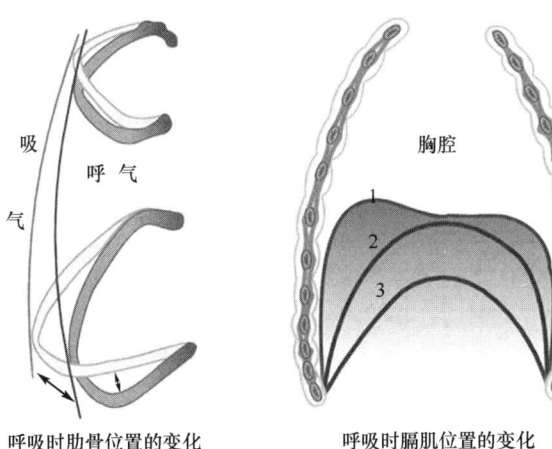

图5-2　呼吸时肋骨和膈肌的位置变化

（2）呼气运动：当胸廓缩小时，肺回缩而使肺容积减小，导致肺内压升高，当肺内压超过大气压时，肺泡气被排出，则形成呼气运动。平静呼吸时，呼气运动主要是由膈和肋间外肌舒张所引起。膈舒张时，腹腔脏器回位，使膈穹窿上移，胸腔上下径减小，同时肋间外肌舒张，肋骨和胸骨下降，胸腔前后径和左右径均减小，形成呼气（图5-2）。用力呼吸时，除吸气肌舒张外，还有呼气肌收缩，使胸廓进一步缩小，以呼出更多气体。

2. 呼吸运动类型

（1）按呼吸深度不同可分为平静呼吸和用力呼吸两种。

1）平静呼吸：是指人体在安静时平稳而均匀的呼吸，频率为12~18次/min，其主要特点是吸气是主动的，呼气是被动的。

2）用力呼吸：是指当机体活动增强（如劳动或运动）时加深加快的呼吸，也称深呼吸，其主要特点是吸气和呼气都是主动的。在某些病理情况下，即使用力呼吸，仍不能满足人体需要,病人可出现鼻翼扇动等现象,同时主观上有喘不过气的感觉,临床上称为呼吸困难。

(2)按引起呼吸运动的主要肌群不同可分为腹式呼吸、胸式呼吸及混合式呼吸三种。

1)腹式呼吸:以膈肌舒缩为主引起的呼吸运动,主要表现为腹壁的起伏,如婴儿因胸廓尚不发达,肋骨与脊柱较为垂直且不易提起,常以腹式呼吸为主;当胸廓有病变时,如胸膜炎,因胸廓运动受限,也常呈腹式呼吸。

2)胸式呼吸:以肋间外肌舒缩为主引起的呼吸运动,主要表现为胸部的起伏,如妊娠晚期的妇女,因膈上升且运动受限,常以胸式呼吸为主;腹腔有巨大肿块或严重腹水时,也多呈胸式呼吸。

3)混合式呼吸:正常成人呼吸大多是胸式呼吸和腹式呼吸同时存在,称为混合式呼吸。

(二)肺内压和胸膜腔内压

1. **肺内压** 肺泡内的压力称为肺内压(intrapulmonary pressure)。在呼吸运动过程中,肺内压随胸腔容积的变化而变化。平静吸气开始时,肺容积随着胸廓逐渐扩大而相应增加,肺内压逐渐下降,约低于大气压1~2mmHg,空气经呼吸道进入肺泡。随着肺内气体的逐渐增多,肺内压也逐渐升高,至吸气末,肺内压升至与大气压相等,气体在肺与大气之间停止流动。平静呼气开始时,肺容积随着胸廓的逐渐缩小而相应减小,肺内压逐渐升高,高于大气压1~2mmHg,肺泡内气体经呼吸道排出体外。随着肺泡内气体逐渐减少,肺内压逐渐降低,至呼气末,肺内压与大气压又相等,气体在肺与大气之间又停止流动(图5-3)。

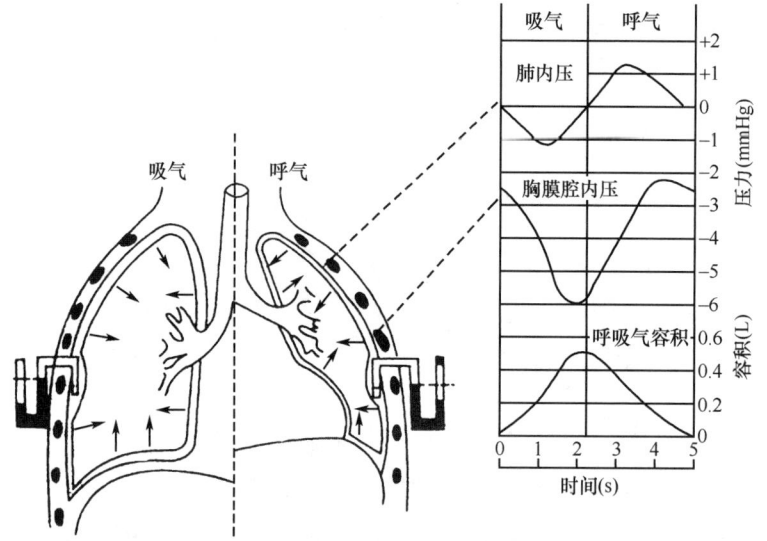

图5-3 呼吸时肺内压、胸膜腔内压及呼吸气量的变化

呼吸过程中肺内压变化的幅度,与呼吸运动的深浅、缓急和呼吸道通畅程度有关。若呼吸浅而慢,呼吸道通畅,则肺内压变化较小;若呼吸深而快,呼吸道不够通畅,则肺内压变化增大。

在呼吸运动过程中,肺内压的周期性升降,造成肺内压和大气压之间的压力差,是肺通气的直接动力。根据这一原理,在人的自然呼吸停止时,可以用人工方法改变肺内压,建立大气压和肺内压之间的压力差,以维持肺通气,这就是人工呼吸。

> **人工呼吸**
>
> 　　人工呼吸是根据肺内压与大气压之间压力差是肺通气直接动力的原理，通过人工方法或机械装置，人为地造成肺与大气之间的压力差，以维持肺通气，从而获得氧气，排出二氧化碳，维持最基础的生命。人工呼吸用于自主呼吸停止时的一种急救方法，在某些意外事故中，如触电、溺水、脑血管和心血管意外，一旦发现心跳呼吸停止，首要的抢救措施就是迅速进行人工呼吸和胸外心脏按压，以保持有效通气和血液循环，保证重要脏器的氧气供应。现场急救人工呼吸可采用口对口（鼻）方法，或使用简易呼吸囊。在医院内抢救呼吸骤停患者还可使用结构更复杂、功能更完善的呼吸机。

知识链接

　　2. 胸膜腔内压　胸膜腔是由脏层胸膜和壁层胸膜在肺门处相互移行所形成的密闭的、潜在的腔隙。正常情况下，胸膜腔内没有气体，仅有少量薄层浆液。这层浆液的作用：一是在两层胸膜间起润滑作用，减少呼吸运动时的摩擦；二是浆液分子之间的内聚力使两层胸膜紧贴一起，不易分开，从而使肺能随胸廓的运动而张缩，实现吸气和呼气。胸膜腔内的压力称为胸膜腔内压（intrapleural pressure），可用连接检压计的针头刺入胸膜腔内直接测量（图5-3），也可用测定食管内压来间接了解胸膜腔内的压力。由于胸膜腔内压通常低于大气压，因此习惯上称为胸膜腔负压（视大气压为零），或简称胸内负压。

　　（1）胸内负压的形成：胸膜腔负压是人在出生后形成的，并随着胸廓和肺的生长发育而逐渐增大。胎儿一出生，立即进行呼吸，肺一旦扩张（第一次吸气后），就不能回复到原来的状态，即使是最强呼气时，肺泡也不可能完全被压缩，而且出生后的发育期间，胸廓的生长速度比肺快，肺的自然容积小于胸廓容积，因此，肺受胸廓的牵制总是处于被扩张的状态，只是在呼气时被扩张的程度较吸气时小些而已。由于肺是弹性组织，并借呼吸道与大气相通，当它被扩张时，总存在回缩倾向。所以正常情况下，胸膜腔实际上通过胸膜脏层受到两种方向相反的力的影响，即：促使肺泡扩张的肺内压与促使肺泡缩小的肺回缩力，因此胸膜腔内承受的实际压力应为：胸膜腔内压=肺内压-肺回缩力

　　正常人不论在吸气末或呼气末，气流停止，此时肺内压等于大气压，因而：

$$胸膜腔内压 = 大气压 - 肺回缩力$$

　　若将大气压视为零，则：胸膜腔内压=-肺回缩力

　　可见胸膜腔负压实际上是由肺回缩力所决定的，故其值也随呼吸过程的变化而变化。吸气时，肺扩大，回缩力增大，胸膜腔负压增大；呼气时，肺缩小，回缩力减小，胸膜腔负压也减小。呼吸愈强，胸膜腔负压的变化也愈大。通常在平静呼吸时，吸气末胸膜腔内压约为-10～-5mmHg（-1.330～-0.665kPa）；呼气末胸膜腔内压为-5～-3mmHg（-0.665～-0.399kPa）。最深吸气时，胸膜腔内压可达-30mmHg（-4.0kPa），最大呼气时，胸膜腔内压可减小到约为-1mmHg（-0.13kPa）。当声门紧闭用力吸气时，胸膜腔内压可降至-90mmHg（-11.97kPa）；而声门紧闭用力呼气时，胸膜腔内压可高于大气压，达到110mmHg（14.63kPa）。

　　（2）胸内负压的意义：一是通过其牵拉作用，维持肺处于扩张状态；二是在肺与胸廓之间起偶联作用，使肺随胸廓的活动而活动，维持肺的通气功能；三是使胸腔内薄壁器官扩张（如右心房、腔静脉、胸导管等），降低中心静脉压，有利于静脉血和淋巴液的回流。由于胸膜腔的密闭性是胸膜腔负压形成的前提，因此，如果胸膜受损（如胸壁贯通伤或肺损伤累及胸膜脏层时）气体将顺压力差进入胸膜腔而造成气胸。此时，大量的气体使胸膜腔负压减

小，甚至消失，肺将因其本身的回缩力而塌陷（肺不张），这时尽管呼吸运动仍在进行，肺却不能随胸廓的运动而张缩，从而影响肺通气功能。严重的气胸不仅影响呼吸功能，也影响循环功能，甚至危及生命。

案例5-1

男，70岁。吸烟多年，慢性咳嗽20年，活动后心悸，气促3年。排便时突起气促，胸痛、心悸、出汗3h入院。

诊断：气胸

问题与思考：
1. 维持胸内负压的前提条件是什么？
2. 患者出现症状的原因是什么？
3. 气胸的主要治疗措施是什么？

提示：

气胸是指气体进入胸膜腔导致胸腔积气。按病理生理变化可分为闭合性、开放性和张力性三类。由于气体进入胸膜腔，胸膜腔内压力升高，甚至负压变正压，导致肺压缩，轻者病人可无明显症状，重者有呼吸困难、口唇发绀、出冷汗、脉搏加快、颈静脉怒张、甚至呼吸衰竭、意识不清。胸部X线检查可见肺萎缩和胸膜腔积气，纵隔移向健侧，张力性气胸还可见皮下气肿征象。气胸患者应绝对卧床休息，尽量少讲话，减少肺活动。对于呼吸困难明显、肺压缩程度较重的病人，尤其是张力型气胸患者需要排气疗法进行紧急排气。此外还有胸膜粘连术、外科手术治疗等方法。

综上所述，肺与外界大气之间的压力差，是实现肺通气的直接动力，而呼吸肌舒缩引起呼吸运动是肺通气的原动力。胸膜腔负压的存在，则能保证肺处于扩张状态并随胸廓的运动而张缩，是原动力转化为直接动力的关键。

二、肺通气的阻力

气体在进出肺的过程中，会遇到各种阻止其流动的力，统称为肺通气阻力。肺通气的动力必须克服通气的阻力，才能完成肺通气。肺通气的阻力包括弹性阻力和非弹性阻力。正常情况下，弹性阻力约占总通气阻力70%，非弹性阻力约占30%。

（一）弹性阻力

弹性阻力是弹性体对抗外力引起其变形（或容积变化）的回位力。胸廓和肺都是弹性体，当呼吸运动改变其容积时便会产生弹性阻力。肺弹性阻力与胸廓弹性阻力之和，为呼吸的总弹性阻力。

1. 肺弹性阻力　肺弹性阻力来自两个方面：一是肺泡表面液体层所形成的表面张力，约占肺弹性阻力的2/3；二是肺弹性纤维的弹性回缩力，约占肺弹性阻力的1/3。

肺泡是气体交换的场所。在肺泡的内表面覆盖着薄层液体，与肺泡内气体形成液-气界面，产生表面张力。肺泡的表面张力，是使肺泡趋向于缩小的力，即为肺泡扩张的阻力，会对呼吸带来以下负面影响：①增加吸气阻力，阻碍肺泡扩张。②使相通的大小肺泡内压不稳定。正常人的肺约有3亿个大小不等的肺泡，且彼此连通。根据Laplace定律，肺泡回缩压（P）与表面张力（T）成正比，而与肺泡半径（r）成反比，即$P=2T/r$。故小肺泡的回缩压大于大肺泡，气体将从小肺泡不断流入大肺泡，结果大肺泡膨胀甚至破裂，而小肺泡萎缩（图5-4）。③促进肺部组织液生成，使肺泡内液体积聚。肺泡表面张力可使肺泡缩小，肺组织间隙扩大，静水压降低，肺毛细血管有效滤过压增加，促使肺毛细血管内液体渗入肺泡，严重时可形成肺水肿。但正常时这些情况并不会发生，因为肺泡内存在着肺泡表面活性物质（alveolar surfactant）。

肺泡表面活性物质由肺泡Ⅱ型细胞合成并分泌，它是一种复杂的脂蛋白混合物，主要成分是二棕榈酰卵磷脂，其可减少液体分子之间的相互吸引，降低肺泡表面张力，减弱表面张力产生的负面影响而具有重要生理意义：①减小吸气阻力，有利于肺的扩张，使吸气省力。②调节大小肺泡内压，维持大小肺泡容积稳定。肺泡大小不同，其表面活性物质的分子密度不同，大肺泡的表面活性物质分子密度较小，分布稀疏，降低肺泡表面张力的作用较弱；而小肺泡的表面活性物质密度较大，分布密集，降低肺泡表面张力的作用较强，这样就使大小肺泡内的压力趋于稳定，防止大肺泡扩张，小肺泡塌陷。③减少肺部组织液的生成，防止肺泡内液体积聚，有利于肺泡处气体交换。

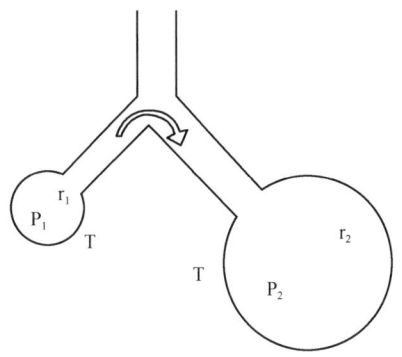

图 5-4　相连通的大小不同的肺泡内气流方向示意图

呼吸窘迫综合征

呼吸窘迫综合征（肺透明膜病）是由于早产儿缺乏肺表面活性物质而在临床上出现呼吸困难的综合征。正常情况下，表面活性物质不断产生也不断灭活。若肺组织缺血缺氧，损害了Ⅱ型细胞的功能，则使表面活性物质分泌减少，肺泡表面张力因而增大，致使吸气阻力增大，导致呼吸困难，甚至发生肺不张和肺水肿。胎儿肺Ⅱ型细胞约在妊娠6~7个月开始分泌表面活性物质，到分娩前达高峰。有些早产儿，因肺泡Ⅱ型细胞尚未成熟，缺乏肺泡表面活性物质，以致出生时易发生肺不张和肺泡内表面透明质膜形成（呼吸窘迫症），可导致死亡。呼吸窘迫综合征几乎都发生在37孕周前出生的新生儿，胎龄越小，发生呼吸窘迫综合征的机会越大。

知识链接

肺组织含弹性纤维，具有弹性回缩力，这也是构成肺弹性阻力的重要因素之一。当弹性纤维被破坏（如肺气肿）时，弹性阻力减小，呼气末肺内存留的气量增大，导致肺通气效率降低，严重时可出现呼吸困难。

因此，不论是肺弹性阻力增大还是减小，均不利于肺通气。

2. 胸廓弹性阻力　即胸廓的回位力，其方向视胸廓所处的位置而改变。当胸廓处于自然位置（平静吸气末，肺容量约为肺总量的67%）时，其弹性阻力为零（图 5-5a）；当胸廓小于自然位置时，胸廓弹性阻力向外，是吸气的动力，呼气的阻力（图 5-5b）；当胸廓大于自然位置时，其弹性阻力向内，是吸气的阻力，呼气的动力（图 5-5c）。在临床上因胸廓弹性阻力增大而使肺通气发生障碍的情况较少见，因此临床意义相对较小。

3. 顺应性（compliance）　是指在外力作用下弹性体的可扩张性。肺和胸廓都是弹性体，其弹性阻力可以用顺应性来表示。顺应性与弹性阻力成反比，即：弹性阻力大，顺应性小，不容易扩张；弹性阻力小，顺应性大，容易扩张。

肺和胸廓的顺应性，通常用单位压力变化所引起的容积变化来衡量，即：

$$顺应性 = \frac{容积变化(\Delta V)}{压力变化(\Delta P)} \text{L/cmH}_2\text{O(L/kPa)}$$

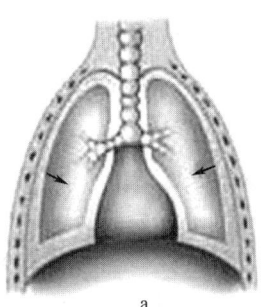 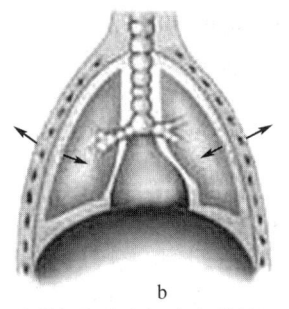 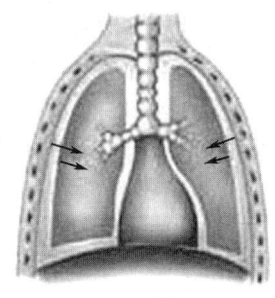

　　　　　a　　　　　　　　　　b　　　　　　　　　　c
图 5-5　不同情况下肺与胸廓弹性阻力的关系
a. 平静吸气末；b. 平静呼气末；c. 深吸气时

　　正常人肺顺应性约为 0.2L/cmH₂O（2.0L/kPa），胸廓的顺应性也约为 0.2L/cmH₂O。肺和胸廓是两个串联的弹性体，所以肺和胸廓的总弹性阻力是两者弹性阻力之和，弹性阻力是顺应性的倒数，因此，肺和胸廓的总顺应性约为 0.1L/cmH₂O。在某些病理情况下，如肺充血、肺水肿、肺纤维化等，弹性阻力增大，顺应性减小，肺不易扩张，可致吸气困难；而肺气肿时，因弹性组织被破坏，弹性阻力减小，顺应性增大，肺回缩力减小，多伴呼气困难。

（二）非弹性阻力

　　非弹性阻力包括惯性阻力、黏滞阻力和呼吸道阻力等。惯性阻力是指气流在发动、变速、换向时因气流惯性所遇到的阻力。在平静呼吸时，由于呼吸频率低，气流速度小，故惯性阻力小，可忽略不计。黏滞阻力是指呼吸时肺及胸廓等组织相对位移产生的摩擦力，约占非弹性阻力的 10%~20%。呼吸道阻力是指气体通过呼吸道时，气体分子间及气体分子与气道管壁之间的摩擦力，也称气道阻力，约占非弹性阻力的 80%~90%。气道阻力虽然只占呼吸总阻力的 1/3 左右，但气道阻力增加却是引起通气障碍最常见的病因。

　　影响气道阻力的因素，主要有呼吸道口径、气流速度和气流形式。由于气道阻力与气道半径的 4 次方成反比，因此气道口径是影响气道阻力的重要因素。当气道口径减小时，气道阻力显著增大，导致呼吸困难。气道阻力与气体流速呈正比关系，气流速度越快，则阻力大；气流速度越慢，阻力越小。气流形式有层流和涡流，层流阻力小，涡流阻力大。

案例5-2

　　女，68 岁。反复气喘 26 年，再次发作 2 天，突然加重 1 小时伴呼吸困难，不能讲话，躁动不安。患者自 1974 年开始每当闻烟雾、油漆或受凉感冒出现咳嗽、气喘。冬春季好发，近 2 年加重，每年发作 4~5 次。2 天前因受凉喘息再次发作，1 小时前呼吸困难突然加重，不能讲话。

　　诊断：支气管哮喘

　　问题与思考：

　　1. 引起支气管哮喘的主要原因是什么？
　　2. 根据所学生理学知识，试分析支气管哮喘的主要治疗措施。

　　提示：

　　1. 主要原因：①遗传因素：绝大多数患者是过敏体质，其近亲有哮喘或过敏病史；②环境因素：周围环境中有过敏原或变应原，如花粉、螨虫、真菌等，或食用海鲜等，或接触过敏性药物等。

　　2. 主要治疗措施：①吸氧；②排痰以通畅呼吸道；③药物缓解支气管痉挛；④严重时进行机械通气治疗或行气管插管；⑤处理并发症。

主支气管以上的呼吸道（气道口径＞2mm），由于总横截面积小，气流速度快，且管道弯曲，容易形成涡流，是产生气道阻力的主要部位，占总气道阻力的80%～90%。故对某些严重通气不良患者可作气管切开，减小气道阻力，改善肺通气。主支气管以下的小气道（气道口径＜2mm），总横截面积大，气流速度慢，且以层流为主，故阻力小，约占总气道阻力的10%。呼吸道管壁平滑肌丰富，愈到末梢，平滑肌愈多。交感神经兴奋、儿茶酚胺等均可引起平滑肌舒张，减小气道阻力。而迷走神经兴奋，组胺、5-羟色胺（5-HT）、缓激肽等，则可引起呼吸道平滑肌收缩，增加气道阻力。若小气道平滑肌收缩时，则其阻力可成为气道阻力的重要成分。由于小气道纤毛减少，气流速度慢，吸入气中尘埃或微生物易沉积而造成损伤，使小气道成为呼吸系统易发生病变的部位之一。

哮喘

哮喘是由多种细胞特别是肥大细胞、嗜酸性粒细胞和T淋巴细胞参与的慢性气道炎症。临床症状主要是咳嗽、喘息、呼吸困难、胸闷、咳痰等，典型表现是发作性伴有哮鸣音的呼气性呼吸困难，严重者呈端坐呼吸、干咳、紫绀等，但缺乏特征性。哮喘是世界公认的医学难题，被世界卫生组织列为疾病中四大顽症之一，但是哮喘是能够控制的，键是积极鼓励患者寻求正规的治疗方案。多数患者经过积极系统的治疗后，能够达到长期稳定，尤其是儿童哮喘，通过积极而规范的治疗后，临床控制率可达95%，青春期后超过50%的患者完全缓解。

知识链接

三、肺通气功能的评定指标

肺通气是呼吸过程的一个重要环节，因此，测定肺通气功能是判断呼吸效率，了解肺功能状态的重要指标。通常用肺容积、肺容量和肺通气量作为衡量肺通气功能的指标。

（一）肺容积和肺容量

1. 肺容积　肺内气体的容积称为肺容积（pulmonary volume）。通常肺容积可分为潮气量、补吸气量、补呼气量和余气量（图5-6）。它们互不重叠，全部相加后等于肺总量（total lung capacity，TLC）。

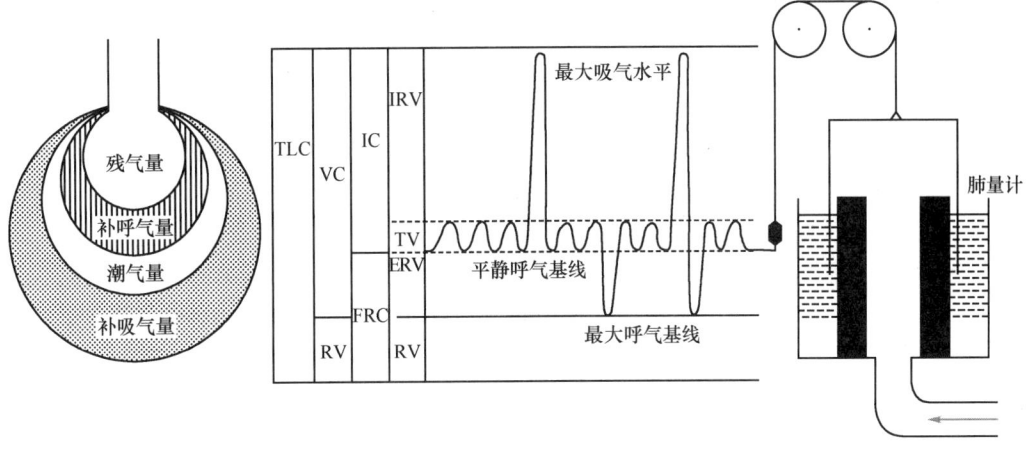

图5-6　肺容量及其组成

（1）潮气量：每次呼吸时吸入或呼出的气体量称潮气量（tidal volume，TV）。正常成人平静呼吸时为 0.4~0.6L，平均约为 0.5L。用力呼吸时增大。

（2）补吸气量：平静吸气末再尽力吸气，所能吸入的气体量称补吸气量（inspiratory reserve volume，IRV）或吸气贮备量。正常成人为 1.5~2.0L。

（3）补呼气量：平静呼气末再尽力呼气，所能呼出的气体量称补呼气量（expiratory reserve volume，ERV）或呼气贮备量。正常成人为 0.9~1.2L。

（4）余气量：最大呼气末仍留在肺内不能呼出的气体量称余气量（residual volume，RV）。正常成人为 1.0~1.5L。

2. 肺容量　肺容积中两项或两项以上的联合气量称为肺容量（lung volume）。包括深吸气量、功能余气量、肺活量和肺总量（图 5-6）。

（1）深吸气量：从平静呼气末做尽力吸气所能吸入的气体量称为深吸气量（inspiratory capacity，IC）。深吸气量是补吸气量与潮气量之和，是衡量最大通气潜力的重要指标。胸廓、胸膜、呼吸肌和肺组织病变，均可使深吸气量减少，最大通气潜力降低。

（2）功能余气量：平静呼气末肺内所余留的气体量称功能余气量（functional residual capacity，FRC）。它是补呼气量与余气量之和，正常成人约为 2.5L。肺气肿患者功能余气量增加，肺实质性病变时则减少。其生理意义是缓冲呼吸过程中肺泡内氧和二氧化碳分压的急剧变化，从而有利于肺换气。

（3）肺活量及用力呼气量：在深吸气后，再尽力呼气，所能呼出的最大气体量称肺活量（vital capacity，VC），它是潮气量、补吸气量和补呼气量三者之和。正常成人男子平均约为 3.5L，女子约为 2.5L。肺活量的大小能反映一次呼吸时最大通气能力，在一定程度上可作为肺通气功能的指标。

但由于测定肺活量不限制呼气的时间，因此，一些气道狭窄、肺弹性下降，肺通气功能障碍的患者，通过任意延长呼气时间，使测的肺活量仍可在正常范围内。可见，肺活量不能准确的反应肺的通气功能，因此又提出了用力呼气量（forced expiratory volume，FEV），又称时间肺活量（timed vital capacity，TVC）的概念。

用力呼气量是在一次最大吸气后，再用力尽快呼气，在一定时间内所能呼出的气量。通常用第1、2、3秒末呼出气体量各占其肺活量的百分数表示。正常成人第1、2、3秒末呼出气量分别约为肺活量的 80%、96%、99%，其中第 1 秒用力呼气量最有意义。用力呼气量是衡量肺通气功能一项较理想的指标，如肺组织弹性降低或阻塞性呼吸系统疾患，肺活量可在正常范围，但用力呼气量可显著降低。

（4）肺总量：肺所能容纳的最大气体量称为肺总量。肺总量等于肺活量与余气量之和，其大小因性别、年龄、身材、体位和运动锻炼等情况而异，成年男性平均约为 5000ml，女性约为 3500ml。在限制性肺通气不足时肺总量降低。

（二）肺通气量

肺容积及肺容量中的指标都是测一次吸入或呼出的气量，用来衡量肺的通气功能也不全面，所以又提出了肺通气量的指标。肺通气量是指单位时间内吸入或呼出肺的气体总量，它分为每分通气量和肺泡通气量。

1. 每分通气量和最大通气量

（1）每分通气量：每分钟内吸入或呼出肺的气体量称为每分通气量（minute ventilation volume），其值为潮气量与呼吸频率的乘积。正常成人平静呼吸时，呼吸频率为 12~18 次，潮气量 500ml，则每分通气量为 6.0~9.0L。每分通气量随年龄、性别、身材及活动量的不同而异。

（2）最大通气量：从事重体力劳动或进行剧烈运动时，每分通气量增大，可达 70L 以上。最大限度地作深而快的呼吸，每分钟吸入或呼出的气体量称为最大通气量（maximal voluntary ventilation）。最大通气量能反映单位时间内呼吸器官发挥最大潜力后，所能达到的通气量，是估计一个人能运动潜力的常用指标之一。测定最大通气量时，一般只测 15s，将所测得值乘 4 即得每分钟最大通气量。

最大通气量与每分平静通气量之差值占最大通气量的百分数称通气贮量百分比，它反映通气功能的贮备能力。正常人在 93%以上，若小于 70%，表明通气贮备功能不良。

通气贮量面分比＝（最大通气量－每分平静通气量）/ 最大通气量×100%

经常运动对呼吸的益处

在运动过程中，肌肉活动要消耗大量的养料和氧气，以供应运动所需的能量，同时产生大量的二氧化碳。在这种情况下，呼吸器官就必须加倍工作，从而使得呼吸肌，包括辅助呼吸肌得到更多锻炼，呼吸肌力量加强，胸廓增大，肺弹性增加，呼吸深度加深，肺活量明显增大。所以，经常进行体育锻炼对呼吸器官的功能是大有好处的。

知识链接

2. 无效腔与肺泡通气量

（1）无效腔：从鼻到肺泡无气体交换功能的管腔称为无效腔（dead space），它包括解剖无效腔和肺泡无效腔两部分。从鼻到终末细支气管是气体进出肺的通道，在此处不能与血液进行气体交换，故称解剖无效腔（anatomical dead space）（图 5-7），其容量在正常成年人约为 0.15L。此外，进入肺泡的气体，也不一定都能与肺毛细血管血液进行气体交换，未能与血液进行气体交换的这一部分肺泡容积称肺泡无效腔。解剖无效腔和肺泡无效腔合称为生理无效腔。正常人生理无效腔接近解剖无效腔。

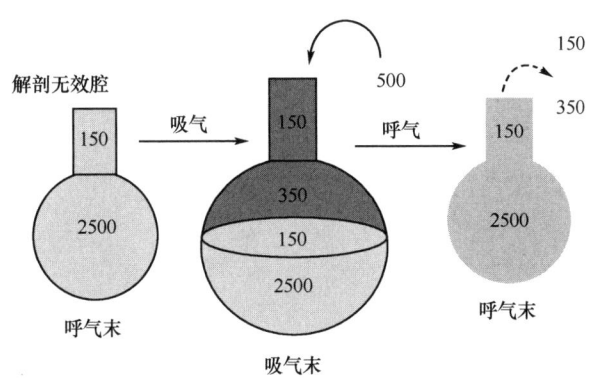

图 5-7 解剖无效腔示意图

（2）肺泡通气量：每分钟吸入肺泡能与血液进行气体交换的新鲜空气量，称为肺泡通气量（alveolar ventilation volume），也称为有效通气量。计算方法为：

肺泡通气量=（潮气量−无效腔气量）×呼吸频率

由于解剖无效腔是个常数，所以肺泡通气量主要受潮气量和呼吸频率的影响，而潮气量和呼吸频率的变化对每分肺通气量与肺泡通气量的影响是不同的。由表 5-1 可知，浅而快的呼吸可降低肺泡通气量，对人体不利，适当的深而慢的呼吸，可增大肺泡通气量，从而提高肺通气效能。

表5-1　不同呼吸形式时的通气量（ml/min）

呼吸形式	每分钟通气量	肺泡通气量
平静呼吸	500×12=6000	（500-150）×12=4200
浅快呼吸	250×24=6000	（250-150）×24=2400
深慢呼吸	1000×6=6000	（1000-150）×6=5100

第二节　气体交换

呼吸气体的交换包括肺换气和组织换气。肺换气是肺泡与肺毛细血管血液之间的气体交换过程，组织换气是血液与组织细胞之间的气体交换过程。

一、气体交换的原理

气体交换是以扩散的方式完成的。气体分子不停地进行着不规则运动产生分压，当不同区域的分压不等时，气体分子则由分压高处向分压低处发生净转移，这一过程称为扩散。扩散的动力是该气体分压差（ΔP）。单位时间内气体分子扩散的量为气体扩散速率（diffusion rate, D）。

（一）气体分压差

在混合气体中，某种气体所占有的压力称为该气体的分压（partial pressure），其值与该气体在混合气体中所占的容积百分比成正比。空气中 O_2 的容积百分比为 20.9%，则空气中的氧分压（PO_2）为 760×20.9%=159mmHg（21.2kPa）；空气中 CO_2 的容积百分比为 0.04%，其分压（PCO_2）为 760×0.04%=0.3mmHg（0.04kPa）。混合气体中各组成气体分子的扩散只与该气体的分压差有关，分压差愈大，扩散速率也愈快。空气、肺泡气、血液、组织中各种气体分压见表 5-2。

表5-2　海平面空气、肺泡气、血液及组织中各种气体的分压[mmHg（kPa）]

	PO_2	PCO_2	PN_2	H_2O	合计
空气	159（21.2）	0.3（0.04）	597（79.6）	3.7（0.5）	760（101.3）
肺泡气	104（13.9）	40（5.3）	569（75.8）	47（6.3）	760（101.3）
动脉血	100（13.3）	40（5.3）	573（76.4）	47（6.3）	760（101.3）
静脉血	40（13.9）	46（6.1）	573（76.4）	47（6.3）	706（94.1）
组织	30（4.0）	50（6.7）	573（76.4）	47（6.3）	700（93.4）

（二）气体扩散速率

在相同条件下，气体扩散速率和气体分子量的平方根成反比。CO_2 的分子量为 44，而 O_2 的分子量为 32，CO_2 和 O_2 的分子量平方根比值为 1.17，因此，按分子量计算 O_2 的扩散速率比 CO_2 大。如果扩散发生在气相和液相之间，则扩散速率还与气体在液体中的溶解度呈正比。溶解度（S）是指单位分压下溶解于单位容积液体中的气体量。溶解的气体分子从液体中逸出的力称为张力（tension），即液体中的气体分压。O_2 和 CO_2 在血浆中的溶解度分别为 21.1ml/L 和 515.0mL/L。CO_2 的溶解度比 O_2 的溶解度大 24 倍，故按溶解度计算，CO_2 的扩散速率应较 O_2 的扩散速率大得多。

综上所述，气体扩散速率与气体分压差和溶解度成正比，与气体分子量的平方根成反比，即：

$$D \propto 分压差 \times 溶解度 / \sqrt{分子量}$$

当 O_2 和 CO_2 分压差相同时，CO_2 的扩散速率约为 O_2 的 21 倍。在肺泡与静脉血之间，O_2 的分压差约比 CO_2 分压差大 10 倍（表5-2），因此，上述几种因素综合影响的结果是 CO_2 扩散速比 O_2 的扩散速率大 2 倍。由于 CO_2 比 O_2 容易扩散，故临床上缺 O_2 比 CO_2 潴留更为常见，呼吸困难的病人常常先出现缺 O_2。

二、气体交换过程及影响因素

（一）肺换气

1. 肺换气过程　如表5-2所示，肺泡气的 PO_2（102mmHg）高于静脉血的 PO_2（40mmHg），而肺泡气的 PCO_2（40mmHg）则低于静脉血的 PCO_2（46mmHg），故来自肺动脉的静脉血流经肺毛细血管时，在分压差的推动下，O_2 由肺泡扩散入血液，CO_2 则由静脉血扩散入肺泡，结果使含 O_2 较少、含 CO_2 较多的静脉血变成含 O_2 较多、含 CO_2 较少的动脉血，完成肺换气过程（图5-8）。O_2 和 CO_2 均为脂溶性物质，经呼吸膜的扩散非常迅速，约 0.3s 即可换气完成。但通常，血液流经肺毛细血管的时间约为 0.7s，可见，静脉血流经肺毛细血管时有足够的时间进行气体交换。

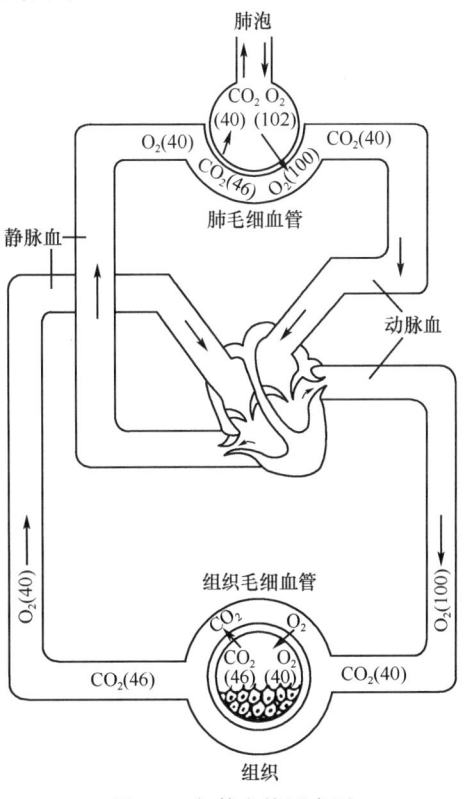

图 5-8　气体交换示意图

2. 影响肺换气的因素　影响肺换气的因素除前述的气体扩散速率外，还受呼吸膜的厚度与面积以及通气/血流比值的影响。

（1）呼吸膜的面积和厚度：呼吸膜是肺泡腔与肺毛细血管腔之间的结构，它由六层结构组成：含有表面活性物质的液体层、肺泡上皮细胞层、肺泡上皮基膜层、肺泡与毛细血管之间的间质、毛细血管基膜层、毛细血管内皮细胞层（图5-9）。气体扩散速率与呼吸膜的厚度成反比，呼吸膜越厚，单位时间交换的气体量越少。正常呼吸膜厚度平均不到1μm，有的部位仅约 0.2μm，气体易于扩散通过。正常成人呼吸膜面积约 $70m^2$。气体扩散速率与呼吸膜的面积成正比。平静呼吸时，用于气体交换的呼吸膜面积约为 $40m^2$；用力呼吸时，用于气体交换的呼吸膜面积可大大增加。在病理情况下，呼吸膜厚度增加（如肺纤维化、肺水肿等）或呼吸膜面积减小（如肺不张、肺气肿、肺叶切除等）都将导致气体扩散减少，影响肺换气。

（2）通气/血流比值：通气/血流比值（ventilation/perfusion ratio，简称 V/Q 比值）是指每分钟肺泡通气量（V）与每分钟肺血流量（Q）之间的比值。正常成人在安静时 V 约为 4.2L/min，Q 约为 5.0L/min，V/Q=4.2/5.0=0.84。只有适宜的 V/Q 才能完成良好的换气功能。人体活动增强时，肺泡通气量增大，同时肺血流量也相应增加，V/Q 比值仍保持约 0.84。V/Q 比值在 0.84 的情况下，肺泡通气量与肺血流量配合适当，气体交换效率高，肺换气有

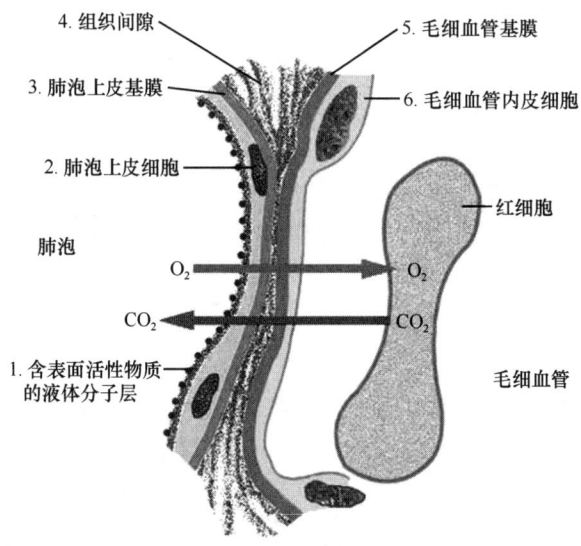

图 5-9 呼吸膜结构示意图

效进行（图 5-10a）。V/Q 比值增大，说明肺通气过度或肺血流量不足，部分肺泡通气未被利用，相当于增大了肺泡无效腔，气体交换效率降低（图 5-10b）。V/Q 比值减小，说明肺通气不足或肺血流量过多，部分静脉血不能进行充分的气体交换，形成功能性动-静脉短路，同样会降低换气效率（图 5-10c）。由此可见，V/Q 比值大于或小于 0.84，都将使换气效率降低，只有维持在 0.84 才是最适宜，换气效率最高。

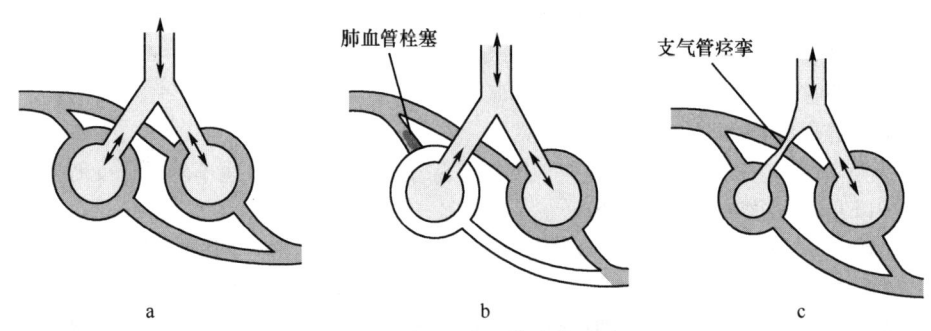

图 5-10 通气/血流比值变化示意图
a. V/Q 正常；b. V/Q 增大；c. V/Q 减小

（二）组织换气

1. 组织换气过程　在组织内，由于细胞代谢不断消耗 O_2，产生 CO_2，故组织内 PO_2（30mmHg 以下）较动脉血的 PO_2（100mmHg）低，PCO_2（50mmHg）则较动脉血的 PCO_2（40mmHg）高（表 5-2）。当动脉血流经组织毛细血管时，在分压差的推动下，O_2 由血液扩散入组织细胞，CO_2 则从组织细胞扩散入血液，结果使动脉血变成了含 O_2 较少、含 CO_2 较多的静脉血，完成组织换气（图 5-8）。

2. 影响组织换气的因素

（1）组织代谢水平：组织换气量与组织代谢水平呈正相关。当组织细胞代谢活动增强时，O_2 耗量及 CO_2 产生量均增多，使动脉血与组织间的 O_2 及 CO_2 分压差增大，气体交换增多，同时组织代谢产生的酸性产物，使毛细血管开放增多，血流量大，也有利于气体交换。

（2）组织细胞与毛细血管间的距离：距离越小，换气越充分；距离增大，换气受影响。

如组织水肿时，细胞与毛细血管间的距离增大，换气将减少。如果水肿组织间隙压力过高，压迫毛细血管，则气体交换将进一步减少，导致组织缺氧。

（3）血流速度：血流速度过快或过慢都将影响交换，使气体交换减少。

第三节 气体在血液中的运输

一、气体在血液中运输的主要形式

以血液为媒介，通过血液循环将 O_2 从肺运送到组织，同时将 CO_2 从组织运送到肺的过程，称为气体运输。气体运输是实现肺换气和组织换气的中间环节。O_2 和 CO_2 在血液中的运输形式有物理溶解和化学结合两种，以化学结合形式为主。物理溶解的气体量虽然很少，但是气体必须先物理溶解再化学结合；结合状态的气体，也必须先解离成溶解状态后才能逸出血液。体内物理溶解的和化学结合的气体处于动态平衡之中。

表5-3 血液O_2和CO_2的含量[mmol/L（ml／L血液）]

	O_2			CO_2		
	物理溶解	化学结合	合计	物理溶解	化学结合	合计
动脉血	0.1（3）	8.9（200）	9.0（203）	1.1（25）	20.7（464）	21.8（489）
静脉血	0.04（1）	6.8（152）	6.8（153）	1.3（29）	22.4（500）	23.7（529）

二、氧气的运输

血浆中 O_2 的溶解度极小，以物理溶解形式存在的 O_2 约占血液总氧量的 1.5%，而以化学结合形式存在的 O_2 约占 98.5%。

（一）氧与血红蛋白的结合

血红蛋白（Hb）是血液运输 O_2 的载体，O_2 能与 Hb 结合形成氧合血红蛋白（HbO_2）。O_2 和 Hb 的结合有以下几个重要特征：

1. 可逆结合、反应快 O_2 和 Hb 结合能力很强，既能迅速结合，但也能迅速解离，是结合还是解离，取决于血液中 PO_2 的高低。当血液流经肺时，肺泡 PO_2 高，O_2 从肺泡扩散入血液，血中 PO_2 升高，O_2 与 Hb 结合，形成 HbO_2；当血液流经组织时，组织处 PO_2 低，O_2 从血液扩散入组织，血液中 PO_2 降低，HbO_2 解离，释放出 O_2 而成为去氧血红蛋白 Hb。以上过程可用下式表示：

$$Hb+O_2 \xrightleftharpoons[PO_2 低（组织）]{PO_2 高（肺）} HbO_2$$

2. 不是氧化、是氧合 O_2 和 Hb 结合时血红蛋白中的 Fe^{2+} 没有发生电荷的转移，故不是氧化反应，而称为氧合。

3. 具有饱和性 1 分子 Hb 可以结合 4 分子 O_2，1g Hb 可结合 1.34ml 的 O_2。通常将每升血液中 Hb 所能结合的最大 O_2 量称为 Hb 的氧容量（oxygen capacity），而 Hb 实际结合的 O_2 量称为 Hb 的氧含量（oxygen content）。Hb 氧含量与氧容量的百分比称为 Hb 的氧饱和度（oxygen saturation）。通常情况下，血浆中溶解 O_2 极少，可忽略不计，因此 Hb 氧容量、Hb 氧含量、Hb 氧饱和度可分别视为血氧容量、血氧含量、血氧饱和度。氧容量受 Hb 浓度的影响。如血红蛋白的浓度为150g/L时，氧容量应为150×1.34=201ml/L血液，但实际上，氧含量并非都能达到最大值，其主要受PO_2的影响。正常情况下动脉血氧分压较高，氧含量约为194ml/L血液；静脉血氧分压较低，氧含量只有144mL/L血液，以此式计算，动脉血氧饱和度约为98%，静脉血氧饱和度约为75%。

氧合血红蛋白呈鲜红色，去氧血红蛋白呈紫蓝色。当每升血液中去氧血红蛋白含量达到50g以上时，在毛细血管丰富的表浅部位，如口唇、甲床可出现青紫色，称为紫绀（cyanosis）。出现紫绀常表示机体缺氧，但是也有例外，如某些严重贫血患者，因其血液中血红蛋白含量大幅减少，人体虽有缺O_2，但由于去氧血红蛋白达不到50g/L血液，所以也不出现紫绀。反之，红细胞增多的人（如高原性红细胞增多症），血液中血红蛋白含量大大增多，人体即使不缺O_2，由于去氧血红蛋白可超过50g/L血液，也可出现紫绀。

此外，由于一氧化碳与血红蛋白的亲和力是O_2的210倍，因此当一氧化碳中毒时，大量形成一氧化碳血红蛋白（HbCO），使血红蛋白失去与O_2结合的能力，也可造成人体缺O_2，但此时去氧血红蛋白并不增多，患者可不出现紫绀，而是出现一氧化碳血红蛋白特有的樱桃红色。

（二）氧解离曲线及影响因素

1. 氧解离曲线 表示PO_2与血氧饱和度关系的曲线称为氧解离曲线（oxygen dissociation curve），简称氧离曲线（如图5-11），即表示在不同的PO_2下Hb和O_2的结合或HbO_2的解离情况。在一定PO_2范围内，血氧饱和度与PO_2呈正相关，但并非完全的线性关系，而是呈特殊的S形。

（1）曲线上段：相当于PO_2在60~100mmHg之间时，此段曲线较为平坦，表示PO_2的变化对血氧饱和度影响不大，可认为它是反映Hb与O_2结合的部分。PO_2 100mmHg时，血氧饱和度约为98%；当PO_2降至80mmHg时，血氧饱和度下降很少，为96%；PO_2降至60mmHg时，血氧饱和度仍可保持在90%。氧解离曲线的这一特性使生活在高原地区的人或当呼吸系统疾病时，只要PO_2不低于60mmHg，血氧饱和度就可维持在90%以上，从而保证了人体对O_2的需要，不致发生明显低氧血症。

（2）曲线中段：相当于PO_2在40~60mmHg之间时，此段曲线较陡，是反映HbO_2释放O_2的部分。PO_2在40时相当于静脉血的PO_2，此时氧饱和度为75%，氧含量为144mL/L。血液流经组织时，每1L血液释放50 ml O_2，以心输出量5L计算，能释放250 ml O_2，可满足机体安静时的耗氧量。

（3）曲线下段：相当于PO_2在15~40mmHg之间时，此段曲线陡直，也是反映HbO_2与O_2解离的部分。表示在这个范围内，PO_2稍有下降氧饱和度就明显下降，说明有较多的氧从氧合血红蛋白中解离出来。氧离曲线的这一特点有利于对低O_2环境下的组织细胞供O_2。当活动增强时，组织O_2耗量增多，PO_2可降至15mmHg，当血液流经这样的组织后，血氧饱和度降至约20%左右，血氧含量只有44mL/L血液，说明每升血液能供给组织约150ml O_2，为安静时的3倍。同时，氧离曲线的这一特点还提示，当动脉血O_2分压较低时，只要吸少量的O_2，就可以明显提高血氧饱和度和血氧含量。这为慢性阻塞性呼吸系统疾病的低氧血症，进行低流量持续吸氧治疗提供了理论基础。

2. 影响氧解离曲线的因素 Hb与O_2的结合或解离受多种因素影响，使氧离曲线位置偏移，即Hb与O_2的亲和力发生变化。通常用P_{50}表示Hb与O_2的亲和力，是指Hb氧饱和度达到50%时的PO_2，正常为26.5mmHg。P_{50}增大，曲线右移，表示Hb与O_2的亲和力下降；P_{50}减小，曲线左移，表示Hb与O_2的亲和力增强。

氧离曲线主要受血液中PCO_2、pH、温度和2,3-二磷酸甘油酸的影响。血液中PCO_2

升高，pH 减小，温度升高，氧离曲线右移（图 5-11），即血红蛋白与 O_2 的亲和力降低，O_2 的释放增多；反之，血液中 PCO_2 降低，pH 增大，温度降低，则氧解离曲线左移（图 5-11），血红蛋白与 O_2 的亲和力增加而 O_2 的释放减少。血液中 PCO_2、pH 和温度对氧离曲线的影响，有重要生理意义。例如，人体在剧烈运动或劳动时，组织代谢活动增强，CO_2 生成量及酸性代谢产物均增多，均可使氧解离曲线右移，HbO_2 解离增多，对组织供 O_2 量增多。此外，红细胞在无氧糖酵解中形成的 2，3-二磷酸甘油酸，也能使氧解离曲线右移，有利于人体适应低 O_2 环境。

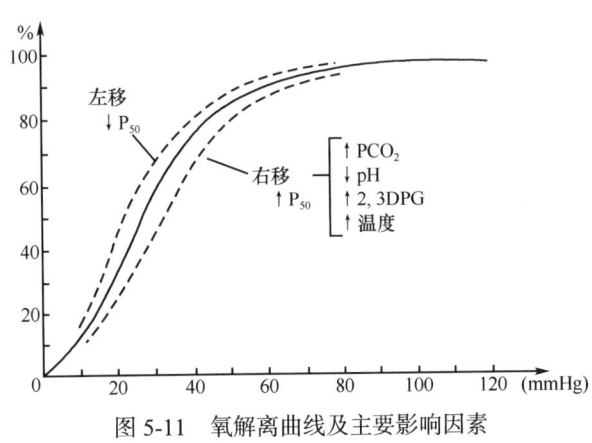

图 5-11　氧解离曲线及主要影响因素

三、二氧化碳的运输

CO_2 的溶解度虽然比 O_2 大，但每升静脉血液中溶解的 CO_2 也只有 30ml，仅占血液中 CO_2 总量的 5%，其余 95% 是以结合形式运输。血液中 CO_2 的结合形式有两种：一是碳酸氢盐形式，约占 CO_2 总量的 88%；一是氨基甲酸血红蛋白的形式，约占 CO_2 总量的 7%。

（一）碳酸氢盐形式

碳酸氢盐形成的基本过程如下：组织细胞生成的 CO_2 扩散入血浆，溶解于血浆的 CO_2 迅速扩散入红细胞。红细胞内含有丰富的碳酸酐酶，在碳酸酐酶的催化下，CO_2 迅速与 H_2O 结合形成 H_2CO_3，H_2CO_3 又很快解离成 H^+ 和 HCO_3^-。红细胞膜对负离子如 HCO_3^-、Cl^- 有极高通透性，细胞内生成的 HCO_3^- 除小部分与细胞内的 K^+ 结合成 $KHCO_3$ 外，大部分扩散入血浆与 Na^+ 结合生成 $NaHCO_3$，与此同时血浆中 Cl^- 则向细胞内转移，以使红细胞内外保持电荷平衡，这种现象称氯转移。红细胞中生成的 HCO_3^- 与血浆中的 Cl^- 的互换，可避免 HCO_3^- 在细胞内堆积，有利于 CO_2 的运输。红细胞膜对 H^+ 通透性很小，H^+ 不能随 HCO_3^- 外移，但能迅速与 HbO_2 结合，形成 HHb，同时释放出 O_2（图 5-12）。由此可见，血浆中的 CO_2 最后主要是以 $NaHCO_3$ 形式在血浆中运输。

上述反应是完全可逆的。当静脉血流至肺泡时，肺泡内 CO_2 分压较低，反应向相反方向进行，释放 CO_2，扩散入肺泡，排出体外。

（二）氨基甲酸血红蛋白形式

进入红细胞中的 CO_2 还有一部分与 Hb 的氨基结合，形成氨基甲酸血红蛋白（HbNHCOOH），又称碳酸血红蛋白。这一反应无需酶的参与，反应迅速，而且是可逆的。该反应主要受氧合作用的影响，HbO_2 与 CO_2 结合能力比 Hb 小，与 Hb 运输 O_2 相伴发生。

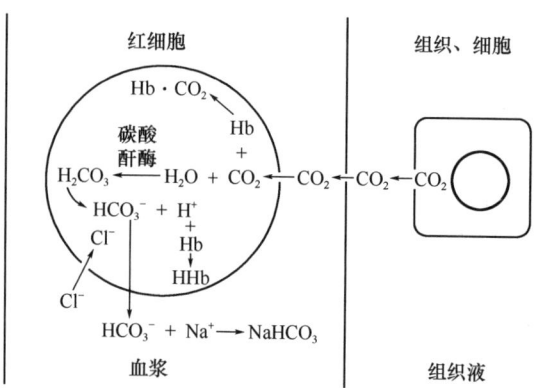

图 5-12 CO_2 以碳酸氢盐形式运输示意图

在组织处,HbO_2 释放 O_2,再与 CO_2 的结合,形成大量的氨基甲酸血红蛋白;在肺部,Hb 和 O_2 形成 HbO_2,释放 CO_2,扩散入肺泡,排出体外。以上过程可表示为:

$$HbNH_2O_2 + CO_2 \underset{\text{肺}}{\overset{\text{组织}}{\rightleftharpoons}} HbNHCOOH + O_2$$

以氨基甲酸血红蛋白形式运输的 CO_2 量,虽然只占运输总量的 7%,但在肺部排出的 CO_2 总量中,却有约 18%是从氨基甲酸血红蛋白所释放出来的,可见这种形式的运输对 CO_2 的排出有重要意义。

第四节 呼吸运动的调节

呼吸运动是由一种节律性运动,当机体内、外环境变化引起代谢水平发生改变时,呼吸节律也会随之改变,从而使肺通气量与人体代谢水平相适应。呼吸节律的形成及其与人体代谢水平的适应,都是通过神经系统的调节而实现的。

一、中枢神经性调节

(一) 呼吸中枢

呼吸中枢 (respiratory center) 是指中枢神经系统内与呼吸运动形生和调节有关的神经细胞群,它们广泛分布在大脑皮质、间脑、脑桥、延髓和脊髓等部位,形成各级呼吸中枢。不同部位横切脑干或破坏脑的动物实验表明,脑的各级中枢在呼吸节律的形生和调节中发挥不同的作用。正常呼吸运动是在各级呼吸中枢之间相互协调配合下实现的。

1. 脊髓 在动物实验中观察到,若在延髓和脊髓之间横断,动物的呼吸运动立即停止(图 5-13d),并不再恢复,这表明,虽然脊髓中有支配呼吸肌的运动神经元,但其没有产生呼吸运动的能力,而只是联系上级中枢与呼吸肌之间的中继站。

2. 低位脑干 低位脑干是指脑桥和延髓。通过动物实验中观察到,在不同平面横断脑干,呼吸发生不同变化。若在中脑和脑桥之间(图 5-13a)横断脑干,保留低位脑干(延髓与脑桥)与脊髓联系,呼吸节律无明显变化;若在脑桥上、中部之间(图 5-13b)横断,呼吸变深变慢,如再切断双侧迷走神经,吸气时间大大延长;若再在脑桥和延髓之间(图 5-13c)横断,则出现一种不规则的呼吸节律,即呈喘息样呼吸。于是形成了三级呼吸中枢的假说:延髓有产生呼吸节律的基本中枢,脑桥下部有长吸中枢,脑桥上部有呼吸调整中枢。研究证实了延髓有呼吸基本中枢和脑桥上部有呼吸调整中枢的结论，但未能证实脑桥下部存在长吸中枢。

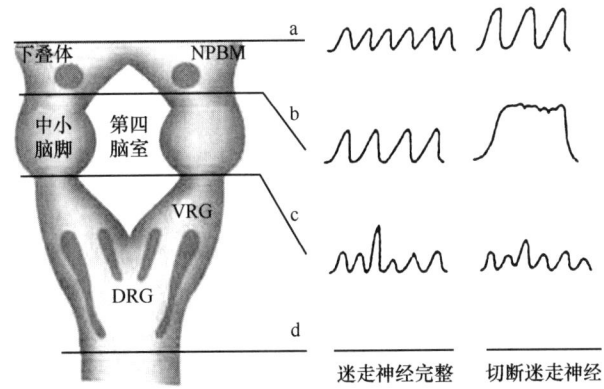

图 5-13　脑干内呼吸核团和在不同平面横断脑干后呼吸的变化
（脑干背侧面）

3. 高位脑　呼吸节律虽形成于延髓，但呼吸运动还受高位脑，如大脑皮质、边缘系统、下丘脑等的影响。人在清醒时能随意改变呼吸频率及深度，如说话、唱歌、读书等发声动作都要呼吸运动的配合，还有呼吸运动条件反射的建立，例如运动员进入比赛场所呼吸的增强，这些都说明大脑皮质参与呼吸运动的调节。大脑皮质控制呼吸运动的下行通路有皮质脊髓束或皮质脑干束，可直接改变呼吸肌运动神经元的活动，也可通过对脑桥和延髓呼吸中枢的作用，改变呼吸节律。

下丘脑、边缘系统是内脏活动的重要中枢，兴奋时可引起呼吸等内脏功能的变化。下丘脑、边缘系统还是心理活动的高级整合部位，因此，呼吸运动与心理活动之间也有着密切的关系。例如，人们在紧张、哭泣、叹息、发怒等心理变化过程中，呼吸频率和深度都会发生明显的变化。在临床上人们还观察到，哮喘病患者，越是恐惧、焦虑，发作就越严重，也反映出心理因素对呼吸功能的影响。

总之，中枢神经系统对呼吸的调控，是通过各级呼吸中枢相互协调实现的。延髓呼吸神经元能产生基本呼吸节律，是呼吸的基本中枢所在部位；脑桥呼吸调整中枢使呼吸节律更为完善；大脑皮质能随意控制呼吸运动，使呼吸调节更具有适应性。

（二）呼吸节律的形成

呼吸肌属骨骼肌，由躯体神经支配，无自律性，但呼吸运动是不受意识支配的节律性运动，这种自主的呼吸节律是如何形成的，一直是呼吸生理研究的课题之一。关于呼吸节律的形成机制，目前较为多数人接受的是局部神经元回路反馈控制假说。

该假说认为，在延髓有一个中枢吸气活动发生器和由多种呼吸神经元构成的吸气切断机制。当中枢吸气活动发生器自发地兴奋时，其冲动沿轴突传出至脊髓吸气运动神经元，引起吸气动作。与此同时，发生器的兴奋也可通过三条途径使吸气切断机制兴奋（图5-14），即：①加强脑桥呼吸调整中枢的活动；②增加肺牵张感受器传入冲动；③直接兴奋吸气切断机制。当吸气切断机制被激活后，以负反馈形式，终止中枢吸气活动发生器的活动，从而使吸气转为呼气。

此假说解释了平静呼吸时，吸气相向呼气相转换的可能机制，但是关于中枢吸气活动发生器的自发兴奋的机制、呼气相又是如何转换为吸气相以及用力呼吸时，呼气又是如何由被动转为主动的等等，都知之甚少。

二、呼吸的反射性调节

（一）化学感受性反射

动脉血或脑脊液中 PCO_2、PO_2 和 H^+ 浓度的变化，通过化学感受器，反射性地引起呼吸运动改变，称为化学感受性反射，其对维持血液 PO_2、PCO_2 及 H^+ 水平具有十分重要的作用。

1.化学感受器　根据参与呼吸运动调节的化学感受器所在部位的不同，可将其分为外周化学感受器和中枢化学感受器。

（1）外周化学感受器：是指颈动脉体和主动脉体，它们能感受血液中 PO_2、PCO_2 和 H^+ 浓度的变化。当血液中 PCO_2、H^+ 浓度升高、PO_2 下降，都可刺激外周化

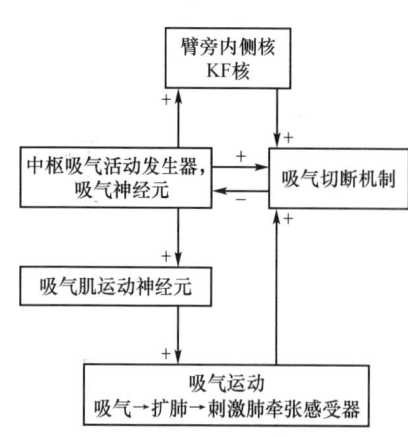

图 5-14　呼吸节律形成机制模式图

学感受器，产生兴奋，兴奋经窦神经和主动脉神经传入延髓呼吸中枢，反射性引起呼吸加强。在呼吸调节中颈动脉体的作用大于主动脉体。

（2）中枢化学感受器：位于延髓腹外侧浅表部位。与外周化学感受器不同的是中枢化学感受器对脑脊液和局部细胞外液中 H^+ 浓度的改变极为敏感，而对动脉血 PO_2 的变化不敏感。

2. PCO_2、PO_2 和 H^+ 浓度变化对呼吸的影响

（1）CO_2 对呼吸的影响：CO_2 是呼吸的生理性刺激物，是调节呼吸最重要的体液因素，血液中维持一定浓度的 CO_2，是进行正常呼吸活动的必要条件。人在过度通气时可发生呼吸暂停，这是由于 CO_2 排出过多，血液中 CO_2 浓度降低，以致对呼吸中枢刺激减弱所致。适当增加吸入气中 CO_2 浓度，可使呼吸增强、肺通气量增多（图 5-15）。如当吸入气中 CO_2 含量由正常的 0.04% 增加到 1% 时，呼吸开始加深；吸入气中 CO_2 含量增加到 4% 时，呼吸频率也增加，每分通气量增加一倍。但吸入气中 CO_2 含量超过 7% 时，肺通气量的增大已不足以将 CO_2 完全清除，血液中 PCO_2 将明显升高，可出现头昏、头痛等症状；若超过 15%~20%，呼吸抑制，肺通气量将显著降低，可出现惊厥、昏迷，甚至呼吸停止。

CO_2 兴奋呼吸的作用，是通过刺激中枢化学感受器和外周化学感受器两条途径实现的，以前者为主。实验表明，血液中 PCO_2 升高时，通过中枢化学感受器引起的通气增强约占总效应的 80%。由于血液中的 CO_2 能迅速通过血脑屏障，在碳酸酐酶作用下与 H_2O 结合成 H_2CO_3，继而解离出 H^+，中枢化学感受器对 H^+ 非常敏感，因此，血中 PCO_2 升高，是通过 H^+ 的作用使中枢化学感受器兴奋的。

（2）低 O_2 对呼吸的影响：动脉血中 PO_2 降低（低 O_2）也可以使呼吸增强、肺通气量增多（图 5-15），但当血液中 PO_2 降低到 60mmHg（8.0kPa）以下时才有明显效应。实验证明，低 O_2 对呼吸的兴奋作用是通过外周化学感受器实现的。低 O_2 对呼吸中枢的直接作用是抑制的。在轻、中度低 O_2 的情况下，来自外周化学感受器的传入冲动，对呼吸中枢的兴奋作用，在一定程度上能抵消低 O_2 对呼吸中枢的抑制作用，使呼吸中枢兴奋，呼吸加强，肺通气量增加。但严重低 O_2，来自外周化学感受器的兴奋作用不足以抵消低 O_2 对中枢的抑制作用时，将出现呼吸抑制。

在临床上，低 O_2 对呼吸的兴奋作用有重要意义。一些严重的慢性呼吸功能障碍的患者，既有低 O_2，又有 CO_2 潴留。由于血中长期保持高浓度的 CO_2，呼吸中枢对 CO_2 刺激的敏感性已降低，此时，低 O_2 刺激外固化学感受器是维持呼吸中枢兴奋性的重要因素。对这种病人不宜快速给氧，而应采取低浓度持续给氧，以免突然解除低 O_2 刺激作用，导致呼吸抑制。

（3）H^+对呼吸的影响：当血液中H^+浓度升高时，血浆pH值减小，呼吸加强，肺通气量增大；反之，则pH值增大，呼吸抑制，肺通气量减少（图5-15）。由于H^+不易通过血脑屏障，因此，血液中H^+对呼吸的影响主要是通过外周化学感受器而实现的。

综上所述，当血液PCO_2升高、PO_2降低、H^+浓度升高时，分别都有兴奋呼吸作用，尤以PCO_2兴奋作用显著（图5-15）。但在整体情况下，往往是以上三因素同时存在，结果对呼吸的刺激作用既可因相互总和而加大，也可因相互抵消而减弱。例如，当血液PCO_2增高时，血液H^+浓度也会增多，两者共同作用使兴奋呼吸的作用大大增强；当血中H^+浓度增加时，呼吸增强，肺通气量增大，CO_2排出增多，血中PCO_2下降，从而抵消一部分H^+兴奋呼吸的作用；血液PO_2下降时，也可因肺通气量增加，使CO_2排出过多，结果血中PCO_2和H^+浓度降低，使低O_2对呼吸的兴奋作用大为减弱。因此在临床上，必须对各种因素引起的呼吸变化作全面分析，找出主要矛盾，予以恰当处理，才能获得良好的效果。图5-16显示了一种因素改变时，另外两种因素如不加控制所出现的肺通气率的变化。

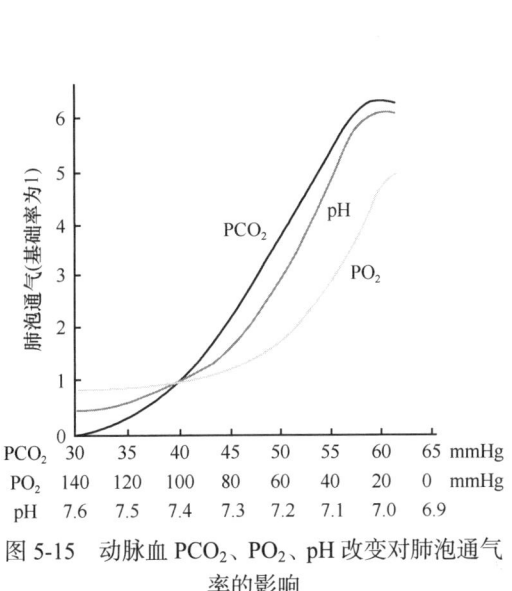

图5-15 动脉血PCO_2、PO_2、pH改变对肺泡通气率的影响

（仅改变一种体液因素而保持另两种因素于正常水平）

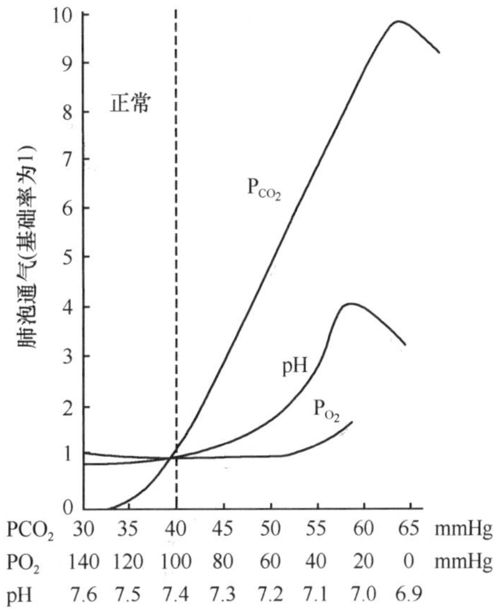

图5-16 动脉血PCO_2升高、PO_2降低、Ph降低对肺泡通气率的影响

（二）机械感受性反射

1. 肺牵张反射 肺扩张或缩小而引起呼吸的反射性变化称肺牵张反射，又称黑-伯反射。肺牵张反射包括肺扩张引起吸气抑制和肺缩小引起吸气的两种反射。

肺牵张感受器主要分布在支气管和细支气管的平滑肌层，对牵拉刺激敏感，且适应慢。吸气时，肺扩张，当肺内气体量达到一定容积时，牵拉支气管和细支气管，使感受器兴奋，冲动经迷走神经传入延髓，通过吸气切断机制使吸气神经元抑制，结果吸气停止，转为呼气。呼气时，肺缩小，牵张感受器的放电频率降低，经迷走神经传入的冲动减少，对延髓吸气神经元的抑制解除，吸气神经元兴奋，转为吸气。可见肺牵张感受性反射，是外周感受器受刺激引起的对中枢吸气神经元的负反馈调节，其意义是阻止吸气过深过长，促使吸气转为呼气，与脑桥呼吸调整中枢共同调节着呼吸频率与深度。

肺牵张反射有明显的种属差异。在动物（尤其是兔）这一反射较明显。如切断动物双侧迷走神经，将出现深而慢的呼吸。人类呼吸中枢对迷走传入冲动有较高阈值。在人类，新生儿的这一反射较为明显，而成人只有在深吸气时（潮气量超过 0.8L），才能引起肺牵张反射。所以成年人在平静呼吸时，肺牵张反射一般不参与呼吸运动调节。在病理情况下，如肺炎、肺水肿等，由于肺顺应性降低，肺不易扩张，吸气时对牵张感受器的刺激作用增强，传入冲动增多，可引起这一反射，使呼吸变浅变快。

2. 呼吸肌的本体感受性反射　由呼吸肌本体感受器传入冲动而引起呼吸运动变化的反射称呼吸肌本体感受性反射。此反射的感受器是肌梭，位于骨骼肌内部。当肌肉受牵张时，肌梭受刺激而兴奋，其冲动经后根传入脊髓，反射性地引起受牵张的肌肉收缩（详见第十章

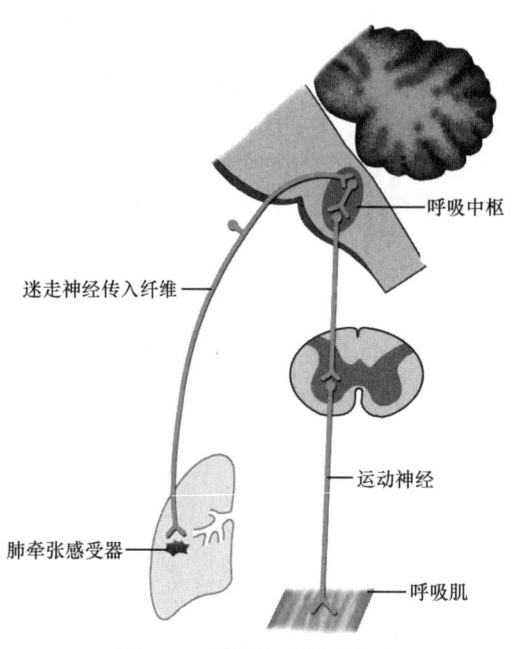

图 5-17　肺牵张反射示意图

神经系统）。在平静呼吸时，这一反射活动不明显。运动或呼吸阻力增大时，肌梭受到较强的刺激，可反射性地引起呼吸肌收缩加强，其意义在于随着呼吸肌负荷的增加而相应地加强呼吸运动，这在克服气道阻力上起重要作用。

（三）防御性呼吸反射

呼吸道黏膜受刺激时，引起的一些对人体有保护作用的呼吸反射，称为防御性呼吸反射，主要有咳嗽反射和喷嚏反射。

（1）咳嗽反射：是常见的重要防御反射。它的感受器位于喉、气管和支气管的黏膜，能接受机械的或化学的刺激，兴奋经迷走神经传入延髓，从而引发一系列协调且有次序的反射效应。咳嗽时先深吸气，继之声门关闭，随后呼吸肌强烈收缩，肺内压迅速升高，然后声门突然打开，气体快速由肺内冲出，同时将肺及呼吸道内异物或分泌物排出。正常的咳嗽反射对呼吸道有清洁作用，但剧烈或频繁的咳嗽对人体不利。

（2）喷嚏反射：是因鼻黏膜受刺激而引起，传入神经为三叉神经，其动作与咳嗽反射类似，不同的是腭（悬雍）垂下降，舌压向软腭，使肺内气体从鼻腔冲出，可以清除鼻腔中的异物。

（叶颖俊）

思　考　题

1. 呼吸过程中肺内压有何变化？
2. 简述胸内负压的成因及生理意义。
3. 无效腔增加，呼吸运动将有何变化？说明其机制。
4. 为什么深而慢的呼吸比浅而快的呼吸效率高？
5. CO_2 对呼吸的作用及其生理意义如何？

第六章 消化和吸收

> **学习要点**
> 1. 消化、吸收的概念，胃液、胰液、胆汁的性质、成分、生理作用及意义，营养物质吸收的部位、形式及途经，小肠在消化和吸收中的作用，交感神经和副交感神经对消化器官的生理作用。
> 2. 消化道平滑肌的生理特性及其意义，胃的运动形式及意义，影响胃排空的因素，主要胃肠道激素的生理功能，小肠各种运动形式的生理意义
> 3. 口腔内消化；小肠液的性质、成分和作用；大肠的运动形式；大肠液的作用及排便反射过程，壁内神经丛以及消化器官活动的反射调节。

第一节 概　　述

一、消化和吸收的概念

人体在新陈代谢过程中，不仅要通过呼吸从外界获得足够的氧气，而且还必须不断地摄取各种营养物质，从而为机体提供各种生命活动所需的物质和能量。来自于食物的营养物质包括蛋白质、脂肪、糖类、无机盐、维生素和水，其中蛋白质、脂肪和糖类都是结构复杂的大分子物质，它们必须在消化道内分解成结构简单的、可溶性的小分子物质，如氨基酸、脂肪酸、甘油和葡萄糖等，才能被机体吸收和利用，而无机盐、维生素和水则不需要分解就可直接被吸收利用。食物在消化道内被分解成可被吸收的小分子物质的过程，称为消化（digestion）。食物经消化后形成的小分子物质以及水、无机盐和维生素通过消化道黏膜上皮细胞进入血液和淋巴的过程，称为吸收（absorption）。消化和吸收是两个相辅相成、紧密联系的过程。

消化的方式有两种：一种是机械性消化（mechanical digestion），即通过消化道肌肉的舒缩活动，将食物磨碎，同时与消化液充分混合，并将食物不断地向消化道远端推送的过程；另一种是化学性消化（chemical digestion），即由消化腺分泌的消化液将食物中的大分子物质分解成可被吸收的小分子物质的过程。主要的消化液有唾液、胃液、胰液、胆汁和小肠液等。消化液中含有对蛋白质、脂肪和糖类进行化学分解的各种消化酶。机械性消化和化学性消化是同时进行的，二者紧密结合、相互促进，共同完成对各种食物的消化。

二、消化道平滑肌的生理特性

消化道中，除了口腔、咽、食管上段的肌肉和肛门外括约肌是骨骼肌外，其余部分均由平滑肌组成。消化道平滑肌除了具有肌肉组织的共同特性，同时还有它自身的特点。

（一）消化道平滑肌的一般生理特性

1. 兴奋性低、舒缩缓慢　消化道平滑肌的兴奋性较骨骼肌和心肌低，其收缩的潜伏期、

收缩期和舒张期均很长,而且变异很大。这可使食物在消化道内停留较长的时间,以便被充分消化和吸收。

2. 具有紧张性 消化道平滑肌经常保持一种微弱的持续收缩状态,称为紧张性。紧张性使消化道管腔内经常保持一定的基础压力,并使胃、肠等维持一定的形状和位置。消化道的各种运动都是在此基础上进行的。

3. 富有伸展性 消化道平滑肌能适应实际的需要而作较大的伸展。这一特性具有重要意义,它可以使中空的消化器官(尤其是胃)容纳大量的食物而不发生明显的压力改变。

4. 自动节律性 消化道平滑肌在离体后置于适宜的环境中,仍能进行节律性舒缩,但与心肌相比其节律缓慢且不规则。

5. 对化学、温度变化和牵张刺激敏感 消化道平滑肌对电刺激不敏感,但对化学、温度变化和牵张刺激则特别敏感。例如,微量的乙酰胆碱、温度升高或牵拉均能引起其明显收缩。

(二)消化道平滑肌的电生理特性

消化道平滑肌的电活动要比骨骼肌复杂得多,其主要有三种电变化,即静息电位、慢波和动作电位。

1. 静息电位 消化道平滑肌的静息电位为 $-60\sim-50\text{mV}$,其特点是电位较低、而且不稳定,波动较大。静息电位主要由 K^+ 外流形成,此外还与 Na^+、Cl^-、Ca^{2+} 以及生电性钠泵的活动有关。

2. 慢波 消化道平滑肌在静息电位基础上自动产生节律性的电位波动,其频率较慢,称为慢波(slow wave),又称基本电节律(basic electrical rhythm, BER)。慢波的幅度为 $5\sim15\text{mV}$,持续几秒至十几秒。慢波的频率随所在消化道部位的不同而异,在人类,胃的慢波频率为 3 次/min,十二指肠为 $11\sim12$ 次/min,回肠末端为 $8\sim9$ 次/min。慢波起源于消化道的纵行肌和环行肌之间的 Cajal 间质细胞。慢波本身不能引起肌肉收缩。

3. 动作电位 在慢波的基础上,当慢波去极化达到阈电位(约 -40mV)时,便可产生动作电位。每一次动作电位的持续时间为 $10\sim20\text{ ms}$,其上升支主要是大量 Ca^{2+} 内流引起的,而下降支则主要是由 K^+ 外流引起的。

慢波、动作电位和平滑肌收缩三者之间是紧密联系的。在慢波去极化的基础上产生动作电位,由动作电位再引起平滑肌收缩,动作电位频率较高时引起的平滑肌收缩也较强(图 6-1)。因此,慢波是平滑肌收缩的起步电位,是决定肌肉收缩频率、传播方向和速度的控制波。

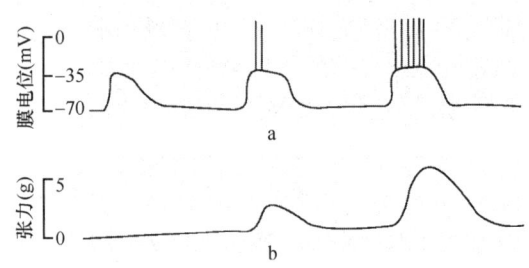

图 6-1 消化道平滑肌的电活动示意图

a. 细胞内电极记录的慢波,在第 2、3 个慢波的基础上出现数目不同动作电位;b. 同步记录的肌肉收缩曲线,收缩波只出现在有动作电位时,动作电位数目越多,收缩幅度越大。

三、胃肠道的神经支配及其作用

支配消化道的神经有内在神经系统和外来神经系统两大部分，它们相互协调，共同调节胃肠的功能。

（一）内在神经系统

消化道的内在神经系统又称为肠神经系统，分布在食管中段至肛门的绝大部分消化道壁内，故也称壁内神经丛，包括位于黏膜层和环形肌之间的黏膜下神经丛（麦氏神经丛）和位于环行肌和纵行肌之间的肌间神经丛（欧式神经丛）。内在神经系统中含有感觉神经元、中间神经元和运动神经元，通过纤维联系，将消化道壁内的各种感受器、效应器和壁内神经元联系在一起，成为一个复杂的网络整合系统，可独立完成局部反射活动（图 6-2）。但在整体内，壁内神经丛的活动受外来神经的调节。内在神经系统在调节胃肠运动和分泌以及胃肠血流中起重要作用。

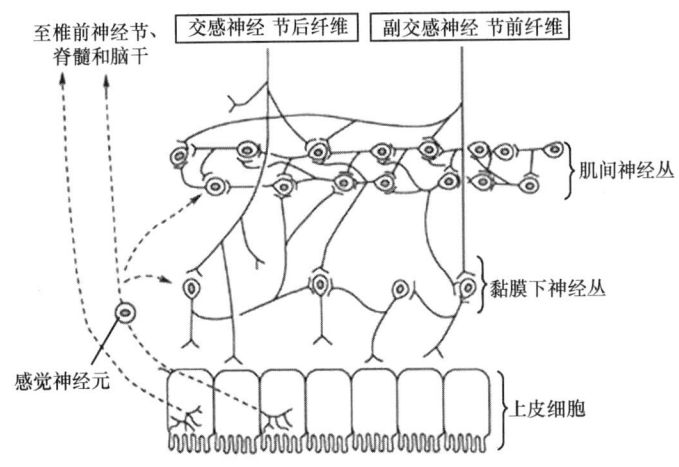

图 6-2 消化道壁内神经丛与外来神经的联系示意图

（二）外来神经系统

消化道除口腔、咽、食管上段的肌肉以及肛门外括约肌受躯体神经支配外，其余受自主神经（包括交感神经和副交感神经）系统的支配，其中副交感神经对消化功能的影响更大（图 6-3）。

1. **交感神经** 交感神经从脊髓胸腰段侧角发出，其节前纤维在相应的神经节内更换神经元后，节后纤维分布到唾液腺、胃、小肠、结肠、肝、胆囊和胰腺。一般来说，交感神经兴奋时，节后纤维末梢释放去甲肾上腺素，引起消化道运动减弱，消化液分泌减少，而消化道括约肌则收缩。

2. **副交感神经** 副交感神经主要包括迷走神经和盆神经。迷走神经起自延髓的迷走神经背核，支配食管下段、胃、小肠、结肠右 2/3、肝、胆囊和胰腺。盆神经起自脊髓骶段，支配远端结肠和直肠。副交感神经的节前纤维进入胃肠组织后，与壁内神经丛的神经元发生联系，节后纤维分布至消化道平滑肌和腺体。副交感神经兴奋时，除少数纤维外，大多数节后纤维释放乙酰胆碱，使消化道运动增强，消化液分泌增多，而消化道括约肌却松弛。

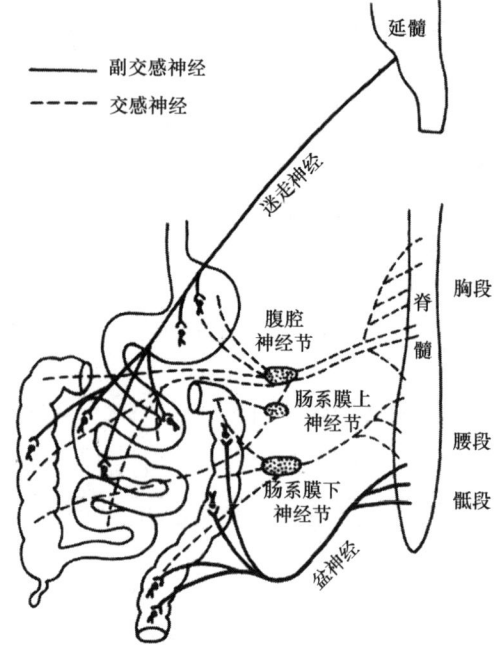

图 6-3 胃肠道自主神经支配示意图

四、消化腺的分泌功能

成年人每日由各种消化腺分泌的消化液总量可达 6~8L，主要成分为水、无机盐和多种有机物，其中最重要的是多种消化酶（表 6-1）。消化液的主要作用有：①稀释并溶解食物，以利于消化和吸收；②改变消化道内的 pH，使之适应于消化酶活性的需要；③水解复杂的食物成分，使之便于吸收；④保护消化道黏膜，防止机械、化学和生物因素的损伤。

表6-1　主要消化液的分泌量、pH和主要成分

消化液	分泌量（L/d）	pH	主要成分
唾液	1.0~1.5	6.6~7.1	唾液淀粉酶、黏液
胃液	1.5~2.5	0.9~1.5	盐酸、胃蛋白酶（原）、内因子、黏液
胰液	1.0~2.0	7.8~8.4	碳酸氢盐、胰淀粉酶、胰脂肪酶、胰蛋白酶（原）、糜蛋白酶（原）
胆汁	0.8~1.0	6.8~7.4	胆盐、胆固醇、胆色素
小肠液	1.0~3.0	7.6	肠激酶、黏液

消化液的分泌是腺细胞的主动活动过程，包括从血液中摄取原料、在细胞内合成分泌物以及将分泌物由细胞排出等一系列复杂的过程。

五、消化道的内分泌功能

消化道不仅是消化器官，而且还是目前已知体内最大的内分泌器官。由消化道的内分泌细胞合成并分泌的激素，统称为胃肠激素（gut hormone）。这类激素在化学结构上都属于肽类物质，因此又称为胃肠肽。迄今已明确的胃肠肽大约 30 余种，其中最主要的有促胃液素（gastrin）、促胰液素（secretin）、缩胆囊素（cholecystokinin, CCK）和抑胃肽（gastric inhibitory peptide, GIP）等（表 6-2）。

表6-2　主要胃肠激素的分泌细胞和分布部位

胃肠激素	分泌细胞	分布部位
促胃液素	G细胞	胃窦、十二指肠
促胰液素	S细胞	小肠上部
缩胆囊素	I细胞	小肠上部
抑胃肽	K细胞	小肠上部

（一）胃肠激素的生理作用

胃肠激素绝大多数通过血液循环到达靶细胞发挥作用，其生理作用主要表现在以下三个方面：①调节消化腺的分泌和消化道的运动；②调节其他激素的释放，例如抑胃肽有促进胰岛素分泌的作用；③营养作用，指一些胃肠激素具有促进消化道组织生长和代谢的作用。现将促胃液素、促胰液素、缩胆囊素的主要生理作用及引起分泌的主要因素归纳于表 6-3。

表6-3　三种胃肠道激素的主要生理作用及引起分泌的主要因素

胃肠激素	引起分泌的主要因素	主要生理作用
促胃液素	迷走神经兴奋、蛋白质消化产物	促进胃液（以胃酸和胃蛋白酶原为主）、胰液、胆汁分泌，加强胃肠运动和胆囊收缩，促进消化道黏膜生长
促胰液素	盐酸、蛋白质消化产物、脂肪酸	促进胰液（以分泌 H_2O 和 HCO_3^- 为主）、胆汁、小肠液分泌，加强胆囊收缩，抑制胃肠运动和胃液分泌
缩胆囊素	蛋白质消化产物、脂肪酸、盐酸、脂肪	促进胃液、胰液（以消化酶为主）、胆汁、小肠液分泌，加强胃肠运动和胆囊收缩
抑胃肽	脂肪、葡萄糖、氨基酸	抑制胃肠运动和胃液分泌，促进胰岛素释放

（二）脑-肠肽

研究发现，许多胃肠肽既存在于消化道内，也存在于中枢神经系统内，这些双重分布的肽总称为脑-肠肽（brain-gut peptides）。迄今已被确认的脑-肠肽至少有 20 余种，如促胃液素、缩胆囊素、生长抑素、P 物质等。脑-肠肽概念的提出，揭示了神经系统和消化系统之间存在着密切的内在联系。

第二节　口腔内消化

人体的消化过程是从口腔开始的。食物在口腔内停留的时间很短，一般为 15～20 s。在这里，食物经过咀嚼而被磨碎，并与唾液充分混合后形成食团以便于吞咽。食物中的淀粉部分被分解为麦芽糖。

一、咀嚼与吞咽

（一）咀嚼

咀嚼是由咀嚼肌群有顺序地收缩所完成的复杂的反射性动作，其主要作用是：①切碎、研磨和搅拌食物，使之与唾液充分混合形成食团，便于吞咽；②使食物与唾液淀粉酶充分接触，利于对淀粉的化学性消化；③反射性地引起胃肠、胰、肝和胆囊等消化器官的活动，为食物的进一步消化作好准备。

（二）吞咽

吞咽是指食团由口腔经咽和食管进入胃的过程，它是一种复杂的受意识支配的反射动作。根据食团在吞咽时所经过的部位不同，可将吞咽动作分为三期：①第一期：食团由口腔进入咽。这是在大脑皮质控制下进行的随意动作，主要依靠舌的翻卷运动将食团推向咽部。②第二期：食团由咽进入食管上端。这是通过食团刺激软腭所引起的一系列快速反射动作。此期呼吸被反射性抑制。③第三期：食团由食管下行至胃。这是由食管肌肉的顺序收缩来完成的。食管肌肉的顺序收缩又称蠕动（peristalsis），它是一种向前推进的波形运动。食团的下端是一舒张波，上端是一收缩波，于是食团很自然地被推送而向前方运动（图6-4）。蠕动是消化道平滑肌的基本运动形式之一。吞咽反射的基本中枢在延髓。第二、三期都是不随意反射活动。因此，当吞咽中枢受损时，可导致吞咽功能障碍。

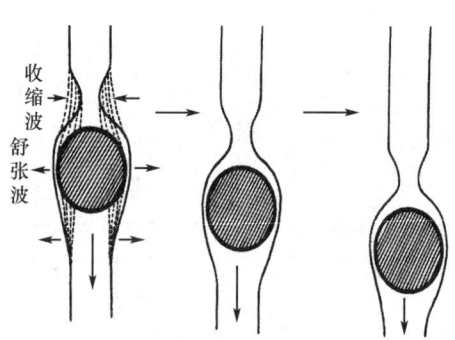

图 6-4　食管蠕动示意图

食管癌早期症状

进行性吞咽困难是食管癌的典型症状，也是绝大多数病人就诊时的主要症状，但这却是本病的中晚期表现。故警惕食管癌的早期症状，是早期发现的关键。

①吞咽时胸骨后烧灼感、针刺样或牵拉样痛，尤以咽下粗糙、过热或有刺激性食物时为明显。这种疼痛可间歇反复发作。②进食或饮水时，有胸骨后紧缩感或异物附在食管壁上的感觉，或有食物通过缓慢并滞留的感觉。③轻度咽下哽噎感，时轻时重，一般不影响进食，多在情绪波动时发生或加重，这种感觉可自行消失，但时常复发。④咽部有干燥和紧缩感，胸骨后闷胀，背部疼痛，不时嗳气等。

知识链接

二、唾液及其作用

唾液（saliva）是口腔内三对大唾液腺（腮腺、颌下腺和舌下腺）以及众多散在的小唾液腺分泌的混合液。

（一）唾液的性质、成分和作用

唾液是无色、无味、近中性（pH 6.6~7.1）的低渗液体，正常成人每日分泌量约为1.0~1.5L。唾液中的水分约占99%；有机物主要是黏蛋白、唾液淀粉酶、免疫球蛋白、溶菌酶、激肽释放酶等；无机物主要有Na^+、K^+、Ca^{2+}、Cl^-、HCO_3^-等。此外，唾液中还有一定量的气体，如O_2、N_2和CO_2。

唾液具有多种生理作用：①湿润口腔，利于吞咽和说话；②溶解食物，易于引起味觉；③清洁和保护口腔，如清除食物残渣、冲淡有害物质以及杀菌作用等；④唾液淀粉酶可将食物中的淀粉分解成麦芽糖，故含淀粉多的食物在口腔中咀嚼时有甜味；⑤具有排泄作用，可使进入体内的某些异物（如汞、铅）随唾液排出。

（二）唾液分泌的调节

唾液分泌的调节完全是神经反射性调节，包括条件反射和非条件反射。在进食之前，食物的形状、颜色、气味和进食环境的刺激所引起的唾液分泌属于条件反射性分泌，"望梅止渴"就是一个典型例子。在进食过程中，食物对口腔黏膜的机械性和化学性刺激所引起的唾液分泌属于非条件反射性分泌。唾液分泌的初级中枢在延髓，高级中枢在下丘脑、大脑皮质等处。支配唾液腺的传出神经包括副交感神经（在第Ⅶ、Ⅸ对脑神经中）和交感神经，以前者的作用为主。副交感神经兴奋时引起量多而稀薄的唾液分泌，这一作用是通过末梢释放乙酰胆碱实现的。交感神经兴奋时也可引起唾液的分泌，但以颌下腺分泌为主，分泌的唾液量少而黏稠。

第三节 胃内消化

胃是消化道中最膨大的部分，通常可以分为胃底、胃体和胃窦三部分。成人胃容量一般为1~2L。食物入胃后即受到胃液的化学性消化和胃运动的机械性消化，使食物被胃液水解和胃运动所研磨，形成食糜。然后，食糜少量而间歇性地通过幽门排入十二指肠。

一、胃液及其作用

（一）胃液的性质、成分和作用

纯净的胃液是一种无色透明的酸性液体，pH为0.9~1.5。正常成人每日分泌量1.5~2.5L。胃液中除含有大量水分外，主要成分有盐酸、胃蛋白酶原、内因子和黏液等。

1. 盐酸　盐酸又称为胃酸，由泌酸腺中的壁细胞所分泌。胃液中盐酸的排出量通常以单位时间内分泌的毫摩尔数表示。正常人空腹时，盐酸排出量约为0~5 mmol/h，称为基础酸排出量。在食物或药物（如组胺）的刺激下，盐酸排出量明显增加，其最大排出量可达20~25 mmol/h。

（1）盐酸分泌的机制：胃液中H^+的最大浓度可达150 mmol/L，比血浆中的H^+浓度高约300万倍。显然，壁细胞分泌盐酸是逆浓度梯度进行的，需要消耗能量。壁细胞中的H^+来源于胞质内水的解离，生成H^+和OH^-。H^+被壁细胞顶端膜上的H^+-K^+依赖式ATP酶（质子泵）主动转运到分泌小管腔内，留在胞质内的OH^-在碳酸酐酶的催化下，与细胞代谢产生的和从血浆中摄取的CO_2反应生成HCO_3^-。HCO_3^-通过壁细胞基底侧膜上的Cl^--HCO_3^-逆向转运体，与来自血浆中的Cl^-进行交换。Cl^-再通过壁细胞顶端膜上的Cl^-通道进入分泌小管腔内，与小管内的H^+形成HCl（图6-5）。

（2）盐酸的主要作用：①能杀灭随食物进入胃内的细菌；②使食物中的蛋白质变性而易于分解；③激活胃蛋白酶原，使之转变为有活性的胃蛋白酶，并为其提供适宜的酸性环境；④盐酸进入小肠后，可间接促进胰液、胆汁和小肠液的分泌；⑤盐酸在小肠内所造成的酸性环境有利于小肠对钙和铁的吸收。盐酸分泌过少或缺乏时，可引起腹胀、腹泻等消化不良症状；盐酸分泌过多又可能对胃和十二指肠黏膜产生侵蚀作用，成为消化性溃疡的病因之一。

2. 胃蛋白酶原　胃蛋白酶原主要由泌酸腺中的主细胞所合成，并以无活性的酶原形式储存在细胞内。在盐酸的作用下或在pH<5.0的酸性环境中，无活性的胃蛋白酶原可转变为有活性的胃蛋白酶（最适pH为2.0~3.5）。已激活的胃蛋白酶也可以促进上述转变（自身激活）。胃蛋白酶可水解食物中的蛋白质，生成䏡、䏰和少量多肽及氨基酸。此外，胃蛋白酶还有凝乳作用，有助于乳汁的消化。

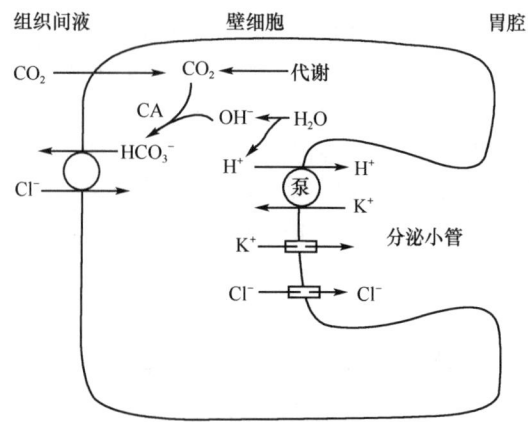

图 6-5　壁细胞分泌盐酸的基本过程示意图

CA：碳酸酐酶

3. 内因子　内因子（intrinsic factor）是壁细胞分泌的一种糖蛋白。它能与维生素 B_{12} 结合，形成内因子-维生素 B_{12} 复合物，保护维生素 B_{12} 不被小肠内水解酶破坏，并能与回肠黏膜细胞上的特异性受体结合，促进维生素 B_{12} 的吸收。若内因子缺乏，体内维生素 B_{12} 也减少，使红细胞成熟发生障碍，出现巨幼红细胞性贫血。

4. 黏液和碳酸氢盐　黏液是胃液的主要成分之一，由泌酸腺中的黏液颈细胞、贲门腺、幽门腺和胃黏膜表面上皮细胞共同分泌。黏液中的主要成分为糖蛋白，具有较强的黏滞性和形成凝胶的特性。它覆盖在胃黏膜表面，形成厚约 500μm 的凝胶保护层，具有润滑和保护胃黏膜的作用。黏液和胃黏膜上皮细胞分泌的 HCO_3^- 共同形成一个防御屏障，称为黏液-碳酸氢盐屏障（图 6-6）。当胃腔内的 H^+ 向胃黏膜扩散时，H^+ 与 HCO_3^- 在黏液层中相遇而发生中和作用，使胃黏液层形成一个 pH 梯度，即靠胃腔侧面的 pH 较低，而靠近胃壁上皮细胞侧仍然呈中性或弱碱性，从而有效地防止了盐酸和胃蛋白酶对胃黏膜的侵蚀。很多物质如高浓度盐酸、酒精、胆盐及阿司匹林等可破坏此屏障，引发胃炎、胃溃疡等疾病。

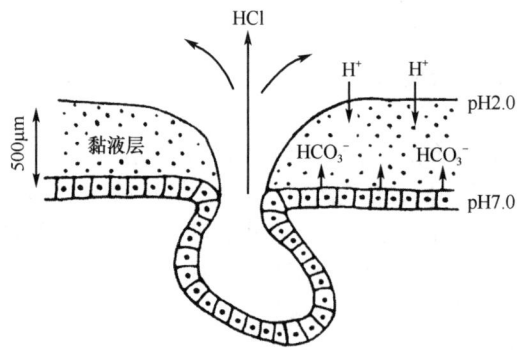

图 6-6　胃黏液-碳酸氢盐屏障示意图

（二）胃液分泌的调节

在消化间期（空腹时）胃液的分泌量很少，称为消化间期胃液分泌；进食后，在神经和体液因素的调节下引起胃液大量分泌，称为消化期胃液分泌。

1. 刺激胃酸分泌的主要内源性物质

（1）乙酰胆碱：支配胃的大部分迷走神经节后纤维末梢释放的递质是乙酰胆碱，其可直接作用于壁细胞上的胆碱能受体（M受体），刺激胃酸分泌。该作用可被M受体阻断剂（如阿托品）阻断。

（2）促胃液素：是由胃窦和十二指肠黏膜G细胞分泌的一种肽类激素。促胃液素主要作用于胃黏膜壁细胞，刺激胃酸分泌。

（3）组胺：正常情况下，胃黏膜中的肥大细胞或肠嗜铬样细胞经常分泌少量组胺，通过局部扩散到达邻近的壁细胞，与细胞膜上的Ⅱ型组胺受体（H_2受体）结合，刺激胃酸分泌。

2. 消化期胃液分泌的调节　根据接受食物刺激的部位不同，将消化期胃液分泌人为地分为头期、胃期和肠期。实际上这三期几乎是同时开始、互相重叠的，其中头期和胃期分泌更为重要。

（1）头期胃液分泌：指食物入胃前，刺激头部的感受器（口腔、咽、眼、耳、鼻等）而引起的胃液分泌。引起头期胃液分泌的机制包括非条件反射和条件反射。非条件反射是由食物对口腔、咽等处感受器刺激，经由第Ⅴ、Ⅶ、Ⅸ、Ⅹ对脑神经传入反射中枢。条件反射是由食物的形象、颜色、气味等刺激眼、耳、鼻等感觉器官，分别由第Ⅰ、Ⅱ、Ⅷ对脑神经传入反射中枢。反射中枢位于延髓、下丘脑、边缘叶和大脑皮质。迷走神经是两种反射共同的传出神经，其末梢释放乙酰胆碱，一方面直接刺激胃腺分泌胃液；另一方面可刺激G细胞释放促胃液素，后者经血液循环到达胃腺而刺激胃液分泌。在头期胃液分泌过程中，迷走神经的直接作用更为重要，阿托品可阻断此作用。

头期胃液分泌的特点是分泌量大，占进食后总分泌量的30%；酸度和胃蛋白酶原含量都很高，并受食欲及情绪的影响。

（2）胃期胃液分泌：指食物进入胃后继续引起的胃液分泌。引起胃期胃液分泌的机制有：①食物扩张刺激胃体和胃底部的感受器，通过迷走-迷走神经长反射和壁内神经丛的短反射，直接或间接通过促胃液素引起胃液分泌；②食物扩张刺激胃幽门部感受器，通过壁内神经丛作用于G细胞，引起促胃液素释放，进而促进胃液分泌；③食物的化学成分（主要是蛋白质消化产物）可直接作用于G细胞，引起促胃液素释放，促进胃液分泌。

胃期胃液分泌的特点是分泌量大，占进食后总分泌量的60%，酸度高，但胃蛋白酶原的含量较头期少。

（3）肠期胃液分泌：指食物进入小肠后继续引起的胃液分泌。肠期胃液分泌的机制主要是通过食物的机械扩张刺激以及消化产物的化学性刺激，使十二指肠黏膜的G细胞释放促胃液素，从而促进胃液分泌。

肠期胃液分泌的特点是分泌量较少，占进食后总分泌量的10%，酸度和胃蛋白酶原的含量均较少。

3. 抑制胃液分泌的因素：消化期胃液分泌不仅受上述兴奋性因素的作用，还会受许多抑制性因素的调节。抑制性因素在头期和胃期主要有盐酸和胃黏膜释放的前列腺素（PG），在肠期主要有盐酸、脂肪和高张溶液。盐酸是胃腺分泌的产物，但它又可反过来抑制胃腺分泌，这是胃腺分泌的一种负反馈调节机制；进入十二指肠的脂肪和高张溶液主要通过刺激小肠黏膜产生某些抑制性激素，进而抑制胃液的分泌。因此，正常胃液分泌是兴奋性和抑制性因素共同作用的结果。

> **幽门螺杆菌与消化性溃疡**
> 1982年，澳大利亚两位科学家Marshall与Warren从慢性胃炎和消化性溃疡患者的胃黏膜中发现了一种新的螺旋形细菌，后来命名为幽门螺杆菌。现已证明，幽门螺杆菌与消化性溃疡的发生有着密切的关系，超过90%的十二指肠溃疡和80%左右的胃溃疡，都是由幽门螺杆菌感染所导致的。幽门螺杆菌及其作用的发现，打破了当时已经流行多年的对消化性溃疡发病机制的错误认识，被誉为消化病学研究领域里程碑式的革命。由于他们的发现，溃疡病从原先难以治愈反复发作的慢性病，变成了一种采用短疗程的抗生素和抑酸剂就可治愈的疾病，大幅度提高了消化性溃疡患者获得彻底治愈的机会，为改善人类生活质量作出了贡献。2005年度诺贝尔生理学或医学奖授予这两位科学家以表彰他们的功绩和创新精神。
>
> 知识链接

二、胃的运动

（一）胃的运动形式

1. **紧张性收缩** 胃壁平滑肌经常处于一定程度的缓慢、微弱而持续的收缩状态，称为紧张性收缩。紧张性收缩是消化道平滑肌共有的运动形式，其生理意义是：①有助于保持胃的正常形态和位置；②有利于胃液渗入食糜内部而进行化学性消化；③促进胃内的食糜向十二指肠方向推送。如果胃的紧张性收缩过低，则易导致胃下垂或胃扩张。

2. **容受性舒张** 咀嚼和吞咽时，食物刺激口腔、咽和食管等处的感受器后，可通过迷走神经反射性地引起胃底和胃体的平滑肌舒张，称为容受性舒张（receptive relaxation）。容受性舒张可使胃容量由空腹时的50ml左右增大到进食后的1~2L，其生理意义在于使胃容量与进入胃内的食物量相适应，而胃内压无明显变化，从而防止食物过早、过快地排入十二指肠，有利于食物在胃内充分消化。

3. **蠕动** 食物入胃后约5min，胃即开始蠕动。蠕动波从胃的中部开始，并有节律地向幽门方向推进。蠕动波频率约为3次/min，每个蠕动波约需1min到达幽门。因此，进食后胃的蠕动通常是一波未平，一波又起。蠕动波开始时较弱，在向幽门推进的过程中逐渐增强，当接近幽门时明显增强，可将1~2ml的食糜排入十二指肠。一旦蠕动波先于食物到达胃窦，引起胃窦末端的有力收缩，部分胃内容物将被反向推回到胃窦近侧和胃体，使胃窦内尚未变为食糜的固体食物继续被混合和消化。胃蠕动的生理意义是搅拌和磨碎食物，使胃液与食物充分混合，以利于化学性消化，并以一定速度将食糜由胃排入十二指肠。

（二）胃的排空及其控制

1. **胃排空的过程** 食糜由胃排入十二指肠的过程，称为胃的排空（gastric emptying）。一般食物入胃后5min左右开始胃的排空。胃运动所引起的胃内压升高是胃排空的动力，而幽门及十二指肠的收缩则是胃排空的阻力。胃排空的速度与食物的物理性状和化学组成有关。一般来说，稀的流体食物比稠的固体食物排空快；碎小的颗粒食物比大块食物排空快；等渗液体比高渗液体排空快。三种主要营养物质中，糖类的排空最快，蛋白质次之，而脂肪的排空最慢。混合性食物由胃完全排空通常需要4~6h。

2. **胃排空的控制** 胃的排空是间断进行的，主要受胃和十二指肠两方面因素的控制。

（1）胃内促进排空的因素：胃排空的速率通常与胃内食物量的平方根成正比，胃内的食物量越大，对胃壁的扩张刺激就越强，通过壁内神经丛反射和迷走-迷走反射，引起胃运动的增强,从而促进排空。此外,胃内容物(主要是蛋白质消化产物)可刺激胃窦 G 细胞释放促胃液素,后者也促进胃的收缩运动,使胃内压高于十二指肠内压,推送少量食糜进入十二指肠(排空)。

(2)十二指肠内抑制排空的因素:胃的运动受肠-胃反射的抑制,当食糜进入十二指肠后,可刺激十二指肠壁上的化学、渗透压以及机械感受器,反射性地抑制胃的排空,这称为肠-胃反射。食糜中的盐酸、脂肪和高渗溶液还可刺激小肠黏膜释放促胰液素、缩胆囊素、抑胃肽等,从而抑制胃的运动,延缓胃的排空。

随着进入十二指肠的盐酸被中和,食物的消化产物被吸收,抑制胃运动的因素逐渐减弱,促进胃运动的因素又占优势,使胃运动又开始逐渐增强,推送另一部分食糜进入十二指肠(再排空)。如此往复,直至食糜从胃全部排入十二指肠。由此可见,胃排空是在胃内因素和十二指肠因素的控制下间断进行的,并与十二指肠内的消化和吸收相适应。如果控制胃排空的机制发生障碍,可导致胃排空过快或过慢,长期下去易引起十二指肠溃疡或胃溃疡。

(三)呕吐

呕吐是将胃及肠内容物从口腔强力驱出的过程。当舌根、咽部、胃肠、胆总管、泌尿生殖器官以及前庭器官等处的感受器受刺激时,均可以引起呕吐。呕吐前常出现恶心、流涎、呼吸急迫、心跳加快而不规则等自主神经兴奋的症状。呕吐时,胃和食管下端舒张,膈肌和腹肌强烈收缩,将胃内容物从口腔驱出。

呕吐是一种反射活动。传入冲动沿迷走神经、交感神经、舌咽神经、前庭神经等传入位于延髓的呕吐中枢。传出冲动沿迷走神经、交感神经、膈神经和脊神经等传至胃、小肠、膈肌、腹壁肌等处,引起呕吐。

呕吐可将胃内有害物质在未被吸收前排出体外,因此具有保护作用。但是持续剧烈的呕吐不仅影响进食和正常消化活动,而且使大量的消化液丢失,导致体内水、电解质和酸碱平衡紊乱。

第四节 小肠内的消化

食物由胃进入十二指肠后,即开始了小肠内的消化,这是整个消化过程中最重要的阶段。食物在小肠内通过胰液、胆汁、小肠液的化学性消化和小肠运动的机械性消化,最终转变为可被吸收的小分子物质。经过消化的营养物质也主要在小肠被吸收,剩余的食物残渣进入大肠。因此,小肠是消化与吸收的主要部位。食物在小肠内停留的时间随食物的性质不同而有差异,一般为 3~8h。

一、小肠内的消化液及其作用

(一)胰液及其分泌

胰液由胰腺的腺泡细胞和小导管上皮细胞所分泌,具有很强的消化能力。

1. 胰液的性质、成分和作用

(1)胰液的性质和成分:胰液是无色的碱性液体,pH 7.8~8.4,渗透压与血浆相等。成人每日分泌量为 1~2L。胰液的成分包括水、无机物和有机物。无机物中主要是碳酸氢盐,由小导管上皮细胞分泌。有机物主要是由腺泡细胞分泌的多种消化酶。

(2)胰液的作用:①碳酸氢盐:它能中和进入十二指肠的盐酸,使肠黏膜免受强酸的侵蚀,同时为小肠内各种消化酶的活动提供适宜的碱性环境(pH 7~8)。②糖类水解酶:主要是胰淀粉酶(pancreatic amylase),可将淀粉水解为糊精、麦芽糖及麦芽寡糖。胰淀粉酶发挥作用的最适 pH 为 6.7~7.0。③脂类水解酶:主要是胰脂肪酶(pancreatic lipase),可将甘油三酯分解成甘油一脂、甘油和脂肪酸。胰脂肪酶发挥作用的最适 pH 为 7.5～8.5。目前认为，胰脂肪酶只有在胰腺分泌的另一种小分子蛋白质—辅脂酶存在的条件下才能发挥作用。此外，胰液中还含有一定量的胆固醇酯酶和磷脂酶 A_2，它们分别水解胆固醇酯和磷脂。④蛋白质水解酶：主要有胰蛋白酶（trypsin）和糜蛋白酶（chymotrypsin）两种，它们都是以无活性的酶原形式存在于胰液中。胰蛋白酶原可以被小肠液中的肠激酶、盐酸以及胰蛋白酶本身等激活成胰蛋白酶。胰蛋白酶又可使糜蛋白酶原激活成糜蛋白酶。这两种酶都能使蛋白质分解成胨和脒，当两者共同作用于蛋白质时，可使蛋白质分解成多肽和氨基酸。此外，糜蛋白酶还有较强的凝乳作用。⑤其他酶类：胰液中还含有羟基肽酶、核糖核酸酶、脱氧核糖核酸酶等水解酶。羟基肽酶可作用于多肽末端的肽键，分解成为氨基酸；核糖核酸酶和脱氧核糖核酸酶则可使相应的核酸部分水解为单核苷酸。

从上可见，胰液中含有水解三种主要营养物质的消化酶，因而是消化力最强和最重要的消化液。如果胰液分泌障碍，即使其他消化腺的分泌都正常，也会引起蛋白质和脂肪的消化和吸收障碍，造成营养不良。由于大量的蛋白质和脂肪随粪便排出，造成胰性腹泻。脂肪吸收障碍可使脂溶性维生素的吸收出现障碍，导致相应的维生素缺乏。

正常情况下，胰液中的蛋白质水解酶并不消化胰腺本身，这是因为除胰蛋白酶以酶原的形式分泌外，还和胰液中含有胰蛋白酶抑制因子有关，其作用是能与胰蛋白酶和糜蛋白酶结合而形成无活性的化合物，从而防止胰腺自身被消化。当暴饮、暴食引起胰液大量分泌时，可因胰管内压力升高导致腺泡和小导管破裂，胰蛋白酶原大量溢入胰腺间质而被组织液激活。此时，胰蛋白酶抑制因子已不能抵抗大量胰蛋白酶对胰腺本身的消化，从而发生急性胰腺炎。

急性胰腺炎发病机制和临床表现

暴饮暴食，会引起胰液大量分泌，如果再加上胰液排出受阻，胰管内压力增高，胰液就会逸出胰管或腺泡壁，其结果是胰液会把胰腺本身甚至周围的组织都当作"食物"那样来消化，从而引起严重的后果——急性胰腺炎。引起胰液排出受阻的原因有：大量饮酒，会引起十二指肠炎、十二指肠乳头水肿、胆道口括约肌痉挛，使胰液排出受阻；胆道感染、胆石症，亦可影响胰液排出，这是因为胰管和胆管是通过共同的出口通往十二指肠的；还有，如果蛔虫从十二指肠钻进胰管，也会造成胰管梗阻。

急性胰腺炎是一种严重的腹部急症，一旦发病，最显著症状是剧烈腹痛。通常，多在暴饮暴食后 2 小时左右发病，部分病人可在暴饮暴食后数小时发病。开始，多在中上腹部，少数可以左、右上腹部或脐部出现疼痛，疼痛表现为钝痛、钻痛、刀割痛或绞痛，呈阵发性加剧。继而，为持续性剧痛。疼痛可向左背和左肩部放射，也可放射至左腰部，病人痛苦难忍，并可有恶心、呕吐、发热、黄疸等症状。如果是急性坏死出血型胰腺炎，病情尤其危急，病人皮肤呈斑状青紫，四肢湿冷，脉搏细弱，血压下降，常发生休克，甚至可引起猝死。

知 识 链 接

2. 胰液分泌的调节 在非消化期间，胰液分泌极少。进食后可引起胰液大量分泌。胰液的分泌受神经和体液因素的双重调节。

（1）神经调节：食物的色、香、味以及食物对消化道的刺激，都可通过神经反射（包括条件反射和非条件反射）引起胰液分泌。反射的传出神经是迷走神经，其末梢释放乙酰胆碱，一方面直接作用于胰腺的腺泡细胞，引起胰液分泌，另一方面通过刺激促胃液素释放，间接引起胰液分泌。迷走神经兴奋引起胰液分泌的特点是：水和碳酸氢盐含量较少，而酶的含量很丰富。

（2）体液调节：调节胰液分泌的体液因素主要是促胰液素和缩胆囊素。

①促胰液素：由小肠上段黏膜中的 S 细胞分泌。盐酸是引起促胰液素分泌的最强刺激因素，其次是蛋白质消化产物和脂肪酸，糖类则无刺激作用。促胰液素主要作用于胰腺的小导管上皮细胞，使水和碳酸氢盐的分泌量显著增加，而酶的含量不高。②缩胆囊素：由小肠黏膜中的 I 细胞分泌。引起缩胆囊素分泌的刺激因素按强弱顺序依次为蛋白质消化产物、脂肪酸、盐酸和脂肪，糖类则无刺激作用。缩胆囊素的主要作用是：促进胰腺的腺泡细胞分泌多种消化酶；使胆囊平滑肌强烈收缩，促进胆囊胆汁的排出。

（二）胆汁及其分泌

胆汁由肝细胞不断生成，并经肝管、胆总管排入十二指肠，或由肝管转入胆囊管而储存于胆囊中，当机体需要时再排入十二指肠。

1. 胆汁的性质、成分和作用　胆汁是一种味苦而黏稠的液体，肝细胞初分泌的胆汁呈金黄色，pH 约 7.4；在胆囊中储存的胆汁因被浓缩而颜色变深，pH 约 6.8。正常成人每日分泌胆汁 0.8~1L。胆汁中除含有水和 Na^+、K^+、Ca^{2+}、碳酸氢盐等无机成分外，有机成分主要有胆盐、胆固醇、胆色素和卵磷脂等。胆盐是胆汁中参与消化吸收的主要成分。正常情况下，胆汁中的胆盐、胆固醇和卵磷脂之间保持适当的比例是维持胆固醇呈溶解状态的必要条件。当胆固醇过多或胆盐减少时，胆固醇容易沉积而形成胆结石。

胆汁的作用　胆汁中不含消化酶，但是胆汁对脂肪的消化和吸收具有重要意义。

（1）乳化脂肪：胆汁中的胆盐、胆固醇和卵磷脂可作为乳化剂，降低脂肪的表面张力，使脂肪乳化成微滴，从而增加了胰脂肪酶的作用面积，加快了对脂肪的消化分解。

（2）促进脂肪的吸收：胆盐能与脂肪酸、甘油一酯、胆固醇等形成水溶性复合物（混合微胶粒），将不溶于水的脂肪酸、甘油一酯等脂肪分解产物运送到小肠黏膜表面，从而促进它们的吸收。

（3）促进脂溶性维生素的吸收：由于胆汁能促进脂肪的吸收，所以对脂溶性维生素 A、D、E、K 的吸收也有促进作用。

（4）其他作用：胆汁在十二指肠内可中和盐酸；胆盐被重吸收后可直接刺激肝细胞合成和分泌胆汁。

2. 胆汁分泌和排出的调节　胆汁的分泌和排出受神经和体液因素的调节，但以体液调节为主。

（1）神经调节：进食动作或食物对胃和小肠黏膜的刺激，均可通过迷走神经引起肝胆汁的少量分泌和排放，胆囊亦轻度收缩。此外，迷走神经还可通过使促胃液素释放而间接引起肝胆汁分泌和胆囊收缩。

（2）体液调节：①缩胆囊素：可引起胆囊的强烈收缩和 Oddi 括约肌舒张，促进胆汁的排出。②促胰液素：主要作用于胆管系统，使胆汁的分泌量和 HCO_3^- 含量增加，而胆盐的分泌并不增加。③促胃液素：可通过血液循环直接作用于肝细胞和胆囊，促进肝胆汁分泌和胆囊收缩。此外，促胃液素也可通过

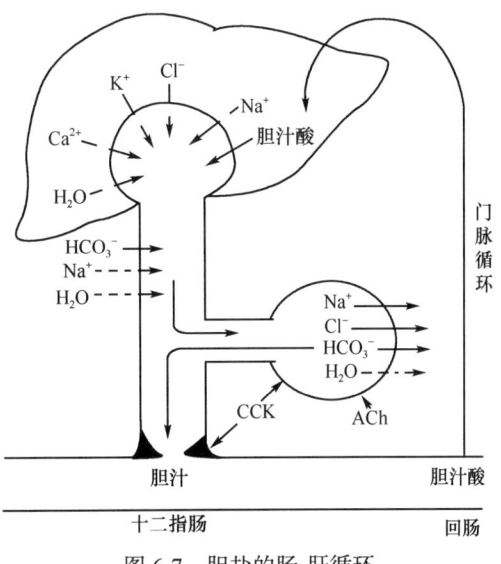

图 6-7　胆盐的肠-肝循环

刺激盐酸分泌，间接引起十二指肠黏膜分泌促胰液素，后者刺激肝胆汁分泌。④胆盐：胆盐排入十二指肠后，约有 95%在回肠末端被吸收入血，经门静脉返回到肝脏再合成胆汁，然后又被排入小肠，这个过程称为胆盐的肠-肝循环（图 6-7）。返回肝的胆盐对胆汁分泌具有很强的促进作用，故临床上常将胆盐作为利胆剂。

（三）小肠液及其分泌

小肠液由十二指肠腺和小肠腺分泌。十二指肠腺位于十二指肠黏膜下层中，主要分泌黏稠的碱性液体；小肠腺位于整个小肠黏膜层内，其分泌液构成小肠液的主要部分。

1. 小肠液的性质、成分和作用　小肠液呈弱碱性，pH 约为 7.6，渗透压与血浆相近。成人小肠液每日分泌量为 1~3 L。小肠液中除水和无机盐外，还有肠激酶、黏蛋白、免疫球蛋白、溶菌酶等。此外，小肠液中还含有脱落的肠黏膜上皮细胞释放的肽酶、麦芽糖酶和蔗糖酶等，但这些酶对食物在小肠内的消化不起作用。

小肠液的主要作用有：①稀释消化产物，降低其渗透压，有利于营养物质的吸收；②保护十二指肠黏膜免受胃酸的侵蚀；③肠激酶可激活胰蛋白酶原，使之变为有活性的胰蛋白酶，有利于蛋白质的消化。此外，小肠还可分泌溶菌酶，溶解肠壁内的细菌。

2. 小肠液分泌的调节　一般认为，食物及其消化产物对肠黏膜局部的机械和化学刺激，通过壁内神经丛的局部反射可引起小肠液分泌，而外来神经的作用不明显。在体液因素中，促胃液素、促胰液素、缩胆囊素和血管活性肠肽等胃肠激素都能刺激小肠液的分泌。

二、小肠的运动

小肠的运动是靠肠壁的内、外两层平滑肌完成的，其外层是纵行肌，内层是环行肌。

（一）小肠的运动形式

1. 紧张性收缩　小肠平滑肌的紧张性收缩是小肠其他运动形式得以顺利进行的基础，其生理意义是可保持肠道的一定形状和肠腔内压力，有助于肠内容物的混合，使食糜与肠黏膜密切接触，有利于吸收的进行。

2. 分节运动　分节运动（segmental motility）是一种以小肠壁环形肌为主的节律性收缩和舒张运动。在食糜所在的一段肠管上，环行肌在许多点同时收缩，把食糜分割成许多节段，随后，原收缩处舒张，而原舒张处收缩，将原来的食糜节段分成两半，而相邻的两半则合成一个新的节段，如此反复交替进行（图 6-8）。分节运动在空腹时几乎不存在，进食后才逐渐变强。小肠各段分节运动的频率不同，即小肠上部频率较高，下部较低，这有助于将食糜由小肠上段向下推进。

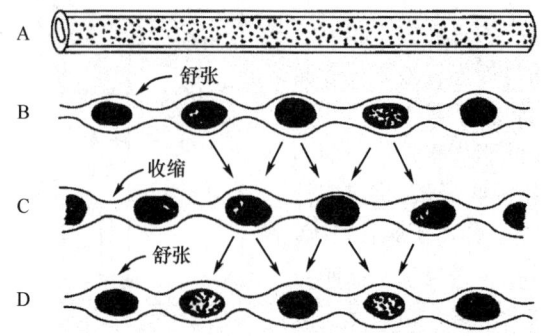

图 6-8　小肠的分节运动示意图

A. 肠管表面观；B. C. D. 肠管纵切面观，表示不同阶段的食糜节段分割和合拢组合情况

分节运动的生理意义主要在于：①使食糜与消化液充分混合，有利于化学性消化；②使食糜与小肠壁紧密接触，有利于营养物质的吸收；③挤压肠壁以促进血液和淋巴液的回流，有利于吸收。

3. 蠕动　小肠的任何部位均可发生蠕动，近端的蠕动速度大于远端。小肠的蠕动波很弱，每个蠕动波仅把食糜推进一小段距离（约数厘米）后即自行消失。蠕动的生理意义在于使经过分节运动的食糜向前推进，到达一个新肠段后再开始分节运动，如此重复进行。

蠕动的速度很慢（0.5～2.0cm/s）。但在做吞咽动作和食糜进入十二指肠时，可引起一种速度很快（2.0～25.0cm/s）、传播距离较远的蠕动，称为蠕动冲。它可将食糜从小肠始端迅速推动到小肠末端，甚至到达大肠。

（二）回盲括约肌的作用

在回肠末端与盲肠交界处的环行肌明显加厚，起着括约肌的作用，称为回盲括约肌。回盲括约肌在平时处于轻度的收缩状态，可以防止回肠内容物向结肠排放。当蠕动波到达回肠末端时，回盲括约肌舒张，食糜由回肠进入盲肠。回盲括约肌的作用是：①使回肠内容物不致过快进入大肠，使食糜在小肠内被充分消化和吸收；②具有活瓣样作用，可阻止盲肠内容物倒流入回肠。

（三）小肠运动的调节

1. 壁内神经丛的作用　食糜对小肠的机械性和化学性刺激，均可通过壁内神经丛反射使小肠的蠕动加强。

2. 外来神经调节　一般来说，副交感神经兴奋可加强小肠的运动，而交感神经兴奋则抑制小肠的运动。

3. 体液调节　胃肠激素可调节小肠的运动，如促胃液素、缩胆囊素等能促进小肠的运动，而促胰液素、生长抑素等则抑制小肠的运动。

综上所述，食物的消化从口腔开始，由于唾液中只含唾液淀粉酶，胃液中只含胃蛋白酶，胰液中含有消化分解脂肪的酶，所以，淀粉水解从口腔开始，蛋白质水解从胃内开始，脂肪水解从小肠开始。食物的消化进行到小肠阶段基本完成。现将各种营养物质的化学消化归纳在表6-4中。

表6-4　各种营养物质的化学消化

营养物质	消化部位	消化酶	消化分解产物
蛋白质	胃、小肠	胃蛋白酶、胰蛋白酶和糜蛋白酶	脉、胨、多肽和氨基酸
多肽	小肠黏膜纹状缘	多肽酶	二肽和三肽
二肽和三肽	小肠上皮细胞内	二肽酶和三肽酶	氨基酸
淀粉	口腔、胃和小肠	唾液淀粉酶和胰淀粉酶	麦芽糖
双糖	小肠黏膜纹状缘	蔗糖酶、乳糖酶和麦芽糖酶	葡萄糖、半乳糖和果糖
脂肪	小肠	胰脂肪酶	甘油、脂肪酸、甘油一酯

第五节　大肠的功能

人类的大肠内没有重要的消化作用。大肠的主要功能是吸收水、无机盐以及结肠内微生物合成的维生素B族和维生素K，贮存食物残渣，并通过细菌对食物残渣的分解，最后形成粪便排出体外。

一、大肠液及大肠内细菌的作用

大肠液是由大肠黏膜表面的柱状上皮细胞和杯状细胞分泌的，pH 为 8.3～8.4，其主要成分为黏液和碳酸氢盐。大肠液的主要作用是保护肠黏膜免受机械损伤和润滑粪便。

大肠内有大量细菌，它们主要来自食物和空气。大肠内细菌含有能分解食物残渣的酶。细菌对糖和脂肪的分解称为发酵，其产物有二氧化碳、乳酸、沼气、脂肪酸、甘油、胆碱等。细菌对蛋白质的分解称为腐败，其产物有氨、硫化氢、组胺、吲哚等。另外，大肠内的细菌可利用肠内简单的物质合成维生素 B 族和维生素 K，这些维生素经肠壁吸收后可被机体利用。如果长期使用肠道抗菌药物，可抑制肠道细菌，引起维生素 B 族和维生素 K 缺乏所产生的临床问题，如血液凝固障碍、消化不良等。

二、大肠的运动及排便

（一）大肠的运动

大肠的运动少而缓慢，对刺激的反应也较迟钝，这些特点都与大肠的功能相适应。

1. 袋状往返运动　是空腹时最常见的一种运动形式，由环行肌的不规则收缩所引起，它使结肠袋中的内容物前、后两个方向作短距离的位移，而不能向前推进。

2. 分节推进或多袋推进运动　这是一个结肠袋或一段结肠收缩，将肠内容物推移到下一段的运动。

3. 蠕动　蠕动是由一些稳定向前推进的收缩波所组成，其蠕动速度较慢。大肠还有一种进行快而传播远的蠕动，称为集团蠕动。集团蠕动常发生在进食后，一般开始于横结肠，可以将一部分大肠内容物推送至降结肠或乙状结肠，从而引发便意。

（二）排便与排便反射

食物残渣在大肠内停留的时间较长，一般在十余小时以上，在这一过程中，部分水分和无机盐会被吸收，同时经过细菌的发酵和腐败作用，借助于黏液的连结作用形成粪便。粪便中有食物残渣、脱落的肠上皮细胞及大量的细菌，细菌占固体粪便总量的 20%～30%。此外，粪便中还有胆色素衍生物、黏液、钙、镁、汞等重金属盐。

粪便主要储存于结肠下部，平时直肠内无粪便，通过肠的蠕动，当粪便被推送至直肠时，可引起排便反射，把粪便排出体外。

排便的初级中枢位于脊髓腰骶段。进入直肠的粪便通过扩张肠道，刺激直肠壁压力感受器，通过其换能作用，以神经冲动的形式沿盆神经和腹下神经把信息传入脊髓的初级排便中枢，同时上传至大脑皮质高位中枢，产生便意。当环境允许时，高位中枢发出兴奋性冲动，通过脊髓的初级排便中枢传出神经冲动沿盆神经至降结肠、乙状结肠和直肠，使其平滑肌收缩，肛门内括约肌舒张；同时，阴部神经的传出冲动减少，肛门外括约肌也舒张，从而使粪便排出体外，此外，支配腹肌和膈肌的神经亦兴奋，使腹肌和膈肌产生强烈收缩，腹内压增加而促进粪便的排出；若环境不允许，高位中枢下传抑制性信息，阻止排便。

排便反射受大脑皮质的意识控制，如果经常有意的抑制排便，可使直肠对粪便的压力刺激变得不敏感，阈值提高，则粪便在大肠内停留时间过长，水分被吸收过多，粪便变得干硬而不易排出，导致便秘。经常便秘可引起痔疮、肛裂等疾病，因此应养成每天定时排便的良好习惯。此外，若饮食过程中摄入体内的纤维素过少，也会产生便秘，因此应合理膳食，适当增加纤维素的摄取。食物中纤维素对胃肠功能的影响主要有以下方面：①大部分多糖纤维能与水结合而形成凝胶，从而限制了水的吸收，并使肠内容物容积膨胀加大；②纤维素多能刺激肠运动,缩短粪便在肠内停留时间和增加粪便容积;③纤维素可降低食物中热量的比率,减少含能物质的摄取,从而有助于纠正不正常的肥胖。适当增加纤维素的摄取有增进健康、预防便秘、痔疮、结肠癌等疾病的作用。

第六节 吸 收

一、吸收的部位和机制

(一)吸收的部位

消化道各段对物质的吸收能力和吸收速度并不相同。口腔和食管基本上没有吸收功能;胃的吸收能力很弱,仅吸收酒精、少量水和无机盐;小肠吸收的物质种类多、量大,是吸收的主要部位(图6-9)。一般认为,糖类、蛋白质和脂肪消化产物大部分在十二指肠和空肠被吸收,胆盐和维生素 B_{12} 在回肠被吸收。大肠主要吸收食物残渣中剩余的水分和无机盐。

小肠之所以成为吸收的主要部位,是因为其具备多方面的有利条件:①小肠有巨大的吸收面积。正常成人的小肠长3~4m,其黏膜有许多环状皱褶,皱褶上有大量绒毛,绒毛的每个柱状上皮细胞的顶端又有许多微绒毛,这些结构的存在使小肠的吸收面积增大了约600倍,总面积可达200m²(图6-10);②食物在小肠内已被分解为可被吸收的小分子物质;③食物在小肠内停留的时间较长,一般为3~8h;④小肠绒毛内有丰富的毛细血管和毛细淋巴管,从而有利于吸收。

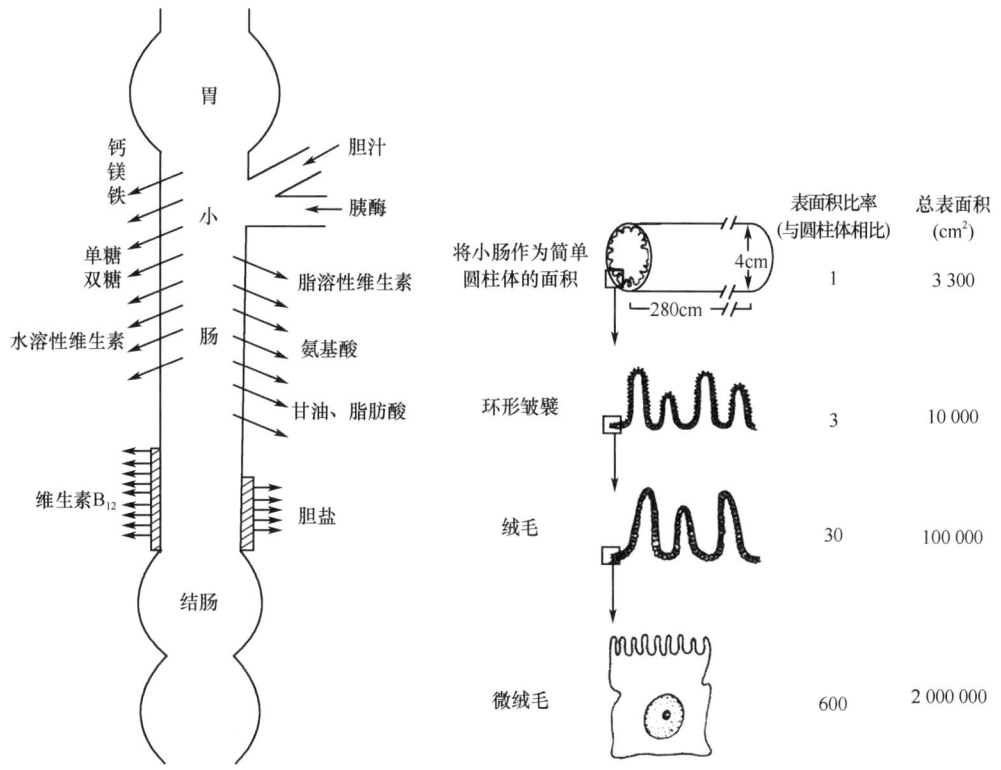

图6-9 各种营养物质在小肠的吸收部位示意图

图6-10 小肠的吸收面积示意图

（二）吸收的途径与机制

吸收的途径有两条：一条是跨细胞途径：肠腔内的物质通过小肠绒毛上皮细胞的腔膜面进入细胞后，再穿过细胞的基底侧膜进入细胞外间隙，最后进入血液和淋巴。另一条为旁细胞途径：肠腔内的物质通过小肠上皮细胞间的紧密连接进入细胞间隙，随即进入血液或淋巴。

小肠内各种营养物质的吸收机制有多种，包括被动转运、主动转运、入胞和出胞作用：①被动转运：包括单纯扩散、易化扩散和渗透。②主动转运：包括原发性主动转运和继发性主动转运。③入胞和出胞作用。

二、小肠内主要营养物质的吸收

（一）水的吸收

正常成人每日摄取水 1~2L，消化腺分泌的液体 6~8L，所以每日由胃肠吸收的水多达 8L。水的吸收是以渗透方式被动进行的，各种溶质，特别是 NaCl 的主动吸收所产生的渗透压梯度是水吸收的主要动力。急性呕吐、腹泻时，人体可丢失大量水分，引起不同程度的脱水。

（二）无机盐的吸收

一般来说，单价碱性盐类，如钠、钾、铵盐的吸收很快，多价碱性盐类则吸收很慢，而能与钙结合形成沉淀的盐（如草酸钙）则不能被吸收。

1. 钠的吸收 正常成人每日摄入的钠和消化腺分泌的钠有 95%~99% 都被吸收入血液。钠的吸收是主动的，与小肠黏膜上皮细胞基侧膜上钠泵的活动分不开。由于钠泵不断将细胞内的 Na^+ 泵入组织间隙，使细胞内 Na^+ 浓度降低，加上细胞内电位比顶端膜外低，因此，肠腔内的 Na^+ 顺电化学梯度以易化扩散方式进入到细胞内。然后再由钠泵转运出细胞，进入血液。

2. 铁的吸收 人每日吸收的铁约为 1mg，仅为食物中含铁量的 1/10 左右。铁的吸收量与人体对铁的需要有关，当机体缺铁时，铁的吸收就增加。铁的吸收部位主要在十二指肠和空肠上段，属于主动转运。铁与肠黏膜上皮细胞顶端膜上的转铁蛋白形成复合物，以入胞的方式进入细胞内。随后，进入胞内的一部分 Fe^{2+} 在基底侧膜通过主动转运入血液，而大部分 Fe^{2+} 则被氧化成 Fe^{3+}，并与细胞内的脱铁铁蛋白结合成铁蛋白，储存在细胞内以防止铁的过量吸收。

食物中的铁多为 Fe^{3+}，不易被吸收，须还原为 Fe^{2+} 才能被吸收。酸性环境有利于铁的溶解，故能促进铁的吸收。维生素 C 能使 Fe^{3+} 还原成 Fe^{2+}，促进其吸收。临床上给贫血的病人补充铁时，常选用硫酸亚铁，并应注意配合口服维生素 C 或补充稀盐酸。

3. 钙的吸收 钙主要在小肠上段，尤其是十二指肠被吸收，其机制是通过主动转运完成的。小肠黏膜上皮细胞的微绒毛上有钙结合蛋白，能与钙结合并将其转运到细胞内。进入胞内的钙通过位于基底侧膜上的钙泵或 Na^+-Ca^{2+} 交换体被转运出细胞，然后再进入血液。

正常成人每日钙的需要量 800~1 500mg，但食物中的钙仅有一小部分被吸收，并且钙只有转变成离子状态才能被吸收。维生素 D 能促进钙的吸收。肠腔中酸性环境增加钙的溶解，故有利于钙的吸收。凡能与钙结合生成沉淀的物质（如草酸）都能阻止钙的吸收。

影响人对钙吸收的六大因素

1. 年龄：处于生长发育期的儿童和青少年钙的吸收能力强，年龄增加，钙的吸收率就下降。婴幼儿可高达 50%~60%，儿童青少年 30%~40%，成年人 20%~30%，中年人 10%~20%，60 岁以上低于 10%。所以从年幼开始，摄入足够的钙，对老年时的骨骼质量有重要意义。

2. 维生素 D 可以促进钙的吸收，保持血液中钙和磷的比例，使钙和磷能够钙化、沉积在骨骼中，所以在补钙的同时，必须要有维生素 D 参与，钙才能被吸收利用。如果没有维生素 D 参与钙的代谢，人体对钙的吸收率将达不到 10%。

3. 越是缺钙，吸收率越好，机体不缺钙时，吸收率低，摄入多余的钙就从汗、尿中排出体外，形成对机体的保护作用。

4. 高脂肪膳食或对脂肪吸收不良时，会使钙与脂肪酸结合，形成不溶性钙皂而影响吸收。

5. 腹泻等消化道疾病吸收不良时，情绪状态如紧张、抑郁、愤懑等，也会影响钙的吸收。

6. 含草酸高的蔬菜，如茭白、竹笋、菠菜、苋菜可将钙结合为难溶解的草酸钙而影响吸收。如果在下锅前，先在热水锅中焯一分钟，可使大部分草酸丢失。食品多样化有促进钙吸收的作用。

知识链接

（三）糖的吸收

糖类一般须被分解成单糖后才能被小肠吸收。肠道中被吸收的单糖主要是葡萄糖，另外还有少量半乳糖和果糖。单糖的吸收速度各不相同，在己糖中，以半乳糖和葡萄糖的吸收最快，果糖次之，甘露糖最慢。

葡萄糖的吸收是逆浓度差进行的主动转运过程，其能量来自钠泵的活动，属于继发性主动转运（见第二章和图 2-6）。由于小肠黏膜上皮细胞基侧膜上钠泵的转运，造成细胞内低 Na^+，并在上皮细胞顶端膜内、外形成 Na^+ 浓度差，顶端膜上的 Na^+-葡萄糖同向转运体就利用 Na^+ 的浓度差，将肠腔中的 2 个 Na^+ 和 1 分子葡萄糖同时转运入细胞内。随后，葡萄糖再以易化扩散的方式通过基底膜进入血液，而 Na^+ 则由钠泵驱出细胞。因为各种单糖与转运体的结合能力不同，故吸收速率也不相同。

（四）蛋白质的吸收

食物中的蛋白质必须经消化分解成氨基酸和寡肽后，才能被小肠主动吸收入血液。氨基酸的吸收部位主要在小肠，尤其是小肠上部。氨基酸的吸收机制与葡萄糖的吸收相似，也是与钠的吸收耦联进行的继发性主动转运过程。钠泵的活动被阻断后，氨基酸的转运便不能进行。此外，二肽和三肽也能以完整的形式转运进入细胞，在细胞内酶的作用下水解成氨基酸再进入血液。

（五）脂肪和胆固醇的吸收

1. 脂肪的吸收　在小肠内，脂肪消化后形成甘油、脂肪酸、甘油一酯，它们大多不溶于水，必须与胆盐结合形成水溶性混合微胶粒，然后透过小肠黏膜上皮细胞表面的静水层到达细胞的微绒毛。在这里，脂肪酸、甘油一酯等又逐渐从混合微胶粒中释出，并通过微绒毛的细胞膜进入黏膜细胞，而胆盐则被留在肠腔内继续发挥作用。长链脂肪酸和甘油一酯进入细胞后又重新合成甘油三酯，并与细胞中的载脂蛋白形成乳糜微粒，再以出胞的方式进入细胞间隙，然后扩散到淋巴液（图 6-11）。中、短链脂肪酸和甘油是水溶性的，可直接吸收进入血液。由于人体摄入的动、植物油中长链脂肪酸较多，所以脂肪的吸收以淋巴途径为主。

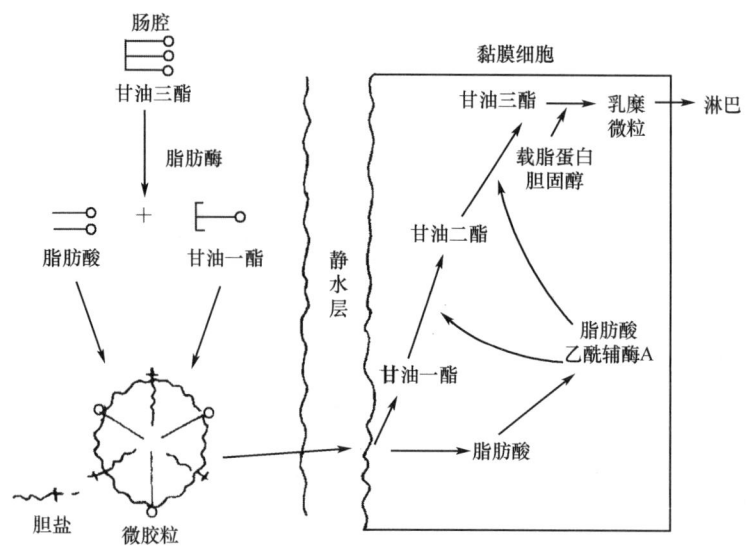

图 6-11 脂肪吸收示意图

2. 胆固醇的吸收 进入肠道的胆固醇主要来自食物和肝细胞分泌的胆汁。来自胆汁的胆固醇是游离的,而食物中的胆固醇部分是酯化的。酯化的胆固醇必须在肠腔中经胆固醇酯酶水解为游离胆固醇后才能被吸收。游离胆固醇通过形成混合微胶粒,在小肠上部被吸收。吸收后的胆固醇大部分在小肠上皮细胞中又重新被酯化,生成胆固醇酯,最后与载脂蛋白一起组成乳糜微粒,经由淋巴系统进入血液循环。

(六)维生素的吸收

维生素分为脂溶性维生素和水溶性维生素。脂溶性维生素 A、D、E、K 的吸收机制与脂肪消化产物相同。大多数水溶性维生素是通过 Na^+ 同向转运体被吸收的,但维生素 B_{12} 必须先内因子结合成复合物,然后被回肠上皮细胞主动吸收。

现将主要营养物质的吸收机制和吸收途径归纳至表 6-5。

表6-5 主要营养物质的吸收机制和吸收途径

营养物质	吸收机制	吸收途径
水	被动转运(依靠渗透压)	血液
无机盐	大多数主动转运	血液
葡萄糖	继发性主动转运(钠泵提供能量)	血液
氨基酸	继发性主动转运(钠泵提供能量)	血液
长链脂肪酸和甘油一酯	被动转运(需胆盐帮助)	淋巴
中、短链脂肪酸和甘油	被动转运	血液
水溶性维生素	被动转运(以扩散的方式)	血液
脂溶性维生素	被动转运(需胆盐帮助)	淋巴或血液

第七节 消化器官活动的调节

消化器官的正常活动是维持机体新陈代谢的正常进行和内环境稳态的重要因素。消化器官的活动能适应机体的需要,这不仅是由于消化器官各部分之间存在着有机的联系,而且消化器官的活动与机体其他生理活动和外界环境之间都有密切联系。这些活动都是在神经和体液因素的调节下实现的。

一、神经调节

（一）消化器官的神经支配及其作用

神经系统对消化器官功能的调节是通过外来神经（自主神经）和位于消化管壁内的壁内神经丛两个系统相互协调、统一而完成的（见本章的第一节）。

（二）消化器官活动的反射性调节

调节消化器官活动的神经中枢存在于延髓、丘脑下部和大脑皮质等处。当食物刺激消化道某一部位时，其中的感受器发生兴奋，冲动沿传入神经到达这些中枢，再由中枢发出冲动，经传出神经至相应的消化道肌肉和腺体，引起其活动的改变。消化器官活动调节的神经反射包括非条件反射和条件反射两种。

1. 非条件反射性调节　食物对口腔的机械、化学或温度的刺激，作用于口腔各种感受器，能反射性地引起唾液分泌增加。还能引起其他消化液分泌和胃的容受性舒张。

食物对胃内感受器刺激，可通过迷走-迷走反射和壁内神经丛反射，引起胃液、胆汁、胰液等消化液分泌增加和胃运动加强。

食糜刺激小肠内的机械、化学感受器，可通过迷走-迷走反射引起胃液、胆汁、胰液等消化液分泌增加；通过壁内神经丛反射促进小肠运动；通过肠-胃反射抑制胃的运动，延缓其排空。

2. 条件反射性反射调节　食物的形状、颜色、气味，进食的环境和有关语言文字，都能反射性引起胃肠运动和消化腺分泌的改变。它使消化器官的活动更加协调，为食物的消化提前做好准备。但负性反射活动，如就餐时打骂儿童、不良就餐环境等则可减弱胃肠运动和消化液分泌，导致厌食、消化不良甚至呕吐。

二、体液调节

调节消化器官活动的体液因素包括胃肠道激素和组胺等。

由胃肠黏膜的内分泌细胞合成并分泌的激素，统称为胃肠道激素（gut homone）。胃肠道被认为是人体内最大的内分泌器官，其内分泌细胞（约 40 多种）广泛分布于胃肠的黏膜中，可分泌多种胃肠道激素，这些激素的化学本质都是多肽，分子量在 2 000～5 000。主要胃肠道激素有胃泌素、促胰液素、胆囊收缩素和抑胃肽等。其生理作用见本章的第一节。

胃肠道激素的主要作用包括三个方面：①调节消化腺的分泌和消化道的运动；②影响其他激素的释放；③刺激消化道黏膜或腺体的生长。

调节消化器官活动的体液因素，除胃肠道激素外，还有一种重要物质是组胺。胃底和胃体的黏膜中含有大量组胺。正常情况下，胃黏膜恒定地释放组胺，与壁细胞上 H_2 受体结合，从而促进胃酸分泌，并能提高壁细胞对乙酰胆碱和促胃液素的敏感性。临床上可使用组织注射来检测胃的分泌功能，并可使用 H_2 受体阻断剂抑制胃酸分泌，用于胃和十二指肠溃疡的治疗。

三、社会、心理因素对消化功能的影响

社会、心理因素对消化功能的影响是十分明显和广泛的。社会竞争、工作压力、紧张的生活节奏等都可能引起消化系统的功能紊乱。不良的心理刺激不仅影响胃肠运动功能，还影响消化腺的分泌。有证据表明，人的精神状态自责占优势时，数月内胃液分泌都低于正常；

在伴有攻击活动时，胃分泌增加。即当情绪处于恐惧、悲伤、退缩时，胃分泌减少；但当占优势的因素是攻击或决心抗击时，胃分泌即增加。例如，有的人在愤怒时，可使唾液分泌减少而出现口干，这时如果进食有可能影响食团吞咽。另外，有人观察到，咽喉部的异物阻塞感与愤怒和焦虑情绪有关。实验研究发现：在愤怒和焦虑时，胃肠黏膜出现充血变红，胃肠蠕动加快，胃酸分泌大大增加，可诱发或加重胃肠溃疡，有时还发生胃肠痉挛，引起腹痛。人如果过分悲伤、失望和恐惧时，消化液分泌抑制，可出现厌食、恶心、甚至呕吐。精神性呕吐就是心理因素对胃肠功能影响的结果。结肠功能的变化常与情绪紊乱同时发生。极度惊吓所引起的急性反应为每人所熟知，并常在日常的言谈中用通俗的语言加以描述。学生在紧张考试时常常产生腹泻。如果一个人采取过分忧虑和关注的反应对待所遇到的问题，就可能产生便秘。反之，公开或下意识地发怒、怨恨及敌意，常引起结肠充血及运动增强。严重者造成激惹性或痉挛性结肠，表现为腹痛、胀气、便秘与腹泻交替进行。

  不良的心理因素不仅影响消化系统的功能，甚至可导致某些消化器官疾病的发生，并影响其过程。如人在有害刺激的作用下，常产生消化道炎症和出血（应激性溃疡）。消化道溃疡常与慢性心理应激（长期焦虑、愤怒、紧张等）有关。临床上常见到一些消化系统疾病发生和发展往往在心理情绪变化之后，有些病人的病情已经好转或痊愈，但由于不良的心理刺激又可使病情恶化；相反，精神乐观、情绪稳定可使消化器官活动旺盛，从而促进食欲，有益健康。近代心身医学的研究认为，社会、心理因素对消化功能的影响主要是通过神经系统、内分泌系统和免疫系统作用实现的。

（王光亮）

思 考 题

1. 名词解释：消化　吸收　胃肠激素　容受性舒张胃的排空　分节运动　胆盐的肠-肝循环
2. 胃肠道的主要运动形式有哪些、各有何生理意义？
3. 为什么说小肠是营养物质吸收的主要部位？三大营养物质是怎样被吸收的？
4. 交感神经和副交感神经对胃肠道的生理作用有何不同？
5. 何谓胃肠道激素、简述几种重要胃肠道激素的生理功能？
6. 简述胃液、胰液、胆汁的主要成分及其作用？

第七章 能量代谢和体温

> **学习要点**
> 1. 机体能量的来源及转化，食物的热价、氧热价及呼吸商的概念。
> 2. 影响能量代谢的因素，基础代谢率的概念及正常值。
> 3. 正常体温及其生理变动；机体产热器官及主要散热方式；体温调节机制。

第一节 能量代谢

在新陈代谢过程中，机体不断从周围环境摄取营养物质以合成体内新的物质，贮存能量；同时，机体也不断分解自身原有物质，释放能量供给各种生命活动的需要。通常把物质代谢过程中所伴随的能量的释放、转化、贮存和利用等过程称为能量代谢（energy metabolism）。

一、机体能量的来源和利用

（一）机体能量的来源

1. **三磷酸腺苷是能量转化和利用的关键物质** 机体能利用的能量来源于食物中糖、脂肪和蛋白质分子结构中蕴藏的化学能。当这些营养物质被氧化分解时，碳氢键断裂，释放出能量。但机体的组织细胞在进行各种生理活动时并不能直接利用这种能量形式，组织细胞所需要的能量实际上是由三磷酸腺苷（adenosine triphosphate，ATP）直接提供的。ATP 是糖、脂肪和蛋白质在生物氧化过程中合成的一种高能化合物，当 ATP 水解为二磷酸腺苷（adenosine diphosphate，ADP）及磷酸时，同时释放出能量（在生理条件下可释放 51.6kJ/mol）供机体利用。ATP 既是体内直接的供能物质，又是体内能量储存的重要形式。人体在生命活动过程中所消耗的 ATP，由营养物质在体内被氧化分解所释放的能量不断地使 ADP 重新氧化磷酸化而得到补充。

除 ATP 外，体内还有其他高能化合物，如磷酸肌酸（creatine phosphate，CP）等。CP 主要存在于肌肉和脑组织中。当物质氧化释放的能量过剩时，ATP 将高能磷酸键转给肌酸，在肌酸激酶催化下合成磷酸肌酸。反过来，当组织消耗的 ATP 量超过营养物质氧化生成 ATP 的速度时，磷酸肌酸的高能磷酸键又可快速转给 ADP，生成 ATP，以补充 ATP 的消耗。因此，磷酸肌酸是体内 ATP 的储存库。从机体能量代谢的整个过程来看，ATP 的合成与分解是体内能量转化和利用的关键环节。

2. **三大营养物质的能量转化** 人体一切活动所需要的能量，主要来源于摄入体内的糖、脂肪和蛋白质三大营养物质，这些物质在氧化分解过程中释放出所蕴含的化学能，为机体各种活动提供能量。

（1）糖：糖（carbohydrate）的主要生理功能是供给机体生命活动所需要的能量。人体所需能量的 50%～70%是由糖类物质的氧化分解提供的。食物中的糖经过消化被分解为单糖，在被吸收的单糖中，葡萄糖占总量的 80%，通常所说的血糖是指血中的葡萄糖。体内的糖代谢途径可因供氧情况的不同而有所不同。在氧供应充足的情况下，葡萄糖进行有氧氧化，生成 CO_2 和水，1mol 葡萄糖完全氧化所释放的能量可合成 38mol ATP；在缺氧的情况下，葡萄糖进行无氧酵解，生成乳酸，此时 1mol 葡萄糖只能合成 2mol ATP。在一般情况下，大多数组织细胞有足够的氧供应，因此，以糖的有氧氧化供能为主。糖酵解虽然释放的能量很少，但在人体处于缺氧状态时极为重要，因为这是人体的能源物质唯一不需 O_2 的供能途径。例如，人在进行剧烈运动时，骨骼肌的耗氧量剧增，但由于循环、呼吸等功能活动只能逐渐加强，不能很快满足机体对 O_2 的需要，骨骼肌因而处于相对缺氧的状态，这种现象称为氧债（oxygen debt）。在这种情况下，机体只能动用储备在磷酸肌酸等分子中的高能磷酸键和进行无氧酵解来提供能量。在肌肉活动停止后的一段时间内，循环、呼吸活动仍维持在较高水平，因而可摄取较多的 O_2，以偿还氧债。此外，某些细胞，如成熟红细胞，由于缺乏有氧氧化的酶系，也主要依靠糖酵解来供能。而正常成年人脑组织则主要依赖葡萄糖的有氧氧化供能。脑组织的耗氧量高，对缺氧非常敏感。成年人的脑每日消耗 100～150g 葡萄糖，由于脑组织的糖原储存量较少，对血糖的依赖性也较高，因此，当发生低血糖时，可引起脑功能活动的障碍，出现头晕等症，重者可发生抽搐甚至昏迷。

（2）脂肪：脂肪（fat）在体内的主要功能是储存和供给能量。体内储存的脂肪量较多，可占体重的 20%左右。每克脂肪在体内氧化所释放的能量约为糖的 2 倍。通常成年人储备的肝糖原在饥饿 24 小时后即被耗尽，而储存的脂肪所提供的能量可供机体使用多达 10 多天至 2 个月之久。当机体需要时，储存的脂肪首先在脂肪酶的催化下分解为甘油和脂肪酸。甘油主要在肝脏被利用，经过磷酸化和脱氢而进入糖的氧化分解途径供能，或转变为糖。脂肪酸的氧化分解可在心、肝、骨骼肌等许多组织细胞内进行。脂肪酸与辅酶 A 结合后，经过 β-氧化，逐步分解为乙酰辅酶 A 而进入糖的氧化途径，同时释放能量。

（3）蛋白质：蛋白质（protein）的基本组成单位是氨基酸。不论是由肠道吸收的氨基酸，还是由机体的组织蛋白质分解所产生的氨基酸，都主要用于重新合成蛋白质，成为细胞的构成成分，以实现组织的自我更新，或用于合成酶、激素等生物活性物质。为机体提供能量则是氨基酸的次要功能。只有在某些特殊情况下，如长期不能进食或体力极度消耗时，机体才会依靠由组织蛋白质分解所产生的氨基酸供能，以维持基本的生理功能。

（二）能量的利用

各种能源物质在体内氧化过程中释放的能量，50%以上转化为热能，其余部分是以化学能的形式储存于 ATP 等高能化合物的高能磷酸键中，供机体完成各种生理功能，如肌肉的收缩和舒张，细胞组分及生物活性物质的合成，生物电活动的某些离子转运，神经传导，小肠和肾小管细胞对某些物质的主动转运，腺体的分泌和递质的释放等。除骨骼肌收缩对外界物体做一定量的机械功外，其他用于进行各种功能活动所做的功最终都转化为热能。热能是最低形式的能量，主要用于维持体温，而不能转化为其他形式的能，因此不能用来做功。用于维持体温的这部分体热最终由体表散发到外界环境中去；此外，还有小部分体热则通过呼出气、排泄物等被带出体外（图7-1）。

> 考点提示：
> 能量的来源、转化及利用

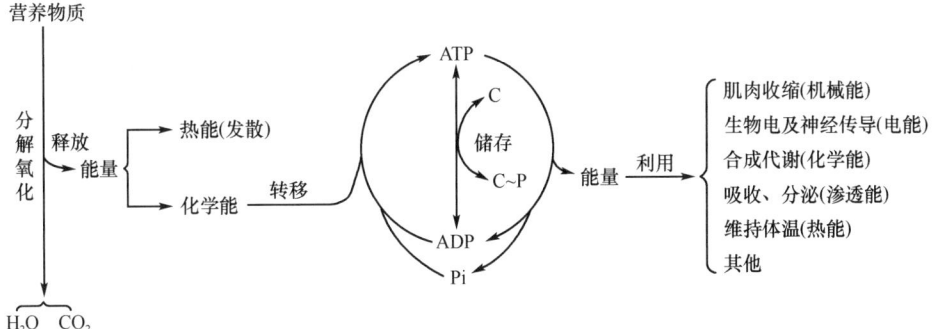

图 7-1 能量的释放、转移、储存和利用示意图

C. 肌酸；C~P. 磷酸肌酸；Pi. 无机磷酸

（三）能量平衡

人体的能量平衡是指机体摄入的能量与消耗的能量之间的平衡。若在一段时间内体重不变，便可认为此时人体的能量达到"收支"平衡，即这段时间内人体摄入的能量与消耗的能量基本相等。人体每日消耗的能量主要包括基础代谢的能量消耗、食物的特殊动力效应（见后文）、身体运动的能量消耗和其他的生理活动（包括生长发育）所需能量。若摄入食物的能量少于消耗的能量，机体即动用储存的能源物质；因而体重减轻，称为能量的负平衡；反之，若机体摄入的能量多于消耗的能量，多余的能量则转变为脂肪等机体组织，导致肥胖，因而体重增加，称为能量的正平衡。肥胖与许多疾病（如糖尿病、高血压）的发生或代谢异常（如血脂紊乱）有关。临床上常用体重指数（bodymass index）、腰围和腰臀围比作为判断肥胖的简易诊断指标。体重指数是以身高（m）的平方除体重（kg）所得之商，主要反映全身性超重和肥胖。在我国，体重指数 24 为超重界限，28 为肥胖界限。腰围和腰臀围比也能反映体内脂肪总量和脂肪分布情况。因此，在日常生活中，人们须根据自身的实际生理状况、活动强度等给予适当的能量供应，以保证机体的能量平衡。

二、能量代谢的测定

（一）能量代谢测定中的有关概念

为了解三种主要营养物质各含多少能量，以及计算机体的能量代谢率，必须先掌握以下几个基本概念。

1. **食物的热价**　1g 食物被氧化（或在体外燃烧）时所释放出来的热量，称为该种食物的热价（thermal equivalent of food），也称卡价。热价有生物热价和物理热价，分别指食物在体内氧化和在体外燃烧时所释放的热量。三种主要营养物质的热价见表 7-1。从表中可以看出，只有蛋白质的生物热价和物理热价是不相同的，说明蛋白质在体内不能被完全氧化。

2. **食物的氧热价**　某种食物氧化时，每消耗 1L 氧所产生的热量称为该种食物的氧热价（thermal equivalent of oxygen）。氧热价在能量代谢的测算方面有重要意义，即可根据机体在一定时间内的耗 O_2 量计算出它的能量代谢率，利用氧热价计算产热量的公式为：某种食物的产热量＝该食物的氧热价×该食物的耗氧量。三种主要营养物质的氧热价见表 7-1。

3. **呼吸商**　机体通过呼吸从外界环境中摄取 O_2，以满足生理活动的需要，同时将 CO_2 呼出体外。一定时间内机体呼出的 CO_2 量与吸入的 O_2 量的比值（CO_2/O_2）称为呼吸商（respiratory quotient，RQ）。呼吸商应该以 CO_2 和 O_2 的物质的量（mol）比值来表示。但由于在同一温度和气压条件下，容积相等的不同气体，其分子数是相等的，所以，通常采用容积数（ml 或 L）来表示 CO_2 与 O_2 的比值，即：

$$RQ = \frac{产生的CO_2量（mol）}{消耗的O_2量（mol）} = \frac{产生的CO_2容积（ml）}{消耗的O_2容积（ml）}$$

糖、脂肪和蛋白质氧化时产生的 CO_2 量和耗 O_2 量各不相同，它们具有不同的呼吸商（表 7-1）。糖氧化时所产生的 CO_2 量与所消耗的 O_2 量是相等的，所以糖的呼吸商等于 1。脂肪和蛋白质的呼吸商则分别为 0.71 和 0.80。在日常生活中，进食的是糖、脂肪、蛋白质混合食物，机体有几种物质同时分解，整体的呼吸商将变动在 0.71～1.00 之间。正常人混合食物的呼吸商一般在 0.85 左右。

表7-1　三种营养物质氧化时的热价、氧热价和呼吸商

营养物质	产热量 (kJ/g)		耗氧量 (L/g)	CO_2 产量 (L/g)	呼吸商 (RQ)	氧热价 (kJ/L)
	物理热价	生物热价				
糖	17.2	17.2	0.83	0.83	1.00	21.1
脂肪	39.8	39.8	2.03	1.43	0.71	19.6
蛋白质	23.4	18.0	0.95	0.76	0.80	18.9

在一般情况下，体内能量主要来自糖和脂肪的氧化，蛋白质的因素可忽略不计。为了计算方便，可根据糖和脂肪按不同比例混合氧化时所产生的 CO_2 量以及消耗的 O_2 量计算出相应的呼吸商。这种呼吸商称为非蛋白呼吸商（non-protein respiratory quotient，NPRQ）（表 7-2）。

表7-2　非蛋白呼吸商和氧热价

呼吸商	糖（%）	脂肪（%）	氧热价（kJ/L）
0.707	0.00	100	19.62
0.75	15.6	84.4	19.83
0.80	33.4	66.6	20.09
0.82	40.3	59.7	20.19
0.85	50.7	49.3	20.34
0.90	67.5	32.5	20.60
0.95	84.0	16.0	20.86
1.00	100	0	21.12

（二）能量代谢的测定原理和方法

根据能量守恒定律，在整个能量转化过程中，机体所摄入的蕴藏于食物中的化学能与最终转化成的热能和所做的外功，按能量来折算是完全相等的。因此，在不做外功时，只需测得机体散发的总热量，就可得出机体在单位时间内消耗的能量，从而计算出机体的能量代谢率。能量代谢率通常以单位时间内每平方米体表面积的产热量为单位，即以 $kJ/(m^2·h)$ 来表示。测定能量代谢率的方法有直接测热法、间接测热法和简易测算法。

1. **直接测热法**　是利用特殊的测量装置，直接测定机体在一定时间内所发散出来的总热量，然后再换算成单位时间的代谢量，即能量代谢率。由于这种方法要将受试者放置在一个特殊的隔热小房间内，所用设备复杂，操作繁琐，使用不便而极少应用。

2. **间接测热法**　依据物质化学反应的"定比定律"（即化学反应中，反应物的量与产物的量之间呈一定的比例关系）计算出体内物质氧化反应释放的能量，求得能量代谢率。例如，氧化 1mol 葡萄糖，需要 6mol O_2，同时产生 6mol CO_2 和 6mol H_2O，并且释放一定的热量（ΔH）。其化学反应式：$C_6H_{12}O_6+6O_2=6CO_2+6H_2O+\Delta H$。间接测热法是根据这种定比关系来测定受试者在一定时间内产热量的一种方法。

3. 简易测算法　根据临床工作实践，能量代谢率的测定常采用简便的测算方法，可以迅速获得有意义的资料。其方法是：

（1）测定受试者在一定时间内的耗 O_2 量和 CO_2 产生量，将求出的呼吸商视为非蛋白呼吸商，经查表读取相对应的氧热价（表 7-2）。用查到的氧热价乘以耗 O_2 量，便得到该时间内的产热量。

（2）用代谢测定仪测定受试者在一定时间内耗 O_2 量，将混合膳食的呼吸商定为 0.82，此时的氧热价是 20.20kJ，用此氧热价乘以所测的耗 O_2 量，即为该时间内的产热量。

产热量（kJ）＝20.20（kJ/L）×耗 O_2 量（L）

（三）能量代谢的衡量标准

由于个体差异，单位时间内不同个体的总产热量是不同的。若以每千克体重的产热量进行比较，则小动物每千克体重的产热量要比大动物高得多。事实证明，能量代谢率的高低与体重并不成比例关系，而与体表面积基本上成正比，无论身材高大或瘦小，其每平方米体表面积的产热量比较接近。所以，能量代谢率通常以单位时间（1h）内每平方米体表面积的产热量为衡量单位，即以 kJ/（m²·h）来表示。

我国人的人体体表面积的大小，可用下列公式计算：

体表面积（m²）＝0.0061×身高（cm）＋0.0128×体重（kg）－0.1529

在实际应用中，根据受试者的身高和体重，可从图 7-2 中查出其体表面积。

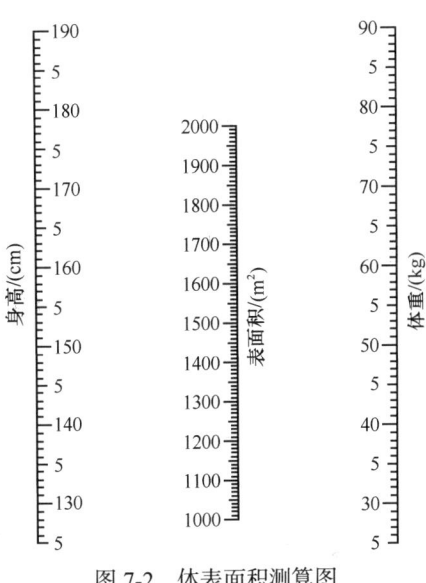

图 7-2　体表面积测算图

三、影响能量代谢的因素

人体能量代谢受多种因素的影响，主要有肌肉活动、环境温度、食物的特殊动力作用及精神活动等。

（一）肌肉活动

肌肉活动对于能量代谢的影响最为显著。机体任何轻微的活动都可提高代谢率。人在剧烈运动或劳动时，骨骼肌的耗 O_2 量显著增加，增加的程度同肌肉活动的强度成正比关系，耗氧量最多可达安静时的 10～20 倍。因此，测定能量代谢时，应避免肌肉运动。

（二）环境温度

人在安静状态下，环境温度为 20～30℃时，能量代谢最稳定，主要原因是这种状态时肌肉比较松弛。当环境温度低于 20℃时，代谢率即开始增加；在 10℃以下时，则显著增加，其原因主要是由于寒冷刺激反射性地引起寒战及肌紧张增强所致。当环境温度超过 30℃时，代谢率又逐渐增加，这可能与体内生化反应加速、发汗及呼吸、循环功能增强等因素有关。

（三）食物的特殊动力效应

人在进食后，即使处于安静状态，也会出现能量代谢率增加的现象，一般从进食后 1h 左右开始延续 7~8h。进食引起机体额外产生热量的现象称为食物的特殊动力效应（specific dynamic effect）。实验表明，进食蛋白质的特殊动力效应最显著，大约可达到 30%；糖和脂肪的特殊动力效应分别为 6% 和 4%，混合性食物为 10%。因此在为病人配餐时，应考虑到这部分能量消耗，给予相应的能量补充。目前食物的特殊动力效应的机制尚不明确，有关实验提示可能与氨基酸在肝脏氧化脱氨基或合成糖原等作用有关。

（四）精神活动

人在平静思考问题时，能量代谢受到的影响并不大，产热量增加一般不超过 4%。但在精神紧张，如焦虑、恐惧或情绪激动时，由于无意识的肌紧张性增加以及刺激代谢的激素（如甲状腺激素和肾上腺髓质激素）释放增多等原因，产热量可以显著增加。因此，在测定基础代谢率时，受试者必须摒除精神紧张的影响。

> 考点提示：
> 影响能量代谢的因素

四、基 础 代 谢

（一）基础代谢与基础代谢率

基础代谢（basal metabolism）是指基础状态下的能量代谢。所谓基础状态，是指人体处在清醒安静，不受肌肉活动、精神紧张、食物及环境温度等因素影响时的状态。可见，基础状态应符合以下条件①清晨、清醒、静卧，无肌肉活动；②前夜睡眠良好，测定时无精神紧张；③测定前禁食 12h 以上；④室温保持在 20~25℃；⑤体温正常。此时由于排除了肌肉活动、精神活动、食物的特殊动力效应及环境温度等因素对能量代谢的影响，体内能量消耗只用于维持血液循环、呼吸等基本的生命活动，能量代谢比较稳定。基础代谢率（basal metabolism rate，BMR）是指基础状态下单位时间内的能量代谢。应该指出，BMR 比一般安静时的代谢率要低些，但并不是最低的，因为熟睡时的代谢率更低（比安静时低 8%~10%，但做梦时可增高）。

（二）基础代谢率表示方法、正常值及临床意义

临床上基础代谢率的表示方法，通常将实测值与同年龄和同性别的正常平均值（表 7-3）相比较，采用实测值与正常平均值相差的百分比（相对值）表示。即：

$$基础代谢率 = \frac{（实测值 - 正常平均值）}{正常平均值} \times 100\%$$

在一般情况下，基础代谢率的实测值与正常平均值比较，相差在 ±10%~±15% 以内，都属于正常。相差值超过 20% 时，才可能有病理变化。甲状腺功能改变对基础代谢的影响最明显。甲状腺功能亢进时 BMR 可比正常值高出 25%~80%；甲状腺功能低下时，BMR 可比正常值低 20%~40%。因此，BMR 的测量是临床诊断甲状腺疾病的重要辅助方法。

> 考点提示：
> 基础代谢率的概念及正常值

表7-3　我国人正常BMR平均值 [kJ (m²·h)]

年龄（岁）	11~15	16~17	18~19	20~30	31~40	41~50	50 以上
男性	195.5	193.4	166.2	157.8	158.6	154.0	149.0
女性	172.5	181.7	154.0	146.5	146.9	142.4	138.6

第二节 体温及其调节

一、体温及其生理变动

（一）正常体温

人体的温度可分为体表温度（shell temperature）和核心温度（core temperature）。生理学所说的体温（body temperature）是指机体深部组织的平均温度，即体核温度。人和高等动物的体温是相对稳定的（故为恒温动物），这是机体进行正常新陈代谢和生命活动的必要条件。因为参与生化反应的各种酶必须在适宜的温度下才能充分发挥生理作用。体温过低或过高，均可使酶的活性降低，影响新陈代谢的正常进行，甚至危及生命。

体表温度是指体表及体表下结构（如皮肤、皮下组织等）的温度。体表温度较低，易受环境温度或机体散热的影响，其波动幅度较大，且各部分温度差异较大。核心温度比体表温度高，且相对稳定，各部之间的差异小，一般不超过 ±0.6℃。但由于代谢水平不同，各内脏器官的温度也略有差异：肝、脑温度较高，可达 38℃，直肠温度则更低。由于血液不断循环传递热量，遂使深部各个器官的温度经常趋于一致。

由于核心温度不易测量，所以临床上通常测量腋窝、口腔或直肠的温度来代表体温。其中直肠温度最高，接近机体的体核温度，且受外界环境温度的影响较小，其正常值为 36.9~37.9℃，平均 37.4℃，测量时应将温度计插入直肠 6cm 以上方可比较接近机体的体核温度；口腔温度较直肠温度低，其正常值为 36.7~37.7℃，测量时应将已消毒的温度计含于舌下，嘱受试者闭口用鼻呼吸，勿用牙咬体温计，3min 后取出。由于此法应用便捷，故临床上可作为常用的测温方法。需要注意的是，口腔温度受室温，进食冷、热物等因素的影响；对于不能配合测量的特殊患者，如婴幼儿和精神障碍者等，则不宜测量口腔温度。腋窝温度（axillary temperature）要比口腔温度低，其正常值为 36.0~37.4℃。因腋窝处是皮肤表面的一部分，其表层温度并不能代表体核体温，因此，在测定腋窝温度时，应让被测者将上臂紧贴胸廓，使腋窝紧闭形成人工体腔，测量时间需持续 5~10min，以使腋窝的温度逐渐升高至接近机体深部温度的水平，测定时还应保持腋窝处干燥。由于测定腋窝温度不易发生交叉感染，故可作为临床上最常用的体温测定方法。

考点提示：
体温的正常值

人工低温的临床应用

人工低温又称人工冬眠，指通过药物和物理方法，使患者体温处于一种可控性的低温范围。由于低温可降低机体新陈代谢及组织器官氧耗，增强患者对缺氧的耐受力，减轻机体对伤害性刺激的反应，并可降低中枢神经系统的反应性，对机体具有保护作用，故在临床上应用广泛。如低温麻醉过程中将体温降至 29~30℃，可安全阻断血液循环 6~8min，对心、肺、脑等主要脏器无明显损害，为简单的心内直视手术赢得了时间。人工冬眠可以帮助患者渡过疾病危险期的缺氧缺能阶段，为进行其他有效的对因治疗争取时间。人工冬眠多用于心肺复苏、严重创伤、感染性休克和高热惊厥等病症的辅助治疗。低温还可用于生物材料的保存。例如，血液制品的保存，人体和动物细胞、组织和器官的低温保存，将有助于解决人体器官移植中的器官保存难题。低温保存的精子存活率高、存活时间长，使用方便，为临床人工授精创造条件等。随着医学科学的发展，人们设想在不久的将来，许多伤情严重但难以及时接受救治的患者，就可以通过人工冬眠延长救治时间，并最终脱离生命危险。

知识链接

(二)体温的生理变动

在生理情况下,体温可随昼夜、年龄、性别、肌肉活动等因素的影响而有所变动,但变动的幅度一般小于1℃。

1. **昼夜变化** 正常人(新生儿除外)的体温在一昼夜之间存在明显的周期性波动,一般在午后1~6时最高,清晨2~6时最低,但波动幅度一般小于1℃。机体在进行功能活动时产生的周期性节律性变化的特性称为生物节律(biological rhythm)。目前认为,生物节律现象主要受下丘脑视交叉上核的控制。人体体温的这种昼夜周期性波动,称为体温的昼夜节律或日节律。研究表明,体温的日节律由内在的生物节律所决定,而与机体的精神或肌肉活动状态等不存在因果关系。

2. **性别差异** 在相同状态下,男性和女性体温略有差别,成年女性的平均体温要高于男性0.3℃左右。此外,处于生育年龄的女性的基础体温可随月经周期而发生有规律的波动,在月经期和排卵前期体温较低,在排卵日最低,排卵后体温升高 0.3~0.6℃(图 7-3)。基础体温是指在基础状态下的体温,通常在早晨起床前测定。因此,通过每天测定成年女子的基础体温可能有助于确定受试者有无排卵及排卵的日期。此外,排卵后表现出体温升高,这主要是由于黄体分泌的孕激素具有产热效应所致。

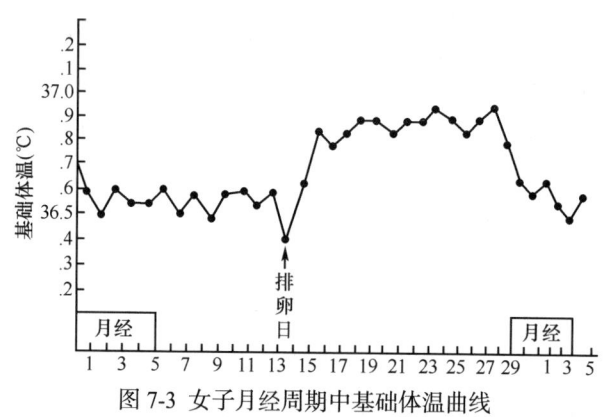

图 7-3 女子月经周期中基础体温曲线

3. **年龄影响** 一般来说,年龄与体温呈反变关系。新生儿,特别是早产儿的体温易受环境因素的影响而变动,这主要是由于其体温调节系统的发育尚不完善,调节体温的能力差所致。如果不注意保温,洗澡时婴儿的体温可降低 2~4℃,故对婴幼儿应特别注意加强保温护理工作。

4. **肌肉活动的影响** 肌肉活动时由于机体的代谢增强,产热量增加,可使体温升高。长时间剧烈运动可使体温接近 40℃左右,故临床上测量体温时应让受试者先安静一段时间后再进行,测量小儿体温时应防止小儿哭闹。

除上述因素外,环境温度过高、情绪激动、精神紧张、进食等因素均可对体温产生影响,故为得到一个准确的测量结果,测定体温时应对上述因素给予充分考虑。此外,麻醉药物可降低体温,所以对麻醉手术的病人应注意保暖。

> **考点提示:**
> 体温的正常变动

二、机体的产热和散热

如前所述,营养物质代谢所释放的化学能在体内转化中,50%以上直接转变成了热能,其余不足50%的化学能载荷于 ATP 等高能化合物的高能磷酸键上,经过转化与利用,最终大部分也变成热能。体内的热能一部分用以维持体温,多余的热量则经血液循环传送到体表并散发到体外。恒温动物之所以能够维持体温的相对恒定，是由于在体温调节系统的控制下，机体的产热（heat production）和散热（heat loss）两个生理过程取得动态平衡的结果。

（一）产热过程

1. **主要产热器官** 体内的热量是由三大营养物质在各组织器官中分解代谢时产生的。由于代谢水平不同，各组织器官的产热量也不相同。安静时，人体主要的产热器官是内脏，占总产热量的56%。在内脏中，肝脏的代谢最旺盛，产热量最大，肝血液的温度比主动脉高0.4~0.8℃。运动和劳动时，骨骼肌成为主要产热器官，其产热量可占机体总产热量的90%（表7-4）。

表7-4 几种组织器官在不同状态下的产热量

组织器官	重量（占体重的%）	产热量（占机体总产热量的%）	
		安静状态	运动或劳动
脑	2.5	16	1
内脏	34	56	8
肌肉、皮肤	56	18	90
其他	7.5	10	1

2. **产热的形式** 机体存在多种产热形式，如基础代谢产热、骨骼肌运动产热、食物的特殊动力效应产热、寒战和非寒战产热等。通常情况下，机体的产热量多数来自全身各组织器官的基础代谢活动，其中内脏器官和脑组织的产热量约占基础代谢产热量的70%左右。而当机体处于安静时，在寒冷的环境中主要依靠寒战产热（shivering thermogenesis）和非寒战产热（non-shivering thermogenesis）两种形式来增加产热量。

（1）寒战产热：寒战是指在寒冷的环境中，骨骼肌在肌紧张增强的基础上发生的不随意的节律性收缩，其节律为9~11次/min。其特点是屈肌和伸肌同时收缩，此时肌肉收缩不做外功，所产生的能量全部转化为热能，机体的能量代谢率可增加到正常时的4~5倍，有利于机体在寒冷的环境中的维持体热平衡。

（2）非寒战产热：又称代谢产热，是机体通过提高组织代谢率来增加产热的形式。非寒战产热作用最强的组织是分布在肩胛下区、颈部大血管周围和腹股沟等处的棕色脂肪（brown fat），约占代谢性产热总量的70%。在棕色脂肪细胞内的线粒体内膜上存在解耦联蛋白（UCP），其作用是使线粒体呼吸链中的氧化磷酸化和ATP合成之间的耦联被解除，从而使棕色脂肪在代谢增强后经氧化还原反应过程中所释放的能量不能被用来合成ATP，而是转化成热能散发出来。在人类，棕色脂肪组织只存在于新生儿体内，由于新生儿体温调节功能尚未完善，在寒冷的环境中不能发生寒战，故这种非寒战产热对新生儿体温的调节意义就显得尤为重要。

3. **产热活动的调节**

（1）神经调节：寒冷刺激可使位于下丘脑后部的寒战中枢兴奋，经传出神经纤维到达脊髓前角运动神经元而引起寒战；可使交感神经系统兴奋，进而引起肾上腺髓质活动增强，导致儿茶酚胺等激素释放增多，使代谢产热增加；还可通过神经系统促使甲状腺激素释放增加，即寒冷刺激可通过某种递质引起下丘脑释放促甲状腺激素释放激素（thyrotropin-releasing hormone，TRH），后者再刺激腺垂体释放促甲状腺激素，从而加强甲状腺的活动。

（2）体液调节：甲状腺激素是调节产热活动最重要的体液因素。研究表明，如果机体暴露于寒冷的环境中数周后，甲状腺的活动会明显增强，大量分泌甲状腺激素，使机体的代谢率增加约20%~30%，但这种调节代谢的特点是作用缓慢，但持续时间长。此外，肾上腺素、去甲肾上腺素和生长激素等也可刺激产热，其特点是起效快，但维持时间短。

(二)散热过程

人体的散热器官主要是皮肤。当环境温度低于人的皮肤温度时，体内大部分热量可以通过皮肤的辐射、传导和对流向外界发散，小部分则随呼气及粪、尿排泄物而散发。当环境温度高于皮肤温度时则通过蒸发来发散体热。

1. 散热方式

(1) 辐射散热：辐射散热 (thermal radiation) 是指机体以热射线的形式将体热传给外界较冷物质的一种散热方式。例如，裸体情况下，当人体处于21℃的环境中时约有60%的热量是通过辐射方式发散的。机体辐射散热量的多少主要取决于皮肤与外环境之间的温度差以及有效散热面积。当皮肤温度高于环境温度时，两者的温度差越大，辐射散热量越多。反之，当环境温度高于皮肤温度时，则机体不仅不能散热，反而要吸收周围环境中的热量。此外，辐射散热还取决于机体的有效散热面积，两者呈正相关。由于四肢的表面积较大，因而在辐射散热中起着重要的作用。

(2) 传导散热：传导散热 (thermal conduction) 是指机体将热量直接传给与之接触的较冷物体的一种散热方式。散热量的多少与皮肤与接触物之间的温度差、接触面积以及接触物体的导热性能有关。空气的导热性差，故通过空气直接传导的散热量极小；棉、毛织物等也是热的不良导体，故穿衣可以保暖；机体脂肪的导热效能也较小，因而肥胖者机体深部的热量不易传向体表，在炎热的天气易出汗；水的比热大，导热性能好，故临床治疗中常温水袋进行局部加温或利用冰帽、冰袋等物理疗法给高热患者降温。

(3) 对流散热：对流散热 (thermal convection) 是指通过空气流动使体热散失的一种散热方式。对流散热量的多少取决于皮肤与周围环境之间的温度差、机体的有效散热面积和风速等因素成正相关。风速越大，对流散热量越多；相反，风速越小，对流散热量越少。增添衣物可通过减少对流而实现保温。

(4) 蒸发散热：蒸发 (evaporation) 是指水分在体表汽化时吸收热量而散发体热的一种方式。在正常体温条件下，体表每蒸发1g水可散发2.43kJ的热量。因此，体表水分的蒸发是一种十分有效的散热形式。临床上使用温水或25%~30%的酒精溶液擦浴，即是通过增加蒸发散热而发挥降温目作用的。当环境温度高于皮肤温度时，蒸发散热将成为机体唯一有效的散热形式。影响蒸发散热的因素主要有环境温度、湿度和风速等。患有无汗症的人，在冷环境中的反应无异于常人，但在热环境中，由于不能通过汗液进行蒸发散热，故而更容易造成体热淤积而发生中暑 (heat stroke)。蒸发散热有不感蒸发和发汗两种形式：

不感蒸发 (insensible perspiration) 是指体液的水分从皮肤和黏膜表面不断渗出而被汽化的一种散热形式。这种蒸发不被人们觉察，与汗腺活动无关，不受生理性体温调节机制的控制。其中水分从皮肤表面的蒸发又称不显汗。在环境温度低于30℃时，人体通过不感蒸发所丢失的水分相当恒定，为12~15g/(h·m²)。人体每日的不感蒸发量约为1000ml，其中600~800ml的水分从皮肤表面蒸发，200~400ml的水分通过呼吸道黏膜蒸发。在肌肉活动增强或发热状态下，不显汗可明显增加。婴幼儿不感蒸发的速率大于成人，故当机体发生缺水时，婴幼儿更易发生严重脱水，因此，在临床上给病人补液时，应注意勿忘补充由不感蒸发丢失的这部分体液。对于某些不能分泌汗液的动物来说，不感蒸发是一种有效的散热途径，例如在炎热环境下，狗常采取热喘呼吸的方式来加强散热。另外，在临床上经常给病人用乙醇擦浴的目的就是利用蒸发散热达到降温的目的。

发汗 (sweating) 是指汗腺主动分泌汗液的过程。通过发汗可有效带走大量体热。由于发汗可被意识到，故又称可感蒸发（sensible evaporation）。人体皮肤上分布有大小不等的汗腺，其中大汗腺局限于腋窝和阴部等处，开口于毛根附近，从青春期开始活动，可能和性功能有关；而小汗腺可见于全身皮肤，其分布密度因部位而异，手掌和足跖最多，额部和手背次之，四肢和躯干最少。但汗腺的分泌能力却以躯干和四肢为最强。汗腺的分泌量差异很大，人体一般在寒冷的环境中无汗液分泌或因分泌的量小而不成汗滴，故常计入不感蒸发；而在高温、剧烈运动和劳动时汗腺的分泌量可达 1.5L 以上。对于先天性汗腺缺乏的患者，虽然能够像正常人一样抵御寒冷，但当其处于高温环境时，由于缺乏汗腺，出现了散热障碍，故更易发生中暑的现象。

2. 汗液　汗液中的水分约占 99%，固体成分约占 1%。固体成分主要是 NaCl，此外还有少量的乳酸、KCl 和尿素等。汗液是汗腺细胞的主动分泌物。刚从汗腺分泌出来的汗液与血浆等渗，但在流经汗腺管腔时，在醛固酮的作用下，汗液中的 Na^+ 和 Cl^- 被重吸收，故最后排出的汗液是低渗的。所以，当机体大量发汗时会导致血浆晶体渗透压升高，造成高渗性脱水。但当发汗速度过快时，由于汗腺管来不及充分吸收 Na^+ 和 Cl^-，导致汗液中的 Na^+ 和 Cl^- 浓度升高，故机体在丢失大量水分的同时，也丢失了大量的 Na^+ 和 Cl^-，因此应注意在补水的同时适量补充食盐，以免引起水和电解质平衡的紊乱，甚至由于神经系统和骨骼肌组织的兴奋性改变而发生热痉挛等。

考点提示：产热及散热的方式

3. 散热的调节

（1）发汗：发汗是一种反射性活动，最重要的发汗中枢位于下丘脑。人体的汗腺主要接受交感胆碱能神经纤维的支配，故乙酰胆碱具有促进汗腺分泌的作用。由温热性刺激引起的发汗称为温热性发汗（thermal sweating），它是一种反射性活动，见于全身各处，主要参与体温调节。在手掌、足跖和前额等处，有些汗腺受肾上腺素能神经纤维的支配，精神紧张时可引起上述部位发汗，称为精神性发汗（mental sweating）。精神性发汗与体温调节的关系不大，其中枢可能在大脑皮质运动区。通常情况下，并不能将这两种形式的发汗截然分开，故二者常同时出现。此外，发汗量和发汗速度还受环境温度、湿度及机体活动的影响。正常人在安静状态下，当环境温度达到 30℃左右时便开始发汗；如果环境湿度较大时，汗液不易被蒸发，体热就不易散失，将会反射性地引起大量出汗；劳动或运动时，即使气温低于 20℃也可产生发汗。

（2）皮肤血流量的改变：皮肤血流量可在很大范围内发生变动，调节皮肤的血流量可以直接调节皮肤的温度，进而调节经皮肤进行的辐射、传导和对流散热。通过辐射、传导和对流等散热方式散失热量的多少，取决于皮肤和环境之间的温度差，而皮肤温度的高低与皮肤的血流量有关。因此，机体可以通过改变皮肤血管的舒缩状态来调节散热量。机体的体温调节系统通过交感神经控制皮肤血管的口径，调节皮肤的血流量，使散热量能符合当时条件下体热平衡的要求。支配皮肤血管的交感神经是下丘脑后部交感神经中枢的传出通路之一，其紧张性的改变可使皮肤血流量在很大范围内发生变动。当机体处于寒冷的环境时，交感神经紧张性活动增强，皮肤小动脉收缩，皮肤血流量减少，致使皮肤与环境之间的温度差减小，散热量减少，从而防止体热的散失；而当机体处于炎热的环境时，交感神经紧张性活动减弱，皮肤小动脉舒张，动-静脉吻合支大量开放，皮肤血流量增加，皮肤温度升高，散热量增多，从而防止体温的升高。实践证明，通过调节皮肤血流量来调节散热是一种最节能的调节散热的方式。当环境温度在 20~30℃时，机体的产热量变化很小，机体既不发汗，也无寒战，仅仅通过调节皮肤血管的口径和改变皮肤的温度即可控制机体的散热量以维持体热的平衡。

三、体温调节

人和高等动物体温的相对稳定,是由于体内存在体温的调节机制。在体温调节机制的作用下,实现产热和散热的动态平衡,使才能使正常体温维持在一个相对稳定的水平。体温调节机制有自主性体温调节(autonomic thermoregulation)和行为性体温调节(behavioral thermoregulation)两种。前者是指在下丘脑体温调节中枢的控制下,机体通过改变皮肤血流量、发汗、改变肌紧张等生理反应,使体温保证相对稳定;后者是指人体通过一定的行为活动对体温进行调节,如增减衣着、使用空调等。后者以前者为基础,人的行为性体温调节是有意识的,是对自主性体温调节反应的补充。以下主要讨论自主性体温调节。

自主性体温调节由温度感受器、体温调节中枢、效应器共同完成。如图7-4所示,下丘脑体温调节中枢(包括体温调定点在内)属于控制系统,它的传出信息控制产热器官(如肝脏、骨骼肌)及散热器官(如皮肤、汗腺)等受控系统的活动,使机体深部温度维持在一个相对稳定的水平。而体温总会受到内外环境,如代谢率、气温、湿度、风速等因素变化的干扰。这些干扰则通过温度检测器(皮肤及深部温度感受器)将信息反馈至脑,经过体温调节中枢的整合,再调整受控系统的活动,建立当时条件下的体热平衡,使体温保持相对稳定。

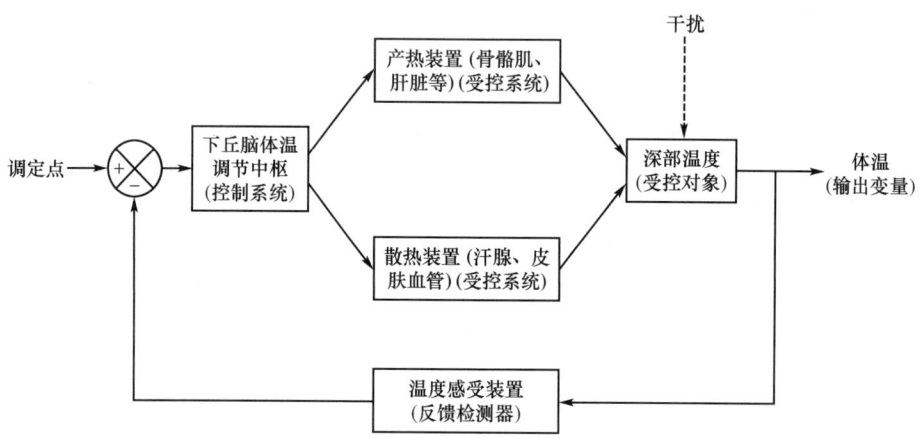

图7-4 体温调节自动控制示意图

(一)温度感受器

温度感受器是感受机体各个部位温度变化的特殊结构。按其分布的位置可分为外周温度感受器和中枢温度感受器;按其感受的刺激又可分为冷感受器和热感受器。

1. 外周温度感受器　此种感受器广泛分布于皮肤、黏膜和内脏中。当局部温度升高时,热感受器兴奋,反之,冷感受器兴奋。这两种感受器各自对一定范围的温度敏感。皮肤温度在30℃以下时使人产生冷觉,皮肤温度在35℃左右则引起温觉。皮肤的冷感受器数量较多,为热感受器的4~10倍,这提示皮肤温度感受器在体温调节中主要感受外界环境的冷刺激,以防止体温下降。此外,皮肤的温度感受器对温度的变化速率更为敏感。

2. 中枢温度感受器　中枢温度感受器指分布于脊髓、延髓、脑干网状结构以及下丘脑等处对温度变化敏感的神经元。其中有些神经元在局部组织温度升高时发放冲动的频率增加,称为热敏神经元;有些神经元在局部组织温度降低时发放冲动的频率增加,称为冷敏神经元。实验研究表明,在脑干网状结构和下丘脑的弓状核中以冷敏神经元居多,而在视前区-下丘脑前部(preoptic-anterior hypothalamus area,PO/AH)中,热敏神经元较多。当局部脑组织温度变动0.1℃,这两种神经元的放电频率就会发生改变,而且不出现适应现象。

（二）体温调节中枢

调节体温的中枢结构存在于从脊髓到大脑皮质的整个中枢神经系统内，下丘脑是体温调节的基本中枢。研究显示：破坏 PO/AH 区，体温调节的散热和产热反应都将明显减弱或消失；PO/AH 区既能感受局部温度的微小变化，也可以会聚机体各个部位传入的温度信息而引起相应的体温调节反应；致热原等化学物质直接作用于 PO/AH 区的温度敏感神经元，能引起体温调节反应。实验表明，PO/AH 不仅具有中枢温度感受器的作用，也是体温调节中枢的关键部位。

由 PO/AH 区发出的传出信号可通过自主神经系统参与血管舒缩反应、发汗反应；通过躯体神经系统参与行为性调节活动和骨骼肌紧张性的改变；以及通过内分泌系统参与代谢性调节反应以维持体温的稳定。

（三）体温调节机制——调定点学说

关于体温调节的机制，现多用调定点学说加以解释。该学说认为，体温的调节类似于恒温器的调节，PO/AH 区的活动设定了一个调定点，PO/AH 区的温度敏感神经元是起调定点作用的结构基础。体温调定点是将机体温度设定在一个温度值，如 37℃，当体温处于这一温度值时，机体的产热和散热过程处于平衡状态，体温能维持在调定点设定的温度水平。中枢的局部温度稍高于调定点的水平时，中枢的调节活动立即使产热活动降低，散热活动加强；反之，也是如此。当病菌感染后，由于致热原的作用，PO/AH 区热敏神经元的反应阈值升高，调定点因而上移，因此，先出现恶寒、战栗等产热反应，直到体温升高到新的调定点水平以上时才出现散热反应。阿司匹林等退热药能阻断致热原的作用，使调定点回降到正常水平，从而起到退热作用。

（于晓婷）

思 考 题

1. 影响能量代谢和影响人体体温的因素分别有哪些？
2. 人体体温的测定部位有哪些？各部位体温的正常值是多少？
3. 人体主要的散热方式有哪些？分别受什么因素的影响？
4. 简述体温调节机制？

第八章 肾脏的排泄功能

> **学习要点**
> 1. 肾小球的滤过功能及其影响因素。
> 2. 肾小管和集合管的物质转运功能。
> 3. 尿生成的调节。

第一节 概　　述

一、排泄的概念及途径

人体在生命活动过程中，需不断从外界摄取氧和营养物质，通过物质的氧化分解，为各种生命活动提供所需的能量，同时也产生了各种代谢产物，代谢的终产物不能再被机体利用，需要及时排出体外。机体将代谢终产物和进入体内的异物（包括药物）及过剩的物质，经血液循环，由排泄器官排出体外的过程，称为排泄（excretion）。可见，排泄是体内物质代谢过程的最终环节。

排泄不同种类的物质需要不同的排泄器官通过不同排泄途径完成，人体主要的排泄途径及排出的主要物质见（表8-1）。

表8-1　人体的排泄器官及其排泄物

排泄器官	排泄物
肾脏	水、尿素、肌酐、盐类、药物、毒物、色素等
皮肤及汗腺	水、盐类、少量尿素等
呼吸系统	CO_2、H_2O、挥发性药物等
消化道	钙、镁、铁、磷等无机盐，胆色素，毒物等
唾液腺	重金属、狂犬病毒等

但由直肠排出的未被消化的食物残渣，因未经过血液循环、没有进入内环境，故不属于排泄的范畴。

二、肾脏的功能

肾是人体重要的生命器官，具有多种功能：①排泄功能：由上可见，肾排出物质种类最多、数量最大，并能随机体的不同状态通过改变尿量和尿液中物质的含量，随时改变对水、盐类和酸碱类物质的排出量，是人体最重要的排泄器官。②调节功能：调节水、电解质和酸碱平衡以及维持血压。所以，肾脏是维持机体内环境相对稳定的重要的排泄器官之一。③内分泌功能：肾能合成多种生物活性物质，如促红细胞生成素、肾素和前列腺素以及使维生素

D_3活化的1α-羟化酶等。

本章仅介绍肾的排泄功能,重点阐述尿生成的过程及其调节机制和尿液的排放。

三、肾脏结构和血液循环的特征

(一) 肾脏的结构特点

1. 肾单位和集合管　肾单位是肾的基本功能单位,两侧肾约有170万~240万个肾单位,结构组成如下(图8-1):

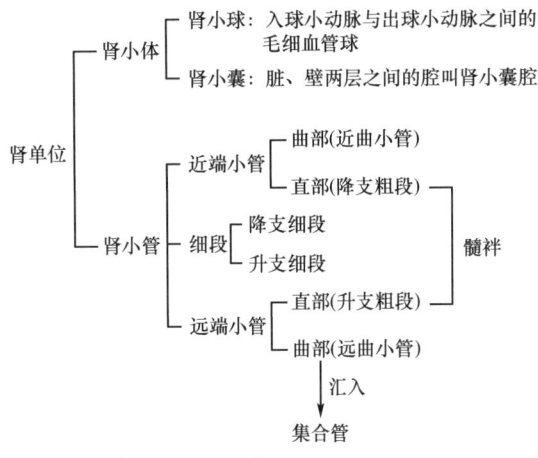

图8-1　肾单位结构组成示意图

根据肾单位在皮质内深浅位置不同,肾单位可分为皮质肾单位(cortical nephron)和近髓肾单位(juxtamedullary nephron)两类,其数量和结构有明显差异(图8-2)和(表8-2),但基本结构相同。

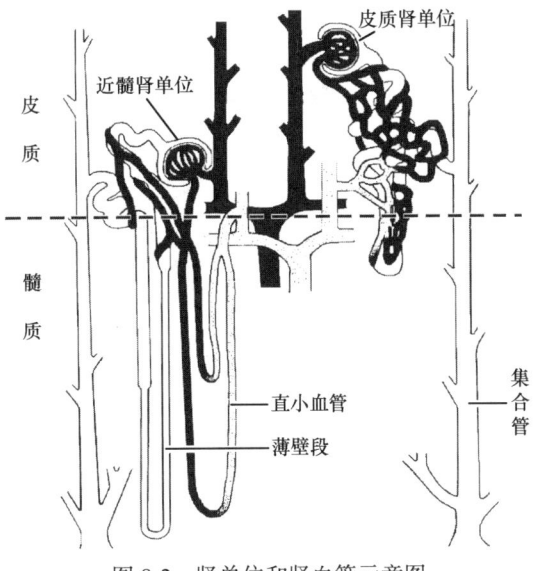

图8-2　肾单位和肾血管示意图

表8-2　皮质肾单位和近髓肾单位的结构和功能特点的比较

	皮质肾单位	近髓肾单位
分布	肾皮质的外层和中层	肾皮质的近髓层
占肾单位的总数	多（85%～90%）	少（10%～15%）
肾小球的体积	较小	较大
入、出球小动脉的口径	入球小动脉∶出球小动脉≈2∶1	入球小动脉≈出球小动脉
出球小动脉分支	形成毛细血管网几乎全部缠绕在皮质部该肾单位的肾小管周围	形成肾小管周围的毛细血管网和U形的直小血管
髓袢	短，仅达外髓层	长，可达内髓层
球旁器	有，肾素含量多	几乎没有
主要功能	泌尿、分泌肾素	浓缩和稀释尿液

集合管不属于肾单位的组成，但尿生成需要肾单位和集合管共同完成。在尿生成过程中，尤其是在尿的浓缩和稀释以及保持体内电解质平衡中，集合管起着重要的作用。

肾单位在受到损伤后，一般不能再生，老年人肾脏中有功能的肾单位的数量逐渐减少，在这种况下，存留的肾单位能进行功能上的代偿，而且肾的代偿能力较强，故一旦出现肾功能不全，则很难恢复。

2. **球旁器**　球旁器（juxtaglomerular apparatus）又称近球小体，主要分布在皮质肾单位，由球旁细胞、致密斑和球外系膜细胞组成（图8-3）。球旁细胞是入球小动脉近血管极处，由中膜平滑肌细胞特殊分化而成的上皮样细胞，胞质中含有分泌颗粒。故球旁细胞能合成、储存和释放肾素（renin）。致密斑由远曲小管近血管极一侧的管壁上皮细胞特化而成的椭圆形隆起，它与入球小动脉和出球小动脉相接触，其功能是感受小管液中NaCl含量的变化，并将信息传至球旁细胞，调节肾素的释放。球外系膜细胞分布在入球小动脉、出球小动脉和致密斑之间的三角形区域内，具有吞噬功能。

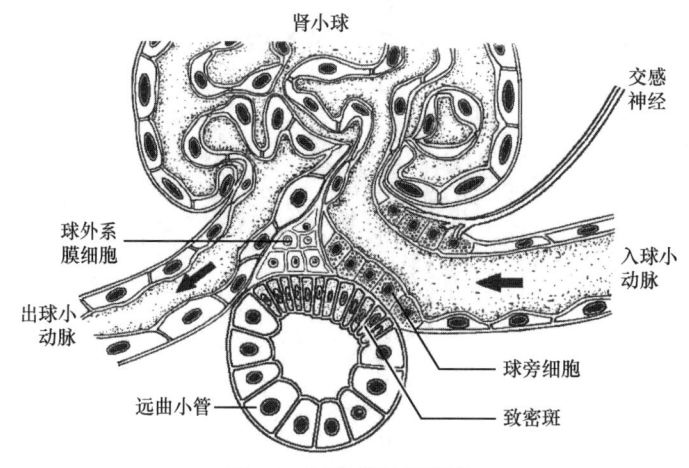

图8-3　球旁器组成意图

（二）肾血液循环的特点

1. **血流量大**　肾是机体血液供应最丰富的器官之一，正常成人安静时，两肾总血流量为1200ml/min，相当于心输出量的20%～25%。丰富的血液供应有利于完成肾的泌尿功能。

2. **肾血流的不均分布**　流经肾的血液，大约有94%分布在肾皮质，分布在髓质的仅占肾血流量的6%。通常所说的肾血流量主要是指皮质血流量。

3. 两套毛细血管网的血压差异大

（1）肾小球毛细血管网：肾小球毛细血管网介于入球小动脉和出球小动脉之间。因入球小动脉粗而短，使肾小球毛细血管网的后阻力较前阻力大，故肾小球毛细血管网的血压高，有利于肾小球的滤过功能。

（2）肾小管周围毛细血管网：是出球小动脉的再次分支形成。血液流经入球和出球小动脉之后，因阻力消耗，造成肾小管周围毛细血管网的血压低，这有利于实现肾小管的物质重吸收功能。

4. 肾血流量的调节　足够的肾血流量是尿生成的前提条件。肾血流量的多少受自身调节、神经调节和体液调节。

（1）自身调节：在离体肾的灌流实验中观察到，当肾动脉灌注压（相当于体内的平均动脉压）由20mmHg升高到80mmHg的过程中，肾血流量随灌注压的升高而增多；当灌注压在80～180 mmHg范围内变动时，肾血流量保持相对恒定；进一步升高灌注压，肾血流量又随之增多（图8-4）。实验证明，当肾动脉血压在80～180mmHg范围内变动时，肾血流量可保持相对恒定。这种肾血流量不依赖于神经和体液因素的作用，而在一定血压变动范围内保持相对恒定的现象称为肾血流量的自身调节（autoregulation of renal blood flow）。肾血流的自身调节保证了一定范围内尿量不会随血压的波动而改变。

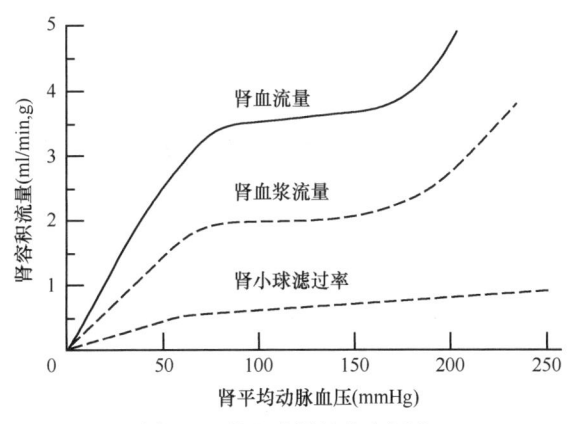

图8-4　肾血流量的自身调节

肾血流量自身调节的机制尚未完全阐明。目前获得较多支持的是肌源学说：肾的血管阻力主要取决于入球小动脉、出球小动脉和小叶间动脉的阻力。在自身调节中，入球小动脉阻力的变化起主要作用。灌注压在80～180mmHg范围内升高时，入球小动脉受到的牵张刺激逐渐增强，小动脉平滑肌的紧张性增强，口径缩小，阻力增大，使流入的血液量不致增多；灌注压由180mmHg降至80mmHg的过程中，入球小动脉逐渐舒张，血流阻力减小，流入的血液量不致减少；如果灌注压高于180mmHg或低于80mmHg时，小动脉平滑肌的收缩和舒张能力已达到极限，不能继续维持肾血流量的自身调节，肾血流量则随动脉血压的变化而改变。如用罂粟碱、水合氯醛或氰化钠等药物抑制平滑肌的活动，肾血流量的自身调节能力消失，该现象为肌源学说提供了依据。

（2）神经和体液调节：支配肾的神经主要是交感神经，虽有副交感神经进入肾，但其作用尚不清楚。肾交感神经活动加强时，引起肾血管收缩，肾血流量减少。当人体剧烈运动时，交感神经系统活动加强，引起血管收缩，尤其是肾、胃肠、皮肤的血管收缩，阻力增大血流量减少，而使骨骼肌的血流量增多，实现血流的重新分配。调节肾血流量的体液因素主要有肾上腺素、血管升压素和血管紧张素等，都能引起肾血管收缩，肾血流量减少。另外也有一些使肾血管舒张的物质，如前列腺素和一氧化氮等。

一般情况下，肾主要依靠自身调节保持肾血流的相对稳定，来维持正常的泌尿功能。在大失血、中毒性休克等应急状态时，通过神经—体液调节，使肾血流量减少，实现血液的重新分配，以保证脑和心脏等重要的生命器官的血液供应。

考点提示：
肾血流量的调节；尿生成的基本过程

尿生成是由肾单位和集合管共同完成的，是一个连续而又复杂的过程，包括肾小球的滤过、肾小管和集合管的重吸收和分泌三个阶段。通过肾小球滤过功能生成原尿，原尿在流经肾小管和集合管时又经过选择性的重吸收与分泌，以及对尿液的浓缩和稀释作用，最终形成排出体外的终尿。

> **研究肾功能的一些实验技术**
>
> 生理学中对各个器官功能的研究都需要一些特殊的研究方法。研究肾的功能也需要一些特殊的研究方法。了解一些有关的实验方法或技术，就容易理解肾生理学的有些知识是怎样得来的。和研究其他器官的功能相比，研究肾功能所用的比较特殊的研究方法是清除率和微穿刺。清除率的测定方法将在后续章节中专门讨论。微穿刺技术是在解剖显微镜下用微操纵器将一尖端直径为几个微米的微吸管插入肾小管内，收集肾小管内的液体，再测定小管液的流量和小管液内不同物质的浓度。如果在肾小管的不同段进行穿刺收集小管液，比较两个部位小管液成分的差别，就可以推知在两个穿刺点之间的肾小管对小管液进行处理的情况。
>
> **知识链接**

第二节 肾小球的滤过功能

当血液流经肾小球时血浆中的水和小分子的溶质在有效滤过压的驱动下经滤过膜滤入到肾小囊的过程，称为肾小球的滤过（glomerular filtration），滤入到肾小囊的液体称为滤液，也叫原尿。微量分析结果显示，原尿的成分除大分子的蛋白质外和血浆基本相同（表8-3），所以可看做是血浆的超滤液。

表8-3 血浆、原尿和终尿成分比较

成分	血浆（g/L）	原尿（g/L）	终尿（g/L）	终尿/血浆（倍数）	滤过总数（g/d）	排出量（g/d）	重吸收率（%）
Na^+	3.3	3.3	3.5	1.1	594.0	5.3	99
K^+	0.2	0.2	1.5	7.5	36.0	2.3	94
Cl^-	3.7	3.7	6.0	1.6	666.0	9.0	99
碳酸根	1.5	1.5	0.07	0.05	270.0	0.1	99
磷酸根	0.03	0.03	1.2	40.0	5.4	1.8	67
尿素	0.3	0.3	20.0	67.0	54.0	30.0	45
尿酸	0.02	0.02	0.5	25.0	3.6	0.75	79
肌酐	0.01	0.01	1.5	150.0	1.8	2.25	0
氨	0.001	0.001	0.4	400.0	0.18	0.6	0
葡萄糖	1.0	1.0	0	0	180.0	0	100
蛋白质	微量	0	0	0	微量	0	100
水	900	980	960		180L	1.5L	99

在肾血流量充足的前提下，原尿的生成主要与滤过膜和有效滤过压有关，以下分别讨论它们在原尿生成中的作用以及影响肾小球滤过的因素。

一、滤过膜及其通透性

滤过膜是滤过的结构基础，由三层结构组成（图8-5）：内层是肾小球毛细血管内皮细胞层，细胞间有直径在50～100nm的微孔，可以阻止血细胞通过，对血浆成分几乎没有限制作用，是三层结构中通透性最大的；中层是基膜层，由水和凝胶形成的纤维网结构，厚约300nm，有4～8nm的网孔，网孔的直径最小，是滤过膜机械屏障的主要部分，水和部分溶质可通过，而大分子的蛋白质则很难通过基膜；外层是肾小囊脏层上皮细胞层，上皮细胞有许多足突贴附于基膜外面，足突相互交错形成裂隙，称为裂孔。裂孔上覆盖一层薄膜，薄膜上有4～11nm的小孔是肾小球滤过的最后屏障，可限制蛋白质通过。以上

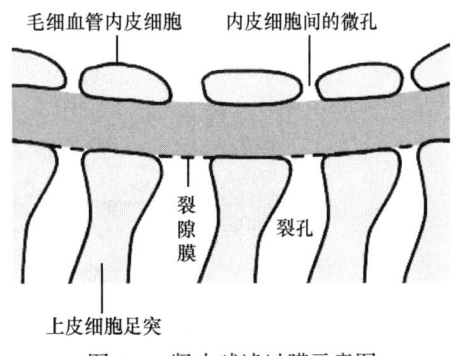

图8-5 肾小球滤过膜示意图

三层结构上的微孔形成滤过膜的机械屏障（使血细胞不能滤出）。此外，在滤过膜各层的孔都覆盖有一层带负电荷的膜（主要成分是糖蛋白），起电学屏障的作用（使白蛋白不能滤出）。

血浆中的物质能否通过滤过膜，取决于被滤过物质的分子大小及其所带的电荷。凡是相对分子量小于60 000，有效半径小于1.8nm的带正电荷的或呈电中性的物质，如水、尿素、葡萄糖、各种离子等，均可自由通过滤过膜。相对分子量大于69 000的大分子物质，即使带正电荷，由于机械屏障的作用也难以通过滤过膜。虽然血浆白蛋白的相对分子量为69 000，但由于带负电荷，不能通过电学屏障。而相对分子量很小时，即使带负电荷也能滤过，如各种酸根离子。由此可见，滤过膜两个屏障作用一般以机械屏障为主。两种屏障作用使滤过膜对血浆中物质的通过具有高度的选择性，这种选择性对原尿的成分起着决定性作用。

生理情况下，肾血流量相对稳定，滤过膜通透性和滤过面积不变，原尿生成的多少，由滤过动力有效滤过压决定。

二、有效滤过压

有效滤过压（effective filtration pressure，EFP）是肾小球滤过的直接动力。与组织液生成的机制相似，肾小球有效滤过压的大小是由推动滤过的力量和阻止滤过的力量决定的，二者的差值就是肾小球有效滤过压，即有效滤过压=（肾小球毛细血管血压+滤液的胶体渗透压）-（血浆胶体渗透压+囊内压）。因为滤过膜对蛋白质几乎不通透，故肾小囊内的滤液中蛋白质浓度极低，其胶体渗透压可忽略不计。因此，有效滤过压=肾小球毛细血管血压-（血浆胶体渗透压+囊内压）（图8-6）。用微穿刺法测定肾小球毛细血管血压发现，入球小动脉端和出球小动脉端血压几乎相等为45mmHg。由于肾小囊腔与肾小管腔相通，生成的滤液不断流入肾小管，肾小囊内压也较恒定约为10mmHg。发生改变的只有血浆胶体渗透压，入球端为25mmHg。因此入球端的有效滤过压=45-（25+10）=10mmHg。由于在血液流经肾小球毛细血管过程中随着滤液不断生成，水分和晶体物质不断滤出，血浆蛋白逐渐被浓缩，血浆胶体渗透压逐渐升高，所以，有效滤过压逐渐降低，当有效滤过压降到零时，滤过停止，这种情况称为滤过平衡（filtration equilibrium）。由此可见，尽管肾小球毛细血管全长都有滤过的功能，但并非全长都有滤液生成，只有有效滤过压为零之前的一段毛细血管才有滤液生成。生成滤液的

毛细血管长度取决于有效滤过压下降的速度及肾血浆流量大小。当肾血浆流量大，有效滤过压下降的速度减慢时，则生成滤液的毛细血管长度延长，生成的原尿量增多；反之，则减少。

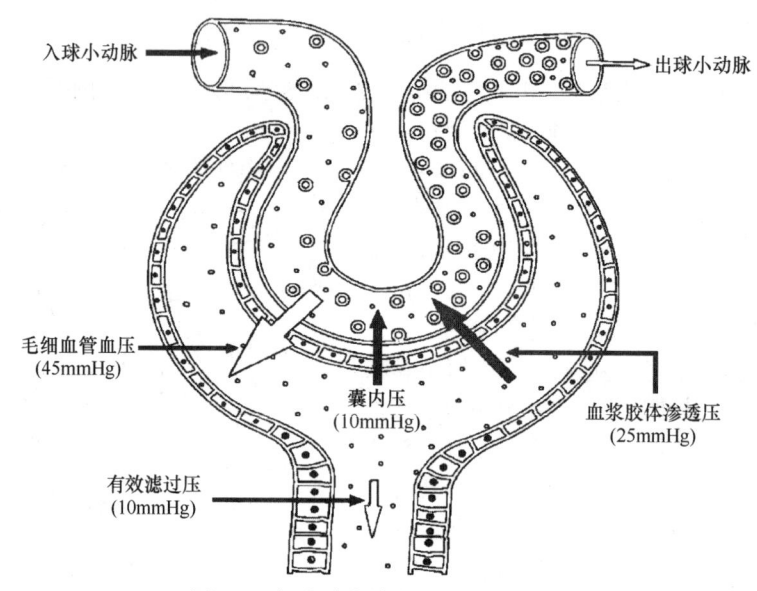

图 8-6　肾小球有效滤过压变化示意图

单位时间内(每分钟)两侧肾生成的原尿量，称为肾小球滤过率(glomeruar filtration rate，GFR)。肾小球滤过率是衡量肾功能的重要指标，正常成年人安静时平均约为 125ml/min。一昼夜滤出的血浆量可达 180L。肾小球滤过率与肾血浆流量的比值，称为滤过分数(filtration fraction，FF)。在肾血浆流量为 660ml/min 时，滤过分数=125/660×100%≈19%，即流经肾脏的血浆约有 1/5 由肾小球滤出到肾小囊中形成原尿。某些病理情况时，如肾小球肾炎、肾功能衰竭的病人，肾小球滤过率可明显降低，出现少尿。

三、影响肾小球滤过的因素

肾小球滤过是以足够肾血流量为前提，有效滤过压为直接动力，滤过膜为结构基础而进行的，所以这些因素的改变，均可影响肾小球滤过功能。

(一)肾血浆流量

在其他条件不变时，肾血浆流量与肾小球滤过率呈正变关系。如前所述，在血液流经肾小球毛细血管过程中，随着血浆中的水不断被滤出，血浆胶体渗透压逐渐升高，有效滤过压逐渐下降至零，所以，入球端至出球端毛细血管的全长并非都有滤液生成。在临床上，由静脉大量输入生理盐水或 5%葡萄糖溶液时，肾血浆流量增加，肾小球毛细血管内血浆胶体渗透压升高速度和有效滤过压下降速度均减慢，产生滤过作用的毛细血管延长，肾小球滤过率增大。动物实验表明，当肾血浆流量比正常值大三倍时，毛细血管全长均有滤过。相反，在各种原因所致的休克时，由于交感神经兴奋，肾血管收缩，肾血流量减少，血浆胶体渗透压上升的速度和有效滤过压下降的速度均加快，肾小球滤过率减少。

(二)滤过膜的面积和通透性

生理情况下，两肾的肾小球都有滤过作用，滤过膜面积较大，约 $1.5m^2$，并相对稳定。通透性具有高度选择性，大分子的血浆蛋白不能滤出。只有在某些病理情况下，如急性肾小球肾炎时，因肾小球毛细血管管腔狭窄或阻塞，使滤过膜面积减小，肾小球滤过率降低，出现少尿甚至无尿；滤过膜通透性增大，使血浆蛋白甚至血细胞滤出而出现蛋白尿和血尿。

尿毒症是急慢性肾功能衰竭的最严重阶段，除水电解质、酸碱平衡紊乱和肾内分泌功能失调外，还出现内源性毒性物质蓄积而引起的一系列自身中毒症状，是"集各系统症状于一身的综合征"。尿毒症患者血浆中有二百多种代谢产物或毒性物质，其中很多能引起尿毒症症状。血液透析的基本原理是通过弥散、对流及吸附清除血液中各种内源性和外源性"毒素"；通过超滤和渗透清除体内潴留的水分，同时纠正电解质和酸碱失衡，使机体内环境接近正常。即血液和透析液在透析机（人工肾）内借半透膜接触和浓度梯度进行物质交换，血液中的代谢废物和过多的电解质进入透析液，透析液中的钙离子、碱基等进入血液，达到血液净化的目。但是透析可延长患者的寿命，肾移植是目前治疗尿毒症最有效的方法。

（三）有效滤过压

有效滤过压是滤过的直接动力，由肾小球毛细血管血压、血浆胶体渗透压和囊内压三个因素构成，其中任何一个因素改变都会改变有效滤过压的大小而影响肾小球的滤过率。

1. 肾小球毛细血管血压　如前所述，当动脉血压在 80~180mmHg 范围内变动时，肾血流量及肾小球毛细血管血压保持相对稳定，肾小球滤过率变化不大。当动脉血压低于 80mmHg 时，则超过了自身调节范围，加上此时交感神经兴奋，肾血管收缩，肾血流量减少，肾小球毛细血管血压降低，有效滤过压降低，肾小球滤过率下降，出现少尿。当动脉血压下降至 40~50mmHg 以下时，肾小球滤过率下降到零，尿生成停止，出现无尿。在人体剧烈运动期间，尽管血压也在此范围内波动，但由于体内血液发生重新分配，流至肌肉和脑的血量增多，分配至肾的血量便减少，使肾小球毛细血管血压降低，有效滤过压降低，肾小球滤过率减小。

2. 血浆胶体渗透压　正常情况下血浆胶体渗透压稳定，对肾小球滤过率影响不大。若因某些疾病使血浆蛋白的浓度明显降低，或由静脉输入大量的生理盐水使血浆稀释，血浆胶体渗透压降低，有效滤过压升高，肾小球滤过率增加，原尿生成增多。

3. 囊内压　正常情况下囊内压比较稳定，但当肾盂或输尿管形成结石、肿瘤压迫使输尿管阻塞时，原尿流出不畅，囊内压升高，有效滤过压降低，肾小球滤过率减少。此外，某些药物（如磺胺类）在小管液中浓度过高，极易在酸性环境中析出结晶；某些疾病时溶血过多，血红蛋白易在酸性环境中变性；这两种情况下均能堵塞肾小管，使囊内压升高，影响肾小球滤过。

> 考点提示：
> 有效滤过压，影响肾小球滤过的因素

第三节　肾小管和集合管的物质重吸收与分泌功能

原尿进入肾小管后称为小管液，小管液流经各段肾小管和集合管后，与原尿相比，质和量均发生了明显的变化（表 8-3），这是由于肾小管和集合管的重吸收和分泌功能所致。肾小管和集合管的上皮细胞都有转运物质的功能，根据转运物质方向的不同可分为重吸收和分泌两种。将小管液中的水和溶质经肾小管和集合管壁上皮细胞转运到组织间，再回到血液中的过程，称为重吸收；相反，将血液中某种物质或管壁上皮细胞内的代谢产物转运至小管液中，使其随尿排出的过程，称为分泌，重吸收和分泌是两种方向相反的物质转运的过程，紧密联系，相互关联，同时进行。

一、重吸收的部位和途径

各段肾小管和集合管都有重吸收物质的功能，但是不同部位重吸收物质的能力、种类和数量不同，其中的近端小管重吸收能力最强、种类最多、数量最大，这是由近端小管的一些结构和功能特点决定的。如近端小管上皮细胞的管腔膜上有大量密集的微绒毛形成的刷状缘，使吸收面积扩大，可达 50～60m²；上皮细胞内有大量的线粒体及酶类，代谢活跃；管腔膜上有丰富的转运体；管周膜和基侧膜上 Na^+ 泵、离子通道和载体的数量多、功能活跃；对水有极高通透性，而且不受任何因素的影响。另外，流经近端小管的小管液溶质量多。

重吸收的主要途径是由上皮细胞完成的，即跨上皮细胞途径；也有少量的物质的重吸收是通过细胞间隙完成的，即细胞旁途径。在小管上皮细胞之间有约 30nm 的间隙，只有靠管腔侧膜的紧密连接处构成闭锁区，将组织液和小管液完全隔开，该转运途径转运物质少，为跨上皮细胞途径重吸收的补充。

二、重吸收的方式

因为物质转运方式有主动转运和被动转运两种，所以吸收也包括主动重吸收和被动重吸收两种方式。

（一）主动重吸收

是指肾小管和集合管上皮细胞在耗能的情况下，将小管液中的溶质逆浓度差或电位差转运到管周组织液并进入血液的过程。主动重吸收根据能量提供方式，又分为原发性主动重吸收和继发性主动重吸收两种，原发性主动重吸收所需能量由三磷酸腺苷（ATP）水解直接提供，如 Na^+ 和 K^+ 的重吸收；继发性主动重吸收所需能量不是直接来自 ATP 水解，但是需要与 Na^+ 的主动重吸收耦联进行，如葡萄糖、氨基酸和有机酸等的重吸收。需要与 Na^+ 共用细胞膜上的不同转运体，与 Na^+ 的主动重吸收耦联，通过细胞膜而被吸收，其动力来自 Na^+ 顺电化学梯度转运时释放的能量，是间接消耗 ATP。转运体有同向转运体和逆向转运体两种。转运体可同时转运两种或两种以上的物质，同向转运体转运物质的方向相同，也叫协同转运。例如葡萄糖重吸收就是典型的协同转运的过程。逆向转运体转运物质的方向相反，也叫逆向交换。例如 H^+ 的分泌是逆向交换的过程。

（二）被动重吸收

是指小管液中的溶质顺电-化学梯度进行扩散，以及水在渗透压梯度作用下进行渗透，从管腔转移至管周组织液，再回到血液的过程。被动重吸收过程中是以浓度差、电位差、渗透压差为动力，不消耗能量。

主动重吸收和被动重吸收之间存在密切联系。如 Na^+ 的主动重吸收，使肾小管内电位降低，形成肾小管内外的电位差，Cl^- 即顺电位差扩散而被动重吸收。

另外，重吸收数量的多少，除与动力的大小有关外，还取决于肾小管和集合管上皮细胞对所重吸收物质通透性的高低。例如，抗利尿激素通过调节集合管上皮细胞对水的通透性，改变水的吸收量，实现的尿浓缩与稀释。

因为分泌与重吸收相互关联同时进行，所以，各段肾小管和集合管分泌物质的种类和方式，既受肾小管和集合管结构特征的影响，又受重吸收的影响。例如近端小管分泌 H^+ 是和 Na^+ 借助管腔膜上的逆向转运体实现的逆向交换过程，Na^+ 吸收是 H^+ 分泌的前提条件。远曲小管和集合管处的分泌是利用主细胞管腔膜上的 H^+ 泵主动转运进入小管液的。

三、各段肾小管和集合管的重吸收与分泌

（一）近端小管的物质重吸收与分泌

近端小管重吸收的能力最强，种类最多，数量最大，正常情况下，小管液中的葡萄糖、氨基酸等营养物质，几乎全部在近端小管重吸收；HCO_3^- 的重吸收量占滤过总量的

99%以上，其中80%～90%在近端小管重吸收；65%～70%的水和Na^+、K^+、Cl^-等，也在此重吸收。近端小管是分泌H^+的主要部位；正常情况下，不分泌NH_3，在发生酸中毒时也能分泌NH_3。

1. Na^+的主动重吸收和H^+的分泌　近端小管的前段，由于上皮细胞基底膜和管周膜上的Na^+泵功能活跃，Na^+被持续不断地主动转运到组织液中而被重吸收，使上皮细胞内的Na^+浓度降低，小管液中的Na^+则顺电-化学梯度进入管壁的上皮细胞内。Na^+在通过管腔膜时，细胞内的H^+借助管腔膜上的逆向转运体与Na^+交换进入小管液中，称为H^+-Na^+交换过程，实现H^+的分泌（图8-7a）。在近端小管，H^+主要来源于从小管液扩散进入上皮细胞的CO_2，分泌到小管液中的H^+与HCO_3^-结合从而促进HCO_3^-的重吸收。$NaHCO_3$是体内重要的碱储备，因此，H^+的分泌具有排酸保碱、维持体内酸碱平衡的重要作用。

2. HCO_3^-和Cl^-的重吸收　HCO_3^-在血浆中以$NaHCO_3$的形式存在，$NaHCO_3$进入肾小管后可解离成Na^+和HCO_3^-，HCO_3^-不易通过管腔膜，而是与分泌入小管液中的H^+结合生成H_2CO_3，H_2CO_3再分解为CO_2和水。CO_2为高脂溶性物质，可迅速扩散入上皮细胞内，在碳酸酐酶（carbonic anhydrase，CA）的催化下和细胞内的水又生成H_2CO_3，H_2CO_3解离成H^+和HCO_3^-，H^+经Na^+-H^+交换再进入小管液，即H^+的分泌；HCO_3^-经管周膜上的通道回到组织间液（图8-7a）。故小管液中的HCO_3^-是以CO_2的形式被重吸收的，CO_2为高脂溶性物质吸收的速度明显高于Cl^-的速度，故HCO_3^-的重吸收常优先于Cl^-。HCO_3^-是体内重要的碱储备物质，其优先重吸收对于体内酸碱平衡的维持具有重要意义。Na^+与HCO_3^-和水的重吸收，导致小管液中Cl^-浓度升高，高于组织液；同时管腔内带负电，管腔外带正电，形成了Cl^-电-化学梯度，当小管液流经近端小管后段时Cl^-经细胞旁途径被动重吸收。由于Cl^-的被动重吸收是生电性的，使管腔内带正电，管腔外带负电，Na^+顺电位差经过细胞旁途径被动重吸收（图8-7b）。此途径的吸收约占NaCl重吸收的1/3，经跨上皮细胞途径的吸收为主约占2/3。

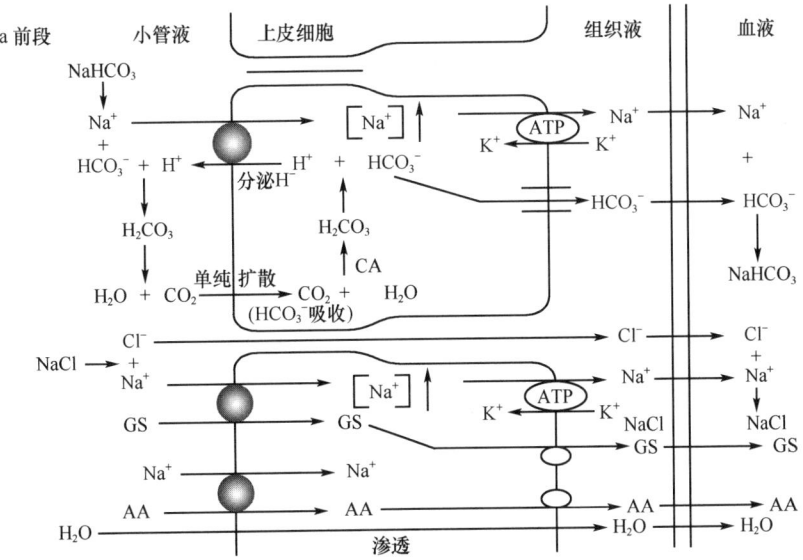

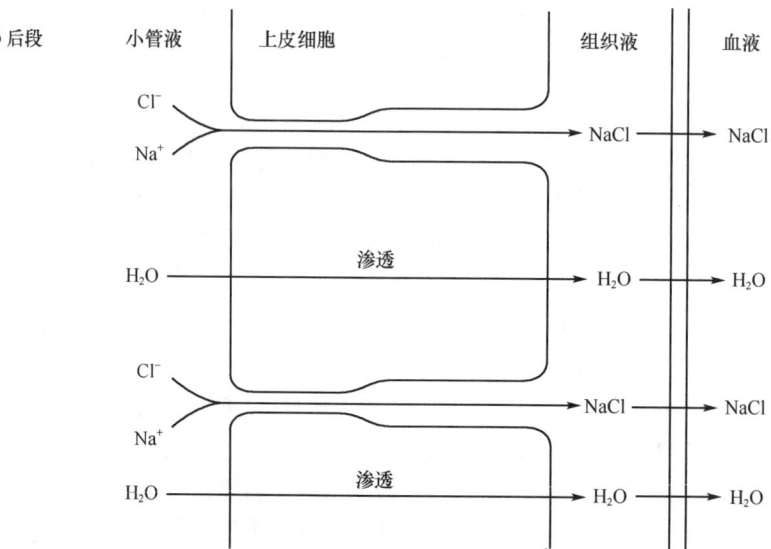

图 8-7 近端小管重吸收和 H⁺的分泌示意图

实心圆：转运体；空心圆：载体；椭圆中有 ATP 表示 Na⁺泵；CA：碳酸酐酶

3. 葡萄糖的重吸收　原尿中的葡萄糖浓度和血糖浓度相等，终尿中几乎不含葡萄糖，说明葡萄糖几乎全部被重吸收。微穿刺实验表明，葡萄糖的重吸收部位仅限于近端小管（主要在近曲小管），其余的各段肾小管无重吸收葡萄糖的能力。所以，一旦近端小管不能将葡萄糖全部重吸收，剩余的部分则随尿排出。

葡萄糖的重吸收是逆浓度差进行的，葡萄糖和 Na⁺与近端小管上皮细胞的管腔膜上的同向转运体结合，经继发性主动转运进入细胞。在细胞内，Na⁺被泵入组织液，葡萄糖则和管周膜上的载体结合，易化扩散至管周组织液再入血（图 8-7a）。以上过程只有在钠泵将 Na⁺从细胞内主动转运入管周组织液，使细胞内 Na⁺浓度降低时，才能发生。一旦钠泵活动被抑制，葡萄糖的重吸收也受阻。因此，葡萄糖的重吸收是与 Na⁺耦联进行的继发性主动转运过程。

近端小管对葡萄糖的重吸收有一定的限度，小管液中糖的浓度即是血糖浓度，血糖浓度过高，超过近端小管重吸收糖的最高极限，部分糖不能被重吸收，尿中即出现葡萄糖，称为糖尿。尿中刚刚出现葡萄糖时的最低血糖浓度称为肾糖阈（renal glucose threshold），正常值为 8.96～10.08mmol/L（1.6～1.8g/L）。当血糖浓度超过肾糖阈后，随着血糖浓度的升高，尿中的葡萄糖增多。

4. K⁺的重吸收　原尿中的 K⁺ 94%被重吸收，其中，65%～70%在近端小管重吸收；髓袢升支粗段可重吸收少量 K⁺；至远曲小管始段，小管液中的 K⁺ 仅为滤过量的 5%～10%，这部分 K⁺在远曲小管和集合管可被继续重吸收，特别是在 K⁺的摄入过度减少时尤其明显。据测定小管液中的 K⁺浓度约 4mmol/L，肾小管上皮细胞内浓度约 150mmol/L。同时由于 Na⁺的主动重吸收，造成管腔内电位比管周液低 4mV，可见近端小管对 K⁺的重吸收是既逆浓度差又逆电位差的主动转运过程，机制不明。终尿中的 K⁺绝大部分是由远曲小管和集合管分泌的。

5. H₂O 的重吸收　原尿中的 H₂O 99%被重吸收，仅排出 1%。如果 H₂O 的重吸收减少 1%，尿量将会增加 1 倍，因此 H₂O 的重吸收稍有变动就会对尿量产生很大影响。而 65%～70%的 H₂O 在近端小管被重吸收，剩余的在其他各段肾小管和集合管重吸收。

各段肾小管和集合管对 H_2O 的通透性不同，近端小管对 H_2O 的通透性较高，而且不受任何因素的影响。小管液中溶质重吸收进入组织液，导致小管液的渗透压降低，组织间液的渗透压升高，形成了跨上皮的渗透压梯度，H_2O 通过渗透的方式伴随溶质的重吸收而被动重吸收，最后达到渗透平衡（图 8-7）。所以，此段 H_2O 的重吸收属于等渗重吸收，也叫必需重吸收。与机体是否存在水、Na^+ 不足或过剩无直接关系，总是占滤过量的 65%～70%，即球-管平衡现象（详见第五节）。如果抑制了此段某种溶质的重吸收，即可抑制 H_2O 的重吸收，使尿量增多。例如，利尿剂乙酰唑胺的利尿机制，就是通过抑制碳酸酐酶来抑制 HCO_3^- 的重吸收，使 H_2O 的重吸收减少，尿量增多。

由于溶质和水进入组织间，使管周组织液量增多，组织液的静水压升高，肾小管周围毛细血管由出球小动脉分支形成，血压较低、血浆胶体渗透压较高，组织液易于回流，通过组织液回流进入血液，完成小管液的重吸收。

（二）髓袢的物质重吸收

髓袢处可重吸收 20% 的 NaCl、H_2O 和少量的 K^+ 和 HCO_3^-，没有分泌功能。髓袢降支细段分布于肾髓质部，组织间液呈逐渐递增的高渗状态，比小管液的渗透压高。髓袢降支细段对 NaCl 的通透性极低，对水的通透性较高，等渗小管液流经髓袢降支细段时，水不断渗透至管周组织液被重吸收，小管液中 NaCl 浓度不断升高，小管液逐渐变高渗。高渗的小管液逆流回到升支细段，升支细段对水几乎不通透，对 Na^+ 和 Cl^- 的通透性高，小管液中的 Na^+ 和 Cl^- 被重吸收回管周组织间液，同时伴随重吸收少量的 HCO_3^-（机制与近端小管处相同，图 8-8），故小管液中 Na^+、Cl^- 和 HCO_3^- 的浓度又逐渐降低。髓袢升支粗段管腔膜上有功能活跃的同向转运体，与管周膜上的 Na^+-K^+ 泵协同作用继续重吸收 Na^+、Cl^-。同向转运体按 Na^+：$2Cl^-$：K^+ 的比例，将一个 Na^+、两个 Cl^- 和一个 K^+ 一起转入细胞内；进入细胞内的一个 Na^+ 被泵入组织间液，两个 Cl^- 经通道扩散进入组织间液，而 K^+ 则又经管腔膜返回小管液中，再与同向转运体结合，继续参与 Na^+：$2Cl^-$：K^+ 的转运。转运结果形成了管内高于管外的跨上皮的电位梯度，又使一个 Na^+ 离子顺电位梯度经细胞旁途径扩散到管外的组织间液，使两个 Na^+ 离子的重吸收节约了 50% 的能量（图 8-8）。升支粗段对水几乎不通透，水不被重吸收而留在小管内，出现水盐分离现象，形成小管液低渗和管周组织液高渗状态，对尿液的浓缩和稀释起重要作用。速尿（呋塞米）和利尿酸等利尿剂，能特异性的与升支粗段管腔膜转运体上的 Cl^- 结合点结合，抑制 Na^+、$2Cl^-$ 和 K^+ 的协同转运，使尿液的浓缩作用减弱，导致利尿作用。

（三）远曲小管和集合管的物质重吸收与分泌

经过髓袢的重吸收小管液已经变得低渗，远曲小管和集合管能从低渗的小管液中重吸收 10%～20% NaCl、H_2O 和少量的 HCO_3^-，虽然重吸收量不及近端小管，可根据机体的水、盐平衡状况进行调节，属于调节性重吸收，决定着尿量的多少。远曲小管和集合管是分泌 NH_3 和 K^+ 的主要部位，并分泌少量的 H^+。

1. NaCl、H_2O 的重吸收　远曲小管初段对水的通透性极低，小管液呈低渗。由于管周膜上 Na^+ 泵活性最强，能逆着电化学梯度重吸收 Na^+，使上皮细胞内的 Na^+ 浓度降低到低于小管液，小管液中 Na^+ 和 Cl^- 通过 Na^+-Cl^- 的同向转运体进入上皮细胞（图 8-9a）。Na^+-Cl^- 同向转运体可被噻嗪类利尿剂所抑制。远曲小管和集合管对 NaCl 和水的重吸收，视体内是否缺水，分别受抗利尿激素和醛固酮的调节，属于调节性重吸收（详见第五节尿生成的调节）。

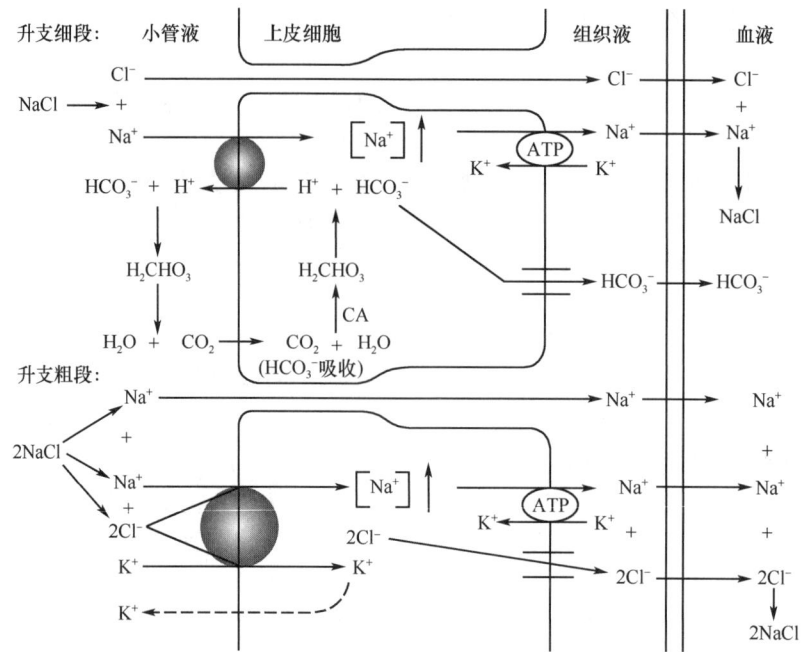

图 8-8　髓袢 NaCl、HCO_3^- 重吸收示意图

实心圆：转运体；CA：碳酸酐酶 椭圆中有 ATP 表示 Na^+ 泵

> **水 通 道**
>
> 1991 年，Agre 等在分离纯化红细胞膜上的 Rh 多肽时发现了一个分子量为 28K 的疏水性跨膜蛋白，称为形成通道的整合膜蛋白 28。以后的实验证明该蛋白就是转运水的特异性通道蛋白，这是水通道研究史上一个重要里程碑。Agre 因此获得 2003 年诺贝尔化学奖。现在已经知道，哺乳类动物中至少有 11 种水通道蛋白亚型。抗利尿激素可以使集合管上皮细胞中的水孔蛋白 2 插入顶端膜，形成水通道，使集合管上皮细胞对水的通透性增加，从而增加对水的重吸收，因此尿量减少，形成高渗尿。
>
> **知 识 链 接**

2. NH_3 的分泌　细胞内的 NH_3 主要由谷氨酰胺脱氨生成，其次来自其他氨基酸氧化脱氨。正常情况下，NH_3 主要由远曲小管和集合管分泌，酸中毒时，近端小管也可分泌 NH_3。NH_3 属脂溶性物质，扩散的方向取决于液体的 pH 值，容易向 pH 值较低的一侧进行，由于 H^+ 的分泌使小管液 pH 值降低，NH_3 通过细胞膜扩散入小管液中。进入小管液的 NH_3 与其中的 H^+ 结合成 NH_4^+，NH_4^+ 的生成使小管液中的 H^+ 减少，pH 值升高，有助于 H^+ 的继续分泌。随着小管液中的 NH_3 与 H^+ 结合生成 NH_4^+，小管液中的 NH_3 降低，也有利于 NH_3 的继续分泌（图 8-9）。NH_4^+ 是水溶性的，不能通过细胞膜。小管液中的 NH_4^+ 则与强酸盐的负离子结合生成铵盐（NH_4Cl）随尿排出。

由此可见，NH_3 的分泌与 H^+ 的分泌密切相关，分泌 NH_3 的活动增强可促使 H^+ 分泌增多。肾小管和集合管细胞在分泌 H^+ 和 NH_3 的同时，促进了 $NaHCO_3$ 的重吸收，故其意义是间接排酸保碱，维持内环境中的酸碱平衡。

3. H^+ 和 K^+ 的分泌　远曲小管后端和集合管上皮细胞有主细胞和闰细胞两类，主细胞的功能是重吸收 Na^+ 和水，同时分泌 K^+，闰细胞的功能是分泌 H^+（图 8-9b）。

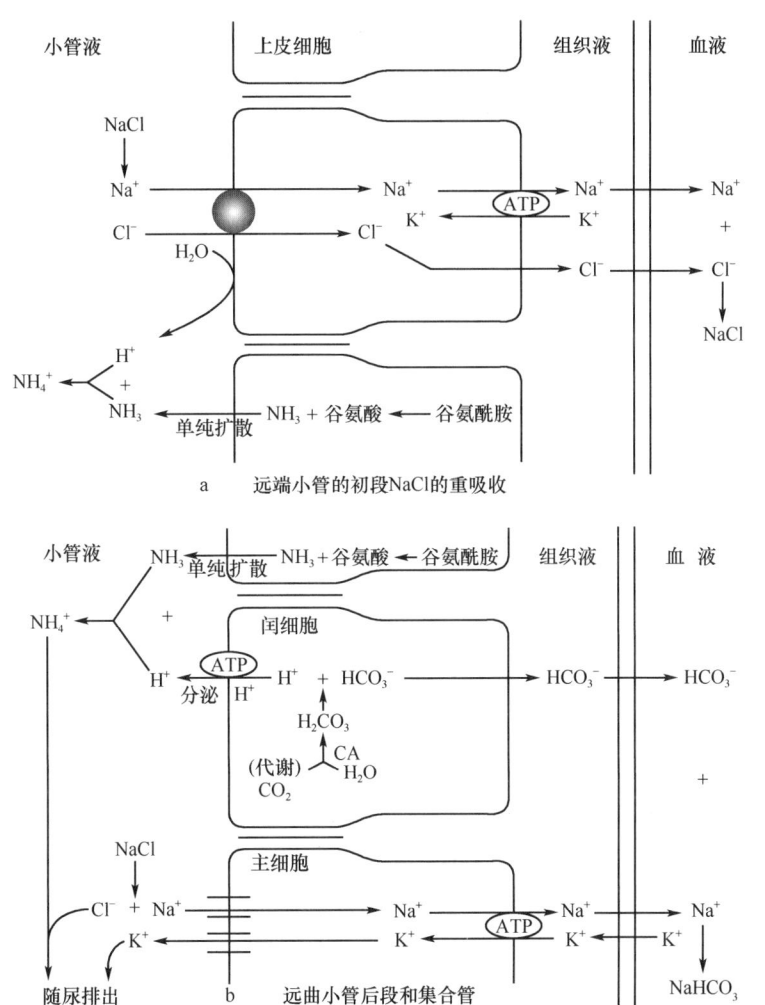

图 8-9 远曲小管和集合管 NaCl、HCO_3^- 重吸收和 H^+、NH_3 和 K^+ 分泌关系示意图
实心圆：转运体；空心圆：载体；椭圆中有 ATP 表示 Na^+ 泵；CA：碳酸酐酶

（1）H^+的分泌：远曲小管和集合管上皮细胞分泌的 H^+，来源于上皮细胞代谢产生的 CO_2，在碳酸酐酶的催化下，与 H_2O 结合生成 H_2CO_3，H_2OC_3 电离成 H^+和 HCO_3^-，HCO_3^- 经管周膜吸收回组织间液。闰细胞的管腔膜上有 H^+泵，H^+被 H^+泵主动转运进入小管液中，实现 H^+的分泌。此段分泌到小管液中的 H^+可与上皮细胞分泌的 NH_3 结合形成 NH_4^+，也可与 HPO_4^{2-} 结合形成 HPO_4^{2-}。NH_4^+ 和 $H_2PO_4^{2-}$ 都留在小管液中随尿排出，是尿液碱性物质的决定因素。H^+的分泌促进了 HCO_3^- 的重吸收，故有排酸保碱，维持内环境中的酸碱平衡。

磺胺药及其代谢产物在酸性环境中的溶解度较低易结晶。老年人及肾功能不好的病人或病人在发热、出汗、脱水、休克之后，尿变成酸性，此时，磺胺药很容易在肾小管、肾盂、输尿管、膀胱等处形成结晶，阻塞破坏分泌尿液的肾小管，造成肾脏的损害。可引起血尿、尿路阻塞、尿少、尿闭、尿痛甚至尿血等症状，严重的可引起肾功能衰竭。为了防止磺胺药对肾脏的损害，要鼓励病人多喝水，并在服用磺胺药同时加服等量的小苏打，使酸性尿变成碱性，增加磺胺及其代谢物在尿中的溶解度，就可防止结晶的形成。

（2）K^+的分泌：肾小球滤出的 K^+绝大部分被肾小管和集合管重吸收回血，只有极少部分随尿排出。尿液中的 K^+主要是由远曲小管和集合管所分泌。K^+的分泌是顺电位差的扩散过程。在远曲小管和集合管，主细胞的管腔膜上存在 Na^+通道和 K^+通道，管周膜上有 Na^+泵，小管液中的 Na^+顺电化学梯度通过管腔膜上的 Na^+通道进入细胞，然后由 Na^+泵转运至组织液被吸收。Na^+泵转运 Na^+的同时转运 K^+进入细胞内，细胞内 K^+浓度升高，正电荷数增多，由于 Na^+的重吸收，管腔内的正电荷数减少，形成的电位差，K^+经管腔膜上的 K^+通道以扩散的方式分泌至小管液中。由此可见，K^+的分泌与 Na^+的主动重吸收有密切的联系，在小管液中的 Na^+重吸收入细胞内的同时，K^+被分泌到小管液内，这种分泌 K^+与重吸收 Na^+相互关联的现象，称为 K^+-Na^+交换。

由于分泌 K^+和分泌 H^+都是与 Na^+的重吸收相交换，故二者之间存在竞争性抑制作用，即当 H^+-Na^+交换增强时，K^+-Na^+交换减弱；反之，H^+-Na^+交换减弱时，K^+-Na^+交换则增强。在人体酸中毒时，小管细胞内的碳酸酐酶活性增强，H^+生成增多，H^+-Na^+交换增强，以增加 $NaHCO_3$ 的重吸收；而 K^+-Na^+交换则受到抑制，K^+随尿排出减少，易合并高钾血症。在人体碱中毒时，H^+-Na^+交换减弱，K^+-Na^+交换增强，排出的 K^+增多，可能发生低钾血症。

体内的 K^+主要由肾排泄。正常情况下，机体摄入的 K^+和排出的 K^+保持动态平衡。体内的 K^+代谢特点是：多吃多排，少吃少排，不吃也要排出一部分。故在临床上，为维持体内 K^+的平衡，对不能进食的病人，需要适当地补 K^+，以免引起血 K^+浓度降低。肾功能不全的病人，排 K^+功能障碍，可发生高钾血症。血 K^+浓度过高或过低，都会对神经和肌肉的兴奋性产生影响，尤其是高血 K^+，由于心肌兴奋性降低，易使心脏停博在舒张期。

综上所述，肾小管各段和集合管对 Na^+的重吸收，在维持细胞外液 Na^+平衡和渗透压有重要作用。而且，随着 Na^+的主动重吸收，促进了葡萄糖和氨基酸的继发性主动重吸收，间接促进了 HCO_3^-、Cl^-的被动重吸收（在髓袢升支粗段，Cl^-属继发性主动重吸收）、H^+的分泌，同时还为水的重吸收创造了条件，因此，Na^+的重吸收在肾小管和集合管对其它物质的重吸收及分泌功能中起着关键性的作用。

（四）排出血浆中其他物质

肾小管还可将血浆中的某些物质，如肌酐、对氨基马尿酸等，通过排泄作用直接排入管腔。此外，进入体内的物质如青霉素、酚红、碘锐特、速尿和利尿酸等，它们在血液中大多与血浆蛋白结合而运输，很少被肾小球滤过，主要由近端小管排入小管液。排入小管液的速尿和利尿酸的浓度可比血浆高数倍，有利于在髓袢升支粗段发挥利尿作用。临床上常用酚红排泄试验（PSP）检查肾小管的排泄功能是否正常（图8-10）。

四、重吸收的特点

肾小管和集合管对各种物质重吸收存在着"选择性"和"有限性"。葡萄糖、氨基酸等营养物质全部被重吸收，Na^+、Cl^-、H_2O 等重要物质大部分被重吸收，尿素等部分被重吸收，肌酐等废物则完全不被重吸收。这种选择性重吸收，既保留了对机体有用的物质，又清除了对机体有害和过剩的物质，实现了对机体内环境的净化。另外，肾小管和集合管重吸收物质的能力具有一定限度，即"有限性"。当血浆中某种物质的浓度过高，使小管液中该物质的含量超过肾小管和集合管重吸收的最大限度时，将有部分不能被吸收而随尿排出。例如，当血糖浓度过高，滤液中葡萄糖含量超过近球小管重吸收葡萄糖的最大限度，尿中即出现葡萄糖，称为糖尿。

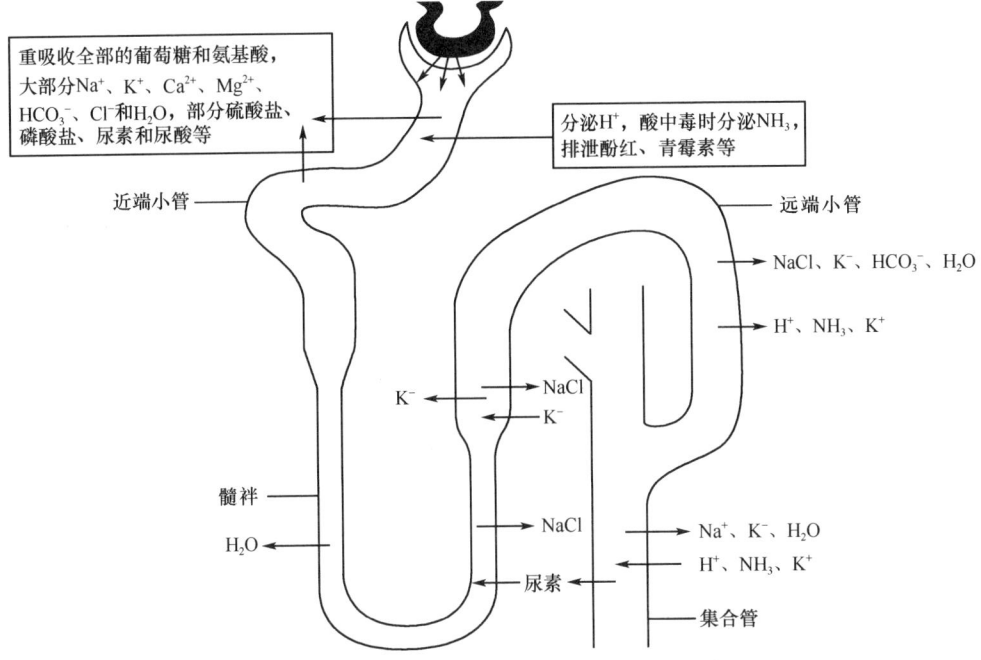

图 8-10 肾小管与集合管的重吸收及其分泌示意图

五、血浆清除率及其意义

血浆清除率指肾在单位时间内能将若干毫升血浆中所含的某物质完全清除出去，它反映肾清除某些物质的能力，故血浆清除率能衡量肾的排泄功能。①测定肾小球的滤过率：菊花粉（无毒），可被肾小球滤过，但肾小管和集合管不能重吸收和分泌，从肾小球滤过后将全部由尿排出，因此，菊花粉的血浆清除率（125ml/min）即为肾小球滤过率。②测定肾血浆流量：使某物质在血浆中保持一定的浓度，如果经过循环一周期后完全被清除，则该物质的血浆清除率（对氨基马尿酸的清除率为 660ml/min）就是肾血浆流量。③判断肾小管的功能：清除率小于滤过率，该物质能被重吸收，如葡萄糖的清除率是零，表明全部重吸收；清除率大于滤过率，该物质能被分泌，如肌酐清除率是 175ml/min，大于滤过率，能被分泌。

考点提示：
Na^+ 和 HCO_3^- 的吸收和 H^+ 的分泌

第四节 尿液的浓缩和稀释

尿液被浓缩或稀释是指尿液的渗透压与血浆的渗透压相比较而言。正常血浆的渗透压约为 300mOsm/L，原尿的渗透压与血浆的基本相同。如果排出的尿液渗透压比血浆渗透压高，称为高渗尿（hypertonic urine），表明尿液被浓缩；如果排出的尿液渗透压比血浆渗透压低，称为低渗尿（hypotonic urine），表明尿液被稀释。尿液渗透压与血浆渗透压相等，称为等渗尿。肾对尿液的浓缩和稀释能力很强，在机体缺水时，尿液被浓缩，以便将水尽可能保留在体内，这时尿液的渗透压可高达 1200～1 400mOsm/L，为血浆渗透压的 4～5 倍；当大量饮清水后，尿液被稀释，以便将多余的水排出体外，尿的渗透压可降至 30～40mOsm/L。因此，尽管人体摄入水的量和从肾外排出的液体量可能变化很大，但通过肾脏浓缩和稀释尿液的功能，使人体内的液体量和渗透压保持平衡。

一、尿浓缩和稀释的机制

由肾小球滤出的原尿是等渗液,经过近端小管的等渗性重吸收,小管液的渗透压仍与血浆相等,这表明尿液的浓缩与稀释是在髓袢细段、远端小管和集合管内进行的。

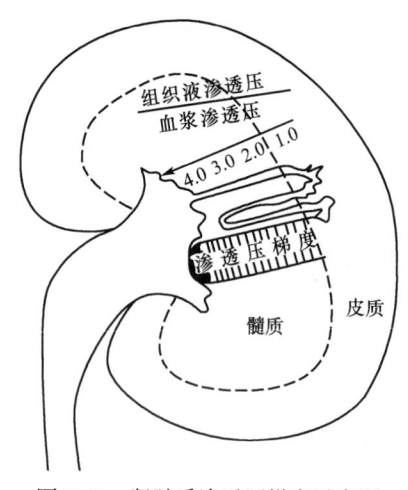

图 8-11　肾髓质渗透压梯度示意图

用冰点降低法测定鼠肾的渗透压,观察到皮质部组织液的渗透压与血浆相等,是等渗状态。肾髓质的组织液呈高渗状态,而且由外髓层至内髓层渗透压逐渐升高,越向乳头部深入,渗透压越高,可高达血浆渗透压的4倍,形成一个肾髓质渗透压梯度(图8-11)。肾髓质高渗梯度的存在,是促进远端小管和集合管重吸收水,使尿液得以浓缩的基础。髓袢和直小血管都呈U形,上升支与下降支平行走向,折返部均在髓质部,其中的小管液和血液均为逆向流动,相邻的集合管也与其相互平行,紧密靠近。这些结构均位于髓质渗透压逐渐升高的区域。据此,有人提出用逆流学说解释尿浓缩和稀释的机制。该学说认为,髓袢起着逆流倍增(counter-current multiplication)的作用,该作用使肾髓质的高渗状态和渗透压梯度得以形成;直小血管起着逆流交换(counter-current exchange)的作用,该作用使髓质高渗梯度得以保持。

由于髓袢各段对水和溶质的通透性和重吸收机制不同,髓袢的"U"形结构和小管液的流动方向,可通过逆流倍增机制建立起从外髓部至内髓部的渗透浓度梯度。"逆流"是指两个并列管道中液体流动方向相反。逆流倍增现象可由图8-9所示的模型来解释。有并列甲、乙、丙三个管,甲管下端与乙管相连。液体由甲管流进,通过甲、乙管的连接部又折返经乙管流出,构成逆流系统。如果甲、乙管之间的膜 M1 能主动从乙管中将 NaCl 不断泵入甲管,而 M1 对水又不通透,当含 NaCl 的水溶液在甲管中向下流动时,M1 膜不断将乙管中的 NaCl 泵入人甲管,结果,甲管液中的 NaCl 浓度自上而下越来越高,至甲乙管连接的弯曲部达到最大值。当液体折返从乙管下部向上流动时,NaCl 浓度却越来越低。可见,不论是甲管还是乙管,从上而下,溶液的浓度梯度逐渐升高而形成浓度梯度,即出现逆流倍增现象。丙管中液体的渗透浓度低于乙管中的液体,而丙管与乙管之间的膜 M2 对水通透,当丙管中的水溶液由上向下流动时,水可通过渗透作用不断进入乙管,而其溶质浓度则从上至下逐渐增加。从丙管流出的液体溶质浓度要比流入时高,其最大值取决于乙管液的渗透浓度和 M2 膜对水通透性的大小。

髓袢和集合管的结构排列与上述逆流倍增模型很相似。直小血管也符合逆流系统的条件。超滤液从近端小管经髓袢降支向下流动,折返后经髓袢升支向相反方向流动,再经集合管向下流动,最后进入肾小盏。

二、肾髓质高渗梯度的形成和保持

(一)肾髓质高渗梯度的形成

肾髓质的渗透压明显高于肾皮质及血浆(图8-12),这与肾小管各段对水和溶质通透性不同(表8-4)及逆流倍增现象有关。

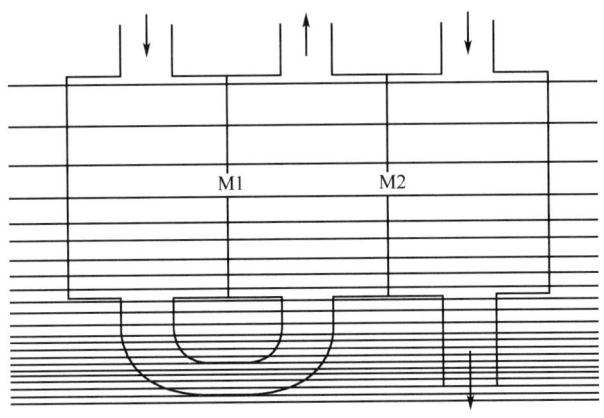

图 8-12　逆流倍增模型
"↑↓"表示液体流动方向;"M1、M2"是半透膜

表8-4　各段肾小管和集合管对不同物质的通透性及作用

部位	水	Na⁺	尿素	作用
髓袢降支细段	易通透	不易通透	不易通透	水被吸收,使小管液被浓缩渗透压升高
髓袢升支细段	不易通透	易通透	中等通透	NaCl被重吸收使外髓部组织液渗透压升高;内髓组织液中的部分尿素进入小管液,形成尿素的再循环
髓袢升支粗段	不易通透	Na⁺主动重吸收,Cl⁻继发性	不易通透	NaCl被重吸收使外髓部组织液渗收,透压升高
远曲小管和集合管	受抗利尿激素调节	主动重吸收	皮质和外髓部不易通透,内髓部易通透	水被吸收使小管液中尿素浓度高。NaCl和尿素进入内髓组织液,使之渗透压升高。部分尿素进入髓袢升支细段,形成尿素再循环

1. **外髓部高渗梯度的形成**　外髓部渗透压梯度是由髓袢升支粗段主动重吸收 NaCl 形成的(图 8-13a)。髓袢升支粗段对水不通透,故随着 NaCl 的主动重吸收,升支粗段内小管液的 NaCl 浓度和渗透压均逐渐降低,而升支粗段管周组织液的渗透压则升高,于是从皮质到近内髓部的组织液形成了一个逐渐递增的渗透压梯度。

2. **内髓部高渗梯度的形成**　内髓部渗透压梯度是由尿素吸收及其再循环和 NaCl 重吸收共同形成(图 8-13a)。当小管液流经远端小管曲部和外髓部集合管时,因管壁对尿素不易通透,受抗利尿激素调节,对水有通透性,水被重吸收尿素逐渐被浓缩。使流经内髓部集合管中的尿素浓度高于组织液,内髓部集合管壁对尿素易通透,尿素顺浓度差扩散回内髓部组织液中,提高内髓组织液的渗透压。升支细段对尿素有中等通透性,尿素可部分扩散进入升支细段,经远端小管和外髓部集合管至内髓部集合管时再扩散入组织液,形成尿素再循环(urea recirculation)。尿素再循环可提高内髓部组织液的渗透浓度,同时促进髓质渗透压梯度的建立。

经近端小管等渗重吸收的小管液进入降支细段,由于水易通透,NaCl 和尿素不易通透,水在内髓高渗的作用下不断渗入组织间液,使管内 NaCl 浓度逐渐增高,至髓袢反折顶点达到最高。进入升支细段后,升支细段又对水不易通透,而对 NaCl 易通透,小管液中的 NaCl

顺浓度梯度向组织液中扩散，使内髓部组织液的渗透压进一步增高。构成髓袢降支细段与升支细段的逆流系统，使内髓部组织液形成了渗透压梯度，愈近乳头部渗透压愈高（图8-13a）。各段肾小管和集合管对不同物质的通透性及在髓质渗透压梯度形成中的作用见表8-4。

（二）肾髓质渗透压梯度的保持

在连续不断的尿生成过程中，要保持肾髓质高渗透梯度，必须运走组织间液中多余的水和溶质。直小血管由近髓肾单位的出球小动脉分支形成，与髓袢平行，呈U型，直小血管的升支和降支的血流方向相反，形成逆流交换模型（图8-13b）。毛细血管对水和小分子的溶质（NaCl和尿素）易通透，当血液沿降支向下流动过程中，由于周围组织液呈逐渐递增的高渗状态，使NaCl和尿素顺浓度差扩散入直小血管，而其中的水则渗出到组织液中。愈深入内髓部，直小血管血液中的NaCl和尿素浓度愈高，至直小血管底部达到最高。转向升支后，其中的NaCl和尿素浓度比同一水平组织液中高，即发生与降支相反方向的扩散过程，NaCl和尿素不断向组织液扩散，水又重新渗入直小血管，使重吸收的水能随血流返回体循环，这样，NaCl和尿素就在直小血管的升支和降支间循环，产生逆流交换作用。直小血管细而长、阻力大，血流缓慢，有充分的时间进行逆流交换。当直小血管升支离开外髓部时，带走的只是过剩部分的溶质和水（主要是水），使髓质的高渗透压梯度得以保持。

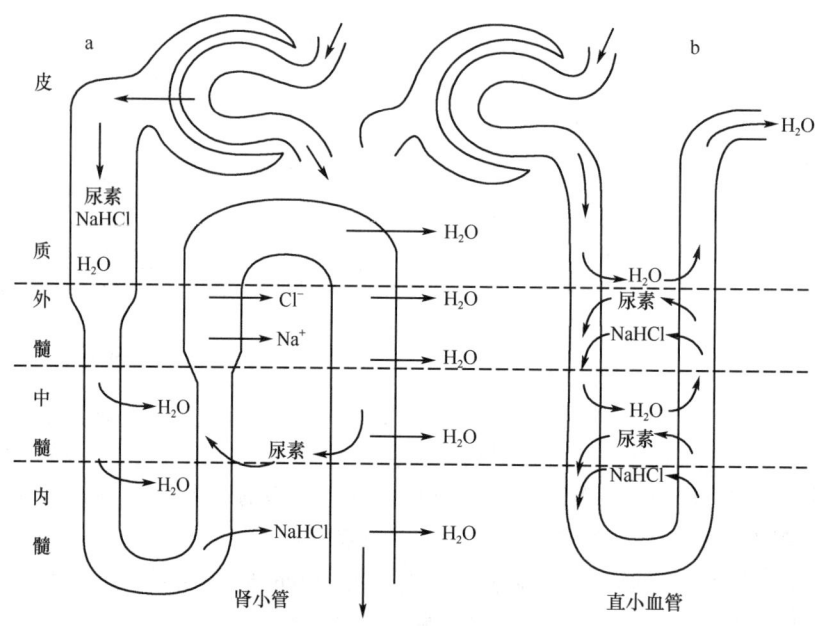

图8-13 肾髓质渗透压梯度形成和维持示意图

三、尿液浓缩和稀释的过程

（一）尿液的浓缩

当机体缺水时（如大量出汗后），血浆晶体渗透压升高，抗利尿激素的分泌和释放增多，集合管管壁对水的通透性增大，低渗的小管液流经集合管，由于管外髓质间液的高渗透压梯度，小管液中的水分被"抽吸"进入组织间液而后吸收入血，管腔中溶质浓度升高，尿液被浓缩，尿量减少，形成浓缩尿。

(二)尿液的稀释

当机体水相对较多时（如大量饮水后），血浆晶体渗透压降低，抗利尿激素的分泌和释放减少，集合管管壁对水的通透性降低甚至不通透，髓袢升支粗段对 NaCl 的主动重吸收和对水不通透所形成的低渗小管液由远曲小管流入集合管时，尽管髓质呈高渗透压状态，但管壁对水通透性低或不通透，水的重吸收减少，尿量增多，形成稀释尿。

肾对尿液的浓缩和稀释作用与肾小管和集合管对水的重吸收作用紧密联系、同时进行。在此部位水分重吸收的多少，与机体是否缺水有关。髓质渗透压梯度的存在是尿浓缩和稀释的前提，抗利尿激素对水分重吸收的调控是尿浓缩和稀释的条件。

四、影响尿浓缩及稀释的因素

从上可知，尿液的浓缩和稀释决定于水重吸收的多少。水重吸收的多少除取决于髓质组织间液与小管液之间的渗透压外，还与集合管对水的通透性有关，故改变这些因素就能影响肾对尿的浓缩和稀释。

(一)髓袢的结构与功能

髓袢是形成髓质间质渗透压梯度的结构基础。慢性肾盂肾炎引起肾髓质纤维化，内髓层受损，使内髓层的逆流倍增作用减弱，肾对尿的浓缩能力降低。呋塞米和利尿酸等药物，能抑制髓袢升支粗段对 Na^+、K^+ 和 Cl^- 的转运，使小管液中的 NaCl 含量增加，同时使外髓部的渗透压梯度降低。即使有抗利尿激素存在，皮质和外髓部集合管对水的重吸收亦减少，故排出的尿量增多，其中的 NaCl 含量也增多。

(二)直小血管的血流

高血压合并肾损害，直小血管血流过快，会减弱逆流倍增的作用，随血流带走的 NaCl 和尿素增多；血高黏滞综合征，直小血管血流过慢，过剩的水又不能及时随血流带走，二者都会使髓质高渗梯度降低，尿的浓缩能力减弱。

(三)尿素的含量

尿素是内髓部高渗状态得以形成的重要溶质。营养不良的病人，蛋白质摄入不足，蛋白质代谢减弱，尿素生成量减少，内髓部渗透压梯度将降低，肾对尿的浓缩能力减弱。老年人蛋白质代谢率降低，尿浓缩功能也会减弱。

(四)集合管的功能

当抗利尿激素释放不足或远曲小管、集合管对抗利尿激素反应低下均可导致远曲小管和集合管对水通透性降低，浓缩功能减弱，尿量异常增多，产生尿崩症。

考点提示：
尿浓缩与稀释的机制

第五节 尿生成的调节

尿的生成由肾小球的滤过、肾小管和集合管的重吸收与分泌三个环节构成。机体对尿生成的调节是通过上述三个环节实现的。前文已述影响肾小球的滤过因素，本节主要讨论肾内自身调节和神经-体液调节。

一、体液调节

(一)抗利尿激素

1. 合成和释放　抗利尿激素（antiduretic hormone, ADH）是下丘脑视上核和室旁核神经元胞体合成的激素，经下丘脑垂体束神经纤维的轴浆运输，运送到神经垂体贮存。需要时由神经垂体释放，平时随机少量释放。

2.作用及其机制　抗利尿激素主要通过作用于集合管（对远曲小管的作用可能较弱或缺乏）上皮细胞，与集合管上皮细胞管周膜上的 V_2 受体结合，激活膜内的腺苷酸环化酶，使细胞内 cAMP 生成增多，cAMP 激活细胞中的蛋白激酶，进而使管腔膜上的水通道增加，对水的通透性增大，水的重吸收增多，尿液浓缩，尿量减少（图 8-14）。

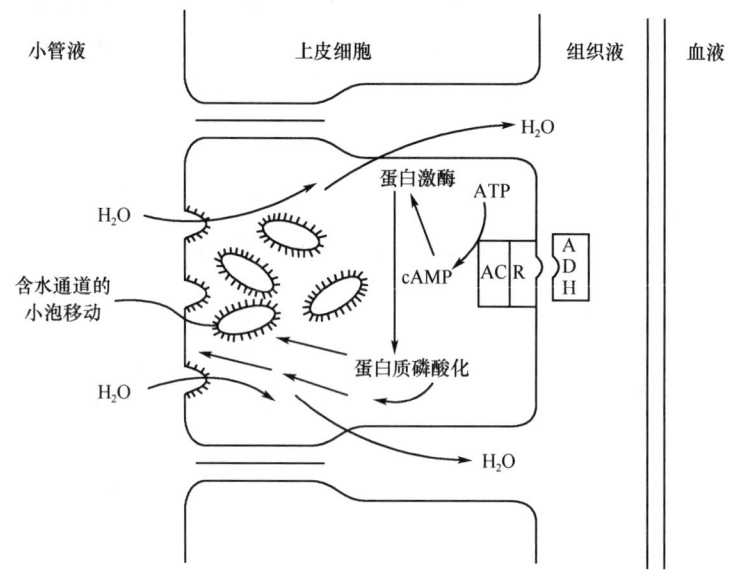

图 8-14　抗利尿激素作用机制示意图

3. 分泌和释放调节　调节抗利尿激素分泌和释放的因素主要有血浆晶体渗透压、循环血量和动脉血压。

（1）血浆晶体渗透压的改变：血浆晶体渗透压是生理情况下调节抗利尿激素释放的重要因素。下丘脑视上核和室旁核及其周围区域存在渗透压感受器，这些细胞对血浆晶体渗透压，尤其是 NaCl 浓度的改变非常敏感，只要血浆晶体渗透压略有升高或降低（1%～2%），即可引起抗利尿激素合成和释放的增多或减少。当机体大量出汗、严重呕吐或腹泻等情况下，由于体内水分丧失过多，血浆晶体渗透压升高，引起渗透压感受器兴奋，合成、释放的抗利尿激素增加，集合管对水的重吸收增多，尿液浓缩，尿量减少，有利于血浆晶体渗透压恢复，保存体内水分，维持水的平衡。相反，大量饮清水，水吸收后使血液稀释，造成血浆晶体渗透压降低，引起渗透压感受器抑制，抗利尿激素合成与分泌减少，集合管对水的重吸收减少，尿液稀释，尿量增多，从而排出体内过剩的水分。这种由于一次大量饮清水反射性抑制抗利尿激素的合成和释放，使尿量明显增多的现象称为水利尿（water diuresis）（图 8-16）。例如，正常人一次饮入清水 1 000 ml 后，约半小时尿量便开始增加，第 1 小时末尿量达最大值；随后尿量逐渐减少，2h～3h 后尿量恢复至原来水平。如饮同量生理盐水，尿量不会发生明显变化（图 8-15）。水利尿是由于大量水的摄入引起血浆晶体渗透压降低，使抗利尿激素合成和释放减少，致尿量增多。临床上可用水利尿来检测肾的尿液稀释能力。

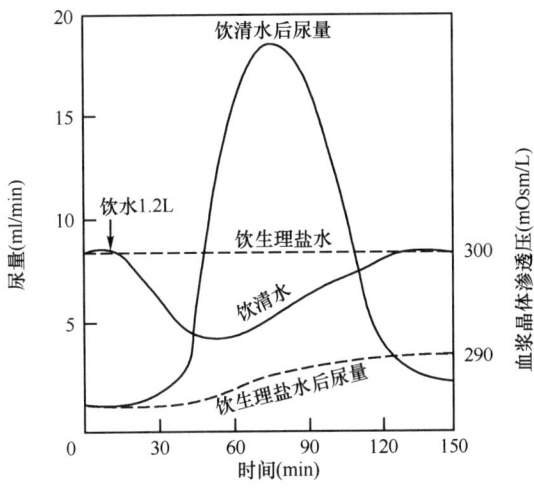

图 8-15　饮清水或等量生理盐水后尿量和血浆晶体渗透压的变化比较

（2）循环血量的改变：心房和胸腔大静脉壁上存在容量感受器。当静脉大量输液使血容量增加时，心房和胸腔大静脉扩张，容量感受器受到刺激而兴奋，冲动沿迷走神经传入下丘脑，反射性地抑制抗利尿激素的合成和释放，水的重吸收减少，导致尿量增加，血容量减少。反之机体失血（循环血量减少 5% 或以上时），因血容量减少，对心房和胸腔大静脉壁上的容量感受器的刺激减弱，迷走神经传入冲动减少，抗利尿激素的释放增多，水的重吸收增加，尿量减少，有利于血容量恢复（图 8-16）。

（3）动脉血压的改变：动脉血压升高时，刺激颈动脉窦压力感受器，引起迷走神经兴奋，也可反射性地抑制抗利尿激素的释放（图 8-16）。

此外，强烈的疼痛刺激和高度的精神紧张，低血糖、缺 O_2 以及血管紧张素 Ⅱ 等，均可促进抗利尿激素的释放；弱的寒冷刺激和心房钠尿肽可抑制其释放（图 8-16）。

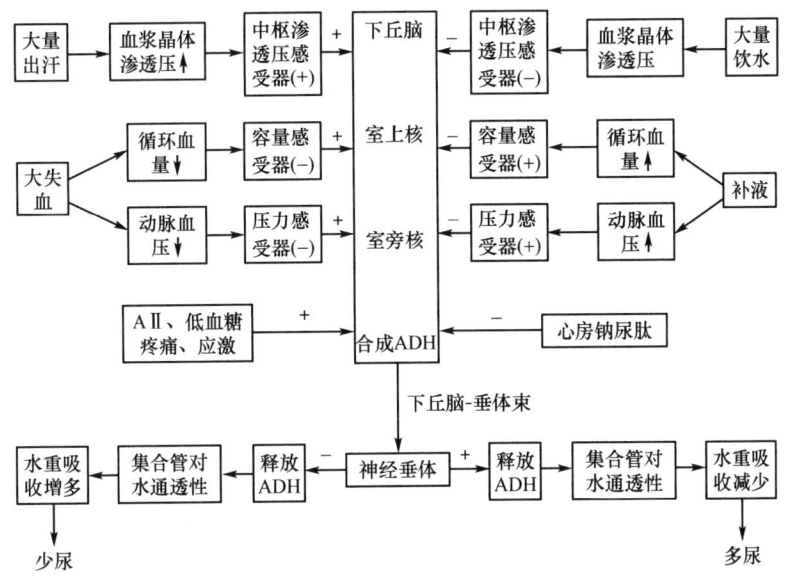

图 8-16　抗利尿激素分泌调节示意图

"+" 兴奋或促进；"-" 抑制　　"↑" 升高或增大；"↓" 降低或减小

> **利尿激素与尿崩症**
>
> 下丘脑视上核、室旁核病变导致抗利尿激素分泌不足,或肾对抗利尿激素反应性下降时,病人出现多尿、烦渴多饮、低比重尿和低渗尿等临床改变,称为尿崩症。原发性抗利尿激素分泌不足者称为中枢性或垂体性尿崩症;对抗利尿激素敏感性下降者称肾性尿崩症。患者24h尿量可多达5~10L,尿比重常在1.005以下,尿渗透压50~200mOsm/kg.H_2O,尿色淡,易引起脱水或其他并发症。
>
> **知 识 链 接**

(二)醛固酮

1. **合成和释放** 醛固酮(aldosterone)是肾上腺皮质球状带细胞分泌的一种重要的盐皮质激素。

2. **作用和机制** 主要作用于远曲小管和集合管,促进 Na^+ 的重吸收,同时促进 Cl^- 和水的重吸收以及 K^+ 的分泌,所以醛固酮有保钠、排钾和间接保水的作用。此外,醛固酮还具有加强远曲小管分泌 H^+,同时重吸收 Na^+ 和 HCO_3^- 的作用。因此,醛固酮对体内 Na^+ 浓度的保持以及细胞外液和循环血量的相对稳定有十分重要的作用。

醛固酮分子量小,可扩散进入远曲小管和集合管的上皮细胞,并与胞质受体结合,形成激素-胞质受体复合物,使受体蛋白变构获得穿过核膜的能力,进入细胞核与核受体结合,并与染色质非组蛋白上的特异性位点结合,启动基因转录,合成 mRNA,mRNA 进入细胞浆,诱导合成醛固酮诱导蛋白。醛固酮诱导蛋白具有以下作用:使管腔膜对 Na^+ 的通透性增大(本身可能就是 Na^+ 通道蛋白),增加线粒体内 ATP 的合成和管周膜上钠泵的活性。因此在醛固酮的作用下,使 Na^+ 的重吸收增加,相应也增加了水的重吸收,同时使细胞内 K^+ 浓度提高和小管腔内负电位增强,从而有利于 Cl^- 吸收和 K^+ 的分泌(图8-17)。

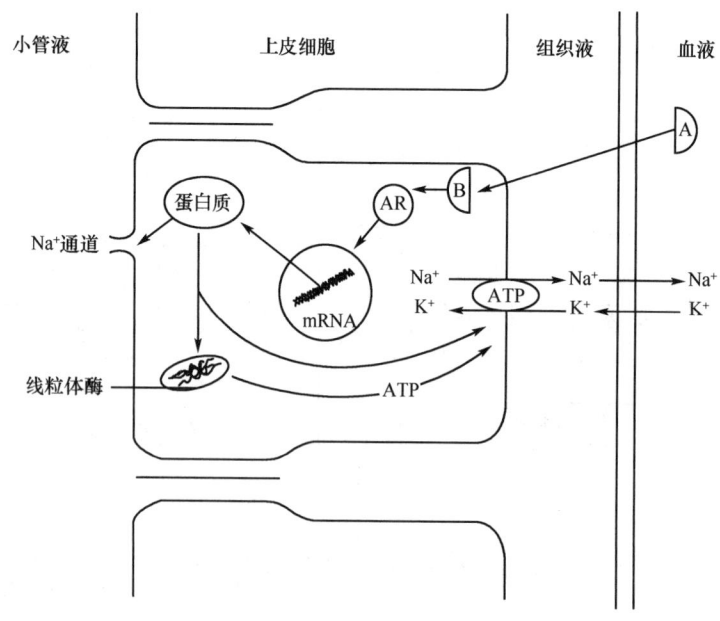

图8-17 醛固酮作用机制示意图

3. **分泌调节** 醛固酮的分泌主要受肾素-血管紧张素系统和血 K^+、血 Na^+ 浓度的调节。

(1)肾素-血管紧张素-醛固酮系统系统:肾素主要由球旁细胞分泌,是一种蛋白水解酶,由肝脏灭活,一般情况下,由于分泌少而且灭活快,所以血液中肾素含量较低。当人体失血、动脉血压降低至 80mmHg 以下时,肾血流量必然减少,入球小动脉受到的牵张刺激减弱,引起牵张感受器兴奋;同时肾血流减少,肾小球滤过率降低,滤出的 Na^+ 也减少,小管液流量减少和 Na^+ 含量减少,引起致密斑感受器兴奋。牵张感受器和致密斑感受器兴奋都能促进球旁细胞释放肾素。此外,肾上腺素、去甲肾上腺素和交感神经兴奋可直接刺激球旁细胞分泌肾素。

血管紧张素原是由肝脏合成、释放到血浆中的一种 a-球蛋白,没有缩血管作用,当机体遇到特殊情况,球旁细胞释放肾素增多时,被肾素水解生成血管紧张素Ⅰ(10肽)。血管紧张素Ⅰ可刺激肾上腺髓质分泌肾上腺素,但其缩血管的作用较弱。血管紧张素Ⅰ在转换酶(该酶肺中最丰富)的作用下,降解成血管紧张素Ⅱ(8肽),血管紧张素Ⅱ在氨基肽酶作用下降解成血管紧张素Ⅲ(7肽)。血管紧张素Ⅱ和血管紧张素Ⅲ都具有收缩血管和刺激醛固酮分泌的作用,但血管紧张素Ⅱ的缩血管作用较强,血管紧张素Ⅲ主要刺激醛固酮的分泌(图8-18)。由此可见,肾素、血管紧张素、醛固酮在血浆中的水平保持一致,构成一个相互关联的功能系统,称为肾素-血管紧张素-醛固酮系统(renin-angiotensin-aldosterone system,RAAS)。

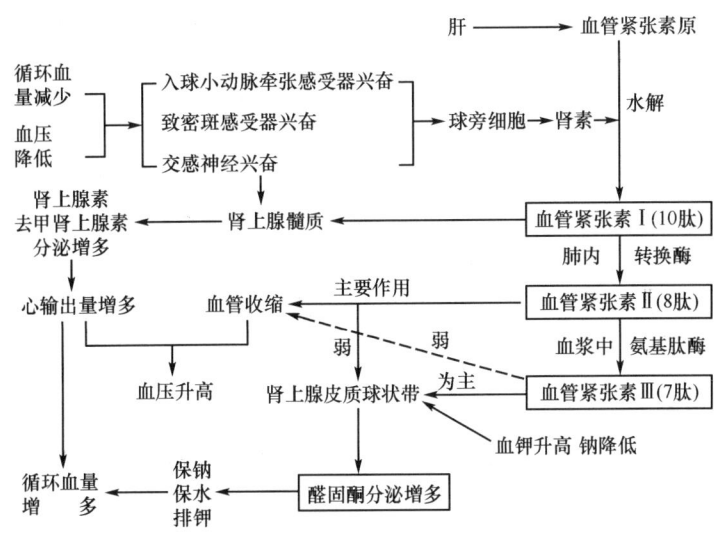

图 8-18 肾素-血管紧张素-醛固酮系统的生成与调节示意图

(2)血 K^+ 和血 Na^+ 的浓度:血 K^+ 浓度升高或血 Na^+ 浓度降低,均可直接刺激醛固酮的合成和分泌;反之,则使醛固酮分泌减少。但肾上腺皮质球状带对血 K^+ 浓度的变化比血 Na^+ 更为敏感,血 K^+ 升高 0.5mmol/L 即可刺激其分泌活动增加,而血 Na^+ 浓度则需更大程度降低才能引起同样的效应。

(三)心房钠尿肽

心房钠尿肽是心房肌合成和分泌的激素。对肾功能的影响主要是抑制集合管对 NaCl 的重吸收,具有明显的利钠、利尿效应,使血容量减少,血压降低。其机制可能是:①与集合管上皮细胞管周膜上的受体结合,使管周膜上的钠通道关闭,抑制 Na^+ 的重吸收,使 NaCl 排出增多;②抑制肾素和醛固酮的分泌,使 Na^+ 重吸收减少;③使入球小动脉和出球小动脉舒张(以前者为主),肾血浆流量和肾小球滤过率增加;④抑制抗利尿激素的分泌,使水的重吸收减少。

二、肾交感神经

肾交感神经兴奋可通过以下作用调节尿的生成：①对肾血管的作用：激活肾脏血管平滑肌的α受体，引起肾血管收缩，由于入球小动脉收缩作用大于出球小动脉，结果使肾小球毛细血管灌注压下降，肾小球滤过率减少。②对球旁器的作用：通过激活β受体，使球旁器中的近球细胞释放肾素，引起血液中血管紧张素Ⅱ和醛固酮含量增加，增加肾小管对 NaCl 和水的重吸收。③对肾小管的作用：直接支配肾小管，促进肾小管（主要是近端小管）对 NaCl 和水重吸收。

三、肾内的自身调节

（一）肾小管液中溶质的浓度

小管液中溶质浓度决定了小管液渗透压的高低，小管液渗透压可对抗水的重吸收。如果小管液中某种溶质含量增加，渗透压升高，水的重吸收减少。糖尿病患者，由于血糖浓度增加，超过肾糖阈，部分葡萄糖不能被近端小管重吸收，小管液渗透压增高，水的重吸收减少，尿量增多并出现糖尿。这种由于小管液中的溶质浓度增高，使水的重吸收减少而使尿量增多的现象，称为渗透性利尿（osmotic diuresis）。根据这一原理，临床上常使用一些能经肾小球滤过而不被重吸收的药物（如甘露醇、山梨醇等），提高小管液中溶质的浓度，使水的重吸收减少，尿量增多，达到利尿消肿的目的。

> **渗透性利尿的临床应用**
>
> 临床上常用 20%甘露醇静脉注射以达到利尿、消肿的目的。静脉注射后，甘露醇分布于细胞外液，不参与糖代谢，从肾小球滤过后，不能被肾小管重吸收，使小管液溶质浓度升高，渗透压增大，肾小管和集合管对水的重吸收减少，使尿量增多。临床常用来治疗脑水肿、颅内高压、眼压升高、青光眼、急性肾功能不全等。
>
> **知 识 链 接**

（二）球-管平衡

在正常情况下，不论肾小球滤过率增加或减少，近端小管对 Na⁺ 和水的重吸收量始终占滤过量的 65%～70%，这一现象称为球-管平衡（glomerulo-tubular balance）。其生理意义在于使终尿量不致因肾小球滤过率的增大与减小而发生大幅度的变动。

球-管平衡现象与近端小管对 Na⁺ 的定比重吸收有关。近端小管对 Na⁺ 的重吸收量常是滤过量的 65%～70%，从而决定了对滤液的重吸收量也总是占肾小球滤过量的 65%～70%。当肾血浆流量不变，肾小球滤过率增大时，进入近端小管周围毛细血管的血量减少和血浆蛋白浓度相对增大，导致毛细血管中血压降低而胶体渗透压升高，此时，小管细胞间的液体加速进入毛细血管，其间的静水压降低，有利于肾小管增加对 Na⁺ 和水的重吸收，使重吸收的量仍达肾小球滤过率的 65%～70%；如果肾小球滤过率减小，则发生相反的变化，但重吸收量仍保持在此范围内。

球-管平衡在某些情况下也可能被打破。如在渗透性利尿时，近端小管重吸收量减少，而肾小球滤过率不受影响，重吸收量少于 65%～70%，排出的 NaCl 和尿量都会明显增多。

考点提示： 抗利尿激素和醛固酮对尿生成的调节；肾的自身调节

第六节　尿液及其排放

一、尿量及尿的理化特性

（一）尿量

正常成人尿量为 1.0～2.0L/d，平均为 1.5 L/d。尿量的多少取决于机体的摄水量和（或）其他途径排出的水量。如果 24 小时的尿量持续多于 2.5L，为多尿；24 小时尿量介于 0.1 L～0.5L 之间，称为少尿；24 小时尿量少于 0.1L，为无尿。多尿、少尿、无尿均属不正常现象。正常成年人每天约产生 35g 固体代谢产物，至少需要 0.5L 尿量才能溶解并排出。少尿或无尿会使代谢产物在体内堆积；多尿则可使机体水分大量丧失，导致机体脱水，使细胞外液量减少，这些病理情况会都破坏内环境稳态，严重时危及生命。

（二）尿的理化性质

1. 颜色　正常新鲜尿液为淡黄色透明液体，尿液颜色主要来自胆色素的代谢产物。大量饮水后尿液被稀释，颜色变淡；机体缺水时，尿量减少，尿液浓缩，颜色变深。

2. 渗透压　尿液渗透压一般高于血浆渗透压，尿液渗透压低于血浆渗透压时称为低渗尿，尿液渗透压高于血浆渗透压时称为高渗尿。一般情况下，机体排出的都是不同程度的高渗尿。

3. 酸碱度　尿液通常为酸性，pH 介于 5.0～7.0，正常人尿液的酸碱度随食物的性质而变，素食者因植物酸（酒石酸、苹果酸等）可在体内氧化，酸性产物较少，故尿液呈碱性。素食者由于植物中的有机酸在体内氧化，酸性产物少，而碱排出相对较多，尿呈碱性。

4. 尿的比重一般在 1.015～1.025，与尿量呈反变关系。最大变动范围为 1.001～1.035。

（三）尿液的化学成分

尿液的主要成分是水，占 95%～97%，溶质占 3%～5%。正常尿液中的溶质主要是电解质和非蛋白含蛋化合物。电解质中以 Na^+ 和 Cl^- 的含量最多，其余为硫酸盐、磷酸盐和钾、氯等的盐类。有机物中主要是尿素，其余为肌酐、马尿酸、尿色素等。此外，正常尿中还含有微量的糖蛋白质、酮体等，但一般不易被检出。

二、尿的输送与储存

尿的生成是连续不断的过程。集合管流出的尿汇入乳头管，经肾盏进入肾盂。由于压力差和肾盂的收缩，尿被送入输尿管，输尿管的周期性蠕动将其运送至膀胱。膀胱内贮存的尿达到一定量时，引起排尿反射，尿液经尿道排出体外。因此，排尿是间歇性的。

膀胱具有贮存和排尿的功能，其容积随尿量的增多而增大，膀胱内的压力也会随尿量的增多而出现一定的波动，当膀胱内尿量少于 300ml 时，因为膀胱的容受性舒张，膀胱内压基本保持稳定，大约在 100mmH$_2$O 左右；当膀胱内尿量达到 400～500ml 时，膀胱内压急剧上升。正常成人，当膀胱贮存尿液 100～150ml 时，仅有充盈感；达 150～250ml 时才会产生尿意；350～450ml 时膀胱内压开始显著升高而有不适感，引起排尿活动；超过 700ml 膀胱出现明显胀痛感，急需排尿。

三、排　尿

膀胱内贮存的尿达到一定量时，在自主神经及躯体运动神经共同参与下，引起排尿反射，尿液才能经尿道排出体外。

（一）支配膀胱与尿道的神经及作用

膀胱逼尿肌和尿道内括约肌受交感（腹下神经）和副交感（盆神经）神经的双重支配，尿道外括约肌受躯体运动神经（阴部神经）支配。

1. 盆神经：起自骶2～4侧角，传出纤维属副交感神经。兴奋时使膀胱逼尿肌收缩，尿道内括约肌松弛，促进排尿。

2. 腹下神经：起自胸11～腰2侧角，传出纤维属交感神经。兴奋时使膀胱逼尿肌松弛，尿道内括约肌收缩，抑制排尿。但在排尿活动中，该神经作用较弱。

3. 阴部神经：起自骶2～4侧角，属躯体运动神经，兴奋时使尿道外括约肌收缩。这一作用受意识控制。

三对神经中也含有传入神经。盆神经中有传导膀胱充盈感觉的纤维；传导膀胱痛觉的纤维在腹下神经中；尿道感觉的传入神经在阴部神经中（图8-19）。

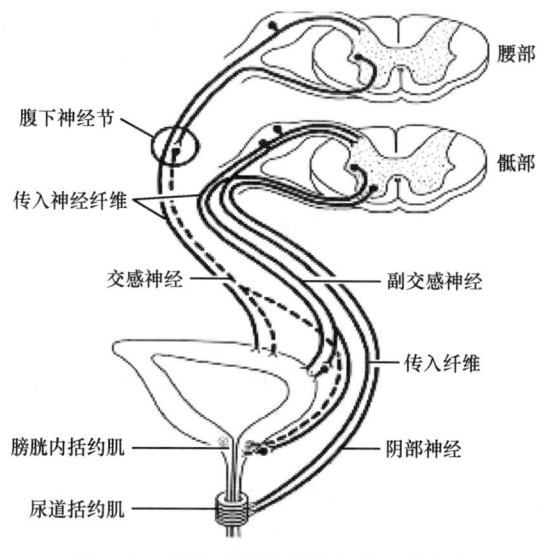

图8-19　膀胱和尿道的神经支配示意图

（二）排尿反射

排尿反射（micturition reflex）的初级中枢在脊髓，健康成人该反射活动受大脑皮层控制。正常情况下，当膀胱内尿量达400～500ml时，膀胱壁上的牵张感受器受到刺激而兴奋，冲动沿盆神经传入脊髓的初级排尿反射中枢，同时，冲动上行达大脑皮层的高级排尿反射中枢，并产生尿意。如环境条件允许排尿，由高级排尿中枢发出的冲动加强初级中枢的兴奋，经盆神经传出冲动增多，腹下神经和阴部神经的活动抑制，引起逼尿肌收缩，内括约肌松弛，尿液进入后尿道。后尿道感受器受到尿液刺激，冲动沿阴部神经传入脊髓初级排尿中枢使其活动增强，再经传出神经使逼尿肌加强收缩，外括约肌松弛，于是，尿液被强大的膀胱内压驱出。排尿时膀胱内压可高达150cmH$_2$O。尿液对尿道刺激可增强排尿中枢的活动，属正反馈作用，直至尿液排完。在排尿末期，尿道海绵体肌肉收缩，将残留于尿道的尿液排出体外。此外腹肌和膈肌收缩还可提高腹内压，加速排尿过程。排尿时虽有膀胱内压急剧上升，但由于膀胱三角区强烈收缩，使输尿管开口紧闭，尿液不能返流入输尿管，对于防止上行性感染有重要意义。

若环境不适宜排尿，高级排尿中枢发出抑制性冲动，使初级排尿中枢活动减弱，腹下神经和阴部神经传出冲动增多，以抑制排尿，故在一定范围内，排尿可受意识控制。在膀胱充盈、内压升高期间，通过膀胱-肾反射使肾生成尿液减少，以避免膀胱的负担进一步加重（图8-20）。

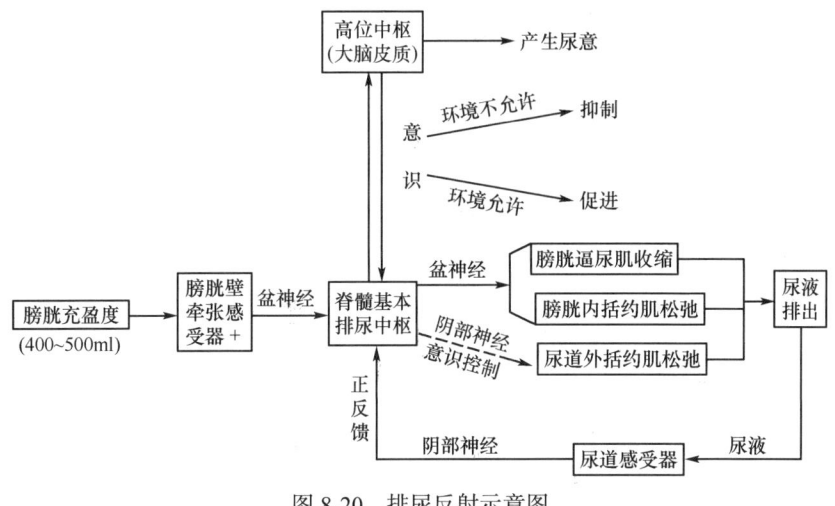

图8-20 排尿反射示意图
——表示促进；– – 表示抑制

由上可见，存在于大脑皮层的高级排尿中枢，对脊髓初级排尿中枢既有兴奋又有抑制的作用，但以抑制作用占优势。小儿因大脑皮层尚未发育完善，对初级排尿反射中枢的控制能力较弱，故排尿次数多，夜间也易发生遗尿。成年人，如发生脊髓横断伤，排尿的初级反射中枢与大脑皮层失去联系，便不能随意识抑制排尿，而出现尿失禁。如果脊髓的初级中枢或排尿反射弧的其他环节受损时，则排尿反射不能进行，此时，膀胱内充满尿液而不能排出，称为尿潴留。当膀胱炎或膀胱受到机械性刺激（如膀胱结石）时，由于膀胱牵张感受器受到刺激可频繁兴奋而引起排尿次数过多，称为尿频。

考点提示：
尿量；膀胱和尿道的神经支配及作用

尿潴留

膀胱内积有大量尿液而不能排出，称为尿潴留。引起尿潴留的原因很多，一般可分为阻塞性和非阻塞性两类。阻塞性尿潴留有前列腺肥大、尿道狭窄、膀胱或尿道结石、肿瘤等疾病，阻塞了膀胱颈或尿道而发生尿潴留。非阻塞性尿潴留即膀胱和尿道并无器质性病变，尿潴留是由排尿功能障碍引起的。如脑肿瘤、脑外伤、脊髓肿瘤、脊髓损伤、周围神经疾病以及手术和麻醉等均可引起尿潴留。

知识链接

小 结

机体在代谢过程中，需要通过消化吸收不断摄取营养物质和通过不同的途径排出代谢产物，其中尿的生成和排放是排泄的主要途径，尿的生成是个连续而复杂的过程，排尿则是间断进行的，可归纳如下

小 结

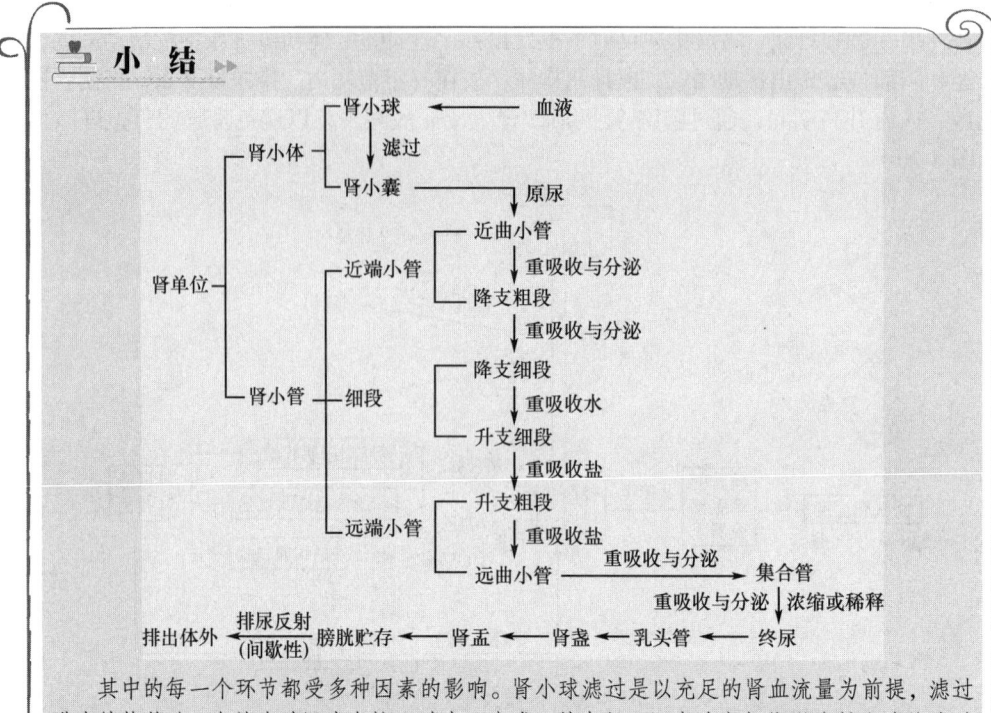

其中的每一个环节都受多种因素的影响。肾小球滤过是以充足的肾血流量为前提，滤过膜为结构基础，有效滤过压为直接驱动力而完成，其中任一因素改变都能影响肾小球的滤过功能，而改变原尿的成分和量。原尿流经肾小管和集合管时，经过选择性重吸收，保留了对机体有用的物质，清除了对机体有害和过剩的物质，实现了稳定机体内环境的。通过分泌过程排出部分肾小球不能滤过的异物。水的重吸收量决定尿量的多少，而水的吸收则取决于肾小管和集合管上皮细胞对水的通透性以及小管液和管外组织液之间渗透压梯度的影响，二者即受神经体液调节又存在自身调节。调节了水的吸收，即实现对尿液的浓缩与稀释，尿量就会发生改变。肾生成的尿液暂时储存在膀胱内，在各级中枢参与下通过排尿反射排出体外，在某些病理情况下可能出现排尿的异常。

（王晓宇 赵江波）

思 考 题

1. 名词解释 排泄 肾小球有效滤过压 肾小球滤过率 肾糖阈 渗透性利尿 水利尿。
2. 论述大失血尿量有何变化？为什么？
3. 举例说明影响原尿生成的因素有哪些？
4. 糖尿病患者为什么会出现糖尿和多尿？
5. 大量出汗后，尿量会有什么变化？为什么？
6. 简述的重吸收 HCO_3 和分泌 H^+ 的过程和生理意义。

第九章 感觉器官的功能

> **学习要点**
> 1. 基本概念：感受器、近视、远视、散光、视力、气传导、骨传导、听阈。
> 2. 眼折光成像的原理；声波传入内耳的途径；前庭器官的功能。
> 3. 感受器的特性；视网膜两种感光换能系统。

人生活的外界环境和机体的内环境都经常处于变化之中，机体通过感受器或感觉器官，感受内、外环境的变化后，再转化为相应的神经冲动，经过一定的神经传导通路到达大脑皮层的特定部位，才能产生相应的感觉。可见，感觉形成的生理过程是由感受器或感觉器官、神经传导通路及皮质中枢三部分的共同活动来完成的。本章重点讨论感觉器官的生理功能。

第一节 概 述

一、感受器与感觉器官的概念

（一）概念

感受器（receptor）是指分布在体表或组织内部的专门感受机体内、外环境变化的结构或装置。如体表或组织内部与痛觉有关的游离神经末梢、视网膜中的视杆和视锥细胞是光感受细胞、耳蜗中的毛细胞是声感受细胞等。为更好地完成感觉功能，这些感受细胞连同它们的附属结构，就构成了各种复杂的感觉器官，高等动物中最重要的感觉器官有如眼、耳、前庭、嗅觉和味觉等器官。

（二）感受器的分类

机体的感受器种类很多，有不同的分类方法。根据刺激性质的不同，可分为伤害性感受器、机械感受器、温度感受器和化学感受器等；根据分布部位不同，可分为内感受器和外感受器。内感受器感受机体内部的环境变化，如颈动脉体和主动脉体的化学感受器等；而外感受器则感受外界环境的变化，如皮肤的痛觉、嗅觉、听觉感受器等。

二、感受器的一般生理特性

（一）感受器的适宜刺激

一种感受器通常只对某种特定形式的刺激最敏感、最容易接受，这种形式的刺激就称为该感受器的适宜刺激（adequate stimulus）。如一定波长的电磁波是视网膜视杆细胞和视锥细胞的适宜刺激；一定频率的机械振动是耳蜗毛细胞的适宜刺激等。正因为如此，机体内、外环境中所发生的各种形式的变化，总是先作用于和它们相对应的感受器。这一现象的存在，是动物在长期的进化过程中逐步形成的。

（二）感受器的换能作用

感受器能够将作用于感受器的各种形式刺激能量转换成为传入神经的动作电位，这种能量转换称为感受器的换能作用（transducer function）。因此可以把感受器看成生物换能器。在换能过程中，一般不是直接把刺激能量转换为神经冲动，而是通过跨膜信号转导，先在感受器细胞或感觉神经末梢引起相应的电位变化，前者称为感受器电位，后者称为发生器电位。它们同终板电位和突触后电位一样，具有局部电位的特点，可以总和，当达到一定水平时，便可触发感受器细胞产生动作电位。

（三）感受器的编码功能

感受器完成刺激能量转换的同时，将外界刺激所含的各种信息转移到了感觉传入神经动作电位的排列和组合中，称为感受器的编码（coding）功能。这种编码作用十分复杂，目前还有很多问题尚不清楚。一般认为对刺激性质的分析取决于感受器传入冲动所到达高级中枢的部位。对刺激强度的分析不仅可通过单一神经纤维上动作电位的频率高低来编码，还可通过参与该信息传输的神经纤维的数目多少来编码。感觉中枢就是根据传入神经动作电位的序列变化而产生不同感觉的。

（四）感受器的适应现象

强度恒定的刺激连续作用于感受器时，刺激仍然在继续，但传入神经冲动的频率随着时间推移逐渐下降的现象称为感受器的适应（adaptation）。适应是所有感受器的一个功能特点，但适应的快慢和程度在不同感受器有很大的差别。有的适应较快，如触觉感受器和嗅觉感受器等；有的适应很慢，如肌梭、颈动脉窦压力感受器、痛觉感受器等。感受器适应的快慢各有其生理意义，快适应有利于感受器和中枢再接受其他新的刺激；而慢适应则有利于机体对某些功能状态（如姿势、血压等）进行长期持续的监测和调整。

三、感觉分类

根据感受器感受刺激的性质和来源的不同，可将感觉分为以下3类。
（1）一般感觉包括触觉、温觉、痛觉。
（2）本体感觉包括位置觉、震动觉、运动觉。
（3）特殊感觉包括嗅觉、味觉、视觉、听觉与平衡觉。

第二节 一般感觉

一般感觉又称浅感觉，主要来自皮肤和内脏，包括触觉、压觉、温度觉和痛觉。一般认为皮肤感觉主要有4种，即对皮肤的机械刺激引起的触、压觉，由温度刺激引起的冷觉和热觉，以及各种伤害性刺激引起的痛觉。皮肤感受器的换能机制除触、压觉研究得比较清楚外，其他皮肤感受器的换能机制目前尚不清楚。

一、触、压觉

对皮肤施以触、压等机械刺激所引起的感觉，分别称为触觉（touch-sense）和压觉（pressure-sense）。触觉是微弱的机械刺激兴奋了浅层的触觉感受器引起的，压觉是指较强的机械刺激导致深部组织变形时引起的感觉。由于两者在性质上类似，可统称为触、压觉。触、压点在皮肤表面的分布密度和该部位对触、压觉的敏感程度成正比，如鼻、口唇、指尖等处密度最高，腹、胸部次之，手腕、足等处最低，与其相应，触、压觉的阈值也是鼻、口唇和指尖处最低，而腕、足部位最高。

触、压觉的感受器可以是游离神经末梢、毛囊感受器或带有附属结构的环层小体。不同的附属结构可能决定它们对触、压刺激的敏感性或适应出现的快慢。触、压觉感受器的适宜刺激是机械刺激。机械刺激引起感觉神经末梢变形，而产生感受器电位，当感受器电位使神经纤维膜去极化达阈电位时，就产生动作电位，传入大脑皮质感觉区，产生触、压觉。

二、温度觉

冷觉（cold-sense）和热觉（warmth-sense）合称温度觉，分别由冷热两种感受器的兴奋所引起。皮肤上分布着冷点和热点，其分布密度远比触、压点低。一般皮肤表面冷点比热点约多 4~10 倍。如用 40℃的温度刺激皮肤时，可找到皮肤的热点；15℃的温度刺激可找到冷点。某些化学物质也可引起温度感觉，如给皮肤上涂抹薄荷油会产生冷感；将 Ca^{2+} 剂注入静脉会有温热感觉。

冷点下方主要分布有游离神经末梢，热感受器可能也是游离神经末梢。冷感受器在皮肤温度低于 30℃时开始发放冲动，热感受器在皮肤温度超过 30℃时开始发放冲动。

三、痛觉

痛觉（pain-sense）是由伤害性刺激引起的一种复杂的感觉，它除引起痛的感觉外，常伴有强烈的不愉快情绪反应。痛觉可以提醒人们采取防卫措施，是对机体有保护意义的感觉。许多疾病都表现有疼痛，因此认识痛觉的产生及其规律具有重要的临床意义。

各种刺激达到一定强度造成组织损伤时，会释放 H^+、K^+、5-羟色胺、缓激肽等致痛物质，使游离神经末梢去极化，产生动作电位，传入中枢引起痛觉。因痛觉感受器位于皮肤的表层，所以压迫、寒冷、局麻等作用于皮肤表面时痛觉最先消失。

第三节 本体感觉

本体感觉（proprioception）又称深感觉，指来自肌、腱、关节等的感觉。躯干和四肢的本体感觉可分为意识性和非意识性两种。头面部的本体感觉一般认为通过三叉神经，经过三叉神经中脑核后传入脑。但具体途径尚不明确。

一、意识性本体感觉

意识性本体感觉能将本体感觉冲动传至大脑皮质，从而感知机体在空间的位置和运动的方向。躯干、四肢的肌、腱、关节等处的本体觉感受器在感受到位置、震动和运动的刺激后，产生的神经冲动经薄束和楔束上行到薄束核和楔束核，再经内侧丘系交叉上行至背侧丘脑，经内囊投射到中央后回的上 2/3 和中央旁小叶的后部。此传导路受损时，患者闭目不能确定其相应的位置姿势和运动的方向，震动觉消失。

二、非意识性本体感觉

非意识性本体感觉能把躯干、四肢的本体觉冲动传至小脑，但本体感觉冲动到达小脑皮质不产生意识感觉，而是反射性调节躯干和四肢的肌张力，协调肌肉运动，以维持身体的平衡和姿势。

第四节 特殊感觉

一、视 觉

人的视觉（vision）高度发达，人大脑所获得的外界信息中90%以上来自视觉，视觉对人是极其重要的感觉。人的视觉器官是眼，其适宜刺激是波长为370~740nm的电磁波。

人眼中与产生视觉直接有关的功能结构是折光系统和视网膜（图9-1）。来自外界的可见光线经眼的折光系统成像于视网膜上，视网膜上的感光细胞对光线进行信息处理、换能、转化等产生神经冲动，沿视神经传至视觉中枢，从而产生视觉。

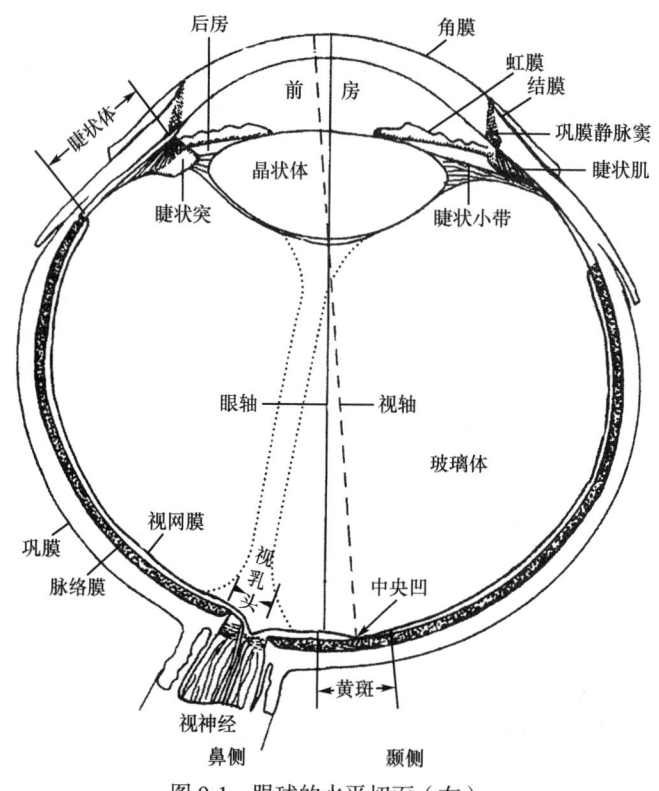

图9-1 眼球的水平切面（右）

（一）眼的折光功能

1. 眼的折光系统与成像　眼的折光系统由角膜、房水、晶状体和玻璃体组成，这四种折光体均透明且无血管分布，但其折光率和曲率半径均各不相同，因此从外界进入眼内的光线在到达视网膜之前，要在其间的界面上发生多次折射，其中最主要的折射发生在角膜的前表面。计算表明，当正常成人眼处于安静而未调节的状态时，其折光系统的后主焦点的位置，正好是视网膜所在的位置。

为便于理解和应用，有学者设计了一个与正常眼在折光效果上相同，但更为简单的人工模型，即简化眼（reduced eye），可用来分析眼的成像情况和进行其他计算。假设眼球的前后径为20mm，内容物为均匀的单球面折光体，折射率为1.333，外界光线入眼球时只在角膜表面发生折射，角膜的曲率半径为5mm，即节点到角膜的距离为5mm处，后主焦点在节点后方 15mm 处,相当于视网膜的位置。此模型和正常安静时的人眼相同,正好能使平行光线聚集在视网膜上,形成一个清晰的物像(图 9-2)。

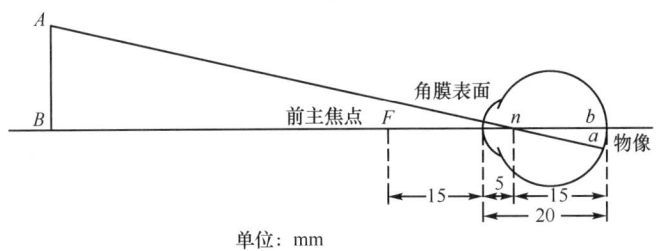

图 9-2 简化眼及其成像示意图

利用简化眼模型可以很方便地计算出物体在视网膜上成像的大小。如图 9-2 所示,根据相似三角形原理,计算公式如下:

$$\frac{AB(物体的大小)}{Bn(物体至节点距离)} = \frac{ab(物像的大小)}{nb(节点至视网膜距离)}$$

公式中 nb 不变,为 15mm,若已知物体的大小和它与眼球的距离,就可计算出物像的大小。因此视网膜上物像的大小不仅与物体的大小有关,也与物体和眼的距离有关。

2. 眼的调节　当正常人眼看远处物体(6m 以外)时,由物体发出的进入眼内的光线可认为是平行光线,不需任何调节就能成像在视网膜上;当眼看近物(6m 以内)时,则由物体发出的进入眼内的光线呈不同程度的辐散,经折射后,将成像在视网膜之后,因而物像是模糊的;由此也只能引起一个模糊的视觉形象。但正常人眼在看近物时也很清楚,这就是由于眼在看近物时进行了调节的缘故。人眼的调节包括晶状体的调节、瞳孔的调节和两眼球会聚。

(1)晶状体的调节:晶状体是一个富有弹性双凸透镜的透明体,其周围借悬韧带连于睫状体上。睫状体内有睫状肌,受动眼神经中的副交感神经纤维支配。

看远物时,睫状肌处于松弛状态,睫状体后移使悬韧带拉紧,晶状体被拉成扁平状,这时平行光线经折射后恰好成像在视网膜上,所以可看清远物。而看清近物的过程是一个神经反射性活动,当模糊的视觉形象出现在视觉中枢时,反射性引起动眼神经中副交感神经纤维兴奋,使睫状肌收缩,睫状体向前内方移动,悬韧带松弛,晶状体靠其自身的弹性而向前方和后方凸出(以前凸较为明显)。晶状体变凸使其表面的曲率半径减小,折光力增大,从而使物像前移,恰能成像在视网膜上。被视物体的距离越近,入眼光线的辐散程度越大,因此需要睫状肌加强收缩、晶状体更加变凸。因此,长时间看近物,易导致视疲劳,而看远物则可得到休息。但晶状体的调节能力是有一定限度的,这主要取决于晶状体的弹性。弹性越好,其凸起能力就越强,所能看清物体的距离就越近。晶状体的最大调节能力可用近点(near point)来表示。近点是指眼在尽最大调节时所能看清物体的最近距离。近点越近,表示晶状体的弹性越好,调节能力越强。随着年龄的增长,晶状体自身的弹性逐渐下降,调节能力减弱,近点也随之变远。例如,8 岁左右的儿童近点平均为 8.6cm,20 岁时平均约为 10.4cm,而 60 岁时可远移到 83.3cm。由于年龄的原因,晶状体弹性下降,看远物时正常,看近物时调节能力减弱,这种现象称为老视,即通常所说的老花眼。看近物时戴凸透镜能予以矫正。

考点提示:
老视的原因

(2)瞳孔的调节:正常人瞳孔的直径可在 1.5~8.0mm 之间变动。瞳孔的大小可以调节进入眼内的光线量。看近物时,可反射性引起双侧瞳孔缩小,称为瞳孔近反射或瞳孔调节反射。其意义是可减少进入眼内的光线量,减少折光系统的球面像差和色像差,使成像清晰。

瞳孔的大小可随光线的强弱而改变,当光线强时瞳孔缩小,光线弱时瞳孔扩大,称为瞳孔对光反射。反射过程如下:当强光照射视网膜时,产生的神经冲动经视神经传到中脑的顶盖前区,换元后到达双侧的动眼神经副核,再沿动眼神经中的副交感纤维传出,使双侧瞳孔括约肌收缩,瞳孔缩小。瞳孔对光反射的效应是双侧的,光照一侧眼时,既可使被照射眼瞳孔缩小(直接对光反射),又可使另一侧眼瞳孔缩小(间接对光反射)。该反射的生理意义在于调节进入眼内的光量,避免视网膜在强光下受到损害;在弱光下增加进入眼内的光量,以产生清晰的视觉。瞳孔对光反射的中枢在中脑,临床上常把它作为判断中枢神经系统病变的部位、麻醉的深度和病变危重程度的重要指标。

(3)双眼球会聚:当双眼注视一个由远移近的物体时,两眼视轴向鼻侧会聚的现象,称为双眼球会聚,也称为辐辏反射(convergence reflex)。其意义在于两眼同时看一近物时,物像仍可落在两眼视网膜的对称点上,因此不会发生复视。

3. 眼的折光能力与调节能力异常　正常人眼对来自远处物体的平行光线无需调节即能成像于视网膜上,因而可以看清远物;近处物体只要离眼的距离不小于近点,经过眼的调节也能在视网膜上形成清晰的物像。若由于眼的折光能力异常或眼球的形态异常,使平行光线不能成像在视网膜上,称为折光异常(也称屈光不正或非正视眼),包括近视、远视和散光。

(1)近视(myopia):近视多数是由于眼球前后径过长(轴性近视)所致,少数由于折光系统的折光力过强(屈光性近视)引起。两者均可使远物发出的平行光线聚焦在视网膜的前方,而在视网膜上形成模糊的像。看近物时,由于近物发出的是辐散光线,故眼不需调节或仅作较小的调节,就能使光线聚焦在视网膜上。因此近视眼的特点是:视远物不清,近点小于正常眼。近视可用凹透镜矫正(图9-3)。

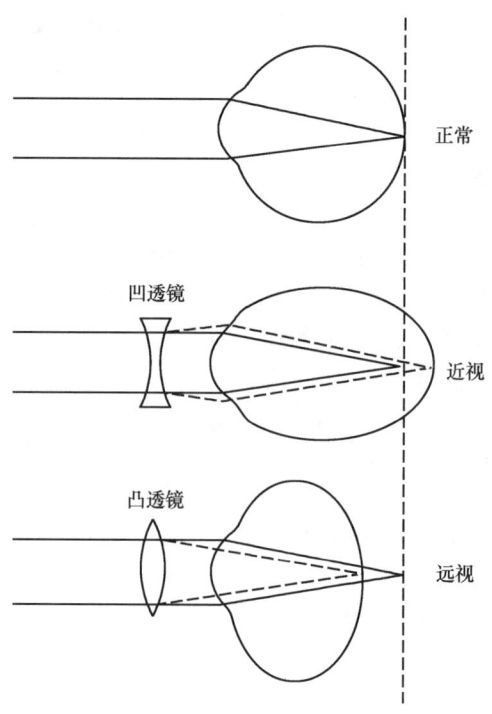

图9-3　眼的折光异常及其矫正
(实线为矫正前,虚线为矫正后)

近视眼的形成与预防

通常近视大多是由于不良的用眼习惯造成的，比如长时间近距离读书写作业、照明条件不良、字迹过小或在摇晃不定的车厢内阅读等，使眼持续处于过度紧张的调节状态或调节痉挛，均可促使近视眼的发生。预防近视眼，就要养成正确的看书写字姿势，眼与书本之间应保持一定的距离。看书时间不宜过长，不要看字迹过小或模糊的书报，防止眼睛过度疲劳。改正不合理的用眼习惯，如躺在床上或趴在桌上看书、吃饭时看书、在强光下或弱光下看书，以及在开动的车上及走路时看书等，这些不良习惯都会降低视力的敏锐度。

知识链接

（2）远视（hyperopia）：远视是由于眼球前后径过短（轴性远视）和折光系统的折光力过弱（屈光性远视）引起，使发自远物的平行光线聚焦在视网膜的后方。因此，远视眼在看远物时，也得动用眼的调节才能使光线聚焦在视网膜上；而看近物时，眼需作更大程度的调节才能看清物体。远视眼的特点是：不论看近物还是远物都需要进行调节，故易出现视疲劳，近点大于正常眼。远视眼可用凸透镜矫正（图9-3）。

远视眼和老花眼在使用凸透镜矫正时有所不同。老花眼只是在看近物时才需用凸透镜矫正，而远视眼不论看近物还是远物均需用凸透镜矫正。

（3）散光（astigmatism）：正常时眼折光系统的各折光面都是正球面。散光多数是由于角膜表面不呈正球面所致，即角膜表面不同方位的曲率半径不相等。此时平行光线进入眼内不能在视网膜上形成焦点，造成视物不清或物像变形。散光可用柱面镜矫正。

（二）眼的感光功能

来自外界物体的光线，经过眼的折光系统在视网膜上形成物像，但这仅是个物理范畴的现象，它只有被视网膜上的感光细胞所感受，并将其转换为神经纤维上的动作电位，传至视觉中枢，经视觉中枢信息处理，最终在主观意识上形成了"像"。

考点提示： 近视、远视和散光配戴何种镜片

1. 视网膜的感光换能系统　视网膜结构十分复杂，其中能感受光线刺激的感光细胞有视杆细胞（rod cell）和视锥细胞（cone cell）两种，它们都含有特殊的视色素。两种感光细胞都与双极细胞发生突触联系，双极细胞再与神经节细胞联系，神经节细胞的轴突汇合成视神经，视神经自视神经乳头处穿出视网膜（图9-4）。这样在视网膜中就形成了两个感光换能系统。由于视神经乳头处无感光细胞，故没有感光功能，形成生理盲点。

（1）视杆系统：由视杆细胞和与之相联系的双极细胞以及神经节细胞等组成。视杆细胞主要分布在视网膜的周边部位，对光的敏感度较高，能在昏暗的环境中感受弱光刺激而产生视觉，但视物的精确度较差，不能分辨颜色，故又称为暗视觉系统。自然界中只在夜间活动的动物（如猫头鹰等）视网膜上只有视杆细胞。

（2）视锥系统：由视锥细胞和与之相联系的双极细胞以及神经节细胞等组成。视

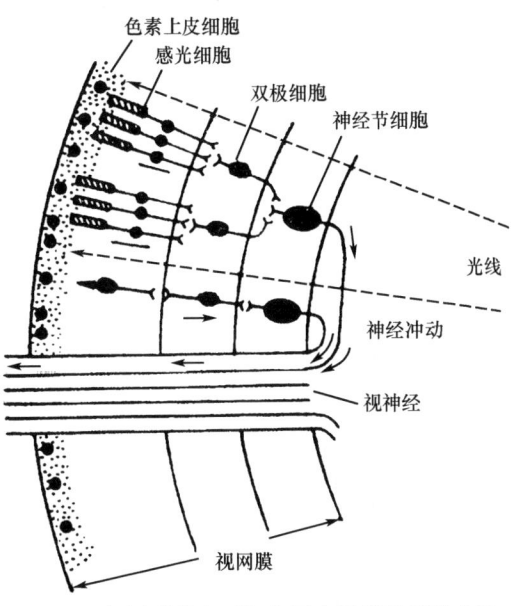

图9-4　视网膜的主要细胞层次及其联系模式图

锥细胞主要分布在视网膜的中心部位,尤其在黄斑的中央凹处仅有视锥细胞,而无视杆细胞。视锥细胞对光的敏感度较低,只在较强光线刺激下才发生反应,能分辨颜色,且有较高的分辨力,视物精确度高,故又称为明视觉系统。某些只在白天活动的动物(如鸡等)视网膜上只有视锥细胞。

2. 视网膜的光化学反应

(1)视杆细胞的光化学反应:视杆细胞内的视色素是视紫红质。视紫红质是一种结合蛋白质,由视蛋白和视黄醛组成,对蓝光有最大的吸收能力,故人眼在弱光条件下对蓝绿光(相当于500nm波长附近)感觉最明亮。视紫红质在光照时能迅速分解为视蛋白和视黄醛,该过程的出现首先是视黄醛分子构象发生改变,即由光照前的11-顺型变为光照时的全反型。视黄醛分子构象的这种改变,将导致视蛋白分子构象也发生改变,由此诱发视杆细胞出现感受器电位,较特殊的是视杆细胞的感受器电位表现为一种超极化型的电位变化。在感受器电位的基础上经过较复杂的信号传导系统的活动,最终在神经节细胞上诱发动作电位,传向视觉中枢。

在亮处分解的视紫红质,在暗处又可重新合成。合成时,首先是全反型视黄醛在视黄醛异构酶的作用下变为11-顺型视黄醛,再与视蛋白结合形成视紫红质。此外,全反型视黄醛也可先转变为全反型视黄醇(维生素A的一种形式),在异构酶的作用下转变为11-顺型视黄醇,再变成11-顺型视黄醛,最后与视蛋白结合。可见视紫红质的光化学反应是可逆的,反应方向取决于光照强度。反应过程如下:

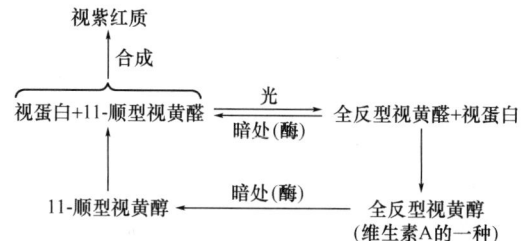

光线越弱,合成过程超过分解过程,视网膜上的视紫红质就越多,也就使视网膜对弱光越敏感;相反,在强光时视紫红质以分解为主,使视杆细胞几乎失去感受光刺激的能力,此时人的视觉是依靠视锥系统来完成的。在视紫红质的分解与再合成过程中,会有一部分视黄醛被消耗,这要依靠食物中的维生素A来补充。因此,长期摄入维生素A不足,会影响人在暗处时的视力,导致夜盲症。

(2)视锥细胞的光化学反应:视网膜上有三种不同的视锥细胞,分别含有三种不同的视锥色素。由于视锥色素中视蛋白分子的结构不同,决定了与之结合的视黄醛分子对某种波长的光线最为敏感。光线作用于视锥细胞时,也是先发生同视杆细胞相似的超极化型感受器电位,最后在相应神经节细胞上产生动作电位。

(三)与视觉有关的几种现象

1. 明适应和暗适应　人从暗处进入亮光处时,最初感到一片耀眼的光亮,不能看清楚物体,中有稍等片刻后才逐渐恢复视觉,这种现象称为明适应(light adaptation)。明适应过程较快,约需一分钟即可完成。明适应是由于在暗处视杆细胞内蓄积了大量的视紫红质,到亮处遇到强光时迅速分解,因而产生耀眼的光感。待视紫红质大量分解后,视锥细胞便发挥在亮光下的感光作用。

相反,人从亮处进入暗处时,最初看不清任何物体,经过一段时间后,人眼才逐渐恢复了在暗处的视力,这种现象称为暗适应(dark adaptation)。暗适应实际是人眼在暗处对光的敏感度逐渐提高的过程,该过程主要决定于视杆细胞中视紫红质在暗处再合成的速度。在亮处时,视杆细胞中的视紫红质大量分解,因剩余量很少,到暗处时便不足以引起对暗光的感受,故最初不能看清物体。经过一段时间后,视紫红质合成逐渐增多,对弱光的感受能力增强,人在暗处的视力才逐渐恢复。整个过程需 25~30min。

2. 色觉　色觉(color vision)是一种复杂的物理心理现象,主要是由于不同波长的光线作用于视网膜后,在人脑引起主观感觉。人眼可分辨约 150 种不同的颜色,辨别颜色是视锥细胞的重要功能。

有关色觉形成的机制,提出最早也是被许多实验证实的是三原色学说。该学说认为在视网膜上分布有三种不同的视锥细胞,分别含有对红、绿、蓝三种光敏感的视色素。当一定波长的光线作用于视网膜时,使三种视锥细胞按一定的比例受到刺激,产生不同程度的兴奋,这样的信息传至视觉中枢,就会产生某种颜色的视觉。例如红、绿、蓝三种视锥细胞兴奋程度的比例为 4:1:0 时,产生红色的感觉;三者比例为 2:8:1 时,产生绿色的感觉等。色盲(color blindness)就是对全部颜色或某种颜色缺乏分辨能力的一种色觉障碍,可分为全色盲和部分色盲。临床上常见的是红绿色盲,该患者不能分辨红色和绿色,其原因可能是视网膜上缺乏对红光和绿光敏感的视锥细胞。色盲绝大多数是由遗传因素引起的,也有极少数是由视网膜病变引起。但有些色觉异常的产生并非是由于缺乏某种视锥细胞,而只是由于视锥细胞的反应能力较弱,使患者对某种颜色的识别能力较正常人稍差,这种色觉异常称为色弱,色弱常由后天因素引起。

3. 视野　用单眼固定注视前方一点时,该眼所能看到的空间范围,称为视野(visual field)。由于受面部结构的影响,鼻侧和上方视野较小,颞侧和下方视野较大。在同一光照条件下,不同颜色测得的视野也不同,白色视野最大,黄色、蓝色次之,红色再次之,绿色视野最小。临床上检查视野可帮助诊断视网膜和视觉传导通路上的病变。

4. 视力　视力又称视敏度(visual acuity),是指眼对物体微细结构的分辨能力,即分辨物体上两点间最小距离的能力,一般用视角作为衡量视力的标准。视角是指物体上两点的光在节点上相交时形成的夹角。眼能分辨物体上两点所形成的视角越小,表示视力越好。视力表就是根据此原理设计的,一般正常人眼能分辨的最小视角大约为 1 分度。

二、听觉与平衡觉

听觉(hearing)的感觉器官是耳,其适宜刺激是声波。物体振动时发出的声波,通过外耳、中耳传至内耳,经内耳的换能作用,使蜗神经纤维产生神经冲动,再传导至大脑皮层的听觉中枢,产生听觉。声音源于声源的振动,但并非所有声波振动都能被耳感知,只有振动的频率在一定范围内,并且达到一定的强度才能产生听觉。通常人耳能感受的声波振动频率为 16~20 000Hz 之间,其中最敏感的频率范围在 1 000~3 000Hz。

(一) 外耳与中耳的传音功能

1. 外耳的功能　外耳由耳郭和外耳道组成。耳郭的形状有利于收集声波,还可结合头部的运动来判断声音的方向。外耳道是声波传导的通道,还可对不同波长的声波起不同的共振作用,使其强度增大。

2. 中耳的功能　中耳由鼓膜、听骨链、鼓室和咽鼓管等结构组成,它们在声波传导过程中起重要作用。鼓膜呈椭圆形,为顶点朝向中耳的浅漏斗状薄膜,面积为 50~90mm^2。鼓膜的形态和结构特点,使其具有较好的频率响应和较小的失真度,且其振动与声波的振动同始同终。

听骨链由锤骨、砧骨和镫骨依次连接而成。锤骨柄附着于鼓膜,镫骨底与前庭窗相连,砧骨居中，使三块听小骨构成一个固定角度的杠杆系统（图 9-5）。其中锤骨柄为长臂，砧骨长突为短臂，杠杆的支点刚好在听骨链的重心上，因而在能量传递过程中惰性最小，效率最高。

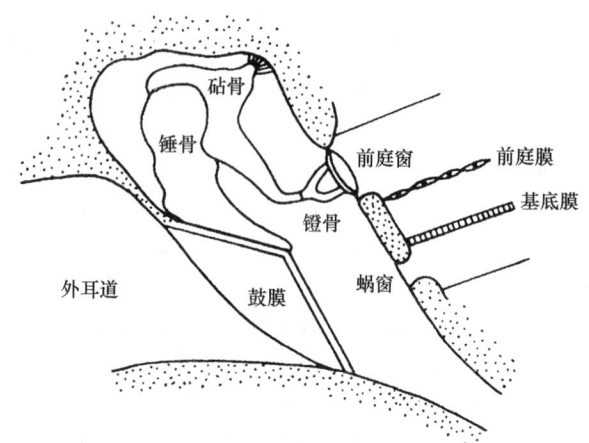

图 9-5 听骨链与耳蜗的关系模式图

声波由鼓膜经听骨链传至内耳前庭窗时，振动的压强增大，而振幅稍减小。这样既可提高传音效率，又可避免造成内耳的损伤。产生该变化的原因是：①鼓膜的实际振动面积为 $55mm^2$，而前庭窗膜的面积仅为 $3.2mm^2$，二者之比为 17.2∶1。若听骨链传递时压力不变，则作用于前庭窗的压强将增大 17.2 倍。②听骨链杠杆的长臂与短臂之比为 1.3∶1，这样经此杠杆传递，短臂一侧的压力增大 1.3 倍，而振幅同时减小。通过以上两方面作用，整个中耳传递过程的增压效应为 17.2×1.3＝22.36 倍。

咽鼓管是连接鼓室和鼻咽部之间的通道。咽鼓管咽口常处于闭合状态，在吞咽、打哈欠等时开放。咽鼓管的主要功能是调节鼓室内的压力，使之与外界大气压保持平衡，这对维持鼓膜的正常位置、形状和振动性能具有重要的意义。若咽鼓管因炎症阻塞后，可由于鼓室内空气被吸收，使鼓膜内陷，产生疼痛、耳鸣等，影响听力。

3. 声波传导的途径　声波传向内耳的途径有两种：气传导和骨传导。

（1）气传导：声波经外耳道空气传导引起鼓膜振动，再经听骨链和前庭窗传入耳蜗，这种方式称为气传导（air conduction）。这是声波传导的主要途径。此外，鼓膜的振动也可引起鼓室内空气振动，再经蜗窗传入耳蜗。但这种气传导在一般情况下并不重要，仅在听骨链运动障碍时，起部分代偿作用。

（2）骨传导：声波直接引起颅骨振动，从而再引起耳蜗内淋巴的振动，这种传导方式称为骨传导（bone conduction）。正常情况下，骨传导的效率比气传导要低很多，故在正常听觉中起的作用很小。

临床上常借助音叉检查患者气传导和骨传导的情况，帮助判断听觉障碍时病变的部位和原因。例如，当外耳道或中耳病变引起传音性耳聋时，气传导明显受损，而骨传导却相对增强；当耳蜗病变引起感音性耳聋时，气传导和骨传导都受损。

考点提示：
耳聋的种类

（二）内耳的感音功能

内耳又称迷路，包括耳蜗和前庭器官两部分，耳蜗与听觉感受有关，前庭器官则与平衡感觉有关。耳蜗的作用是把传递到它的机械振动转变为蜗神经纤维的神经冲动。

听觉功能障碍

听觉功能障碍可因病损部位不同而分为三种类型。1.传音性耳聋：由鼓膜或听骨连功能障碍引起，气传导明显受损，骨传导影响不大。2.感音性耳聋：由耳蜗病变、螺旋器和蜗神经受损引起，气传导、骨传导均明显受损。3.中枢性耳聋：由各级听觉中枢或听觉传导通路的病变所引起。在以上三种类型的听觉功能障碍中，最常见的是传音性耳聋。因此，应注意避免中耳疾患、外力损伤、环境噪音等对鼓膜和听骨连的损害。

知识链接

1. **耳蜗的结构特点** 耳蜗由一条骨质的管道围绕一锥形骨（耳蜗轴）盘旋而成。在耳蜗管的横断面上可见到两个分界膜，一为斜行的前庭膜，一为横行的基底膜。此两膜将管道分为三个腔，分别称为前庭阶、鼓阶和蜗管（图9-6）。前庭阶在耳蜗底部与前庭窗膜相接，内充满外淋巴；鼓阶在耳蜗底部与蜗窗膜相接，也充满外淋巴，两者在耳蜗顶部借蜗孔相交通。蜗管是一个充满内淋巴的盲管，基底膜上有螺旋器，为听觉感受器。螺旋器上有数行纵向排列的毛细胞，每一个毛细胞的顶部都有上百条排列整齐的听毛，其中较长的一些埋植在盖膜的胶冻状物质中，盖膜的内侧与耳蜗轴相连，外侧游离并悬浮在内淋巴中。这样的结构使得毛细胞的顶部与内淋巴相接触，而底部则与外淋巴相接触。毛细胞的底部有丰富的神经末梢。

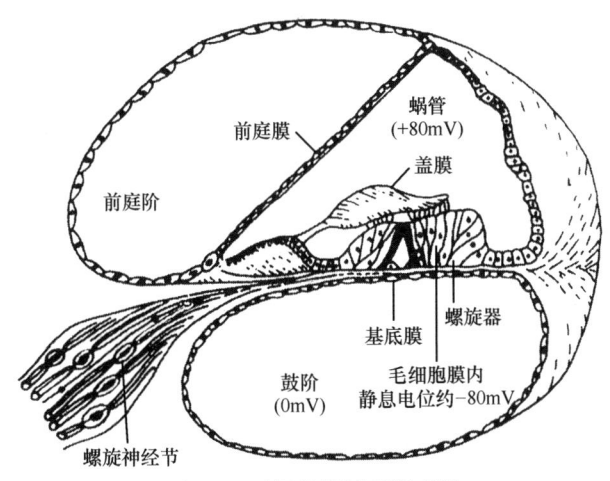

图9-6 耳蜗的横断面模式图

2. **基底膜的振动和行波学说** 当声波振动通过听骨链到达前庭窗膜时，压力变化使前庭窗膜内移，前庭膜和基底膜将下移，鼓阶的外淋巴压迫蜗窗膜外移；相反，当前庭窗膜外移时，上述结构又作反方向移动，由此引起外淋巴和内淋巴振动，进而引起基底膜的振动。观察表明，基底膜的振动是以行波的方式进行的，即内淋巴的振动首先引起靠近前庭窗处（即蜗底）的基底膜振动，然后以行波的形式沿基底膜向耳蜗的顶部（即蜗顶）传播，就像人在抖动一条绸带时，有行波沿绸带向远端传播一样。不同频率的声音引起的行波都从蜗底开始，但频率不同时，行波传播的远近和最大振幅出现的部位也不同（图9-7）。声波频率越低，行波传播越远，最大振幅出现的部位就越靠蜗顶；相反，声波频率越高，行波传播越近，最大振幅出现的部位越靠近蜗底。因此每一种振动频率在基底膜上都有一个特定的行波传播范围和最大振幅区，可使此区域的毛细胞受到最大刺激，经过复杂的换能作用，在相应的蜗神经纤维上产生冲动，继而传入中枢的某一特定区域。这样，来自基底膜不同区域的神经冲动传到中枢的不同部位,就可引起不同音调的感觉。这个原理在动物实验和临床研究中也得到了证实,如耳蜗底部受损时主要影响高频听力,而耳蜗顶部受损时主要影响低频听力。

3. 耳蜗的生物电现象　由于基底膜和盖膜的附着点不在同一个轴上,当行波引起某处基底膜振动时,使毛细胞的顶端和盖膜之间发生交错的移行运动,引起毛细胞听毛弯曲,这种机械性变化会引起毛细胞兴奋,使耳蜗内发生一系列过渡性电变化,最后引起与之相连的蜗神经纤维产生动作电位。

(1)耳蜗内电位:实验发现,如果以鼓阶中外淋巴为参考零电位,测出蜗管中内淋巴的电位为+80mV,称为耳蜗内电位。毛细胞膜内静息电位为-80～-70mV,因此浸浴在内淋巴中毛细胞顶部的膜内外电位差可达 160mV 左右,而浸浴在外淋巴中(鼓阶)毛细胞底部的膜内外电位差只有 80mV 左右(图9-6)。有学者认为,内淋巴的这种正电位与毛细胞机械性感受的敏感性有关。

(2)耳蜗微音器电位:当耳蜗受到声波刺激时,在耳蜗及其附近结构可记录到一种与声波的频率和幅度完全一致的电位变化,称为微音器电位。该微音器电位潜伏期极短,小于 0.1ms,没有不应期,可以总和,属局部电位,并对缺氧和深度麻醉不敏感。实验证明,微音器电位是耳蜗受到声

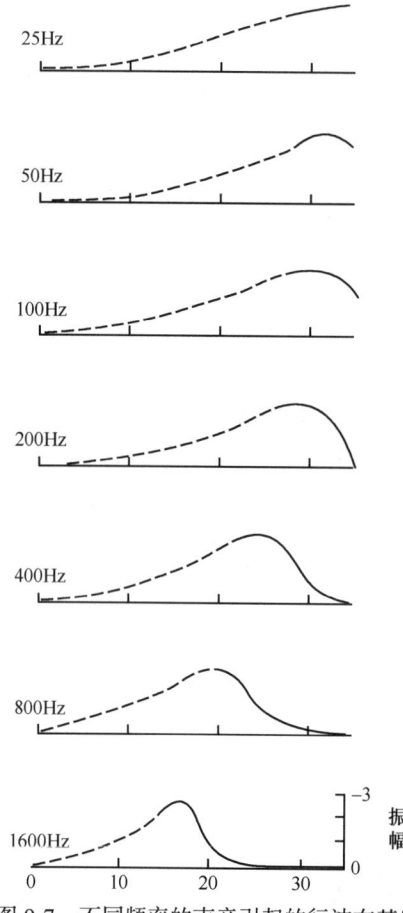

图 9-7　不同频率的声音引起的行波在基底膜上的传播距离和最大振幅的出现部位

波刺激时,多个毛细胞所产生的感受器电位的复合表现。

(3)蜗神经动作电位:耳蜗对声波刺激所产生的一系列反应中最后出现的电变化就是蜗神经动作电位。它是耳蜗对声波刺激进行换能和编码的总结果,能传递声波信息。一般认为,声波频率的分析取决于产生兴奋的蜗神经纤维在基底膜上的分布位置;声波强度的分析则取决于某处神经纤维兴奋的数目。当然人耳对声波信息的分析十分复杂,这可能仅是个基础。

人工耳蜗

又名仿生耳、电子耳蜗、耳蜗植入,是一种植入式听觉辅助设备,其功能是使重度失聪的病人(聋人)产生一定的声音知觉。人工耳蜗的工作原理不是放大声音,而是对位于耳蜗内、功能尚完好的听神经施加脉冲电刺激。大多数人工耳蜗设备由植入部分和体外部分组成。体外部分由麦克风、语音处理器以及用于向植入部分发送指令的信号发射器组成。植入部分由信号接收及解码模块、刺激电极阵列组成。

知识链接

(三)听阈与听域

耳的适宜刺激是空气振动的疏密波,但振动的频率必须在一定的范围内,并且达到一定

强度,才能被耳蜗所感受,引起听觉。通常人耳能感受的振动频率在 16～20 000Hz,而且对于其中每一种频率,都有一个刚好能引起听觉的最小振动强度,称为听阈(hearing threshold)。当振动强度在听阈以上继续增加时,听觉的感受也相应增强,但当振动强度增加到某一限度时,它引起的将不单是听觉,同时还会引起鼓膜的疼痛感觉,这个限度称为最大可听阈。由于对每一个振动频率都有自己的听阈和最大可听阈,因而就能绘制出表示人耳对振动频率和强度的感受范围的坐标图(图 9-8)。其中下方曲线表示不同频率振动的听阈,上方曲线表示它们的最大听阈,两者所包含的面积则称为听域。凡是人所能感受的声音,它的频率和强度的坐标都应在听域的范围之内。由听域图可看出,人耳最敏感的频率在 1 000～3 000Hz;而日常语言的频率较此略低,语音的强度则在听阈和最大可听阈之间的中等强度处。

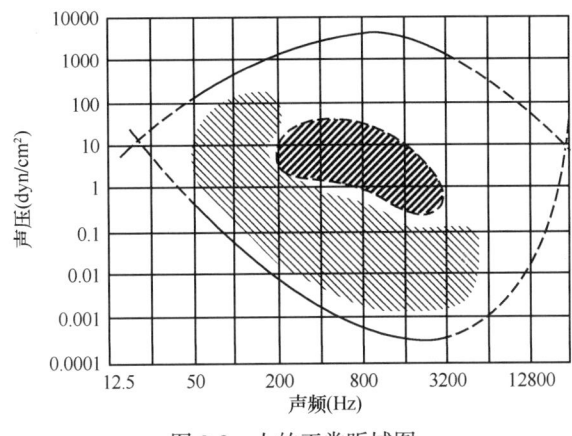

图 9-8　人的正常听域图

(四)前庭器官

前庭器官在结构上属于内耳迷路的一部分,包括三个半规管、椭圆囊和球囊。它们是人体对自身运动状态和头部空间位置的感受器,在保持身体平衡、维持正常姿势中起重要作用。

1. 前庭器官的毛细胞　前庭器官的感受器都称为毛细胞,它们具有类似的结构和功能。每个毛细胞有两种纤毛,其中一根最长,位于细胞顶部一侧边缘处,称为动纤毛(kinocilium);其余的纤毛较短,数量很多,有 60～100 根,并呈阶梯状排列,称为静纤毛(stereocilium)。在毛细胞底部有感觉神经末梢分布。

当动纤毛和静纤毛都处于自然状态时,细胞膜的静息电位约为-80mV,毛细胞底部的神经纤维上有一定频率的持续放电,当外力使静纤毛倒向动纤毛时,毛细胞的静息电位发生去极化,达到一定阈值(约-60mV)时,其传入神经纤维发放的冲动频率增多,表现为兴奋效应;与此相反,当外力使动纤毛倒向静纤毛时,毛细胞静息电位向超极化的方向转变,其传入神经纤维发放的冲动频率减少,表现为抑制效应(图 9-9)。在正常情况下,由于各前庭器官中毛细胞的所在位置和附属结构不同,当机体的运动状态和头在空间的位置改变时,都能以特定的方式改变毛细胞纤毛的倒向,从而改变神经纤维发放冲动的频率,将这些信息传入中枢后,可产生不同的运动觉和位置觉。

2. 椭圆囊和球囊的功能　椭圆囊和球囊是膜质的小囊,内部充满了内淋巴,囊内各有一特殊的结构,分别称为椭圆囊斑和球囊斑。毛细胞即位于囊斑上,其纤毛埋植于耳石膜中。耳石膜为一胶质板,内含耳石,由蛋白质和碳酸钙形成,比重大于内淋巴。当人体直立时,椭圆囊斑处于水平位，耳石膜在毛细胞纤毛的上方；而球囊斑处于垂直位，耳石膜悬在纤毛的一侧。

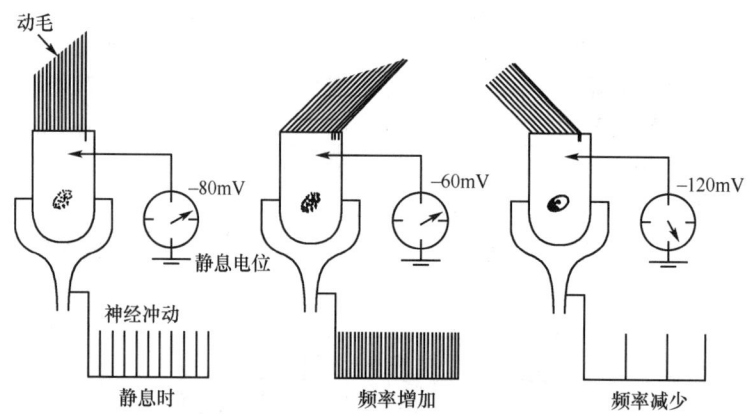

图 9-9　前庭器中毛细胞顶部纤毛状态与神经冲动发放的关系

椭圆囊和球囊的功能是感受头在空间的位置和直线变速运动。当头在空间的位置发生改变时，或者当人体作直线变速运动时，由于重力或惯性的作用，都能使耳石膜与毛细胞的相对位置发生改变，再使纤毛出现弯曲、倒向一侧，从而使传入神经纤维上发放的冲动改变，这种信息传至中枢，产生关于头部空间位置的感觉和直线变速运动的感觉，并引起姿势反射。

3. 半规管的功能　人体两侧内耳各有三条相互垂直的半规管，分别代表空间的三个平面。每条半规管一侧膨大，称壶腹。壶腹内有特殊的结构，称为壶腹嵴。壶腹嵴上有一排面对管腔的毛细胞，毛细胞顶部的纤毛埋植于胶质性的圆顶形终帽中。

半规管的功能是感受旋转变速运动。例如，当躯体直立，沿水平方向旋转时，水平半规管感受器受刺激最大。在旋转开始时，由于内淋巴的惯性作用，它的启动将晚于人体和半规管本身的运动。因此当人体向左旋转时，左侧半规管的内淋巴将压向壶腹方向，使该侧毛细胞兴奋而产生较多的神经冲动；相反，右侧半规管的内淋巴则离开壶腹，于是该侧壶腹产生的冲动减少。当匀速旋转时，半规管腔中内淋巴与整个半规管同步运动，于是两侧壶腹中的毛细胞都处于不受力状态，中枢获得的信息与不进行旋转时相同。但当人体停止旋转时，其受力方向和冲动发放情况正好与旋转开始时相反。内耳迷路中尚有其他两对半规管，可以接受和它们所处平面方向一致的旋转变速运动的刺激。

4. 前庭反应和眼震颤　当前庭器官受刺激而兴奋时，除引起运动觉和位置觉外，还引起各种姿势反射和植物性功能的改变，这种现象称为前庭反应。如汽车突然加速时，会引起颈背肌紧张性增强而后仰，车突然减速时则出现相反的情况；当人乘电梯突然上升时，肢体伸肌抑制而屈曲，下降时伸肌紧张加强而伸直。这些都是前庭器官的姿势反射，其意义在于维持机体一定的姿势和保持身体平衡。另外，前庭器官若受到过强或过长时间的刺激，或前庭功能过敏时，常会引起恶心、呕吐、眩晕、皮肤苍白等现象，称为前庭内脏神经反应，具体表现为晕船、晕车和航空病等。

考点提示： 晕船、晕车和航空病等与前庭反应有关

前庭反应中最特殊的是躯体做旋转运动时出现的眼球特殊运动，称为眼震颤（nystagmus），常被用来判断前庭功能是否正常。眼震颤主要由半规管的刺激引起，而且眼震颤的方向因受刺激半规管的不同而不同。两侧的水平半规管受刺激时，出现水平方向的眼震颤；上、后半规管受刺激时，引起垂直方向的眼震颤。当水平旋转开始时，如果是向左侧旋

转，出现两侧眼球缓慢向右侧移动，这称为眼震颤的慢动相；当眼球移动到两眼裂右侧端时，又快速返回到眼裂正中，这称为眼震颤的快动相；此后再出现新的慢动相和快动相，如此反复不已。当旋转变为匀速运动时，眼球不再震颤而居于眼裂正中，而当旋转停止时，情况正好与旋转开始时相反，于是又引起由方向相反的慢动相和快动相组成的眼震颤（图9-10）。

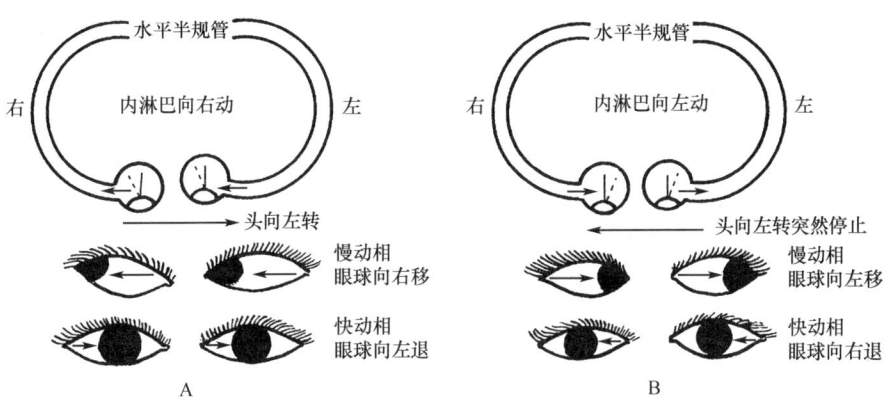

图9-10　旋转变速运动时两侧水平半规管壶腹嵴毛细胞受刺激情况和眼震颤方向示意图

三、嗅　　觉

　　人类的嗅觉（olfaction）感受细胞是嗅细胞，位于上鼻道及鼻中隔后上部的嗅上皮中，两侧嗅上皮的总面积约 5cm²。由于它们的位置较高平静呼吸时气流不易到达。因此在嗅一些不太显著的气味时，要用力吸气，使气流上冲，才能到达嗅上皮。嗅上皮含有三种细胞，即主细胞、支持细胞和基底细胞。主细胞也称呼嗅细胞，呈圆瓶状，细胞顶端有5-6条短的纤毛，细胞的底端有长突，它们组成嗅丝，穿过筛骨直接进入嗅球。嗅细胞的纤毛受到存在于空气中的物质分子刺激时，有神经冲动向嗅球传导，进而传至更高级的嗅觉中枢，引起嗅觉。

　　不同动物的嗅觉敏感程度差异很大，同一种动物对不同的气味刺激物的敏感程度也不同。嗅上皮和有关中枢究竟怎样感受并能区分出多种气味，目前已有初步了解。有人分析了600多种有气味的物质和它们的化学结构，提出至少存在7种基本气味；其他众多的气味则可能由这些基本气味组合所引起。这7种基本气味是：樟脑味、麝香味、花卉味、薄荷味、乙醚味、辛辣味和腐腥味；还发现，大多数具有同样气味的物质，具有共同的分子结构、有特殊结合能力的受体蛋白（理论上至少有7种），这种结合可通过G-蛋白而引起第二信使类物质的产生，最后导致膜上某种离子通道开放，引起 Na^+、K^+ 等离子的跨膜移动，在嗅细胞的胞体膜上产生去极化型的感受器电位，后者在轴突膜上引起不同频率的动作电位发放，传入中枢。用细胞内记录法检查单一嗅细胞电反应的实验发现，每一个嗅细胞只对一种或两种特殊的气味起反应；还证明嗅球中不同部位的细胞只对某种特殊的气味起反应。嗅觉系统与其他感觉系统类似，不同性质的气味刺激有其相对专用的感受位点和传输线路；非基本气味则由于它们在不同线路上引起的不同数量冲动的组合特点，在中枢引起特有的主观嗅觉感受。

四、味　　觉

　　特殊分化的味觉（gustation）感受细胞也称为味觉细胞，味觉细胞顶端有纤毛，称为味毛，由味蕾表面的孔伸出，是味觉感受的关键部位。多个味觉细胞聚集在一起形成味蕾（taste bud），味蕾也被认为是味觉感受器，由味觉细胞和支持细胞共同组成（图9-11）。主要分布在舌背部表面和舌缘，口腔和咽部黏膜的表面也有散在的味蕾存在。儿童味蕾较成年人多，老年时因味蕾萎缩而逐渐减少。

舌表面不同部位对不同味刺激的敏感程度不一样。人类一般是舌尖部对甜味比较敏感，舌两侧对酸味比较敏感，舌两侧前部对咸味比较敏感，而软腭和舌根部则对苦味比较敏感。味觉的敏感度往往受食物或刺激物本身温度的影响。在 20~30℃之间，味觉的敏感度最高。另外，味觉的辨别能力也受血液化学成分的影响，味觉的功能不仅在于辨别不同的味道，而且与营养物的摄取和内环境恒定的调节也有关系。

人和动物的味觉系统可以感受和区分出多种味道形成不同的味觉；这些味道通常由 4 种基本的味觉成分混合而成，即酸、甜、苦和咸。不同物质的味道与它们的分子结构的形式有关，但也有例外。通常 NaCl 能引起典型的咸味；甜味的引起与葡萄糖的主体结构有关；而奎宁和一些有毒植物的生物碱的结构能引起典型的苦味。有趣的是，这 4 种基本味觉的换能或跨膜信号的转换机制并不一样，如咸和酸的刺激要通过特殊化学门控通道，甜味的引起要通过受体、G-蛋白和第二信使系统，而苦味则由于物质结构不同而通过上述两种形式换能。和前面讲过的嗅觉刺激的编码过程类似，中枢可能通过来自传导四种基本味觉的专用神经通路上的神经信号和不同组合，来认知这些基本味觉以外的多种味觉。

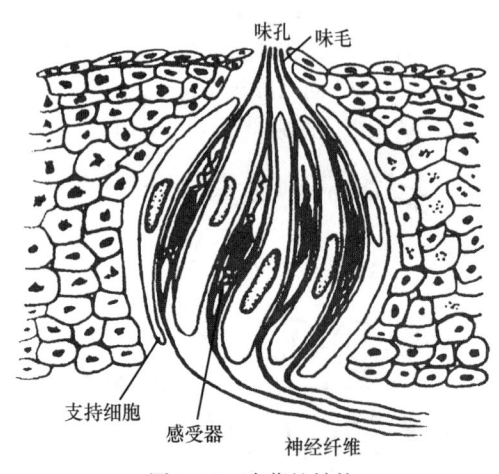

图 9-11　味蕾的结构

思 考 题

1. 名词解释：感受器　近点　明适应　视力　气传导
2. 眼的折光系统常见有哪些异常？其产生原因各是什么？如何矫正？
3. 按顺序说明声波传入内耳的途径。
4. 前庭器官包括哪些？各自有何生理功能？

（张义伟）

第十章 神经系统的功能

学习要点

1. 神经元的基本结构、功能；神经纤维传导兴奋的特征。
2. 突触的概念与结构，经典突触传递的过程；兴奋性和抑制性突触后电位。
3. 丘脑的感觉投射系统；躯体痛与内脏痛的特征；第一体表感觉区投射特征。
4. 骨骼肌牵张反射的定义、类型及反射弧。
5. 小脑对躯体运动的调节功能；大脑皮质主要运动区功能特征。
6. 自主神经的主要递质受体系统。

神经系统（nervous system）是人体内起主导作用的调节系统，在它直接或间接调控下，人体各器官、系统的生理活动互相联系、密切配合，形成一个统一的有机体，精确地完成各种生理功能；同时，在神经系统的调节下，能够很好地适应内、外环境的变化，实现和维持正常的生命活动。人类的神经系统高度进化发展，特别是大脑皮质不仅是各种生理过程的调节控制最高中枢，同时还具有学习、思维、记忆等高级功能。可见，神经系统是人体内占主导作用的调节系统。

人体最精密的信息处理系统——神经系统

人的神经系统是地球上迄今为止最精密、复杂的信息处理系统。人的全部生命活动都是处于这张神经网络的监控和支配之下。人脑由大约 10^{12} 个神经元组成，每个神经元又与 $10^2 \sim 10^4$ 个其他神经元相连接，同时，大量神经元又与外部感受器之间有着多种多样的连接方式，使神经系统表现出丰富多彩的行为方式和变化莫测的反应方式，所以说，人脑神经系统是一个极为庞大且错综复杂的网络系统。人脑神经系统中最复杂的部分是处于大脑最外层的大脑皮质，皮质中密布着由大量神经元构成的神经网络，这就使它具有高度的分析综合能力，它是人脑思维活动的物质基础，是脑神经系统的核心部分。但是，到目前为止，人们还不能完全解释大脑的思维、意识和精神活动，有待于我们进一步研究和探索。

第一节 神经元活动的一般规律

神经系统主要由神经细胞和神经胶质细胞两类细胞组成，神经细胞（neurocyte）又称神经元（neuron），是神经系统的结构与功能基本单位，神经元之间形成复杂的神经网络，完成神经系统的各种功能性活动。神经胶质细胞对神经元起支持、营养、保护和修复等辅助功能。本节只介绍神经元的一般规律。

一、神经元和神经纤维

（一）神经元的一般结构和功能

神经元的形态和大小差异很大，但基本结构都可分为胞体和突起两部分（图10-1）。突

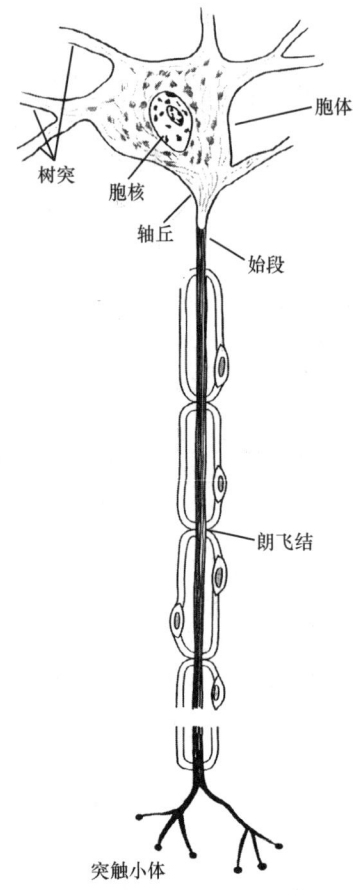

图 10-1 神经元结构示意图

起由胞体发出,又分为树突和轴突。不同神经元的树突数目多寡不一,但轴突通常只有一条,轴突由胞体的轴丘发出,轴突开始的一段没有髓鞘包裹,称为始段,轴突的末梢形成许多分支,每个分支末端的膨大部分称为突触小体(synaptic knob),它与另一个神经元或效应器相接触而形成突触。神经元的轴突或有些长的树突统称为轴索,轴索包有髓鞘或神经膜成为神经纤维(nerve fiber)。根据髓鞘的有无,神经纤维又分为有髓神经纤维和无髓神经纤维。神经纤维的末端即轴突末梢称为神经末梢。

神经元的主要功能是接受和整合信息并且传递和输出信息。胞体或树突膜上有受体,是接受信息部位;轴突始段部分是整合信息并产生神经冲动的部位;轴突形成的神经纤维是传导神经冲动的部位;神经末梢的突触小体是释放神经递质输出信息的部位。

(二)神经纤维的功能

神经纤维具有兴奋传导和轴浆运输双重功能,但主要功能是传导兴奋,即传导动作电位。生理学上把沿神经纤维传导的兴奋或动作电位称为神经冲动(nerve impulse)。

1. 神经纤维传导兴奋的特征　前已述及动作电位是以局部电流形式传导的,所以,神经冲动在神经纤维上的传导具有以下特征:

(1)生理完整性:只有结构和功能均保持完整的神经纤维才能传导兴奋。如果神经纤维在受损伤、被切断、应用麻醉剂和处于低温时,神经纤维传导兴奋就会被阻滞。

(2)双向性:当神经纤维上某一点发生兴奋时,兴奋延着神经纤维可向两个方向传导。但在整体情况下,神经冲动的传导表现为单向性,即由胞体传向末梢,这是由突触的极性决定的。

(3)绝缘性:一根神经干包含多条神经纤维,每条纤维在传导兴奋时,互不干扰,这说明神经纤维在生理功能上是相对独立的,具有绝缘的特性,这种兴奋性传导的绝缘性保证了神经传导的准确性和严密性。

(4)相对不疲劳性:与突触的兴奋传递相比,神经纤维可长时间接受刺激并传导兴奋而不容易发生疲劳。

2. 神经纤维传导兴奋的速度　不同种类或状态的神经纤维传导速度不同。一般而言,直径越大的神经纤维,其传导速度越快;有髓神经纤维的跳跃式传导方式较无髓神经纤维传导速度要快;温度在一定范围内升高有利于神经纤维的传导,相反,温度降低则传导速度减慢。如当温度降至0℃以下时,神经传导发生阻滞,这是临床上局部低温麻醉的依据。

3. 轴浆运输　神经元的细胞体与轴突是一个整体,胞体和轴突之间必须经常进行物质运输和交换。神经元轴突内的胞质称为轴浆。实验证明,轴突内的轴浆是经常在流动的,这种在轴突内借助轴浆流动运输物质的现象,称为轴浆运输。轴质运输是双向的,一方面部分轴浆由胞体流向轴突末梢,即顺向运输,如胞体内合成的蛋白质结构,借轴浆流动向轴突末

> **考点提示:**
> 神经元的基本结构、功能;神经纤维传导兴奋的特征

梢运输；另一方面部分轴浆由轴突末梢反向流向胞体，即逆向运输，有些物质（如狂犬病病毒、破伤风毒素等）可通过逆向运输方式运输到胞体部位。

> **神经的营养性作用和神经营养因子**
>
> 1. 神经的营养性作用　神经对所支配的组织能发挥两个方面的作用。一是通过传导神经冲动发挥快速调节作用，这称为神经的功能性作用；另外，神经末梢还能经常释放某些物质，调整被支配组织的代谢活动，持续地影响其组织结构和生理功能，这种作用与神经冲动无关，称为神经的营养性作用。该作用在正常情况下不易被觉察，但当神经在损伤或变性就能明显表现出来。如脊髓灰质炎病人的脊髓前角运动神经元发生病变，丧失对骨骼肌的营养性作用，其所支配的骨骼肌肉内糖原的合成减慢，蛋白质分解加速，导致下肢肌肉逐渐萎缩。
>
> 2. 神经营养因子　研究证明，不仅神经元释放的营养因子通过营养性作用能维持和影响所支配组织的代谢活动，反过来，神经元所支配的组织细胞也可以产生神经营养因子。这些神经营养因子能与神经元上特定受体相结合，促进神经细胞的生长、增殖，并可延长其生存时间。近年的研究还表明，它们在胚胎发育、细胞分化、创伤愈合、免疫调节乃至肿瘤的发生等许多方面都发挥着重要的调节作用。神经生长因子（NGF）就是最早被发现的神经营养因子，它可以促进神经元突起的生长，维持神经系统的正常活动。此外，近些年还陆续发现了一些其他的神经营养因子家族成员，如成纤维细胞生长因子、表皮生长因子、睫状神经营养因子等，它们对神经元的增殖、分化和存活都起着重要的作用。

知识链接

二、神经元的信息传递

在神经调节活动中，反射弧的各个部分之间都是通过突触建立起功能联系并传递信息的。突触（synapse）是指神经元之间、神经元与效应细胞之间传递信息的部位。神经元与效应器之间的突触也称为接头，如神经-骨骼肌接头。信息在突触部位的传递过程称又为突触传递。突触传递的方式可分为化学性突触传递和电突触传递，化学性突触传递又包括定向突触传递和非定向突触传递。

考点提示：突触的概念与结构；经典突触传递过程；兴奋性和抑制性突触后电位

（一）定向突触传递

定向突触是指突触前、后结构之间有紧密的解剖关系的突触，即突触前末梢（突触前膜）释放的神经递质仅作用于范围极为局限的突触后成分（突触后膜）。定向突触传递包括经典突触传递和神经-骨骼肌接头传递，神经-骨骼肌接头传递过程在第二章已讲述，下面主要介绍经典突触传递过程。

1. 经典突触的结构和分类　经典突触通常指神经元间的定向突触联系，是神经元间相互接触并进行信息传递的部位。经典突触由突触前膜、突触间隙和突触后膜三部分构成（图10-2）。神经元轴突末梢的突触小体，其膜称之为突触前膜，与之相对应的另一个神经元的胞体或突起膜，称为突触后膜，两膜之间有宽约20nm的突触间隙。在突触小体的轴浆内，含有大量线粒体和突触囊泡（也称突触小泡），

图10-2　突触结构模式图

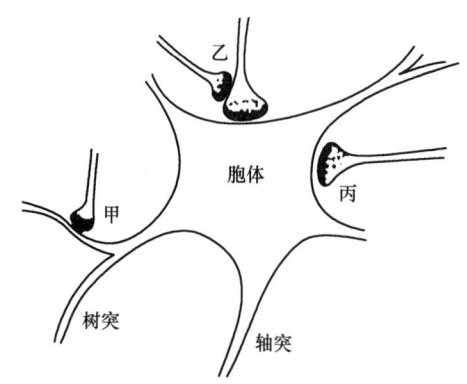

图 10-3 突触类型模式图

突触囊泡中含有传递信息的化学物质,即神经递质。突触后膜上有与递质相结合的特异性受体或化学门控式通道。

根据接触部位的不同,可将经典突触分为轴突-胞体式突触、轴突-轴突式突触和轴突-树突式突触三类(图10-3);按突触后神经元效应功能的不同又可把突触分为兴奋性突触和抑制性突触两类。

2. 经典突触传递的过程　突触前神经元的信息经突触传递到突触后神经元的过程,称为突触传递。经典突触传递与神经—骨骼肌接头传递过程都属于定向式突触传递,是一个是电(神经冲动)—化学(神经递质)—电(突触后电位)传递过程:①当突触前神经元冲动传到轴突末梢时,突触前膜去极化,引起 Ca^{2+} 通道开放,突触前膜对 Ca^{2+} 的通透性增大,Ca^{2+} 内流;②突触前膜内轴浆的 Ca^{2+} 浓度增高,引起突触小体内突触囊泡移动并与突触前膜融合,经出胞过程把神经递质释放到突触间隙;③神经递质经突触间隙扩散至突触后膜,并作用于后膜上相应受体或化学门控通道,改变突触后膜对某些离子的通透性,使突触后膜产生去极化或超极化型的膜电位变化,称为突触后电位(postsynaptic potential),包括兴奋性突触后电位(图 10-4)和抑制性突触后电位(图 10-5)两种。

(1)兴奋性突触后电位:兴奋性突触的突触后膜在兴奋性神经递质作用下,产生的局部去极化电位变化,称为兴奋性突触后电位(excitatory postsynaptic potential, EPSP)。其机制是突触前膜释放的兴奋性递质作用于突触后膜相应受体后,突触后膜对 Na^+、K^+ 通透性增大,并且 Na^+ 的内流远大于 K^+ 的外流,发生净内向电流,使突触后膜去极化。与终板电位一样,EPSP 也是一种局部兴奋,当其幅值达到突触后神经元的阈电位水平时,则可使突触后神经元的轴突始段产生动作电位。

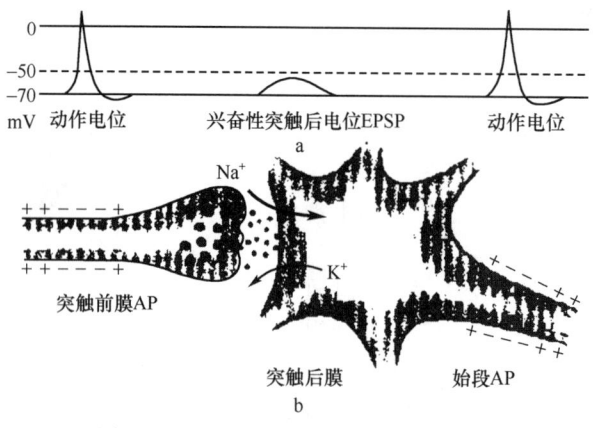

图 10-4　兴奋性突触后电位产生示意图

(2)抑制性突触后电位:抑制性突触的突触后膜在抑制性神经递质作用下,产生的局部超极化电位变化,称为抑制性突触后电位(inhibitory postsynaptic potential, IPSP)。其机制是突触前膜释放的抑制性递质作用于突触后膜相应受体,主要使突触后膜对 Cl^- 的通透性增加,Cl^- 内流,突触后膜发生超极化,形成抑制性突触后电位。抑制性突触后电位使突触后神经元不易产生动作电位，突触后神经元表现为被抑制。

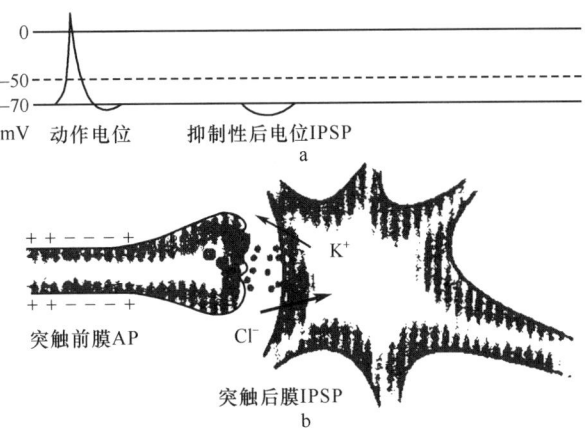

图 10-5 抑制性突触后电位产生示意图

实际上，一个突触后神经元常与多个突触前神经元的突触小体形成突触，在突触后膜上既可产生 EPSP，也可产生 IPSP。EPSP 和 IPSP 发生整合，当整合结果是使膜电位去极化达阈电位水平时，突触后神经元发生动作电位；相反，整合结果使膜电位超极化，距阈电位水平的差距增大，则突触后神经元的兴奋性降低，表现为被抑制。

（二）非定向突触传递

非定向式突触是指突触前、后结构之间无紧密的解剖关系的突触，即突触前末梢释放的神经递质可扩散并作用于距离较远和范围较广的突触后结构。非定向突触传递也是由神经递质作为媒介的化学性突触传递方式。在某些神经元的轴突末梢分支上有许多串珠状膨大的曲张体（图 10-6），其中有大量富含神经递质的突触囊泡。当神经冲动抵达曲张体时，递质就从曲张体释放出来，通过弥散作用到达附近的效应器细胞，并与相应受体结合，从而发挥生理效应，神经—平滑肌接头与神经—心肌接头就属于此类非定向突触。

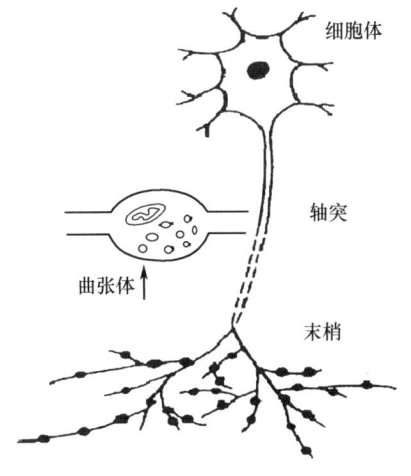

图 10-6 非突触性化学传递示意图

非定向式突触传递与定向突触传递相比，不存在突触前、后膜的特化结构；也没有一一对应的支配关系，通常一个曲张体可支配多个效应器细胞；曲张体与效应器细胞间隔很大，递质弥散的距离大，时间长；递质弥散至效应器细胞，能否产生传递效应取决于突触后结构上有无相应的受体。

（三）电突触传递

细胞间的电信号直接传递称为电突触传递。不同于以化学物质（神经递质）为信息传媒的化学性突触传递方式，电突触是以离子电流为信息传媒进行信息传递的。电突触的结构基础是缝隙连接（图 10-7）。两个神经元之间接触特别紧密的部位，间隔仅 2～3nm，由两侧膜上的水相通道蛋白对接形成一个沟通两细胞质的细胞间通道，局部电流和 EPSP 也可以电紧张扩布的形式从一个细胞传递给另一个细胞。传递过程具有双向性传递，低电阻性，传导速度快几乎没有潜伏期等特点。

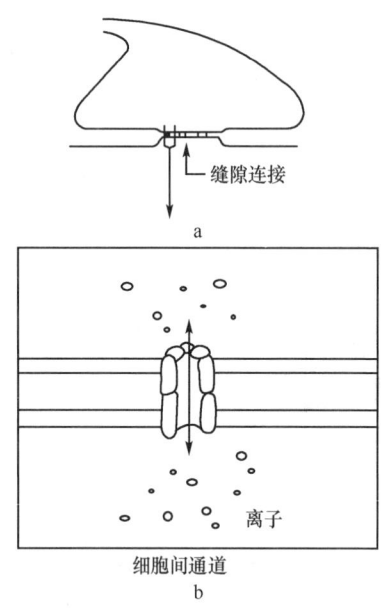

图 10-7 电突触传递示意图

三、神经递质

化学性突触包括定向突触和非定向突触均是通过神经递质实现信息传递的。

神经递质（neurotransmitter）是指神经元之间或神经元与效应器之间传递信息的一些化学物质。神经递质由突触前神经元合成，突触前神经元末梢释放，并能特异性地作用于突触后神经元或效应器细胞上的受体（receptor），使突触后神经元或效应器产生一定效应。一个神经元可以存在两种或两种以上递质。一般情况下，根据神经递质在神经系统内分布的不同，可分为分布于周围神经系统内的外周神经递质和分布于中枢神经系统内的中枢神经递质（表10-1）。

（一）外周神经递质

指周围神经系统的传出神经纤维所释放的递质。主要有乙酰胆碱和去甲肾上腺素，其详细内容将在第五节中介绍。其次在消化道发现有肽类或嘌呤类递质，主要影响平滑肌的功能活动。

表10-1 主要的神经递质种类及分布

分类	种类	主要分布部位
外周神经递质	乙酰胆碱	自主神经节前纤维
		大多数副交感节后纤维
		少数交感节后纤维
		躯体运动神经纤维
	去甲肾上腺素	大多数交感节后纤维
	肽类或嘌呤类	胃肠壁内神经丛
中枢神经递质	乙酰胆碱	脊髓、脑干网状结构、纹状体、边缘系统等
	胺类	
	多巴胺	中脑黑质—纹状体系统、低位脑干等
	去甲肾上腺素	低位脑干
	肾上腺素	延髓
	5-羟色胺	低位脑干中缝核
	氨基酸类	大脑皮质、小脑皮质、脊髓和脑干等
	肽类	下丘脑、纹状体、中脑中央灰质、杏仁核和脊髓背角等
	NO 和 CO	广泛分布脑内

（二）中枢神经系统的递质

指分布在中枢神经系统内的递质。分布广泛种类繁多，在神经系统的调节活动中发挥极其重要的作用。

1. 乙酰胆碱（acetylcholine，ACh） 以 ACh 为递质的神经元称为胆碱能神经元，ACh 递质受体系统在中枢神经系统内分布极为广泛，几乎参与神经系统所有功能，包括学习和记忆、觉醒与睡眠、感觉与运动、内脏活动以及情绪等多方面的调节活动。

2. 胺类 包括去甲肾上腺素（norepinephrine，NE 或 noradrenaline，NA）、肾上腺素（epinephrine，E 或 adrenaline）、多巴胺、5-羟色胺和组胺。在中枢神经系统内，以 NE 为递质的去甲肾上腺素能神经元主要位于低位脑干，功能主要涉及心血管调节、情绪、体温、摄食和觉醒等方面的调节；以 E 为递质的肾上腺素能神经元，主要分布在延髓，可能参与对心血管活动的调节；多巴胺能递质受体系统的活动与躯体运动、精神情绪活动、垂体内分泌功能以及心血管活动的调节有关；5-羟色胺能神经元分布于低位脑干中缝核内，主要是调节痛觉与镇痛、精神与情绪、睡眠、体温、性行为、垂体内分泌、心血管活动和躯体运动等功能活动；中枢组胺系统分布局限，集中在下丘脑后部的结节乳核内，可能与觉醒、性行为、腺垂体激素分泌、血压、饮水和痛觉等调节有关。

3. 氨基酸类递质 中枢神经系统内的氨基酸类递质主要有谷氨酸、门冬氨酸、γ-氨基丁酸和甘氨酸，前两种主要为兴奋性递质，后两种为抑制性递质。

4. 肽类递质 在中枢神经系统内发现多种肽类物质可能作为神经递质发挥作用，如速激肽、阿片肽、下丘脑调节肽、神经垂体肽和脑-肠肽等，有很重要调节功能。

5. 其他 嘌呤类物质、一氧化氮、一氧化碳等也可能作为递质在中枢神经系统内发挥作用。此外，有研究表明前列腺素、神经活性类固醇在脑内也可以作为递质起到调节作用。

（三）神经递质的合成、释放和清除

一般认为，突触前神经元在酶系统作用下，递质的前体物质被合成某种递质并储存在神经末梢的囊泡内；当神经冲动抵达末梢时，囊泡内的递质能被释放入突触间隙，递质释出后，能作用于突触后膜或效应器上的特异性受体而发挥生理作用。递质合成、释放后，很快被清除或失活，对保证神经元之间或神经元与效应器细胞间的信息的正常传递有重要意义。使递质失活的方式主要有酶水解或重摄取等。例如，在胆碱能神经元的胞内前体物质胆碱和乙酰辅酶 A，在胆碱乙酰化酶作用下合成乙酰胆碱，然后贮存在囊泡中，当神经冲动到来时，从囊泡中以出胞方式释放出来，乙酰胆碱发挥作用后很快被突触后膜或效应器细胞膜上的胆碱酯酶水解而失去作用。

> **电突触传递引起的同步兴奋**
>
> 科学家首先在研究无脊椎动物的巨神经轴突与其效应器之间的信息传递时发现电突触方式的传递，一根轴突的许多分支同时发放冲动，可使所支配的效应器同步兴奋，反应很强。以后又发现在哺乳动物大脑内某些部位的神经元之间也存在电突触联系，但分布局限，但在心肌、肝、平滑肌细胞之间，则分布比较广泛。形态学和生理学实验均证实，所谓电突触或低电阻通道，就是细胞间的缝隙连接，在此处，相邻两细胞相互靠近，相隔仅 2 nm 左右。每一侧膜上都整齐地排列着多个由 6 个蛋白质亚单位围绕成的连接子，连接子的中心是一个亲水性孔道，相邻细胞质膜上的两个连接子对接便形成一个沟通两细胞的细胞间亲水孔道。这样，两个细胞的胞质内含物中的小分子可以通过，且一个细胞的电位变化也可经此孔道传到邻近细胞。这种联系的意义在于，相邻的细胞的同步兴奋和同步活动。如心肌细胞功能合胞体的同步收缩。
>
> **知识链接**

第二节 反射活动的一般规律

神经系统的调节功能都是通过反射实现的，而实现反射的结构基础是反射弧。以下主要介绍反射弧中枢部分的活动规律。

> **考点提示：**
> 中枢兴奋传播的特征、突触后抑制和突触前抑制的机制。

一、反射和反射中枢

（一）反射

反射（reflex）是指在中枢神经系统参与下的机体对内、外环境变化的规律性应答。按反射形成的特点可将人和高等动物的反射分为非条件反射和条件反射两类。非条件反射（unconditioned reflex）是生来就有的、无需后天训练、形式较低级的反射，如防御反射、食物反射、性反射等。非条件反射的反射弧是固定的，且数目有限，是在动物在种系进化过程中建立和巩固起来的，可再遗传给后代。它的建立无需大脑皮层参与，通过皮层下各级中枢即可完成。所以，非条件反射使人和动物具有初步适应环境的能力，对个体生存和种系繁衍有重要意义。条件反射（conditioned reflex）是在非条件反射的基础上，个体在后天的生活中经过学习和训练而获得的，是反射的高级形式。人和高等动物的条件反射主要中枢部位于大脑皮层，且反射弧不是固定不变的。因此，条件反射形式多样、数目无限，可以建立，也能消退，使人和高等动物对于千变万化的外界环境具有更大的适应性。

（二）反射中枢

反射弧（reflex arc）是反射的结构基础和基本单位。当感受器感受到各种刺激后，并以神经冲动的方式经传入神经传向相应的神经中枢，通过中枢的分析处理，作出一定的反应。如果中枢发生兴奋，其冲动沿传出神经到达效应器，使效应器发生反应。如果中枢发生抑制，则中枢原有的传出冲动减少或停止。感受器、传入神经、神经中枢、传出神经、效应器组成反射活动的反射弧，反射弧的传出和传入部分之间是通过突触进行信息传递的，不同的反射途径其中的突触的数目也不同。反射活动的正常进行依赖于反射弧结构和功能上完整性。如其中任何一环节受损或信号传导受阻时，反射活动将不能发生。

在反射弧中，反射中枢是最复杂最关键的部位，它决定了反射的性质、形式与强度。神经中枢是指调节某一特定生理功能的神经元群，而参与某一反射活动的神经中枢也称为该反射的反射中枢，如角膜反射中枢、吞咽反射中枢等。一般地说，简单的反射，其反射中枢的范围较窄，如膝跳反射的中枢在脊髓；而调节复杂生命活动的反射中枢，其范围则很广泛，如呼吸中枢分布于延髓、脑桥、下丘脑以至大脑皮层等部位。因此，在反射活动过程中，既有初级水平的中枢参与的整合活动，也有较高水平中枢的参与的整合活动，在通过多级水平的中枢的整合后，反射活动更具有复杂性和适应性。

二、中枢神经元的联系方式

神经元依其在反射弧中所处地位不同可区分为传入神经元、中间神经元和传入神经元三种。它们之间的联系非常复杂，但主要有以下几种方式（图10-8）：

（一）单线式联系

指一个突触前神经元仅与一个突触后神经元发生突触联系。神经元的这种联系较少见，在视网膜上的视锥系统就属此种联系方式。

（二）辐散与聚合式联系

辐散式联系是指一个神经元的轴突可通过分支与许多神经元建立突触联系。这种联系可以使一个神经元的兴奋引起多个神经元同时兴奋或抑制，多见于感觉传入通路。聚合式联系是多个神经元与少数或一个神经元发生联系。这种联系可使来源于不同神经元的兴奋和抑制在同一中枢神经元上整合，导致后者兴奋或抑制，多见于运动传出通路。

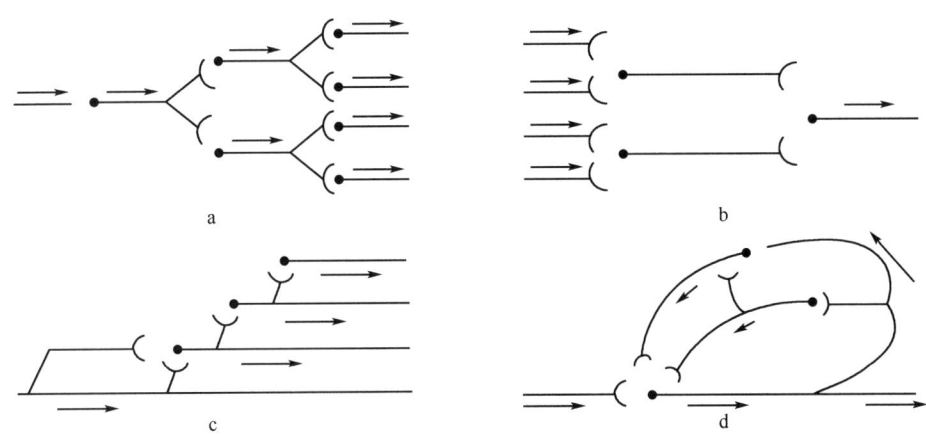

图 10-8 中枢神经元的联系方式
a. 辐散式；b. 聚合式；c. 链锁式；d. 环式

在一个反射通路中，传入神经元与其他神经元发生突触联系主要表现为辐散原则；而传出神经元接受不同轴突来源的突触联系，主要表现为聚合原则。

（三）链锁状和环状联系

中间神经元之间的联系则多种多样，有的形成链锁状，有的呈环状。在这些联系形式中，辐散与聚合原则都是同时存在的。神经元的兴奋冲动通过链锁状联系，在空间上加大了作用范围；通过环状联系，实现正反馈和负反馈的调节。

三、中枢兴奋传递的特征

反射弧的中枢部分是由多个神经元组成的，兴奋在中枢传递时，至少要经过一次以上的化学性突触接替，因此，区别于神经纤维，中枢的兴奋传播主要表现为以下几个方面的特征。

（一）单向传递

兴奋在通过反射弧中的化学性突触传递时，只能由突触前神经元向突触后神经元传递，这一现象称为单向传递。这是因为在化学性突触部位，只有突触前膜释放神经递质，再引起突触后神经元的兴奋或抑制。

（二）中枢延搁

兴奋在中枢内传递时往往比较缓慢，需要较长时间，这一现象称为中枢延搁（central delay）。这是因为化学性突触传递过程中需经历递质释放、扩散、结合受体等多个环节，较神经纤维传导速度要长。兴奋通过一个化学性突触的时间往往需 0.3~0.5ms，而且反射通路中的突触接替越多，延搁时间越长。

（三）总和

在反射活动中，由单根神经纤维传入冲动，一般不足以引起中枢发出传出效应。如果中枢内的同一突触后神经元接受连续不断的冲动或多个传入纤维冲动，引起的 EPSP 叠加，达到阈电位水平，该神经元轴突始段即可爆发动作电位，产生扩布性兴奋，这一现象称为兴奋的总和。同理，一个神经元上的 IPSP、IPSP 与 EPSP 也可以发生总和，表现为抑制或易化。

（四）兴奋节律的改变

在一个反射弧中传入神经与传出神经的冲动频率往往不同。因为突触后神经元的传出冲动的频率取决于其功能状态和各方面传来信息的整合等因素，而不是单一某一突触前神经元兴奋的频率。

（五）对内环境变化敏感和易疲劳性

突触间隙与细胞外液相通，因此化学性突触传递易受内环境理化因素变化的影响，如缺氧、CO_2增多、麻醉剂以及某些药物等均可作用于突触传递的某个环节，影响突触传递。此外，在整个反射弧中，突触是最容易出现疲劳的部位，可能与突触部位递质的耗竭有关。

四、中枢抑制

在反射过程中，中枢神经元的表现既有兴奋活动，又有抑制活动，这是反射活动协调进行的重要基础。通常根据抑制产生部位不同，把中枢抑制分为突触后抑制（postsynaptic inhibition）和突触前抑制（presynaptic inhibition）两类。

（一）突触后抑制

由抑制性中间神经元活动而引起的突触后神经元抑制，称为突触后抑制。其机制是抑制性中间神经元末梢释放抑制性递质，使突触后神经元的突触后膜产生 IPSP，从而引起突触后神经元抑制。由于 IPSP 是超极化的膜电位变化，所以，突触后抑制是一种超极化抑制。突触后抑制又分为传入侧支性抑制和回返性抑制两种。

1. 传入侧支性抑制　是指传入神经纤维兴奋某一中枢的神经元，同时发出侧支兴奋抑制性中间神经元，通过抑制性中间神经元进而抑制另一中枢的神经元，这种抑制称为传入侧支性抑制（图 10-9）。例如，引起屈肌反射的传入神经纤维进入脊髓后，一方面兴奋支配屈肌的运动神经元，另一方面通过侧支兴奋抑制性中间神经元抑制支配伸肌的神经元，从而引起屈肌收缩而伸肌舒张，完成屈肌反射。传入侧支性抑制的生理意义在于能使不同中枢之间的活动协调起来。

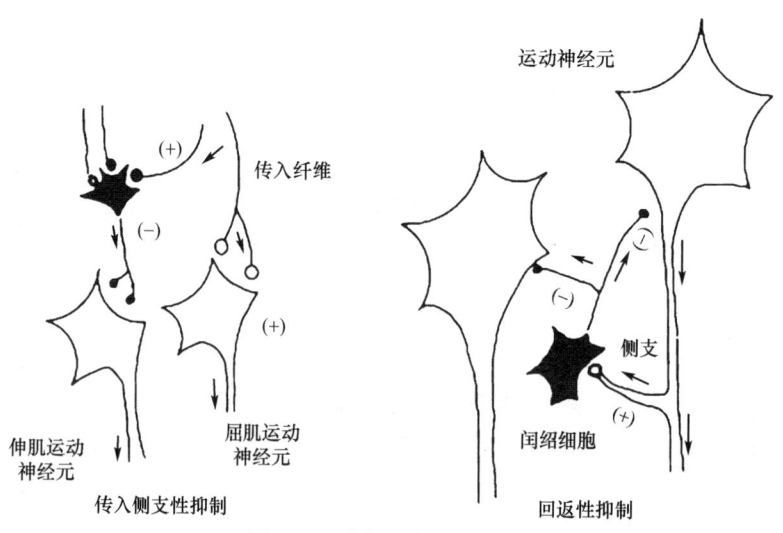

图 10-9　突触后抑制示意图

黑色星形细胞为抑制性中间神经元，（+）兴奋，（-）抑制

2. 回返性抑制　是指某一中枢神经元兴奋时，其传出冲动沿轴突外传，同时又经其轴突的侧支兴奋另一个抑制性中间神经元，该抑制性中间神经元释放抑制性递质，反过来抑制原先发动兴奋的神经元或同一中枢的其他神经元的活动，这种抑制称为回返性抑制（图 10-9）。例如，脊髓前角运动神经元与闰绍细胞之间的联系就属于此种抑制。其意义在于及时终止神经元的活动，防止其过度和过久的兴奋，使同一中枢内许多神经元的活动同步化。

（二）突触前抑制

通过改变突触前膜活动而使突触后神经元产生抑制的现象，称为突触前抑制。此类抑制的发生与突触前膜发生去极化有关，所以是一种去极化抑制。突触前抑制结构基础是轴突-轴突式突触。其主要机制是突触前末梢释放的兴奋性递质减少，最终使突触后神经元的 EPSP 幅度降低，不能爆发动作电位而表现为抑制。如图（图 10-10）所示：轴突 B 与轴突 A 构成轴突-轴突式突触联系，与 C 神经元不形成突触；轴突 A 又与神经元 C 胞体构成轴突-胞体式突触联系。当轴突 A 兴奋时，引起神经元 C 胞体膜上产生一定大小 EPSP；但如果在轴突 A 兴奋之前，轴突 B 先兴奋，则通过 B 轴突与 A 轴突之间的轴突-轴突式突触联系使轴突 A 先发生一定程度的去极化，紧接着当轴突 A 再兴奋后，其末梢释放递质量就会减少，最终使神经元 C 产生的 EPSP 减小，不能达到阈电位，产生了抑制效应。突触前抑制在中枢内广泛存在，尤其多见于感觉传入途径中，参与对感觉传入的调制。

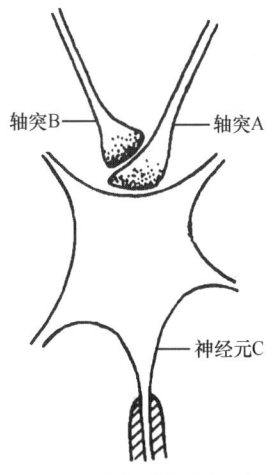

图 10-10　突触前抑制示意图

第三节　神经系统的感觉功能

人能感受到四季的温度变化，能看到多姿多彩的世界、能听到各种声音。这些都是因为人体神经系统的感觉功能。人体内、外环境的各种刺激作用于相应的感受器后，转换成传入神经上的冲动，通过不同感觉传导通路上传至大脑皮质特定感觉中枢，经分析整合产生各种感觉。感觉的产生是感受器、感觉传导通路和大脑皮质感觉中枢共同作用的结果。人体的感觉包括躯体感觉、内脏感觉和特殊感觉。躯体感觉包括浅感觉（触-压觉、温度觉和痛觉）和深感觉（位置觉和运动觉）；特殊感觉包括视觉、听觉、平衡觉、嗅觉和味觉。神经系统的不同部位在感觉产生的过程中发挥着不同的作用。

一、脊髓的感觉传导功能

脊髓是外周许多感觉信号上传给高级中枢的通路。躯干、四肢和一些内脏器官发出的感觉纤维由后根进入脊髓后，分别组成不同的感觉传导束，沿脊髓向高位中枢传导神经冲动。由脊髓上传的感觉传导通路可分为浅感觉传导路径和深感觉传导路径。浅感觉传导路径传导皮肤、黏膜的痛觉、温度觉和粗略触-压觉，其传入纤维由后根的外侧部进入脊髓，然后在后角更换神经元，再发出纤维在中央管前行交叉至对侧，分别经脊髓丘脑侧束（痛、温觉）和脊髓丘脑前束（粗略触-压觉）上行抵达丘脑，因此其特点是先交叉后上行。深感觉传导路径传导肌肉、肌腱、关节等深部结构的本体感觉，其传入纤维由后根的内侧部进入脊髓后，在同侧后索上行，抵达延髓下部薄束核和楔束核后更换神经元，再发出纤维交叉到对侧，经内侧丘系到丘脑，故其特点是先上行后交叉。因此，在脊髓半离断情况下，浅感觉障碍发生在离断的对侧，深感觉障碍发生在离断的同侧。

二、丘脑的感觉分析功能

考点提示：
丘脑的两个感觉投射系统

（一）丘脑的核团与感觉功能

丘脑是由大量神经元组成的核团群集。各种感觉通路（嗅觉除外）都要在丘脑换元，然后再向大脑皮质投射。因此，丘脑是感觉传导的总换元站，同时还能对感觉进行粗略的分析和综合。我国著名的生理学家张香桐，根据各核团的功能特点，将丘脑的核团大致划分为三类。

第一类是感觉接替核：接受除了嗅觉以外的感觉投射纤维，并经过换元进一步投射到大脑皮层特定感觉区。主要有腹后核（包括腹后内侧核与腹后外侧核）、内侧膝状体、外侧膝状体等。其中腹后外侧核同躯干、肢体感觉的传导有关。腹后内侧核为三叉丘系的换元站，与头面部感觉的传导有关。内侧膝状体是听觉传导通路的换元站，发出纤维向大脑皮质听区投射。外侧膝状体是视觉传导通路的换元站，发出纤维向大脑皮层视区投射。

第二类是联络核：接受丘脑感觉接替核和其他皮质下中枢来的纤维（但不直接接受感觉的投射纤维），经过换元，发出纤维投射到大脑皮质的某一特定区域。主要有丘脑前核、腹外侧核、丘脑枕等。它们在功能上与各种感觉在丘脑和大脑皮质水平的联系协调有关。

第三类是髓板内核群：包括中央中核、束旁核、中央外侧核等。一般认为，这一类细胞群没有直接投射到大脑皮质的纤维，而是间接地通过多突触接替换元后，然后弥散地投射到整个大脑皮质，对维持大脑皮质兴奋状态起重要作用。

（二）感觉投射系统

根据丘脑各部分向大脑皮质投射特征的不同，可把丘脑的感觉投射系统分为两大系统，一是特异投射系统（specific projection system），另一是非特异投射系统（nonspecific projectin system）。

1. **特异投射系统**　各种感觉传入冲动（嗅觉除外）经一定的传导路径上传，到达丘脑的感觉接替核，换元后投射到大脑皮质的特定感觉区，每一种感觉的投射路径都是专一的，主要终止于皮质的第四层细胞，这种点对点的投射关系，称为特异投射系统（图10-11）。其主要功能是引起特定的感觉，并激发大脑皮质发出传出冲动。丘脑的联络核在结构上也与大脑皮质有特定的投射关系，所以也属于特异投射系统，但它不引起特定感觉，主要起联络和协调的作用。

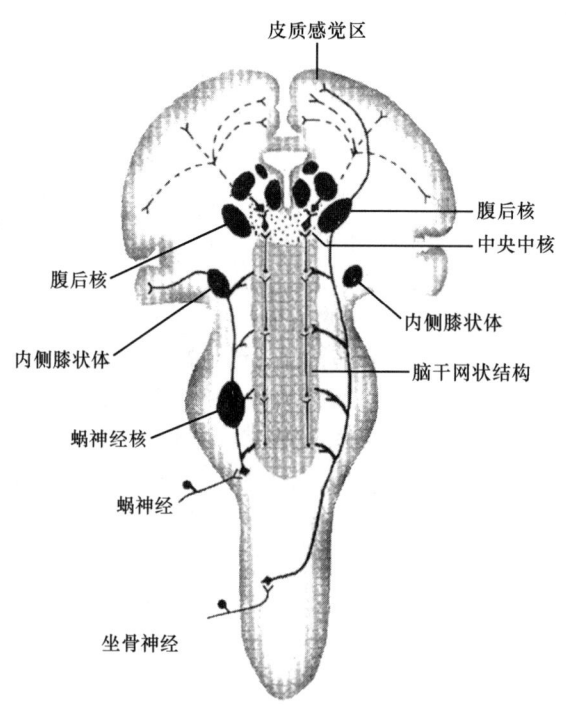

图10-11　感觉投射系统示意图

实线代表特异投射系统；虚线代表非特异投射系统

2. 非特异投射系统　各种感觉传导通路的纤维经过脑干时，发出许多侧支，与脑干网状结构的神经元发生突触联系，经多次换元，抵达丘脑髓板内核群，由此发出纤维，弥散地投射到大脑皮质的广泛区域，这一投射途径称为非特异投射系统。非特异投射系统是各种感觉的共同上行通路，由于它在脑干网状结构中经多次换元，因而失去了专一的传导功能，且与大脑皮质不是点对点的关系。其主要功能是维持和改变大脑皮质的兴奋性，使皮层保持觉醒状态，这一作用又称为上行激动作用。

脑干网状结构内存在着起唤醒作用的上行功能系统，这一系统因此被称为网状结构上行激动系统（ascending activating system）。现认为，这一系统的作用主要通过丘脑非特异投射系统来完成。若这一系统的上行冲动减少，大脑皮质就由兴奋状态转为抑制状态，动物表现为安静或睡眠。若这一系统受损，则可发生昏睡。网状结构上行激动系统是一种多突触传递系统，易受药物影响而发生传导阻滞。巴比妥类药物的镇静、催眠作用，可能就是因为阻断了上行激动作用而产生的。

通常只有特异投射系统和非特异投射系统相互协调和配合，才能使机体既处于觉醒状态，又能产生各种特定的感觉。特异投射系统与非特异投射系统的区别如表10-2。

表10-2　特异投射系统与非特异投射系统的区别

	特异投射系统	非特异投射系统
传导途径	专一性	无专一性
投射关系	点对点的投射	弥散的投射
投射区域	大脑皮质的特定感觉区	大脑皮质的广泛区域
传入神经元接替	经较少神经元接替	经多个神经元接替
主要功能	引起特定的感觉，并激发大脑皮层发出传出冲动	维持和改变大脑皮质的兴奋性，使机体保持觉醒状态

三、大脑皮质的感觉分析功能

大脑皮质是感觉分析的最高级中枢。各种感觉传入冲动到达大脑皮质后，通过大脑皮质对不同信息的分析综合，就能产生各种不同的感觉。大脑皮质的不同区域具有不同的感觉功能定位功能，称为大脑皮质的功能定位。

考点提示：第一体表感觉区投射特征

（一）体表感觉区

全身体表感觉在大脑皮质的主要投射区是中央后回，又称第一体表感觉区。其投射特点有：①投射纤维左右交叉，即躯体一侧感觉向对侧皮层投射，但头面部的感觉投射至双侧皮质；②投射区的空间安排是倒置的，即下肢的感觉区在中央后回的顶部，上肢感觉区在中间，头面部感觉区在底部，但头面部内部的安排是正立的；③投射区的大小与感觉灵敏度有关，感觉灵敏度高的，皮质代表区也大，感觉灵敏度低的，皮质代表区小。例如：口唇的感觉灵敏度高，躯干的感觉灵敏度低，所以口唇代表区的面积大于躯干代表区面积。第一体感区产生的感觉定位明确而且清晰（图10-12）。

在中央前回和岛叶之间还存在着第二体表感觉区，其面积较小。区内的投射分布安排是正立的、双侧性的，但不如中央后回完善和具体。它对感觉仅作粗糙分析，有人认为它可能与痛觉产生有关。

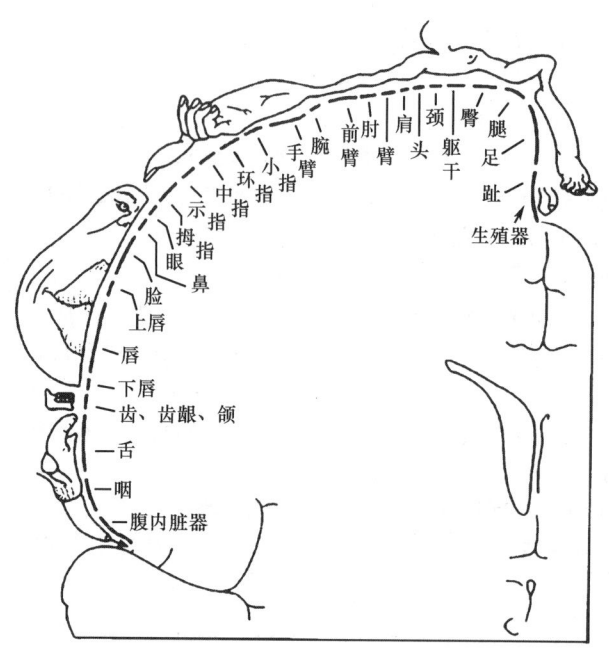

图 10-12　人大脑皮质体表感觉区示意图

（二）本体感觉区

本体感觉就是深部感觉，指肌肉、关节等的位置觉与运动觉。本体感觉的投射区主要在中央前回。它们接受来自肌肉、肌腱和关节等处的感觉信息在此整合，以感知身体某一瞬间在空间的位置、姿势以及身体各部分在运动中的状态。

（三）内脏感觉区

内脏感觉的投射区混杂于体表感觉区、运动辅助区、边缘系统等皮质部位。其投射区较小，且分散。因此内脏感觉通常会出现定位不准确，性质模糊的特点。

（四）视觉区

视觉投射区在枕叶距状裂的上下缘。左侧枕叶皮质接受左眼的颞侧视网膜和右眼的鼻侧视网膜的传入纤维投射，右侧枕叶皮质接受右眼的颞侧视网膜和左眼的鼻侧视网膜的传入纤维投射。此外，视网膜的上半部传入纤维投射到距状裂的上缘，下半部传入纤维投射到它的下缘，视网膜中央的黄斑区投射到距状裂的后部。

（五）听觉区

听觉投射区在颞叶的颞横回与颞上回。听觉的投射是双侧性的，即一侧皮质代表区接受双侧耳蜗听觉感受器传来的冲动。不同音频的感觉信号在听觉皮质的投射有一定的分区。

（六）嗅觉区和味觉区

嗅觉的皮质投射区位于边缘叶的前底部。味觉的皮质投射区在中央后回头面部感觉区的下侧。

考点提示： 皮肤痛、内脏痛的特征；牵涉痛的概念

四、痛　觉

痛觉是机体受到伤害性刺激时所产生的一种复杂感觉，常伴有不愉快的情绪活动和防御反应。作为机体受损害时的报警系统，痛觉具有保护性作用。疼痛包括痛觉和痛反应，痛觉即是一种主观的知觉体验，痛反应则是机体对伤害性刺激的反应，主要表现为机体各种生理

功能的变化。疼痛常是许多疾病共有的症状，故认识疼痛的产生及其规律具有重要临床意义。

（一）痛觉感受器及其刺激

一般认为，痛觉感受器是广泛存在于各组织细胞之间的游离神经末梢，是一种化学感受器。当各种刺激达到一定强度造成组织细胞损伤时，就会释放 K^+、H^+、组胺、5-羟色胺、缓激肽等致痛性化学物质，这些物质可使游离神经末梢去极化，发放神经冲动，传入中枢而引起痛觉。一般而言，引起痛觉的刺激强度都达到了使组织损伤的程度，且组织损伤的程度越高，痛觉也越剧烈。

（二）疼痛的生理、心理反应

疼痛既是一种生理反应，又是一种心理反应。疼痛可引起心率加快、血压升高、呼吸急促等生理反应。若是剧烈疼痛则可使血压将降低，心脏活动减弱。疼痛还会引起焦虑、烦躁不安、恐惧等情绪反应。很多心理因素亦会对疼痛产生影响，如①过去的经验，如有些家庭对于儿童寻常的轻微外伤大惊小怪，有些则采取听之任之的态度，这在很大程度上影响儿童对痛刺激的反应，并且幼年时期学得的对痛的态度将会一直持续到成年；②产生疼痛时的情景，如同样的创伤在战时和平时，由于伤者对于创伤情景意义的理解不同，产生的痛觉也明显不同；③个体对刺激的注意程度，如牙痛和各种疼痛在白天可因繁忙而紧张的工作而被忘却，到了夜间则因不能转移注意力而感觉痛得特别厉害，是日常生活中的普遍实例；④个体情绪的变化，实验研究表明，焦虑或持续的紧张可明显增强疼痛；⑤心理上的暗示，如安慰剂可使35%的病人痛觉明显缓解，而大剂量吗啡的效率也只有75%。除上述列举的一些因素外，其他因素如个性、记忆和思维能力、意志力等个体的心理特征，以及社会文化背景，也会对疼痛产生不同程度的影响。临床上可根据心理因素对疼痛的影响，采取适当的方法帮助病人缓解疼痛，如安慰剂的使用等。

痛觉按其产生部位不同，可分为躯体痛和内脏痛觉，躯体痛又分为皮肤痛和深部痛。

（三）皮肤痛

皮肤痛觉是当伤害性刺激作用于皮肤时所引起的痛觉。可先后引起两种痛觉：快痛和慢痛。快痛是受到刺激时立即出现的尖锐的"刺痛"，特点是产生和消失迅速，感觉清楚，定位明确。随后出现慢痛，为一种烧灼痛，其特点是定位不明确，持续时间较长，常常难以忍受，并伴有情绪反应及心血管和呼吸等方面的变化。在外伤时，这两种痛觉相继出现，不易明确区分，但皮肤炎症时常以慢痛为主。

皮肤痛觉的双重性质说明在痛觉的传导上存在着不同传导速度的神经纤维。实验证明，传导快痛的外周神经纤维主要是有髓鞘的 A_δ 类纤维，其兴奋阈较低；传导慢痛的外周神经纤维主要是无髓鞘的 C 类纤维，其兴奋阈较高。

（四）躯体深部痛

发生在躯体深部，如骨、关节、骨膜、韧带和肌肉深部等处的痛觉。与皮肤痛相比，伤害性刺激引起深部痛的特点是：一般表现为慢痛，发生缓慢持久，定位不明确，可伴有恶心、出汗和血压改变等自主神经反应。在骨、肌腱和关节损伤出现疼痛时，可反射性地引起邻近骨骼肌收缩，肌肉的持续收缩导致缺血，而缺血又使疼痛进一步加剧。

（五）内脏痛与牵涉痛

内脏痛（visceral pain）是内脏器官受到伤害性刺激时产生的疼痛感觉。是一种病理性疼痛，是疾病诊断的重要参考。与皮肤痛相比，内脏痛有四个特点：①对机械性牵拉、痉挛、缺血、炎症等刺激敏感，而对切割、烧灼等刺激不敏感；②疼痛发起缓慢、持续时间长；③定位不精确，对刺激的分辨能力差；④常伴有牵涉痛。

腹腔内脏的痛觉传入冲动主要是由交感神经传入纤维传入；气管及食管的痛觉传入神经是混合在迷走神经内进入中枢；盆腔脏器的痛觉冲动则沿盆神经传入中枢。

牵涉痛(referred pain)是指某些内脏疾病引起体表一定部位发生疼痛或痛觉过敏的现象。如阑尾炎早期出现脐周或上腹疼痛，心肌缺血时可引起心前区、左肩和左上臂尺侧疼痛等（表10-3）。在临床上，正确认识牵涉痛对某些内脏疾病的诊断具有一定价值。

表10-3　常见内脏疾病牵涉痛的部位

患病器官	体表疼痛部位
心	心前区、左肩、左上臂尺侧
胃、胰	左上腹、肩胛间
肝、胆	右肩胛、右肩部
肾	腰部、腹股沟
阑尾	脐周、上腹部

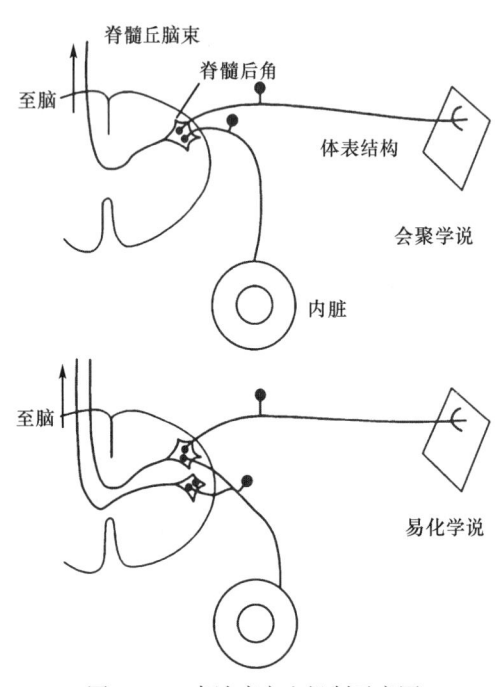

图10-13　牵涉痛产生机制示意图

关于牵涉痛的产生机制（图10-13），目前有两种学说进行解释，会聚学说和易化学说。会聚学说认为，发生牵涉痛的体表部位的传入神经纤维与患病内脏的传入纤维会聚于同一脊髓角，经共同的通路上传。由于生活中的疼痛多来自体表部位，大脑皮层习惯于识别体表的刺激信息，因而将来自内脏的痛觉信息识别为来自体表，故产生牵涉痛。易化学说认为，来自内脏和躯体的两种传入纤维到达脊髓后角同一区域，更换神经元的部位很接近，患病内脏的传入冲动可以提高邻近的体表感觉神经元的兴奋性，即产生易化作用，这样就使平常并不引起体表疼痛的刺激变成了致痛刺激。

第四节　神经系统对躯体运动的调节

人体各种姿势的维持和躯体运动的完成，都是以骨骼肌活动为基础的，都是在神经系统的控制下完成的。神经系统对躯体运动的调节，都是复杂的反射活动。

一、脊髓对躯体运动的调节

考点提示： 牵张反射的定义、分类和反射弧；脊休克的概念及意义

（一）脊髓前角的运动神经元功能

在脊髓的前角中，存在着两大类运动神经元，α运动神经元和γ运动神经元，它们的轴突经前根离开脊髓后直达所支配的肌肉，其末梢释放的递质都是乙酰胆碱。

1. α运动神经元　α运动神经元既接受来自皮肤、肌肉和关节等外周传入的信息，也接受从脑干到大脑皮层等高位中枢下传的信息，产生一定的反射传出冲动。因此，α运动神经元是躯体骨骼肌运动反射的最后公路。

α运动神经元的轴突在离开脊髓走向肌肉时，其末梢在肌肉中分成许多小支，每一小支

支配一根骨骼肌纤维。因此，在正常情况下，当这一神经元发生兴奋时，兴奋可传导到受其支配的许多肌纤维，引起其收缩。由一个 α 运动神经元及其支配的全部肌纤维所组成的功能单位，称为运动单位（motor unit）。运动单位的大小不一。例如，一个眼外肌运动神经元只支配 6~12 根肌纤维，而一个四肢肌（如三角肌）的运动神经元所支配的肌纤维数目可达 2 000 根。前者有利于肌肉进行精细的运动，后者有利于产生巨大的肌张力。

2. γ 运动神经元　γ 运动神经元的胞体分散在 α 运动神经元之间，支配骨骼肌内的梭内肌纤维。γ 运动神经元的兴奋性较高，常以较高频率持续放电。在一般情况下，当 α 运动神经元活动增加时，γ 运动神经元也相应增加，从而调节着肌梭对牵拉刺激的敏感性。

（二）屈肌反射与对侧伸肌反射

当肢体皮肤受到伤害性刺激时，可反射性引起受刺激一侧肢体的屈肌收缩，从而肢体屈曲，称为屈肌反射（flexor reflex）。该反射可使机体迅速离开伤害性刺激，具有保护性作用。通常该反射的动作活动范围大小与刺激的强度相关。如足趾部若受到较弱的刺激，只引起踝关节的屈曲；刺激强度增大，则膝关节和髋关节也可发生屈曲；若刺激强度很大，不但会出现受刺激一侧肢体的屈曲还会出现对侧肢体伸直，来支持体重，维持机体姿势，防止歪倒，称为对侧伸肌反射（crossed extensor reflex）。

（三）牵张反射

有神经支配的骨骼肌，在受到外力牵拉而伸长时，能引起受牵拉的肌肉收缩，称为牵张反射（stretch reflex）。

1. 牵张反射的类型　牵张反射有两种类型，肌紧张（muscle tonus）和腱反射（tendon reflex）。

肌紧张是指缓慢持续牵拉肌腱时发生的牵张反射。其表现为受牵拉的肌肉发生轻微而持续的收缩，来维持肌肉的紧张性收缩状态，阻止其被拉长。肌紧张是由肌肉中的肌纤维轮流收缩产生的结果，所以不易产生疲劳，且产生的收缩力也不大，不会引起机体明显的位移。肌紧张反射弧的中枢神经元为多突触接替，故肌紧张是一种多突触反射。肌紧张是维持躯体姿势最基本的反射活动，不表现明显的动作，是姿势反射的基础。由于重力的经常作用，因此肌紧张也持续发生。肌紧张反射弧中的任何一个环节被破坏，将会引起肌张力减弱或消失，出现肌肉松弛，从而无法维持身体的正常姿势。

腱反射是指快速牵拉肌腱时发生的牵张反射。其表现为被牵拉肌肉快速而显著的缩短。例如，叩击膝关节下的股四头肌肌腱使之受到牵拉，则股四头肌迅速发生一次收缩，使膝关节伸直，称为膝跳反射。腱反射的反射时间很短，通常只够一次突触传递产生的时间延搁，故腱反射是一种单突触反射。临床上常通过检查腱反射，来了解神经系统的相应功能状态。腱反射减弱或消失，常提示反射弧的传入、传出神经或脊髓反射中枢的损害；而腱反射的亢进，则常提示高位中枢的病变。临床常检查的腱反射见表 10-4。

表10-4　临床上常检查的腱反射

反射名称	检查方法	传入神经	中枢部位	传出神经	效应器	反应
膝跳反射	叩击股四头肌肌腱	股神经	腰脊髓 2~4 节	股神经	股四头肌	膝关节伸直
跟腱反射	叩击跟腱	胫神经	骶脊髓 1~2 节	胫神经	腓肠肌	足跖屈曲
肱三头肌反射	叩击肱三头肌肌腱	桡神经	颈脊髓 7~8 节	桡神经	肱三头肌	肘关节伸直
肱二头肌反射	叩击肱二头肌肌腱	肌皮神经	颈脊髓 5~6 节	肌皮神经	肱二头肌	肘关节屈曲

2. 牵张反射的反射弧　牵张反射的感受器是肌肉内的肌梭，中枢主要在脊髓内，传入

纤维及传出纤维都包含在支配该肌肉的神经中，效应器就是该块肌肉的肌纤维。故感受器与效应器都在同一块肌肉中，是牵张反射反射弧（图10-14）的最显著特点。

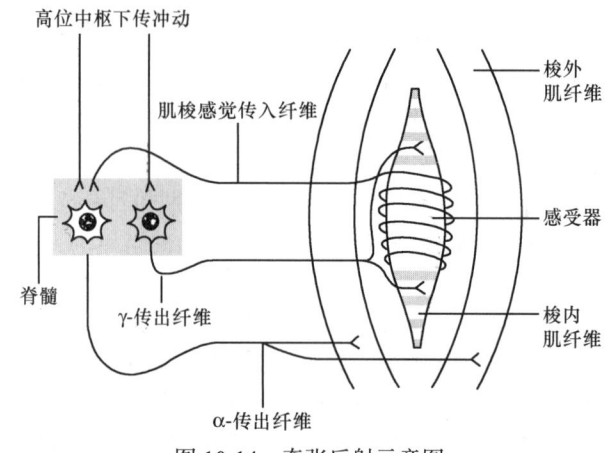

图10-14 牵张反射示意图

肌梭是一种感受牵拉刺激的梭形感受器，可感受肌肉长度的变化，属于本体感受器。肌梭呈梭形，外有一层结缔组织膜，膜内有6~12根肌纤维，称为梭内肌纤维。肌梭外的一般肌纤维称为梭外肌，与梭内肌纤维平行排列呈并联关系。肌梭的中央部分膨大，是感受装置所在的部位。肌梭的传入神经纤维有两种，直径较粗的Ⅰ类传入纤维和直径较细的Ⅱ类传入纤维。梭外肌纤维受α传出神经支配，梭内肌纤维受γ传出神经支配。

当肌肉受到牵拉被拉长时，受刺激的肌梭产生的冲动经传入纤维至脊髓，兴奋α运动神经元，然后反射性引起所支配的效应器梭外肌纤维收缩，从而实现牵张反射。刺激γ传出纤维并不能直接引起肌肉的收缩，但γ传出纤维活动增强时，梭内肌纤维收缩，可以提高肌梭对牵拉刺激的敏感性，增加传入冲动，从而调节牵张反射。

腱器官是肌肉内的另一种感受装置，分布于肌腱胶原纤维之间，与梭外肌纤维呈串联关系。它是一种张力感受器，感受肌张力的变化。当梭外肌收缩而张力增大时，腱器官发放的传入冲动增加，通过抑制性中间神经元，使支配同一梭外肌的α-运动神经元被抑制，从而使牵张反射受到抑制。

通常认为，当肌肉受到外力牵拉时，首先刺激肌梭而引起牵张反射，结果出现肌肉收缩来对抗牵拉。当牵拉力进一步加强时，则刺激腱器官，使牵张反射受到抑制，从而避免被牵拉肌肉的因过度收缩而受损。

（四）脊休克

当人和动物的脊髓与高位脑中枢突然断离后，断面以下的脊髓会暂时丧失反射活动能力而进入无反应的状态，这种现象称为脊休克（spinal shock）。脊休克的主要表现为：在横断面以下的脊髓所支配的骨骼肌紧张性减低甚至消失，外周血管扩张，血压下降，发汗反射消失，尿粪潴留等，躯体与内脏反射活动均减退以至消失。脊休克现象只发生在切断水平以下的部分。脊休克现象持续一段时间后，脊髓反射可以逐渐恢复。最先恢复的是一些比较简单和原始的反射，如屈肌反射和腱反射等，而后是较复杂的反射，如交叉伸肌反射等。血压可恢复到一定水平，排尿排便反射也可恢复到一定程度。其恢复的时间长短，与动物种类有密切关系，低等动物如蛙在脊髓离断后数分钟内反射即恢复，在犬则需几天，而在人类则需数周以至数月。但恢复的这些反射功能并不完善。如基本的排尿反射可以进行，但排尿已不受意识控制，发生尿失禁，且排不干净；一些屈肌反射可能过强；汗腺可过度分泌等等。脊休克产生的原因是脊髓突然离断失去了高位中枢的易化作用，兴奋性处于极度低下状态，以至进入无反应状态。脊休克恢复又说明脊髓本身也可以完成某些简单的反射活动，但正常情况下，这些反射活动是在高位中枢的调控进行的，不能单独表达出来

二、脑干对肌紧张的调节

脑干对肌紧张的调节主要是通过脑干网状结构的易化区（facilitatory area）和抑制区（inhibitory area）的活动来实现。

考点提示：
去大脑僵直的概念

（一）脑干网状结构易化区及其作用

在脑干网状结构中能够加强肌紧张和肌肉运动作用的区域，称为易化区。易化区分布较广泛，包括延髓网状结构的背外侧部分、脑桥的被盖、中脑中央灰质及被盖；此外下丘脑和丘脑中线核群也包括在易化区概念之内。易化区的活动既有自发的，又受高级中枢（前庭核、小脑前叶两侧部和后叶中间部等部位）的下行性影响。其发放的下行神经冲动通过网状脊髓束向下与脊髓前角的γ运动神经元联系，使γ运动神经元兴奋，梭内肌收缩，肌梭的敏感性升高，从而使肌紧张增强。此外易化区对脊髓前角的α神经元也有一定的易化作用。

（二）脑干网状结构抑制区及其作用

在脑干网状结构中能够抑制肌紧张和肌肉运动的区域，称为抑制区。抑制区范围较小，位于延髓网状结构的腹内侧部。抑制区通过网状脊髓束经常抑制γ运动神经元，从而降低肌紧张。抑制区不能自动发放神经冲动，须接受大脑皮层运动区区、纹状体、小脑前叶蚓部等处的始动作用后，方能起抑制肌紧张的作用。通常情况下，易化区的活动较强，抑制区的活动较弱，因此在肌紧张的平衡调节中，易化区略占优势，从而维持正常的肌紧张。

（三）去大脑僵直

在动物中脑的上、下丘之间切断脑干，动物会出现四肢伸直、头尾昂起、脊柱挺硬等伸肌肌紧张亢进的现象，称为去大脑僵直（decerebrate rigidity）。它的发生是由于切断了大脑皮层、纹状体等部位与脑干网状结构的功能联系，造成抑制区和易化区之间活动失衡，抑制区活动明显减弱，而易化区活动占优势，使伸肌肌紧张亢进，造成了僵直现象。当人类患上某些脑部疾病时，也可能出现去大脑僵直现象，这种现象的出现是脑干严重损伤的信号。

三、基底神经节对躯体运动的调节

基底神经节（basal nuclei）包括尾状核、壳核、苍白球、丘脑底核、黑质和红核。尾状核、壳核和苍白球统称纹状体；其中苍白球是较古老的部分，称为旧纹状体，而尾状核和壳核则进化较新，称为新纹状体。这些基底神经节在结构与功能上都是紧密相联系的，其中苍白球是纤维联系的中心。

实验证明，基底神经节有重要的运动调节功能，它对随意运动的稳定、肌紧张的控制、本体感觉传入冲动信息的处理都有关系。临床上基底神经节损害的主要表现可分为两大类：一类是具有运动过少而肌紧张过强的综合症；另一类是具有运动过多而肌紧张不全的综合症。前者的实例是震颤麻痹（帕金森病，Parkinson disease），后者的实例是舞蹈病与手足徐动症等。

震颤麻痹患者主要的症状有：全身肌紧张增高、肌肉强直、随意运动减少、动作缓慢、面部表情呆板。此外，患者常伴有静止性震颤，此种震颤多见于上肢（尤其是手部），其次是下肢及头部。关于震颤麻痹的产生原因，通过病理研究认为与中脑黑质的病变有关。中脑黑质是多巴胺能神经元存在的主要部位，其功能在于抑制纹状体乙酰胆碱递质系统的活动。黑质发生病变后，脑内多巴胺含量明显下降，不能正常抑制纹状体内乙酰胆碱递质系统的活

动，导致纹状体内乙酰胆碱递质系统的功能亢进，因而出现一系列震颤麻痹的表现。在动物实验中，用药物利血平可使儿茶酚胺类递质（包括多巴胺）被耗竭，则动物会出现类似震颤麻痹的症状；若进一步给予左旋多巴，则能使多巴胺合成增加，或给予 M 受体阻断剂阿托品及东莨菪碱阻断胆碱能神经元的作用，都可缓解其症状。

舞蹈病（chorea）患者的主要临床表现为不自主的上肢和头部的舞蹈样动作，并伴有肌张力降低等。舞蹈病的病变主要是纹状体内的胆碱能神经元和 γ-氨基丁酸能神经元功能的减退，而黑质多巴胺能神经元功能相对亢进，这和震颤麻痹的病变正好相反。临床上可用利血平消耗过多的多巴胺递质，来缓解舞蹈病患者的症状。

"沉默杀手"帕金森

帕金森病是由于神经系统变性而导致神经功能障碍疾病，据不完全统计，全球有 400 万患者，中国有 170 多万患者，并且发病率逐年上升。关于帕金森的病因迄今尚无定论，目前多数学者认为与年龄老化、遗传、环境等综合因素相关。流行病学调查发现，帕金森病的患病率存在着地区差异，可能是环境中存在一些有毒物质损伤了大量神经元；医学家还发现帕金森病有家聚集倾向。但是任何单一因素都不能完全解释帕金森病的病因。由于帕金森病是由多个因素共同作用所致，所以生活中要注意防脑病，尤其是防治脑血管硬化；避免或减少接触对神经系统有毒的物质；加强体育运动及脑力活动，延缓脑组织衰老；做到及时发现，尽可能早诊断、早治疗。

知识链接

四、小脑对躯体运动的调节作用

考点提示：
小脑的对躯体运动的调节功能

根据小脑的传入、传出纤维的联系，可以将小脑划分为三个主要的功能部分，即前庭小脑、脊髓小脑和皮层小脑，在对躯体运动的调节各有其不同的重要作用。

（一）维持身体平衡

前庭小脑（vestibulocerebellum）又称古小脑，其主要功能是维持身体平衡。前庭小脑主要由绒球小结叶构成。实验观察到，切除绒球小结叶的猴，由于平衡功能失调而不能站立，只能躲在墙角里依靠墙壁而站立；但其随意运动仍然很协调，能很好地完成吃食动作。绒球小结叶的平衡功能与前庭器官及前庭核活动有密切关系，其反射进行的途径为：前庭器官→前庭神经核→绒球小结叶→前庭核→脊髓运动神经元→肌肉。

（二）调节肌紧张

脊髓小脑（spinocerebellum）又称旧小脑，其主要功能是调节肌紧张。脊髓小脑由小脑前叶和后叶的中间带区构成。这部分小脑主要接受来自脊髓的本体感觉信息，同时还可接受视觉、听觉等传入信息。其对肌紧张的调节有易化和抑制双重作用。易化作用主要在小脑前叶两侧部，抑制肌紧张的区域主要在小脑前叶蚓部。在进化过程中，前叶小脑对肌紧张的抑制作用逐渐减弱，而易化作用逐渐增强。所以，脊髓小脑损伤后，主要表现为肌张力降低、肌无力等症状。

（三）协调随意运动

新小脑主要指脊髓小脑后叶中间带及皮质小脑（cerebrocerebellum），其功能主要是协调随意运动。后叶中间带与大脑皮质运动区构成环路联系，因而与协调随意运动有关，适当控制随意运动的力量、方向等。皮质小脑也与大脑的广大区域形成反馈环路，因而与运动计划的形成及运动程序的编制有关。

机体完成的各种精巧运动是在逐步的学习过程中形成并熟练起来的。在反复学习的过程中，大脑皮质与小脑之间不断进行着联合活动，同时小脑不断接受感觉传入冲动的信息逐步纠正运动过程中所发生的偏差，使运动逐步协调起来。在这一过程中，皮质小脑中就贮存了一整套运动程序。当大脑皮质要发动精巧运动时，首先通过下行通路从皮质小脑中提取贮存的程序，并将程序回输到大脑皮质运动区，再通过锥体束发动运动。这时候所发动的运动可以非常协调而精巧，而且动作快速几乎不需要思考。例如，学习骑单车，开车的过程或演奏乐器的过程，都是这样一个过程。临床上小脑受损的患者，不能完成各种精细动作，随意动作的力量、方向及准确度将发生变化，行走摇晃蹒跚状，指物不准，动作笨拙等。还可能出现意向性震颤、肌张力减弱及肌无力等症状。这种小脑损伤后的动作性协调障碍，称为小脑性共济失调。

五、大脑皮质对躯体运动的调节

大脑皮质是调节躯体运动的最高级中枢。大脑皮质控制躯体运动的部位称为皮层运动区。

考点提示：
大脑皮质主要运动区功能特征

（一）大脑皮质的运动区

人类的大脑皮质运动区（图 10-15）主要在中央前回和运动前区。刺激中央前回的相应部位可引起对侧一定部位的肌肉收缩，毁坏中央前回的相应部位则会产生明显的运动障碍。中央前回运动区对躯体运动的控制具有以下特点。

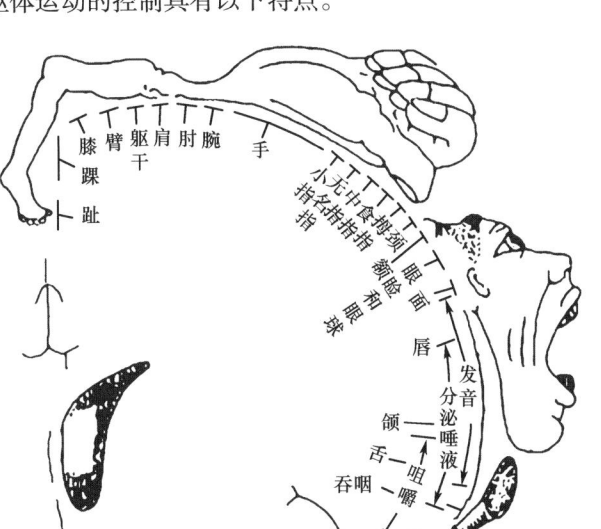

图 10-15 人大脑皮质运动区示意图

1. **交叉支配** 皮质运动区对躯体运动的调节为交叉性支配，即一侧皮质运动区支配对侧躯体的骨骼肌。但头面部，除面神经支配的眼裂以下表情肌和舌下神经支配的舌肌主要受对侧支配外，其余的运动，如咀嚼运动、喉运动及上部面肌运动均为双侧性支配。当一侧内囊损伤时，对侧躯体骨骼肌麻痹，而头面部肌肉并不完全麻痹，只有对侧眼裂以下表情肌与舌肌发生麻痹。

2. **功能定位精确** 呈倒置安排，即运动区顶部支配下肢肌肉运动，底部则支配头面部肌肉的运动，中间支配上肢肌肉的运动。但头面部的安排仍是正立的。

3. **运动代表区的大小与运动的精细程度有关** 运动越精细、越复杂的部位，在皮质运动区所占的范围越大。如手和五指的代表区几乎与整个下肢所占的区域大小相等。

除中央前回外，在皮质内侧面还有运动辅助区，它对躯体运动的支配是双侧性的。大脑皮质对躯体运动的调节，是通过下行的运动传导通路实现的。

（二）运动传导通路

下行的运动传导通路主要有皮质脊髓束（包括皮质脊髓前束和皮质脊髓侧束）和皮质脑干束。大脑皮质运动区发出的运动信号通过下行通路到达脊髓前角和脑干的运动神经元来控制躯体运动。

长期以来，大脑皮质运动信号下行通路被分为锥体系和锥体外系两部分。锥体系包括皮质脊髓束和皮质脑干束，锥体外系则指锥体系以外所有控制脊髓运动神经元活动的下行通路。目前认为，锥体系与锥体外系在皮质的起源上相互重叠，在脑内的下行途径中彼此亦存在着复杂的纤维联系。而且锥体系的下行纤维也并非全部都通过延髓椎体。因此，从皮质到脑干之间的各种病理过程引起的运动障碍，往往难以区分到底是锥体系还是锥体外系的功能受损。根据传统生理学观点，锥体系的神经元一般分为上运动神经元和下运动神经元。上运动神经元位于大脑皮质运动区，下运动神经元指的是位于脊髓前角和脑干的运动神经元。上运动神经元损伤被认为就是皮质运动区或锥体束损伤，产生中枢性瘫痪，表现为硬瘫出现范围广泛的随意运动麻痹、骨骼肌张力增加、腱反射亢进、巴宾斯基征阳性等锥体束综合征。但目前的资料显示，上述锥体束综合征实际上往往合并有锥体外系的损伤，出现硬瘫是由于姿势调节系统的损伤所致。至于下运动神经元损伤，即脊髓前角或运动神经受损，引起肌肉麻痹的范围较为局限，骨骼肌张力降低，表现为弛缓性瘫痪，腱反射减弱或消失，肌肉因营养障碍而发生明显的萎缩。

第五节 神经系统对内脏活动的调节

调节内脏活动的神经系统称自主神经系统（autonomic nervous system）或内脏神经系统，它包括交感神经（sympathetic nerve）系统和副交感神经（parasympathetic nerve）系统两部分。习惯上所说的自主神经系统仅指其传出部分，也就是指支配心肌、平滑肌和腺体的内脏运动神经。

一、自主神经系统的结构和功能特征

（一）自主神经的结构特征

交感神经系统起源于脊髓胸腰段（胸1～腰3）灰质侧角；副交感神经系统起源于脑干的副交感神经核和脊髓骶段（骶2～4）灰质相当于侧角的部位。这些中枢部位的神经元称为节前神经元，其轴突组成节前纤维，进入外周后和神经节换元，神经节的神经元称为节后神经元，其发出的纤维称节后纤维。交感神经节位于椎旁和椎前神经节中，所以交感神经的节前纤维短，而节后纤维长，作用范围比较广泛。而副交感神经节位于所支配效应器官的壁内，节前纤维长，而节后纤维短，作用范围局限。

（二）自主神经的功能

自主神经的主要功能是调节心肌、平滑肌和腺体的功能活动，其主要功能见表10-5。

表10-5　自主神经的主要功能

支配器官	交感神经	副交感神经
循环器官	心率加快、心肌收缩力加强	心率减慢、心房收缩减弱
	腹腔内脏血管、皮肤血管、分布于唾液腺与外生殖器的血管收缩，骨骼肌血管收缩（肾上腺素能）或舒张（胆碱能）	部分器官（如分布于脑膜、唾液腺、胃肠外分泌腺和外生殖器的血管等）血管舒张
呼吸器官	支气管平滑肌舒张	支气管平滑肌收缩
		促进呼吸道黏膜腺体分泌
消化器官	抑制胃肠运动，抑制胆囊活动	促进胃肠运动、胆囊收缩
	促进括约肌收缩，	促进括约肌舒张
	促进黏稠的唾液分泌	促进稀薄唾液分泌，使胃液、胰液、胆汁分泌增加
泌尿生殖器官	促进肾小管重吸收增加	
	尿道内括约肌收缩逼尿肌舒张	逼尿肌收缩、尿道内括约肌舒张
	有孕子宫平滑肌收缩、无孕子宫平滑肌舒张、	
眼	虹膜辐射状肌收缩，瞳孔扩大	虹膜环形状收缩，瞳孔缩小
		睫状肌收缩
		促进泪腺分泌
皮肤	促进汗腺分泌，竖毛肌收缩	
内分泌和代谢	促进肝糖原分解	促进胰岛素分泌
	促进肾上腺髓质分泌激素	

（三）自主神经的功能特征

1. **双重支配**　除了某些内脏器官（如肾、肾上腺髓质、汗腺、竖毛肌、皮肤和骨骼肌内的血管等）只接受交感神经单一支配外，人体大多数内脏器官都接受交感神经和副交感神经的双重支配，且对同一器官的作用往往相互拮抗。例如，交感神经兴奋心脏活动，而迷走神经抑制心脏的活动。但交感和副交感神经都有促进唾液分泌的作用，表现为一致性。不过交感神经兴奋时分泌的唾液较黏稠，副交感神经兴奋时分泌的唾液较稀薄。

2. **紧张性作用**　安静情况下，交感和副交感神经常常发放低频神经冲动，使效应器维持一定的紧张活动。内脏的各种功能调节都是紧张活动基础上进行的。例如，支配心脏活动的交感神经和副交感神经，在安静时都具有紧张性作用。切断交感神经可使心率减慢；而切断副交感神经则使心率加快。

3. **效应器的功能状态影响**　交感和副交感神经对效应器的效应往往与效应器自身的功能状态有关。例如，刺激交感神经可使有孕子宫平滑肌收缩，而使未孕子宫平滑肌舒张。

4. **对整体生理功能调节的意义**　自主神经在协调各系统的活动中发挥重要作用。交感神经在体内分布广泛，其主要作用是促进机体迅速适应环境的急骤变化。例如，人体在遭遇剧痛、失血、窒息、恐惧等紧急情况时，交感神经系统及肾上腺髓质立即被激活，表现出应急反应（emergency reaction），充分动员机体各器官的潜能，提高机体对环境突变的应对能力。副交感神经的作用相对比较局限，其主要作用是促进消化吸收、积蓄能力、加强排泄和生殖功能等，意义是使机体尽快休整恢复，保护机体。交感和副交感两个系统之间相互联系相互制约，保持动态平衡，协调机体各个器官间的活动以适应整体的需要（表10-5）。

二、自主神经的递质及受体

自主神经对内脏功能的调节是通过神经递质及其受体系统而实现的。自主神经系统中神经末梢释放的递质属于外周递质,主要有乙酰胆碱和去甲肾上腺素(图10-16)。

考点提示：
自主神经的递质和受体及结合后主要效应、主要拮抗剂

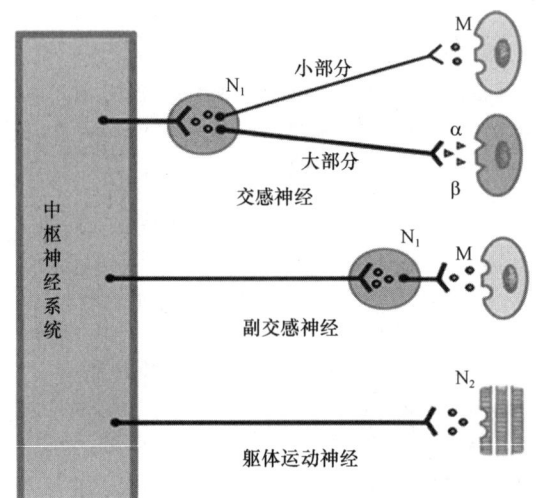

图10-16 外周神经纤维的分类及释放的递质示意图
O代表乙酰胆碱；△代表去甲肾上腺素

（一）乙酰胆碱及其受体

乙酰胆碱（acetylcholine，ACh）是外周神经末梢释放的一类重要递质。以乙酰胆碱作为递质的神经纤维称为胆碱能纤维。自主神经中的胆碱能纤维包括全部交感和副交感神经的节前纤维、大多数副交感神经节后纤维（除少数释放肽类或嘌呤类递质的纤维外）和少数交感节后纤维（如支配多数小汗腺的交感节后纤维和支配骨骼肌血管的交感舒血管纤维）。此外，躯体运动神经纤维也是胆碱能纤维。

能与乙酰胆碱特异性结合的受体称为胆碱能受体（cholinergic receptor）。根据其药理学特性，胆碱能受体可分为毒蕈碱受体和烟碱受体两型。

1. **毒蕈碱型受体** 在外周这类受体主要分布于大多数副交感神经节后纤维和少数交感神经节后纤维支配的效应器细胞膜上。毒蕈碱与其结合引起的效应，类似于乙酰胆碱与其结合引起的效应，故称为毒蕈碱受体（muscarinic receptor，简称M受体）。已发现的M受体有五种亚型，均为G蛋白偶联受体。乙酰胆碱与M受体结合产生的效应主要包括：心脏活动抑制；内脏平滑肌的收缩，如支气管平滑肌、胃肠道平滑肌、膀胱逼尿肌、虹膜环行肌收缩；消化腺分泌和汗腺分泌增加；骨骼肌部分血管舒张等。ACh与M受体结合所产生的效应称为毒蕈碱样作用，简称M样作用。阿托品是M受体的阻断剂，临床上使用阿托品，可解除胃肠平滑肌痉挛，缓解疼痛，但也可引起心跳加快、唾液和汗液分泌减少等反应。

2. **烟碱型受体** 烟碱与其结合引起的效应，类似于乙酰胆碱与其结合引起的效应，故称为烟碱受体（nicotinic receptor，简称N受体）。N受体又分为N_1和N_2两个亚型：位于自主神经节神经元突触后膜上的受体为N_1受体（又称为神经元型烟碱受体）；位于骨骼肌运动终板膜上的受体为N_2受体（又称为肌肉型烟碱受体）。它们都属于离子通道受体。小剂量乙酰胆碱与N_1受体结合后，可引起自主神经节的节后神经元兴奋；与N_2受体结合后，则引起终板电位，导致骨骼肌收缩。大剂量乙酰胆碱可阻断自主神经节的突触传递。ACh与N_1和N_2受体结合后产生的效应称烟碱样作用，简称N样作用。筒箭毒碱是N受体的阻断剂，既作用于N_1受体，也作用于N_2受体。六烃季胺主要阻断N_1受体，十烃季胺主要阻断N_2受体。

(二)去甲肾上腺素及其受体

去甲肾上腺素(norepinephrine,NE 或 noradrenaline,NA)是外周神经末梢释放的另一类重要递质。以去甲肾上腺素作为递质的神经纤维称为肾上腺素能纤维。在外周多数的交感神经节后纤维(除支配汗腺和骨骼肌血管交感胆碱能纤维外)释放的递质是去甲肾上腺素。肾上腺素(epinephrine,E)作为神经递质分布在中枢神经系统,它在外周属于肾上腺髓质释放的一种内分泌激素。能与肾上腺素或去甲肾上腺素相结合的受体称为肾上腺素能受体(adrenergic receptor),可分为 α 型肾上腺素能受体和 β 型肾上腺素能受体,此两类受体均属于 G 蛋白偶联受体。

1. α 型肾上腺素能受体 简称 α 受体,又可分为 α_1 和 α_2 两个亚型。α_1 受体主要分布在血管平滑肌、胃肠道及膀胱括约肌、虹膜辐射状肌等部位。儿茶酚胺与平滑肌 α_1 受体结合后所产生的效应主要表现为兴奋,如使血管、子宫、虹膜辐射状肌收缩等,但对小肠为抑制效应,使小肠的平滑肌舒张。α_2 受体主要分布在突触前膜,其作用是当突触前膜释放去甲肾上腺素过多时,去甲肾上腺素与突触前膜的 α_2 受体结合,可抑制其进一步释放。酚妥拉明为 α 受体阻断剂(对 α_1 和 α_2 受体均有阻断作用),临床上使用酚妥拉明可消除去甲肾上腺素引起的血管收缩、血压升高等效应。

2. β 型肾上腺素能受体 简称 β 受体,主要有 β_1、β_2 和 β_3 三个亚型。

β_1 受体主要分布于心脏组织中,如窦房结、房室传导系统、心肌等处,其作用表现为兴奋,可使心率加快、心内兴奋传导加速、心肌收缩加强。β_2 受体主要分布于支气管、胃、肠、子宫及许多血管平滑肌细胞上,作用表现为抑制,可使这些平滑肌舒张。β_3 受体分布于脂肪组织,与脂肪的分解有关。普萘洛尔(心得安)是重要的 β 受体阻断剂,它对 β_1 受体和 β_2 受体都有阻断作用。阿替洛尔主要阻断 β_1 受体,使心率减慢,而对支气管平滑肌作用很小,故对兼有心绞痛、心率快和支气管痉挛的患者比较适用。丁氧胺则主要阻断 β_2 受体(表10-6)。

表10-6 自主神经系统肾上腺能和胆碱能受体的分布及生理功能

效应器		肾上腺素能受体	效应	胆碱能受体	效应
循环器官	窦房结	β_1	心率加快	M	心率减慢
	房室传导系统	β_1	传导加快	M	传导减慢
	心肌	β_1	收缩加强	M	收缩减弱
	脑血管	α	轻度收缩		
	冠状血管	α	收缩		
		β_2	舒张(为主)		
	皮肤黏膜血管	α	收缩		
	胃肠道血管	α	收缩(为主)		
		β_2	舒张		
	骨骼肌血管	α	收缩		
		β_2	舒张(为主)	M	舒张
呼吸器官	支气管平滑肌	β_2	舒张	M	收缩
	支气管腺体			M	分泌增多
消化器官	胃平滑肌	β_2	舒张	M	收缩
	小肠平滑肌	α	舒张	M	收缩

续表

效应器		肾上腺素能受体	效应	胆碱能受体	效应
泌尿生殖器官	括约肌	α	收缩	M	舒张
	唾液腺	α	分泌	M	促进分泌
	胃腺	α	抑制分泌	M	分泌增多
	膀胱逼尿肌	β₂	舒张	M	收缩
	内括约肌	α	收缩	M	舒张
	妊娠子宫	α	收缩		
	未孕子宫	β₂	舒张		
眼	瞳孔开大肌	α	收缩 瞳孔开大		
	瞳孔括约肌			M	收缩瞳孔缩小
皮肤	竖毛肌	α	收缩（竖毛）		
	汗腺			M	分泌
代谢	胰岛	α	抑制分泌	M	促进
		β₂	促进分泌		
	糖酵解代谢	β₂	增加		
	脂肪分解代谢	β₁	增加		

案例10-1

急性有机磷农药中毒

患者，女性，35岁。2小时前感全身不适，头晕、头痛、恶心和呕吐，后很快出现烦躁不安、腹痛、流涎、多汗、咳嗽、呼吸困难、口唇发绀、抽搐和大小便失禁，急诊入院。既往健康，发病前4h曾喷洒农药；无高血压、糖尿病等病史；无不洁饮食史。体格检查：T36.7 ℃，P58 次/min，R20 次/min，BP14.7/9.33kPa（110/70mmHg）。神志不清，皮肤大量出汗，口唇发绀，双肺有较多的干啰音和少许湿啰音，肝脾未触及，肠鸣音活跃，双侧瞳孔呈针尖样，对光反射弱，双下肢可见肌肉震颤，四肢肌张力增高。实验室检查：显示白细胞总数增高；全血胆碱酯酶活力降低。

诊断：急性有机磷农药中毒。

问题与思考：

1. 急性有机磷农药中毒的主要发病机制是什么？
2. 本案例患者出现哪些过强的毒蕈碱样作用的表现？分析其原因。
3. 分析本案患者出现肢体抽搐、肌肉震颤和四肢肌张力增高的原因。
4. 阿托品能有效缓解毒蕈碱样症状，但对缓解肌肉震颤和恢复胆碱酯酶活性无效，为什么？
5. 头晕、头痛、疲乏、烦躁不安、神志不清等中枢神经系统症状产生的原因是什么？

提示：

有机磷能抑制胆碱酯酶活性，胆碱酯酶丧失分解ACh的能力，从而使ACh积聚引起过强毒蕈碱样作用、烟碱样作用和中枢神经系统症状；M受体主要分布于大多数副交感和少数交感节后纤维所支配的效应器细胞膜上；N 受体主要分布于自主神经节神经元的突触后膜上和骨骼肌细胞的终板膜上，ACh 作用于中枢神经系统引起中枢神经系统症状。解磷定能恢复胆碱酯酶的活性。有机磷杀虫药中毒的最理想治疗方案是胆碱酯酶复活药与阿托品二药合用。

三、中枢对内脏活动的调节

（一）脊髓

支配内脏活动的自主神经大多起源于脊髓，因此脊髓是内脏反射活动的初级中枢，可完成一些基本的反射，如血管张力反射、勃起反射、排尿、排便反射和发汗反射等。但这些反射平时受高位中枢的控制。脊髓损伤的患者，在脊休克期过去以后，上述内脏反射可逐渐恢复，说明脊髓对内脏活动具有一定的调节能力，但由于失去了高位脑中枢的控制，这些反射远不能适应正常的生理需要。例如容易引起体位性低血压、排尿反射不受意识控制而导致尿失禁，而且排尿不尽等。

（二）低位脑干

延髓是维持生命活动的基本中枢。心血管运动、呼吸运动、胃肠运动、消化腺分泌等的基本反射中枢都位于延髓，如果延髓被压迫或损伤，可迅速造成机体死亡，因此延髓有生命中枢之称。此外，脑桥存在呼吸调整中枢、角膜反射中枢，瞳孔对光反射位于中脑。

（三）下丘脑

下丘脑内有许多神经核团，是较高级的内脏活动调节中枢，它能把内脏活动和其他生理活动整合起来，对体温调节、摄食行为调节、情绪反应、内分泌活动及生物节律等生理过程起着重要的作用。

1. 摄食行为的调节　动物实验证实，毁坏下丘脑外侧区，动物拒接摄食；用电流刺激此区时，动物食量增大，因此认为这个区域内存在摄食中枢（feeding center）。如果刺激下丘脑腹内侧核，动物将停止摄食活动；毁坏腹内侧核，则动物食量大增，逐渐肥胖，因此认为这个区域中存在饱中枢（satiety center）。一般情况下，摄食中枢和饱中枢的神经元活动具有相互抑制的关系，而且这些神经元对血糖敏感，血糖水平的高低可调节摄食中枢和饱中枢的活动。

2. 水平衡的调节　人体对水平衡的调节包括摄水和排水两方面。实验证明，下丘脑内控制摄水的区域在外侧区，与摄食中枢靠近。破坏下丘脑外侧区后，动物除了拒食外，饮水量也明显减少。但是，控制摄水的中枢确切部位尚不清楚。下丘脑控制排水的功能是通过改变抗利尿激素的分泌来实现的。下丘脑内存在着渗透压感受器，可根据血浆渗透压的变化来调节抗利尿激素的分泌。一般认为，下丘脑控制摄水的区域和控制抗利尿激素分泌的核团有功能上的联系，共同作用调节水平衡。

3. 体温调节　体温调节的基本中枢位于视前区-下丘脑前部，此处存在温度敏感神经元，它们通过感受温度变化并对温度信息进行整合处理，调节机体的产热和散热活动，使体温保持相对稳定（详见第七章）。

4. 情绪反应　实验证明，下丘脑有和情绪反应密切相关的神经结构。在间脑水平以上切除大脑的猫，可出现一系列交感神经活动亢进的现象，如张牙舞爪、毛发竖起、心跳加速、呼吸加速、瞳孔扩大、血压身高等，好似发怒一样，故称为"假怒"。通常情况下，下丘脑的这种活动，由于受到大脑皮质的抑制，不易表现出来。切除大脑后，抑制被解除，轻微的刺激也可引发"假怒"。研究表明，在下丘脑近中线两旁的腹内侧区内存在"防御反应区"

刺激该区，可表现出防御性行为。临床上，人类的下丘脑疾病，也常常出现异常的情绪反应。

5. 腺垂体和神经垂体激素分泌调节　下丘脑促垂体区中的小细胞肽能神经元合成多种调节腺垂体功能的肽类物质，称为下丘脑调节多肽（hypothalamic regulatory peptides，HRP）。这些肽类物质经轴浆运输到达正中隆起，再经垂体门脉到达垂体腺，调节腺垂体激素的分泌。下丘脑室上核和室旁核大细胞肽能神经元合成血管升压素和催产素，经下丘脑垂体束运送至神经垂体储存（见第十一章）。

6. 对生物节律的控制　机体内的许多活动能按一定的时间顺序发生周期性变化，称为生物节律（biorhythm）。日节律是重要的生物节律，例如动脉血压、体温、血细胞数、某些激素的分泌等。目前认为，日节律的控制中心可能在下丘脑的室交叉上核，它通过与视觉感受装置发生联系，使体内日周期与外环境昼夜周期同步。若人为改变昼夜的光照变化，可使一些功能的日周期发生位相移动。

（四）大脑皮质

大脑皮质与内脏活动关系密切的结构是边缘系统和新皮层的某些区域。

边缘系统是机体调节内脏活动的高级中枢，可调节呼吸、胃肠、瞳孔、膀胱等活动，其调节作用复杂多变。此外，边缘系统还与情绪、食欲、性欲、生殖、防御、学习和记忆等活动有密切关系。

新皮层中的某些区域也与内脏活动密切相关。电流刺激动物新皮层，除产生不同部位的躯体运动以外，还可以引起血管舒缩、汗腺分泌、呼吸运动、直肠和膀胱活动等改变。表明新皮层与内脏活动有关，而且区域分布和躯体运动代表区的分布有一致的部分。

第六节　脑的高级功能与脑电活动

人的大脑除在感觉形成、躯体运动调节、内脏活动调节等起重要作用外，还有许多更为复杂的高级功能，如语言、思维、学习和记忆等。大脑在活动过程中伴有生物电现象，是研究大脑皮层功能活动的重要指标之一。此外，觉醒和睡眠是人正常生活中必不可少的两个生理过程。

一、人类大脑皮质的活动特征

> 考点提示：
> 大脑的两个信号系统

（一）条件反射的形成

前已述及反射分为非条件反射和条件反射两类。条件反射是在非条件反射基础上建立的反射。条件反射数量可以不断增加，扩大了机体的反应范围，更好地适应复杂变化的生存环境。人脑的高级功能也与条件反射的建立有着密切联系。

俄国的生理学家巴甫洛夫创立了条件反射的基本理论，条件反射建立实验过程是：给狗进食会引起唾液分泌，这是非条件反射，食物是非条件刺激；未进食时给狗铃声刺激，不会引起狗的唾液分泌，铃声是无关刺激；但是，如果在给狗进食前，先给予铃声刺激，然后给狗进食，经过多次反复结合训练后，只给铃声刺激，不给狗进食，狗也会分泌唾液，铃声引起唾液分泌的条件反射建立。所以，条件反射的建立过程是无关刺激（铃声）与非条件刺激（食物）在时间上多次结合的一个过程，也称为强化。经过强化后，无关刺激变成条件刺激，条件反射建立。条件反射形成后，如果反复仅给条件刺激，而没有非条件刺激的强化，条件反射就会逐渐减弱，最后甚至于消失，这个过程称为条件反射的消退。条件反射消退并不是条件反射简单丧失，而是转化成了抑制性的条件反射。

条件反射是由各种信号刺激引起的，巴甫洛夫把刺激信号分为两大类：一类是现实的具体的刺激，如声、光、电、味、嗅、触等刺激，称为第一信号；另一类是抽象的刺激，即语言和文字，称为第二信号。对第一信号发生反应的大脑皮质功能系统，叫第一信号系统，是动物和人共有的；对第二信号发生反应的大脑皮层功能系统，叫第二信号系统，是人类所特有的，也是人类区别于动物的主要特征。第二信号系统是在第一信号系统的基础上建立起来，人类的高级神经活动正是第一信号系统和第二信号系统共同活动相互作用的结果。例如，人在饥饿时，听到谈论食物语言或看到描述食物的文字，亦可引起唾液分泌。

（二）大脑皮质的优势半球和语言中枢

1. **大脑皮质的语言中枢**　人类大脑皮质一定区域的损伤可引起各种特殊形式的语言功能障碍，可见人类大脑皮质的语言功能具有一定的分区（图10-17）。①运动性失语症：在中央前回底部前方Broca区是语言运动区，该区损伤后可导致运动性失语症。患者能看懂文字，也能听懂别人谈话，而自己却不会讲话（并非与发音有关的结构受损）。②失写症：在大脑额中回后部，接近主要运动区的手部代表区是语言书写区，该区受损后会导致病人失写症。患者能听懂别人讲话和看懂文字，自己也会说话，但不会书写，手部的其他功能正常。③感觉性失语症：在颞上回后部是语言感觉区。该区受损后，导致病人发生感觉性失语症。患者表现能讲话、书写、看懂文字，也能听见别人发音，但却听不懂别人讲话的意思，病人听觉功能正常。④失读症：由角回损伤引起，患者视觉正常，但看不懂文字的含义。以上所述各区在语言功能上虽然有不同的侧重，但各区的活动却是紧密关联的。正常情况下，它们协调活动，得以完成复杂的语言功能。

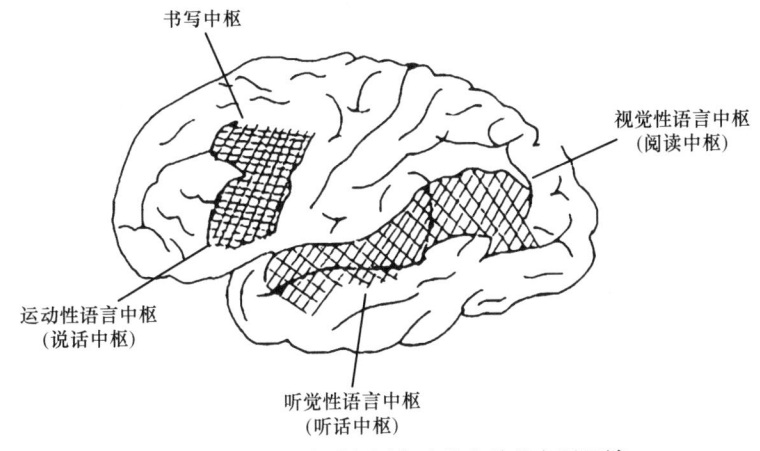

图10-17　大脑皮质与语言功能有关的主要区域

2. **优势半球和皮质功能的互补性**　语言中枢所在的大脑半球称为优势半球（dominant hemisphere）。临床实践证明，习惯用右手是人（右利者），其优势半球在左侧，这种一侧优势的现象仅为人类特有，是人脑的高级功能向一侧半球集中的现象，它的出现虽与一定的遗传因素有关，但主要是在后天生活实践中逐渐形成的，与人类习惯用右手劳动有关。人类的左侧优势自10～12岁起逐渐建立，左侧半球若在成年后受损，就很难在右侧皮质再建语言中枢。

一侧优势的现象充分说明人类两侧大脑半球的功能是不对称的。左侧半球在语言活动功能上占优势，而右侧半球则在非语词性认识功能上占优势，例如对空间的辨认，对深度知觉和触觉的认识以及音乐欣赏等。但是这种优势也是相对的，因为左侧半球也有一定的非语词性认识功能，右侧半球也有一定的简单的词语活动功能。

上述两侧大脑半球对不同认识功能的优势现象，可通过裂脑（split brain）实验加以证实。在患有顽固性癫痫发作的病人，为了控制癫痫在两半球之间传布发作，曾经作为一种治疗手段，将患者的联合纤维（胼胝体）切断，手术后患者对出现在左侧视野中的物体（视觉投射到右侧半球）不能用语词说出物体的名称，而对出现在右侧视野中的物体（视觉投射到左侧半球）就可以说出物体的名称，说明语言活动中枢在左侧半球。正常人能对左侧视野中的物体说出其名称，是因为联合纤维将两侧半球的功能联系起来的结果，证明两侧大脑皮层的认知功能是有关联的。

人类沉睡右脑的巨大的潜能

正常人的大脑有两个半球，半球之间由胼胝体连接沟通，构成一个完整的统一体。人的左脑主要从事逻辑思维，右脑主要从事形象思维，是创造力的源泉，是艺术和经验学习的中枢，右脑的存储量是左脑的 100 万倍。然而现实生活中 95%的人，仅仅只是使用了自己的左脑。科学家们指出，终其一生，大多数人只运用了大脑的 3%~4%，其余的 97%都蕴藏在右脑的潜意识之中，人的大脑蕴藏着极大的潜能，这种潜能至今还沉睡着，所以深入挖掘左右两半球的智能区非常重要，而大脑潜能的开发重在右脑的开发。右脑开发的目的是为了充分发挥右脑的优势，并不是以右脑思维代替左脑思维，而是更好地将左右脑结合起来，进行人类左右脑的第二次协同，充分调动起人脑的潜能，最终目的是促进左右脑的均衡和协调发展，从整体上开发大脑。

二、学习与记忆

学习（learning）和记忆（memory）是人类大脑最重要的高级功能活动之一，是两个有密切联系的神经活动过程。学习是人和动物获得外界信息，形成新的行为习惯的神经活动过程；记忆则是获取到的信息或新的行为习惯进行储存和读出的神经活动过程。学习是记忆的基础，记忆是学习发展的结果。

（一）学习的形式

学习的形式可分为非联合型学习(nonassociative learning)和联合型学习(associative learing)。

1. 非联合型学习　又称简单学习，在刺激与机体反应之间不需要建立某种明确联系。例如人们对有规律出现的强噪声会逐渐减弱反应，即出现习惯化。相反，在强的伤害性刺激之后，对弱刺激的反应会加强，即出现敏感化。

2. 联合型学习　是指在时间上接近且有一定规律的两个或两个以上刺激重复发生时，在脑内逐渐形成相互联系。联合型学习过程其实是条件反射建立和消退过程（见前）。

（二）人类记忆的形式

根据记忆的储存和提取方式可将记忆分为陈述性和非陈述性记忆两类。陈述性记忆指与特定的时间、地点和任务有关的事实或事件的记忆，又可分为情景式记忆和语义式记忆。前者是对特定事物或场景的记忆，后者是对语言文字的记忆。非陈述性记忆是对一系列规律性操作程序的记忆。陈述性记忆和非陈述性记忆同时参与学习记忆的过程，可相互转化。

根据记忆保留时间长短可将记忆分为短时记忆和长时程记忆。短时程记忆保留时间只有几秒钟到几分钟，容易受干扰，记忆容量有限，其长短仅能满足于完成某项极为简单的工作。长时程记忆保留时间则可自几小时到数年，甚至终身保留，成为永久记忆。短时程记忆通过反复运用和强化向长时程记忆转化，人类长时程记忆是个容量几乎无限的储存系统。

（三）记忆的过程

人类的记忆过程可分为四个连续的阶段，即感觉性记忆、第一级记忆、第二级记忆和第三级记忆（图 10-18）。前两个阶段属于短时性记忆，在短时性记忆中，信息的贮存是不牢固的，易被遗忘；后两个阶段属于长时性记忆，经过较长时间的反复运用，可形成一种非常牢固的记忆。感觉性记忆是指人体获得信息后在脑内感觉区贮存的阶段，时间极短，一般不超过 1s。这些信息绝大部分因未经注意和处理很快被遗忘。感觉性记忆得来的信息，经过加工处理，整合成新的连续的印象，即转入第一级记忆阶段，这个阶段也很短，平均约数秒钟。通过反复学习运用，信息反复在第一级记忆中循环，延长信息在第一级记忆中停留的时间，这样，信息就很容易转入第二级记忆中；第二级记忆是一个大而持久的贮存系统，持续时间达数分钟至数年；第三级记忆是终生难忘的记忆，成为永久记忆。有些特殊的记忆痕迹，如自己的名字或每天都在操作的手艺等，通过多年的反复运用，它贮存在第三级记忆中。

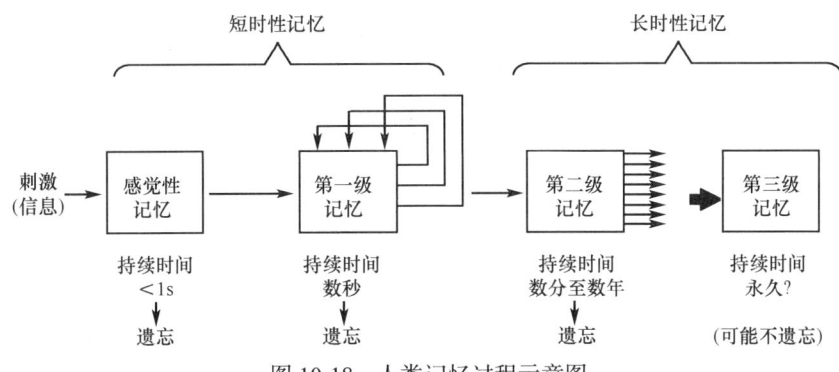

图 10-18 人类记忆过程示意图

（四）遗忘（loss of memory）

外界进入大脑的信息量相当大，但能保留较长时间的仅占 1% 左右，而大部分被遗忘。遗忘是指部分或完全失去回忆和再认识的能力，是伴随学习和记忆的一种正常的生理现象。遗忘并不意味着记忆痕迹的完全消失，因为复习已遗忘的信息或知识总比学习新的信息或知识容易。正常的生理性遗忘实际上具有适应性保护作用，有利于脑内储存更有用的信息。临床上将疾病情况下发生的遗忘称为记忆障碍或遗忘症，属于病理性遗忘。

> **遗忘症**
>
> 遗忘症是临床上由于疾病所导致的记忆性功能障碍，分为顺行性遗忘和逆行性遗忘。顺行遗忘症表现为不能保留新近获得的信息，即易忘近事，但远的记忆仍然存在，多见于慢性酒精中毒；其机制可能是由于信息不能从第一记忆转入第二记忆。逆行性遗忘症表现为不能回忆脑功能障碍发生之前一段时间内的经历，多见于脑震荡、电击和麻醉；其机制可能是第二级记忆发生了紊乱，但第三级记忆未受影响。
>
> **知识链接**

（五）学习和记忆的机制

迄今为止，有关学习和记忆的机制仍不十分清楚，与记忆功能密切相关的脑内结构有大脑皮层联络区、海马及其邻近结构、杏仁核、丘脑和脑干网状结构等。感觉性记忆和第一级记忆可能与中枢神经元的环路联系有关，因这种联系而产生的后作用和连续活动是记忆最简单的形式。突触可塑性可能是学习和记忆的生理学基础。从生物化学的角度看，较长时间的记忆与脑内物质代谢有关，尤其是脑内蛋白质的合成。此外，中枢递质也参与学习记忆活动，如脑内乙酰胆碱、儿茶酚胺、GABA、血管升压素等可促进学习和记忆，而催产素、阿片肽等则作用相反。

三、大脑皮质的电活动

在大脑皮质通过仪器可记录到两种不同形式的脑电活动。一种是在感觉传入冲动刺激下，在皮质上某一局限区域引出的电位变化，称为皮质诱发电位。记录诱发电位有助于了解各种感觉投射在皮质的代表区，也可作为检查各种感觉传导通路的一个客观指标；另一种是在安静状态和无外来刺激情况下，大脑皮质自发产生、持续的节律性电位变化，称为自发脑电活动。脑电图（electroencephalogram，EEG）是在头皮上用双极或单极导联记录法，所描绘出脑细胞群自发性电位变化的波形。

> 考点提示：
> 脑电图的波形及产生条件

（一）脑电图的波形

在正常情况下，脑电图的基本波形有 α 波、β 波、θ 波、δ 波 4 种基本波形（图 10-19）。

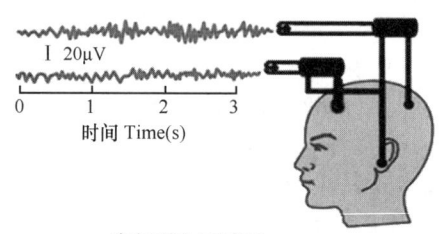

脑电图记录示意图
无关电极放置在耳壳(R)，由额叶(Ⅰ)电极导出的脑电波振幅低，由枕叶(Ⅱ)导出的脑电波振幅高频率较慢

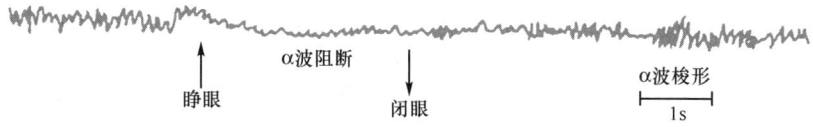

图 10-19　正常脑电波各种波形

α 波：频率为 8～13Hz，波幅为 20～100μV，在成年人清醒、安静、闭目时出现，睁开眼睛或接受其他刺激时，α 波立即消失转而出现 β 波，这一现象称为 α 波阻断（a-block）。此时被试者再安静闭眼，则 α 波又重现。

β 波：频率为 14～30Hz，波幅为 5～20μV，当受试者睁眼视物或接受其他刺激时出现，是大脑皮层处于紧张激动状态的标志。

θ 波：频率为 4～7Hz，波幅为 100～150μV，在成人困倦时可以出现。在幼儿时期，脑电波频率比成人慢，常见到 θ 波，青春期开始时才出现成人型 α 波。

δ 波：频率为 0.5～3Hz，波幅为 20～200μV。成人在清醒状态下，几乎没有 δ 波，但在睡眠期间、极度疲劳或麻醉时可出现。在婴儿时期，脑电频率比幼儿更慢，常可见到 δ 波。一般认为，高振幅的慢波（θ 波或 δ 波）可能是大脑皮处于抑制状态时的电活动的主要表现（表 10-7）。

表10-7　正常人脑电图的几种基本波形

脑电波	频率（Hz/s）	波幅（μV）	常见部位	出现条件
α 波	8～13	20～100	枕叶	成人安静、闭眼、清醒时
β 波	14～30	5～20	额叶、顶叶	成人活动时
θ 波	4～7	100～150	颞叶、顶叶	成人困倦时，或少年正常脑电
δ 波	0.5～3	20～200	颞叶、枕叶	成人熟睡时，或婴幼儿正常脑电

脑电波随大脑皮质活动状态的不同而变化。当有许多皮质神经元的电活动趋于一致时，就出现低频率高振幅的波形，称为同步化；当皮层神经元的电活动不一致时，就出现高频率低振幅的波形，称为去同步化。

癫痫或颅内占位性病变（如肿瘤等）的患者可出现异常的高频高幅脑电波，或在高频高幅波后跟随一个慢波的综合波形。临床上可根据脑电波的改变特征，帮助诊断癫痫或探索肿瘤所在部位。

（二）脑电波形成的机制

脑电波是由大量神经元同步发出的突触后电位经总和形成的。椎体细胞在皮层排列整齐，其顶树突相互平行并垂直于皮质表面，因此其同步电活动易总和而形成强大电场，从而改变皮质表面电位。大量皮质神经元的同步电活动可能与丘脑非特异投射核的同步化 EPSP 和 IPSP 交替出现有关。

癫　痫

癫痫是由多种原因引起的慢性脑功能障碍，是大脑神经细胞群反复超同步放电所致引起的发作性、突发性、反复性、短暂性脑神经系统功能紊乱。因其是脑功能异常改变的疾病，其诊断、治疗及预后判断主要依赖脑电图的检查。癫痫的脑电图表现为特异性的痫样放电，临床上根据脑电图的异常波形出现的形式、部位及其他参数，判断是否为癫痫发作、癫痫的类型、药效及预后。脑电图检查已经成为癫痫病人手术定位、术中监测的必要手段。

知识链接

四、觉醒与睡眠

觉醒（wakefulness）与睡眠（sleep）是脑的昼夜交替的生物节律周期变化，也是保持人体正常生理功能的重要条件。人在觉醒状态下，机体能快速适应环境的变化，进行各种体力和脑力活动；通过睡眠又可使人的体力和精力得到恢复。

考点提示：睡眠的时相

（一）觉醒

觉醒时机体能迅速适应环境的变化，从事各种体力和脑力劳动。觉醒状态可以分为行为觉醒和脑电觉醒两个方面。行为觉醒时机体对新异刺激有探索行为；脑电觉醒指脑电图波形呈去同步化快波，但行为上不一定呈觉醒状态。

脑干网状结构上行激动系统对觉醒状态的维持有重要作用（见本章第三节），临床上巴比妥类催眠药、乙醚等麻醉药通过作用于该系统而抑制大脑皮层活动。进一步研究发现，行为觉醒的维持可能与黑质多巴胺能系统的功能有关，而脑电觉醒的维持与蓝斑上部去甲肾上腺素能系统和脑干网状结构胆碱能系统的作用有关。

（二）睡眠

睡眠时感觉减退，意识暂时丧失，失去对环境的精确适应能力。睡眠的主要功能是促进精力和体力的恢复。一般而言，不同年龄、不同个体，每天所需的睡眠时间不同，新生儿一般需要 18~20h，儿童为 10~12h，成年人为 7~9h，老年人为 5~7h。

1. 睡眠时相　睡眠可以分为两种时相：一种是因睡眠期间脑电图特征的同步化慢波而称为慢波睡眠（slow wave sleep）；另一种因睡眠期间脑电图特征为去同步化快波而称为快波睡眠（fast wave sleep），也称为异相睡眠（paradoxical sleep）。

（1）慢波睡眠：慢波睡眠的表现及特征：①脑电图呈同步化慢波，因此称为慢波睡眠；②各种感觉功能如嗅、视、听、触觉均暂时减退，唤醒阈增高；③骨骼肌反射活动及肌张力减弱；④自主神经活动减退，如心率减慢、血压下降、呼吸变慢、尿量减少、体温下降、发汗增多、胃液分泌增多而唾液分泌减少等；⑤生长激素分泌增加。因此，慢波睡眠生物学意义是促进机体生长和恢复体力。

（2）快波睡眠：主要表现及特征：①脑电图呈去同化快波；②感觉功能进一步减退，唤醒阈更高；③骨骼肌肌张力进一步减弱，肌肉几乎完全松弛，睡眠更深；④出现部分肢体抽动、血压升高、心率加快、呼吸快而不规则、眼球快速运动等阵发性表现，所以此时相又称为快眼动睡眠（rapid eye movement sleep，REMS）；⑤若此期间被唤醒，80%左右的人都会诉说正在做梦，上述阵发性表现可能与梦境有关。动物研究表明，在快波睡眠时相，蛋白质合成加快，促进幼儿神经系统发育成熟，建立新的突触联系而加强学习和记忆活动，有利于精力恢复。临床上快波睡眠又与某些疾病的发作有关，因为阵发性表现常导致心绞痛、哮喘和阻塞性肺气肿缺氧发作等易发生在的夜间。

生理状态下，在整个睡眠过程中，慢波睡眠与快波睡眠两个时相相互交通出现。成年人睡眠一开始首先进入慢波睡眠，慢波睡眠持续 80~120min 后，转入快波睡眠；快波睡眠持续 20~30min 后，又转入慢波睡眠。整个睡眠期间，如此反复交替 4~5 次，越接近睡眠后期，快波睡眠持续时间越长（图10-20）。

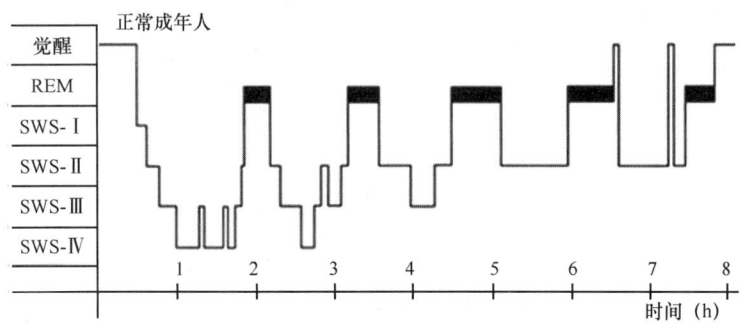

图 10-20 正常成人整夜睡眠两个时相交替的示意图

2. 睡眠的发生机制　睡眠产生的机制很复杂，有待进一步的研究和认识。目前普遍认为，睡眠是一个主动的过程。电刺激脑干尾端延髓网状结构、下丘脑后部、丘脑髓板内核群邻旁区、丘脑前核的间脑区域、视前区和 Broca 斜带区可引起慢波睡眠；快波睡眠的产生则与脑桥网状结构有关。此外，人们还发现多种促眠因子、激素和细胞因子有睡眠调节作用。

（张继红　金文艳）

思 考 题

1. 经典的突触的传递过程。
2. 突触后电位的类型有哪些？各自产生原理如何？
3. 什么是感觉的特异性和非特异性投射系统，各自特点及功能如何？
4. 什么是胆碱能纤维？外周中哪些神经纤维属于胆碱能纤维？
5. 什么是脊休克？其主要表现及发生原因如何？
6. 试述交感神经系统和副交感神经系统的功能及特点。
7. 皮肤痛和内脏痛各有何特点？
8. 说明自主神经的递质受体系统、分布、效应以及受体拮抗剂。
9. 睡眠有哪两种不同的时相？各自特点、意义如何？

第十一章 内分泌

> **学习要点**
> 1. 掌握激素的概念，下丘脑、腺垂体、甲状腺、肾上腺皮质激素的生理作用。
> 2. 激素的作用机制及一般特性；甲状旁腺、肾上腺髓质、胰岛分泌的激素及作用。
> 3. 了解：激素的分类，神经垂体激素分泌调节。

第一节 概 述

一、内分泌系统与激素

内分泌系统（endocrine system）是由内分泌腺和散在分布于某些组织、器官中的内分泌细胞组成的重要信息传递系统。内分泌系统通过其分泌的激素参与机体各种功能活动的调节，是机体内又一种重要的功能调节系统。它与神经系统的活动之间存在着密切的联系和相互作用，对机体的基本生命活动，如新陈代谢、生长发育、生殖以及各种功能活动发挥调节作用，对机体内外各种环境变化作出反应，共同维持体内各器官、系统功能活动的正常进行。

人体内主要的内分泌腺包括松果体、垂体、甲状腺、甲状旁腺、胸腺、肾上腺、胰岛和性腺等；其余的内分泌细胞分布比较弥散，如在下丘脑、胃肠道、心脏、血管、肺、肾、胎盘等组织、器官中均有各种不同的内分泌细胞散在分布。

激素（hormone）就是由这些内分泌腺或散在分布的内分泌细胞所分泌的具有高效能生物活性的化学物质，是细胞与细胞之间信息传递的媒介。激素可通过血液运输及在组织液中扩散的方式，到达靶细胞、靶组织或靶器官，与其受体特异性结合，完成信息的传递，参与机体新陈代谢、生长发育、生殖等重要功能活动的调节。

二、激素的分类

机体内激素来源不同，种类繁多，成分和性质比较复杂，按照其分子结构和化学本质分为以下几类：

（一）含氮类激素

1. **蛋白质激素** 主要包括甲状旁腺激素，胰岛素及生长素等。
2. **胺类激素** 甲状腺激素、去甲状腺激素、肾上腺髓质激素和松果体激素等。
3. **肽类激素** 下丘脑激素、垂体激素、胃肠激素和降钙素等。

（二）类固醇类激素

类固醇激素主要包括肾上腺皮质激素（如皮质醇、醛固酮）和性激素（如雌激素、孕激素、雄激素）。胆钙化醇（维生素 D_3）、25-羟胆钙化醇（25-羟维生素 D_3）和 1,25-二羟胆钙化醇（1,25-二羟维生素 D_3）是胆固醇衍生物也被看作是类固醇类激素。

（三）脂肪酸衍生物

脂肪酸衍生物主要包括前列腺素和血栓素等。

三、激素的作用机制

激素的主要作用就是在细胞之间传递信息，其首要条件是激素能被靶细胞的特异性受体识别并与之结合，再产生一系列的复杂过程，将细胞外信息传递到细胞内，使细胞的功能活动发生改变，产生生理学效应。含氮类激素与类固醇的作用机制不同，现简述如下：

（一）激素的受体

受体是指细胞膜上或细胞内能特异识别激素并与之结合，继而引起生物学效应的特殊蛋白质。

1. 受体的分类　根据受体在细胞中的分布，可将其分为两类（表11-1）：

（1）细胞膜受体：是指存在于靶细胞膜上的特殊功能蛋白质，如含氮类激素（甲状腺激素除外）的受体都存在于细胞膜上。

（2）细胞内受体：胞内受体包括胞质受体和核受体。胞质受体是指位于靶细胞胞质中的特殊的可溶性蛋白质，能与相应激素特异性结合，形成激素-受体复合物，继而转移至细胞核内发挥作用。核受体存在于细胞核内，与相应激素结合，并对转录过程进行调节，从而发挥生物学效应。类固醇激素主要是通过此途径完成信息传递的。

表11-1　激素的受体及其分类

受体	激素
膜受体	含氮类激素（甲状腺激素除外）
胞质受体（属胞内受体）	糖皮质激素、性激素（次要）
核受体（属胞内受体）	甲状腺激素、1,25-$(OH)_2$-D_3、性激素（主要）

2. 受体调节　受体虽是遗传获得的固有蛋白，但不是固定不变的，而是经常代谢转换处于动态平衡状态，其数量经常受到激素浓度等各种生理因素的影响。例如，血中甲状腺激素浓度高时，可使心脏及其他组织中β受体的数量增加，称为受体上调；甲状腺激素低时，心脏及其他组织中β受体的数量减少，称为受体下调。而靶细胞中受体数量的多少，决定了靶细胞对激素的敏感性。

（二）含氮类激素的作用机制——第二信使学说

20世纪60年代，Sutherland学派提出第二信使学说，把含氮类激素作为第一信使，与靶细胞膜上相应的受体结合，使G蛋白活化后，继而激活细胞膜上的腺苷酸环化酶系统，在Mg^{2+}存在的条件下，ATP转变为cAMP。cAMP为第二信使激活胞内无活性的蛋白激酶，继而激活磷酸化酶，引起靶细胞产生各种生物效应，如腺细胞分泌、肌肉细胞收缩与舒张、神经细胞出现电位变化、细胞通透性改变、细胞分裂与分化以及各种酶反应等。cAMP发挥作用后，即被细胞内的磷酸二酯酶降解为5'-AMP而失活（图11-1）。

在此信息传递过程中，含氮激素是第一信使，cAMP是第二信使。含氮激素作为第一信使将调节信息由内分泌细胞传递给靶细胞，并产生第二信使cAMP，将信息传递至细胞内部，从而引起生物效应的产生。第二信使除cAMP外，还发现了cGMP、IP、DG、Ca^{2+}等。另外，细胞内的蛋白激酶除PKA外，还有蛋白激酶C（PKC）和蛋白激酶G（PKG）等。

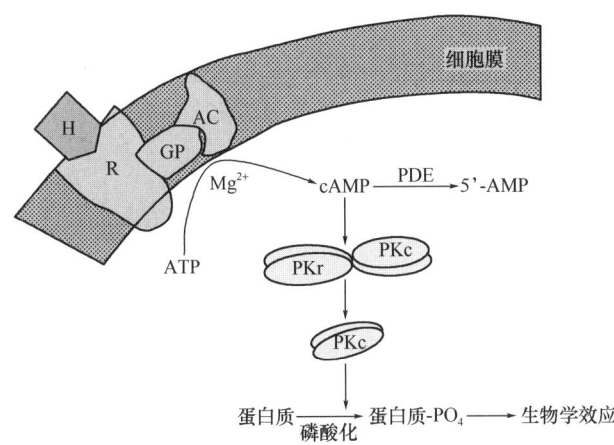

图 11-1 含氮激素作用机制示意图

H：激素　R：受体　GP：G蛋白　AC：腺苷酸环化酶　PDE：磷酸二酯酶　PKr：蛋白激酶调节亚单位　PKc：蛋白激酶催化亚单位

（三）类固醇激素的作用机制——基因表达学说

类固醇激素是分子量较小的脂溶性物质，可以透过细胞膜进入细胞内，在细胞内与胞质受体结合，形成激素胞质受体复合物。此复合物通过变构就能透过核膜，再与核内受体相互结合，转变为激素-核受体复合物，从而调控DNA转录，生成新的mRNA合成，再诱导蛋白质的合成，产生生物效应，类固醇激素的这种作用机制称为基因表达学说（图11-2）。

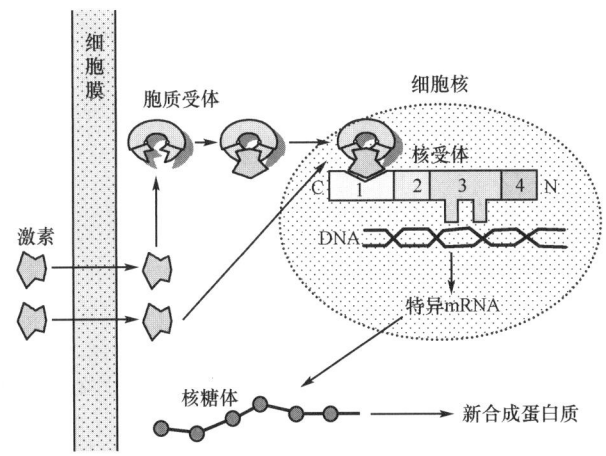

图 11-2 类固醇激素作用机制示意图

1：激素结合结构域；2：核定位信号结构域；3：DNA结合结构域；4：转录激活结构域

除此之外，激素还有其他作用方式。如甲状腺激素虽属含氮类激素，但其作用机制却与类固醇激素相似，它可进入细胞内，但不需经过与胞质受体结合即进入细胞核内，与核受体结合调节基因表达，产生生物效应。

四、激素作用的一般特点

尽管激素种类繁多，分子结构各异，作用复杂，但在其对靶细胞发挥调节作用的机制方面具有下列共同特性：

（一）激素的信息传递作用

内分泌系统是通过合成和分泌具有生物活性的化学物质（即激素），与靶细胞上相应受体特异性结合，进行细胞与细胞之间的信息传递。不论何种激素，只能对靶细胞原有的生理生化过程起加强或减弱的作用，如甲状腺激素的产热作用，生长激素促进生长发育等。在这些作用中，激素既不能引起靶细胞的新功能，也不能提供能量，仅仅充当将生物信息传递给靶细胞的信使（messenger）作用，从而调节靶细胞固有的生理生化反应。完成信息传递之后，激素即被分解而失去活性。

（二）激素作用的相对特异性

激素由内分泌细胞分泌被释放入血后，随血液运输或经组织液扩散至全身各处，并与各种组织细胞广泛接触，但它对组织和细胞是有选择性地发挥调节作用的，如垂体促性腺激素只作用于性腺，而促肾上腺皮质激素只作用于肾上腺皮质，这种选择性称为激素作用的特异性。激素作用的特异性与靶细胞上存在的能与该激素发生特异性结合的受体（receptor）有关。有些激素的作用比较广泛，没有特定的靶腺，如生长激素、甲状腺激素等，可作用于几乎全身各部位的细胞。激素受体是指靶细胞上能识别并专一性地与某种激素结合，继而引起各种生物效应的功能蛋白质。受体与激素的结合具有高亲和力、可逆性和饱和性的特征。有些激素作用的特异性很强，只作用于某一靶腺，如促甲状腺激素只作用于甲状腺。

（三）激素的高效能生物放大作用

各种激素的血中浓度都很低，一般在 nmol/L，甚至 pmol/L 数量级。尽管含量甚微，但其作用却十分显著。原因是激素与受体结合后，在细胞内发生一系列酶促反应，并逐级放大，形成一个效能极高的生物放大系统。例如，1 分子的胰高血糖素与受体结合后，可使 1 分子腺苷酸环化酶激活，经 cAMP—蛋白激酶途径，可激活 1 万个磷酸化酶分子；1 分子的促甲状腺激素释放激素，可使腺垂体释放 10 万个分子的促甲状腺激素，$0.1\mu g$ 促肾上腺皮质激素释放激素可引起腺垂体释放 $1\mu g$ 促肾上腺皮质激素，后者能引起肾上腺皮质分泌 $40\mu g$ 糖皮质激素，从而增加约 $6\,000\mu g$ 的糖原贮存。因此体液中激素浓度的变化会对机体生理功能产生巨大的影响。

（四）激素间的相互作用

激素对生理功能的调节时，彼此之间往往存在着相互影响，可表现为协同作用、拮抗作用和允许作用。

1. 协同作用　是指不同激素发挥相同的生理效应，如生长激素、肾上腺素、胰高血糖素及糖皮质激素均可升高血糖，通过作用于不同环节，在升糖效应上有协同作用。

2. 拮抗作用　指不同激素发挥相反的生理效应，如胰岛素可降低血糖，此作用与生长激素、胰高血糖素及糖皮质激素等的升糖效应相拮抗。

3. 允许作用（permissive action）　是指有的激素本身并不能对某些组织产生生理效应，但在它的存在条件下，可明显增强另一种激素的作用，即对另一种激素的效应起支持作用。如糖皮质激素本身并没有收缩血管作用，但其存在条件下，可使去甲肾上腺素的缩血管作用增强。

五、激素分泌的调控

各种激素的分泌都受神经和体液的调节，以使激素分泌的量和速率与生理需要保持一致，激素分泌的调节途径包括以下几种。

（一）神经调节

内分泌系统与神经系统在结构和功能上都有密切联系，几乎所有内分泌腺含有丰富的自主神经纤维，直接或间接地受神经系统的支配，故腺体的分泌受其调节。如神经垂体、肾上腺髓质和胰岛等激素的分泌就直接受自主神经系统的调节，其它大多数激素则通过下丘脑-腺垂体-靶腺轴的调节。

1. 下丘脑-神经垂体束　下丘脑视上核和室旁核神经元的轴突构成下丘脑-神经垂体束，它沿垂体柄下行，终止于神经垂体。下丘脑视上核和室旁核神经元合成抗利尿激素（ADH）和催产素（OXT），经下丘脑-神经垂体束输送至神经垂体并储存，机体需要时则释放入血发挥其生理作用。

2. 下丘脑垂体区　是一个将高级中枢信号转换成为内分泌腺活动的换能器。它直接接受中脑、边缘系统，以及大脑皮层发出的神经纤维的控制。它的一些换能神经元，即下丘脑促垂体区肽能神经元能分泌多种肽类激素，如促甲状腺激素释放激素、促性腺激素释放及生长抑素等，通过特殊的血管联系即垂体门脉系统运送至腺垂体，直接促进或抑制腺垂体的不同类型的内分泌细胞，影响腺垂体激素的合成与分泌，而腺垂体又通过这些相应的激素，如促甲状腺激素、促肾上皮质激素等，控制相应内分泌腺的活动。从而下丘脑-腺垂体-靶腺之间形成了功能意义上的轴。目前已肯定的有三个轴，即：①下丘脑-腺垂体-肾上腺皮质轴；②下丘脑-腺垂体-甲状腺轴；③下丘脑-腺垂体-性腺轴。

（二）体液调节

血中某些激素浓度、无机盐或有机营养物质浓度的变化，能通过体液调节途径反馈性调节某些激素的分泌，如 PTH、CT、胰岛素等。

1. 各种内分泌细胞的分泌水平所以能够保持相对稳定，主要是通过负反馈机制而实现的。肾上腺皮质分泌的糖皮质激素，是受腺垂体分泌的促肾上腺皮质激素（ACTH）调控的，而 ACTH 的分泌又受下丘脑促肾上腺皮质激素释放激素（CRH）控制。当血浆中糖皮质激素过高时，则反馈性地抑制下丘脑和腺垂体的分泌，从而减少糖皮质激素的分泌。我们把这种反馈途径称为长反馈。腺垂体分泌的 ACTH 过多时，也可反馈的抑制下丘脑分泌 CRH。这种反馈途径较短，故称为短反馈。此外，下丘脑分泌的 CRH 达到一定量时，也可以抑制下丘脑分泌细胞的分泌。这种下丘脑激素浓度变化返回来调节自身的分泌称为超短反馈。

2. 另外，血液中某些物质的浓度可以直接影响激素的分泌，而这种物质在血液中的浓度又直接受该激素的控制，最明显的例子是血糖的调节，当血糖升高可刺激胰岛 β 细胞分泌胰岛素，胰岛素分泌使血糖降低。显然，这也是一种负反馈。

（三）神经-体液调节

当内外环境发生急剧变化时，如剧烈运动、紧张、恐惧、疼痛等，神经系统高位中枢根据从感觉系统传入的信息，控制下丘脑的活动，并通过下丘脑直接影响腺垂体分泌水平，间接地改变受腺垂体控制的靶腺的活动水平。此外，中枢神经系统还可通过神经途径，分别调整神经垂体、肾上腺髓质和胰岛等内分泌细胞的激素分泌水平。这种调节方式，不构成反馈闭合环路，其作用将一直持续到环境变化影响的消除，激素分泌才回复原有水平。

总之，激素分泌的调节途径比较多，而且十分复杂，有待于进一步探讨研究。

第二节　下丘脑与垂体

一、下丘脑的内分泌功能

下丘脑位于大脑基底部，其内部存在能分泌神经肽或肽类激素的神经分泌细胞称为肽能神经元。位于下丘脑视上核和室旁核的大细胞肽能神经元合成血管升压素（vasopressin, VP）和催产素（oxytocin, OXT）。而位于下丘脑促垂体区的神经核团主要分布于下丘脑的内侧基底部，包括正中隆起、弓状核、腹内侧核、视交叉上核及室周核等，这些部位的神经元胞体比较小，可分泌肽类激素，属于小细胞肽能神经元，主要产生调节腺垂体激素释放的激素，这些肽能神经元分泌的激素经垂体门脉系统将激素运输到腺垂体，调节腺垂体的分泌活动。

由下丘脑促垂体区肽能神经元分泌的，能调节腺垂体活动的肽类激素，统称为下丘脑调节肽（hypothalamic regulatory peptides，HRP）。迄今为止共发现九种下丘脑调节肽，其化学性质及主要作用见表11-2。

表11-2 下丘脑调节肽的种类、化学性质和作用

种类	化学性质	主要作用
促甲状腺激素释放激素（TRH）	3肽	促进促甲状腺激素的分泌
促性腺激素释放激素（GnRH）	10肽	促进黄体生成素、促卵泡激素的分泌
生长激素释放激素（GHRH）	44肽	促进生长激素的分泌
生长抑素（GHRIH）	14肽	抑制生长激素的的分泌
促肾上腺皮质激素释放激素（CRH）	41肽	促进促肾上腺皮质激素的分泌
催乳素释放因子（PRF）	肽	促进催乳素的分泌
催乳素释放抑制因子（PIF）	多巴胺	抑制催乳素的分泌
促黑激素释放因子（MRF）	肽	促进促黑激素的分泌
促黑激素释放抑制因子（MIF）	肽	抑制促黑激素的分泌

二、下丘脑与垂体的功能联系

下丘脑和垂体位于大脑基底部，在结构与功能上，二者的联系复杂，非常密切。人体中枢神经对内分泌腺的调节控制，都是通过下丘脑-垂体轴实现的（肾上腺髓质及松果体等少数纤体除外），可将它们看成是一个下丘脑—垂体功能单位（hypothalamus-hypophysis unit），下包括下丘脑-腺垂体系统（hypothalamo-adenohypophysis system）和下丘脑-神经垂体系统（hypo-thalamo-neurohypophysis system）两部分（图11-3）。

（一）下丘脑-腺垂体系统

下丘脑与腺垂体之间没有直接的神经联系。在下丘脑的促垂体区存在一些小细胞肽能神经元，可分泌分泌至少九种多肽类神经激素（表11-1），即下丘脑调节肽，通过垂体门脉系统运输到腺垂体，与相应靶细胞上的受体结合，引起特异性刺激作用或抑制作用，实现调节腺垂体激素的合成与释放，构成下丘脑—腺垂体系统。

（二）下丘脑-神经垂体系统

下丘脑与神经垂体有着直接的神经联系。下丘脑的视上核、室旁核神经元的轴突经过下丘脑-垂体束延伸到神经垂体，构成下丘脑-神经垂体系统。视上核和室旁核的大细胞肽能神经元主要合成、分泌血管升压素（vasopressin, VP）和催产素（oxytocin, OXT）。这些激素主要通过下丘脑垂体束（hypothalamohypophysial tract）的轴浆运输到达并贮存于神经垂体，当机体需要时，则释放入血运输到靶器官、靶细胞发挥其调节作用。

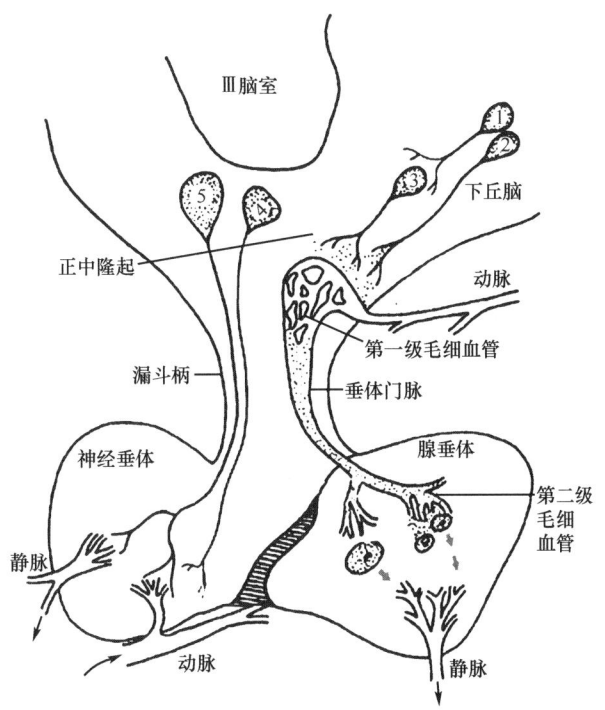

图 11-3　下丘脑与垂体功能联系示意图

三、腺垂体的功能

腺垂体是体内最重要的内分泌腺，主要分泌 7 种激素，其中促甲状腺激素（thyroid stimulating hormone，TSH）、促肾上腺皮质激素（adrenocorticotropic hormone，ACTH）、促卵泡激素（follicle stimulating hormone，FSH）和黄体生成素（luteinizing hormone，LH）均有各自的靶腺。TSH，ACTH，FSH 和 LH 均可直接作用于各自的靶腺而发挥调节作用，故常将这些激素称为促激素（tropic hormones）。而生长激素（growth hormone，GH）、催乳素（prolactin，PRL）和促黑（素细胞）激素（melanophore stimulating hormone，MSH）则无作用靶腺，而是直接作用于靶组织或靶细胞，对物质代谢、个体生长、乳腺发育与泌乳及黑色素代谢等生理过程发挥调节作用。可见，腺垂体激素的作用广泛而复杂。

（一）生长激素

生长激素（GH）是腺垂体中含量较多的一种激素。人生长激素（human growth hormone，hGH）由 191 个氨基酸残基组成，其化学结构与人催乳素十分相似，故二者除具有特定作用外，相互间还有一定的交叉作用，即生长激素有较弱的泌乳始动作用，催乳素也有较弱的促生长作用等。近年来，利用 DNA 重组技术可以大量生产 hGH 供临床使用。

1. 生长激素的生理作用

（1）促进生长：GH 能促进骨、软骨、肌肉及其他组织细胞的分裂增殖和蛋白质合成，从而使骨骼和肌肉的生长发育加快，尤其对骨骼、肌肉及内脏器官的作用更为显著。实验证明，幼年动物在摘除垂体后，生长即停滞；但如及时给予补充 GH，则可使之恢复生长发育。若幼年时期 GH 分泌不足，则患儿生长停滞，身材矮小，但智力正常，称为侏儒症（dwarfism）；如果幼年时期 GH 分泌过多，则引起巨人症（gigantism）；成年人 GH 分泌过多时，由于骨髓已经闭合，长骨不再生长，则肢端的短骨、颅骨及软组织可出现异常的生长，表现为手足粗大、鼻大唇厚，下颌突出及内脏器官增大等现象，称为肢端肥大症（acromegaly）。

（2）促进代谢：GH 具有促进蛋白质合成、脂肪分解和升高血糖的作用。GH 可促进氨基酸进入细胞，加强 DNA、RNA 的合成，使尿氮减少，呈氮的正平衡；可激活对激素敏感的脂肪酶，促进脂肪分解，增强脂肪酸的氧化，提供能量，并使组织特别是肢体的脂肪量减少；还可抑制外周组织摄取和利用葡萄糖，减少葡萄糖的消耗，升高血糖水平。当 GH 分泌过多时，可因血糖升高而引起糖尿，称为垂体性糖尿病。

2. 生长激素分泌的调节

（1）下丘脑对 GH 分泌的调节：腺垂体 GH 的分泌受下丘脑 GHRH 与 GHRIH 的双重调节（图 11-4），前者促进 GH 分泌，后者则抑制其分泌。一般认为，GHRH 对 GH 的分泌起经常性的调节作用，而 GHRIH 则主要在应激等刺激引起 GH 分泌过多时才对 GH 分泌起抑制作用。GHRH 和 GHRIH 二者相互配合，共同调节腺垂体 GH 的分泌。

（2）反馈调节：GH 与其他垂体激素一样，也可对下丘脑和腺垂体发挥负反馈调节作用。不仅 GH 能反馈抑制下丘脑 GHRH 的释放，而且 GHRH 对其自身释放也有负反馈调节作用（图 11-4）。

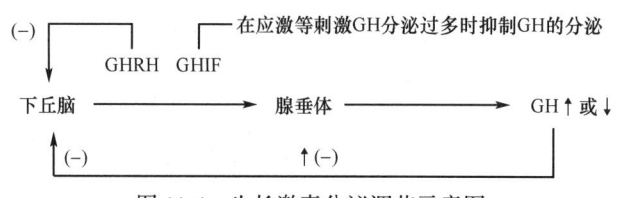

图 11-4　生长激素分泌调节示意图

（3）其他调节因素：人在进入慢波睡眠时，GH 分泌增加；转入快波睡眠后，GH 分泌减少，觉醒状态分泌较少。慢波睡眠时 GH 的分泌增多，有利于机体的生长发育和体力的恢复。血中氨基酸、脂肪酸浓度升高，机体在能量供应缺乏或耗能增加时，如饥饿、运动、低血糖及应激反应等，均可引起 GH 分泌增多。低血糖是刺激 GH 分泌最有效的因素。

侏儒症

侏儒症是一种内分泌代谢性疾病，凡身高低于同一种族、同一年龄、同一性别的小儿的标准身高的 30% 以上，或成年人身高在 120cm 以下者，称为侏儒症或矮小体型。可因幼年时期垂体功能低下、遗传因素、严重营养不良等多种原因导致的生长素分泌不足而致身体发育迟缓。最常见的原因是垂体功能低下。垂体分泌的生长激素有促进骨骼生长和促进蛋白质合成，减少蛋白质分解，从而促使肌肉发达等作用。如果幼年时期生长激素分泌不足，则使生长发育迟缓或停滞，躯干、四肢短小，但均称，智力大多正常，而性发育往往停留在发病年龄的水平。对侏儒症治疗的关键是早诊断、早治疗，除针对病因的治疗外，可使用人生长激素等促进生长的药物。

（二）催乳素

催乳素（prolactin，PRL）是由 199 个氨基酸残基和三个二硫键构成的蛋白质，其分子结构已基本清楚，其作用广泛，并且具有极强的种族特异性。

1. 催乳素的生理作用

（1）对乳腺的作用：PRL 可促进乳腺发育，引起并维持泌乳。但在女性一生的不同时期，其作用有所不同。在女性青春期乳腺的发育中，雌激素、孕激素、生长素、糖皮质激素、甲状腺激素及 PRL 均起重要作用；妊娠期，随着 PRL、雌激素及孕激素分泌增多，使乳腺组织进一步发育，但因为此时血中雌激素和孕激素水平很高，可抑制 PRL 的泌乳作用，故此时乳腺虽已具备泌乳能力却不泌乳。在分娩后，血中雌激素和孕激素水平明显降低，PRL 才发挥其始动和维持泌乳的作用。

（2）对性腺的作用：在女性，PRL 对卵巢黄体功能的影响主要是刺激 LH 受体的生成。实验表明，小剂量 PRL 对卵巢雌激素和孕激素的合成有促进作用，但大剂量 PRL 则有抑制作用。在男性，PRL 可促进前列腺及精囊的生长及睾酮的合成。

（3）在应激反应中的作用：在应激状态下，血中 PRL 浓度升高，并常与 ACTH 和 GH 浓度的升高同时出现，于刺激停止后数小时才恢复正常，是应激反应中腺垂体分泌的三种主要激素之一。

（4）对免疫的调节作用：PRL 可协同一些细胞因子共同促进淋巴细胞的增殖，直接或间接地促进 β 淋巴细胞分泌 IgM 和 IgG，增加抗体量。

2. 催乳素分泌的调节

（1）下丘脑调节肽的调节：PRL 的分泌受下丘脑 PRF 与 PIF 的双重控制，前者促进 PRL 分泌，而后者抑制其分泌。平时以 PIF 的抑制作用为主。哺乳期，婴儿吸吮乳头的刺激经传入神经传至下丘脑，使 PRF 神经元兴奋并释放 PRF，反射性地引起垂体 PRL 分泌增多。

（2）负反馈调节：血中 PRL 水平升高可引起多巴胺分泌，后者直接抑制下丘脑 GnRH 和腺垂体 PRL 的分泌，使血中 PRL 水平降低，发挥负反馈调节作用。

（三）促黑（素细胞）激素

促黑（素细胞）激素（melanophore stimulating hormone，MSH）主要生理作用是刺激黑色素细胞（melanophore 或 melanocyte），使细胞内的酪氨酸转化为黑色素（melanin），同时使黑色素颗粒在细胞内散开，导致皮肤和毛发颜色加深。此外，MSH 还可能参与生长激素、醛固酮、CRH、胰岛素及 LH 等激素分泌的调节，并有抑制摄食的作用。

四、神经垂体

神经垂体中不含腺细胞，因此不能合成激素。神经垂体激素是由下丘脑视上核和室旁核的大神经内分泌细胞合成，以轴浆运输的方式经下丘脑-垂体束到达神经垂体，并在神经垂体贮存。主要包括血管升压素（vasopressin，VP）和催产素（oxytocin，OXT）两种，二者都是九肽，区别在于第 3 位与第 8 位的氨基酸残基不同。在适宜刺激的作用下，神经垂体将这两种激素释放入血液循环。

（一）血管升压素

血管升压素也称抗利尿激素（antidiuretic hormone，ADH）。在正常饮水的情况下，血浆中 ADH 的浓度很低，仅 1~4ng/L。生理剂量的 ADH 可促进肾脏远端小管和集合管对水的重吸收，发挥抗利尿作用，而对血压几乎没有调节作用。在机体脱水和大失血等情况下，ADH 的释放量明显增加，能发挥其升高和维持血压以及保持体液的作用。

ADH 的分泌、释放调节请参看尿的生成与排出章节相关内容。

（二）催产素

催产素的化学结构与血管升压素相似，也是含有 9 个氨基酸的寡肽，它们的生理作用也有一定的交叉。

1. 催产素的生理作用

（1）对乳腺的作用：催产素是促进乳汁排出的关键激素。哺乳期乳腺可不断分泌乳汁，贮存于腺泡中。当婴儿吸吮乳头时，可引起典型的神经内分泌反射，称为射乳反射（milk ejection reflex)。其过程是吸吮乳头的感觉信息经传入神经到达下丘脑，兴奋催产素神经元，神经冲动沿下丘脑垂体束至神经垂体，使催产素释放入血；催产素使乳腺腺泡周围的肌上皮细胞收缩，腺泡内压力增高，乳汁经输乳管从乳头射出。

（2）对子宫的作用：催产素可促进子宫收缩，但其作用与子宫的功能状态有关。催产素对非孕子宫的作用较弱，而对妊娠子宫的作用则比较强。低剂量催产素可引起子宫肌发生节律性收缩，大剂量催产素则可导致子宫出现强直性收缩。但是催产素并不是分娩时发动子宫收缩的决定因素。在分娩过程中，胎儿刺激子宫颈可反射性地引起催产素释放，形成正反馈调节机制，使子宫收缩进一步增强，起催产的作用。

2. 催产素分泌的调节　催产素分泌的调节属于神经内分泌调节。哺乳活动可反射性地引起催产素释放。此外，在性交过程中，阴道及子宫颈受到的机械性刺激也可通过神经反射途径引起催产素分泌。

第三节　甲状腺及甲状旁腺

一、甲状腺激素

甲状腺是人体内最大的内分泌腺，平均重量 20~25g。甲状腺由许多大小不等的由单层上皮细胞围成的腺泡组成。腺泡上皮细胞是甲状腺激素合成与释放的部位。此外，在甲状腺腺泡之间和腺泡上皮之间有滤泡旁细胞，也称 C 细胞，可分泌降钙素。甲状腺激素是体内唯一在细胞外贮存的内分泌激素，对机体的生长发育和新陈代谢起重要作用。

（一）甲状腺激素的生理作用

甲状腺激素（thyroid hormone）包括三碘甲状腺原氨酸（3，5，3'-triiodothyronine，T_3）和四碘甲状腺原氨酸（thyroxin，3，5，3'，5'-tetraiodothyronine，T_4），在腺体和血液中的浓度分布，T_4 高于 T_3，约占总量的 90%，但主要发挥生理学作用的是 T_3，其生物学活性是 T_4 的 4~5 倍。甲状腺激素作用十分广泛，其主要的作用是促进物质与能量代谢，以及生长发育。

1. 对新陈代谢的影响

（1）对能量代谢的影响　甲状腺激素可提高机体绝大多数组织的耗氧量和产热量，具有显著的产热效应，尤以心、肝、骨骼肌和肾脏最为显著。研究表明，1mg T_4 可使机体增加产热量约 4200kJ，基础代谢率提高 28%。此外，甲状腺激素也能促进脂肪酸氧化，产生大量热能。甲状腺功能亢进的患者，基础代谢率可升高 60%~80%，产热量增加，体温偏高，怕热，容易出汗。反之，甲状腺功能低下的患者，产热量减少，基础代谢率可降低 30%~50%，体温偏低，喜热怕冷。

（2）对物质代谢的影响

①蛋白质代谢：在生理浓度下，T_3、T_4 均可加速蛋白质的合成。但 T_3 和 T_4 增多时又可加强蛋白质的分解代谢，使尿氮排出增多。甲状腺功能低下的病人，蛋白质合成减少，肌肉乏力，组织间隙中粘蛋白增多，并结合大量离子和水分子，形成水肿，称为黏液性水肿（myxedema）；②糖代谢：甲状腺激素可促进小肠黏膜对糖的吸收，增强糖原分解，使血糖升高；同时又增强外周组织对糖的利用，使血糖降低。甲状腺功能亢进患者在进食后血糖迅速升高，甚至出现糖尿。此外，甲状腺激素还可加强肾上腺素、胰高血糖素、皮质醇和生长激素升高血糖的作用；③脂肪代谢：甲状腺激素可促进脂肪酸氧化，加速胆固醇降解，并增

强儿茶酚胺与胰高血糖素对脂肪的分解作用。甲状腺激素也可促进胆固醇的合成，但分解的速度超过合成。

因此，甲状腺功能亢进时，患者血中胆固醇的含量常低于正常。

2. 对生长发育的影响　甲状腺激素是维持机体正常生长、发育不可缺少的激素，特别是对骨和脑的发育尤为重要。甲状腺激素具有促进组织分化、生长与发育成熟的作用。甲状腺功能低下的婴幼儿，神经系统发育有明显障碍，智力低下，且身材矮小，称为呆小症。对呆小症的治疗应在出生后 3 个月内补充甲状腺激素，过迟则难以奏效。

3. 对神经系统的影响　甲状腺激素可提高交感神经系统的兴奋性。甲状腺功能亢进的患者，中枢神经系统兴奋性明显增高，表现为多愁善感、喜怒无常、失眠多梦、注意力不易集中及肌肉颤动等；相反，甲状腺功能低下的患者，则中枢神经系统兴奋性降低，出现记忆力减退、行动迟缓、淡漠无清及终日嗜睡等症状。

4. 对心血管活动的影响　甲状腺激素对心血管系统的影响主要体现在使心率加快，心肌收缩力增强，增加心输出量及心脏做功。故甲状腺功能亢进的患者常出现心动过速、心肌肥大，甚至因心肌过度劳累而导致心力衰竭。

5. 其他作用　除上述作用外，甲状腺激素还可影响生殖功能，对胰岛、甲状旁腺及肾上腺皮质等内分泌腺的分泌也有不同程度的影响。

（二）甲状腺激素的合成与代谢

甲状腺激素是酪氨酸的碘化物。合成甲状腺激素的主要原料是碘和甲状腺球蛋白（thyroglobulin，TG）。碘主要来源于食物，人每天从食物中摄取碘 100~300μg，其中约 1/3 进入甲状腺。甲状腺激素的合成有聚碘、活化、碘化和耦联等步骤。

1. 甲状腺激素的合成

（1）甲状腺腺泡的聚碘：碘的转运是甲状腺激素合成的第一个重要环节。由肠道吸收的碘以 I^- 的形式存在于血浆中，浓度约 250μg/L。甲状腺内 I^- 的浓度比血液中高 25~50 倍。由于甲状腺上皮细胞的静息电位为 −50mV，因此聚碘过程是逆电化学梯度的主动转运过程。故甲状腺上皮细胞具有很强的聚碘能力。甲亢患者的甲状腺聚碘能力大增，碘的浓度可以是血浆的 250 倍，临床上常用放射性碘示踪法检查和判断甲状腺的聚碘能力及其功能状态。

（2）碘的活化：碘的活化是碘取代酪氨酸残基上的氢原子的前提条件。摄入腺泡上皮的 I^- 在过氧化酶（thyroperoxidase，TPO）的催化下，被活化成 I^0（碘原子），I_2，或与酶的结合物。这一活化过程是在腺泡上皮细胞顶端膜的微绒毛与腺泡腔的交界处进行的。

（3）酪氨酸的碘化与甲状腺激素的合成：活化的碘取代酪氨酸残基上的氢原子，发生酪氨酸碘化，生成一碘酪氨酸（monoiodotyrosine，MIT）和二碘酪氨酸（diiodotyrosine，DIT）。然后一个分子 MIT 与一个分子 DIT 耦联，生成 T_3；两个分子 DIT 耦联，生成 T_4。这一过程发生在甲状腺球蛋白（TG）结构中的酪氨酸残基上。在甲状腺激素合成的过程中，甲状腺过氧化酶（TPO）直接参与碘的活化、酪氨酸的碘化及耦联等多个环节，并起催化作用。在临床上可使用抑制 TPO 的活性的药物，如硫尿嘧啶等，阻断甲状腺激素的合成，用于治疗甲状腺功能亢进。

2. 甲状腺激素的贮存、释放、转运与代谢

（1）贮存：在甲状腺球蛋白上形成的甲状腺激素在腺泡腔内以胶质的形式贮存。其特点有二：一是贮存于细胞外（腺泡腔内）；二是贮存量大，可供机体利用 50~120 天，在体内各种激素的贮存量上居首位。

（2）释放：在 TSH 的作用下，甲状腺上皮细胞将腺泡中含有 T_3、T_4 的 TG 胶质小滴吞饮入上皮细胞内，并与溶酶体融合，TG 被水解，释放 T_3、T_4 进入血液。

（3）运输：T_3、T_4 释放入血后，99%以上与血浆中的甲状腺素结合球蛋白、甲状腺素结合前白蛋白及白蛋白结合。只有游离型甲状腺激素才能进入靶组织细胞，发挥其生物学作用。游离型和结合型的甲状腺激素可相互转化，二者间维持动态平衡。

（4）代谢：肝、肾、垂体、骨骼肌是甲状腺激素降解的主要部位。脱碘是 T_4 和 T_3 降解的主要方式。80%的 T_4 在外周组织脱碘酶的作用下生成 T_3 和 rT_3，成为血液中 T_3 的主要来源。脱下的碘可由甲状腺再摄取或由肾排出。

（三）甲状腺激素分泌的调节

甲状腺激素的合成和分泌主要受下丘脑-腺垂体-甲状腺轴调节，包括下丘脑-腺垂体对甲状腺的调节及甲状腺激素对下丘脑和腺垂体的反馈调节。此外，甲状腺还存在一定程度的自身调节和受自主神经活动的影响。

1. 下丘脑-腺垂体对甲状腺功能的调节　在下丘脑促甲状腺区，TRH 神经元释放的 TRH 促进腺垂体 TSH 的合成和释放。TSH 是调节甲状腺功能活动的主要激素，其作用包括两个方面：一方面是促进甲状腺激素的合成与释放，包括增强摄碘、碘的活化、耦联及释放过程，使血中 T_3、T_4 的浓度增高；另一方面是促进甲状腺细胞增生、腺体肥大。此外，寒冷刺激也能引起 TRH 的释放；当机体受到应激刺激时，下丘脑可释放较多的生长抑素，抑制 TRH 的合成和释放，进而使 TSH 释放减少。

2. 甲状腺激素对腺垂体和下丘脑的反馈性调节　血中游离 T_3、T_4 浓度的改变，可对腺垂体 TSH 的分泌起反馈性的调节。当血中 T_3、T_4 浓度增高时，可刺激腺垂体促甲状腺素细胞产生一种抑制性蛋白，使 TSH 的合成与释放减少，最终使血中 T_3、T_4 的浓度降至正常水平。此外，T_3 和 T_4 除对腺垂体有负反馈调节作用外，对下丘脑 TRH 神经元的活动也有负反馈调节作用（图11-5）。

地方性甲状腺肿就是由于缺乏碘，使体内 T_3、T_4 合成减少，T_3、T_4 长期降低，对腺垂体的反馈性抑制作用减弱，引起 TSH 分泌增加，从而导致甲状腺组织的代偿性增生和肥大。

3. 甲状腺的自身调节　在没有神经和体液因素影响的情况下，甲状腺可根据血碘水平调节其自身对摄取碘及合成甲状腺激素的能力，称为甲状腺的自身调节。当外源性碘量增加时，甲状腺摄碘减少，T_3、T_4 的合成和释放不会明显增多。若血碘浓度达

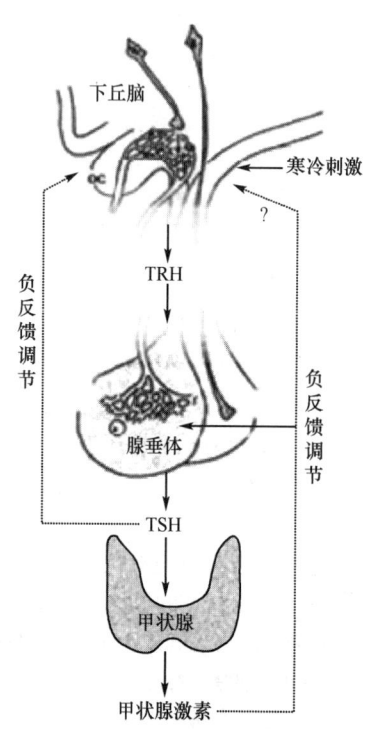

图 11-5　甲状腺激素分泌的调节示意图

到 10mmol/L 时，甲状腺的聚碘作用完全消失。如再继续加大碘量，则抑制聚碘的作用又会消失，使激素合成再次增加，出现对高碘的适应。相反，当血碘含量不足时，甲状腺的聚碘作用增强，甲状腺激素的合成也加强。临床上常利用过量碘产生的抗甲状腺效应来处理甲状腺危象和用于甲状腺手术的术前准备。

二、甲状旁腺素

甲状旁腺激素（parathyroid hormone，PTH）是由甲状旁腺主细胞合成和分泌的激素。PTH 是含有 84 个氨基酸残基的直链多肽，分子量为 9 000。其血浆浓度波动范围为 10～

50ng/L，主要在肝内水解灭活，其代谢产物经肾脏排出体外。

（一）甲状旁腺激素的生理作用

甲状旁腺激素的作用主要是升高血钙和降低血磷，是调节血钙和血磷水平的最重要的激素。实验中将动物的甲状旁腺切除后，其血钙水平逐渐下降，出现低钙抽搐，并可导致死亡；而血磷则逐渐升高。临床上进行甲状腺手术时，如误将甲状旁腺摘除，可造成病人严重的低血钙，发生手足抽搐；如不及时治疗，可因喉部肌肉痉挛而窒息死亡。可见，PTH 对生命活动是十分重要的。

1. PTH 对肾脏的作用　PTH 能促进肾远端小管对钙的重吸收，使尿钙减少，血钙升高。同时，PTH 可抑制近端小管对磷的重吸收，促进磷的排出，使血磷降低。

2. PTH 对骨的作用　PTH 可加速骨组织的溶解，促进骨钙入血，提高血钙浓度。在甲状腺切除术中，不慎将甲状旁腺切除，PTH 分泌减少，可引起严重的低钙血症，导致手足抽搐，呼吸机痉挛，甚至引起死亡。

3. PTH 对小肠吸收钙的作用　PTH 可激活肾内的 1α-羟化酶，后者可促使胆钙化醇（维生素 D_3）转变为有高度活性的 1,25-$(OH)_2$-维生素 D_3，后者可促进小肠对钙的吸收。儿童缺乏胆钙化醇可引起佝偻病。

（二）甲状旁腺激素分泌的调节

血钙水平对甲状旁腺分泌的调节　甲状旁腺主细胞对低血钙极为敏感，血钙浓度的轻微下降，即可引起 PTH 分泌增加，从而促进骨钙释放和肾小管对钙的重吸收，使血钙浓度迅速回升。如长时间的低血钙，可使甲状旁腺增生；相反，长时间的高血钙则可使甲状旁腺发生萎缩。因此血钙水平是调节甲状旁腺分泌的最主要的因素。另外，血磷浓度升高可使血钙降低，从而刺激 PTH 的分泌；血镁浓度降至较低时，可使 PTH 分泌减少。

三、降钙素、维生素 D_3

（一）降钙素

降钙素（calcitonin，CT）是由甲状腺 C 细胞分泌的肽类激素，是含有一个二硫键的三十二肽，分子量为 3400。正常人血清降钙素浓度为 10～20ng/L。主要在肾脏降解后排出。

1. 降钙素的主要作用是降低血钙和血磷，其受体主要分布在骨和肾。

（1）对骨的作用　降钙素能抑制破骨细胞的活动，使溶骨过程减弱，同时还能使成骨过程增强，骨组织中钙、磷沉积增加，而血中钙、磷水平降低。此外，CT 还可以提高碱性磷酸酶的活性，促进骨的形成和钙化过程。

（2）对肾的作用　降钙素能减少肾小管对钙、磷、钠及氯等离子的重吸收，因此可增加这些离子在尿中的排出量。

2. 降钙素分泌的调节　降钙素的分泌主要受血钙水平调节。血钙浓度增加时，CT 分泌增多。故对高钙饮食引起血钙浓度升高后血钙水平的恢复起重要的作用。此外，血中 Mg^{2+} 浓度升高也可以刺激 CT 分泌。

（二）维生素 D_3

维生素 D_3 也称胆钙化醇（cholecalciferol）是胆固醇的衍生物，可由肝、乳、鱼肝油等含量丰富的食物中摄取，也可在体内由皮肤合成。在紫外线照射下，皮肤中的 7-脱氢胆固醇迅速转化成维生素 D_3 原（provitamin D_3），然后再转化为维生素 D_3。维生素 D_3 在肝内 25-羟化酶的作用下形成 25-羟维生素 D_3，然后又在肾近端小管 1α-羟化酶的催化下成为活性更高的 1,25-二羟维生素 D_3。

1,25-二羟维生素 D_3 的生理作用如下。

（1）对小肠的作用：1,25-二羟维生素 D_3 可促进小肠粘膜上皮细胞对钙的吸收。1,25-二羟维生素 D_3 进入小肠黏膜细胞内后，与细胞核特异性受体结合，促进 DNA 的转录过程，生成与钙有很高亲和力的钙结合蛋白，参与小肠吸收钙的转运过程。同时，1,25-二羟维生素 D_3 也能促进小肠黏膜细胞对磷的吸收。

（2）对骨的作用：1,25-二羟维生素 D_3 对动员骨钙入血和钙在骨中的沉积都有作用。一方面，1,25-二羟维生素 D_3 可通过增加破骨细胞的数量，增强骨的溶解，使骨钙、骨磷释放入血，从而升高血钙和血磷；另一方面，1,25-二羟维生素 D_3 又能刺激成骨细胞的活动，促进骨钙沉积和骨的形成。但总的效应是血钙浓度升高。此外，1,25-二羟维生素 D_3 还可增强甲状旁腺激素的作用，如缺乏 1,25-二羟维生素 D_3，则甲状旁腺激素对骨的作用明显减弱。

（3）对肾脏的作用：1,25-二羟维生素 D_3 还可促进肾小管对钙和磷的重吸收。缺乏维生素 D_3 的患者或实验动物，在给予 1,25-二羟维生素 D_3 后，肾小管对钙、磷的重吸收增加，尿中钙、磷的排出量减少。

（二）1,25-二羟维生素 D_3 的调节

1,25-二羟维生素 D_3 的生成受血钙、血磷水平，PTH，肾 1α-羟化酶活性及雌激素等因素的影响。在体内，1,25-二羟维生素 D_3 与 PTH 和 CT 共同对钙、磷代谢进行调节。

第四节 肾上腺

肾上腺位于双侧肾脏的内上方，其结构包括皮质和髓质两个部分。肾上腺皮质分泌类固醇激素，其作用广泛，对维持机体的基本生命活动十分重要。肾上腺髓质分泌儿茶酚胺类激素，在机体应急反应中起重要的作用。

一、肾上腺皮质

肾上腺皮质由外向内可分为球状带、束状带和网状带，分别合成和分泌以醛固酮为代表的盐皮质激素、以皮质醇为代表的糖皮质激素和以脱氢表雄酮为代表的性激素。网状带也能合成和分泌少量的糖皮质激素和雌激素。由于这些激素都属于类固醇的衍生物，因此统称为类固醇激素。

（一）糖皮质激素

正常人血浆中的糖皮质激素主要为皮质醇分泌量最大（200mg/d），生理作用最强，其次为皮质酮，后者仅为前者的 1/20～1/10。

1. 糖皮质激素的生理作用　糖皮质激素的作用广泛而复杂，对多种器官、组织都有影响，主要有以下几个方面。

（1）对物质代谢的影响

1）糖代谢：糖皮质激素是体内调节糖代谢的重要激素之一。糖皮质激素可通过降低肌肉和脂肪等组织对胰岛素的反应性，使葡萄糖的利用减少，升高血糖；糖皮质激素还可加强蛋白质的分解，减少外周组织对氨基酸的利用，促进糖原异生，导致血糖升高。如果糖皮质激素分泌过多，会出现高血糖，甚至出现糖尿。

2）蛋白质代谢：糖皮质激素可促进肝外组织特别是肌肉的蛋白分解，促进糖异生。糖皮质激素分泌过多时，蛋白质分解增强，合成减少，可出现肌肉消瘦、骨质疏松、皮肤变薄、淋巴组织萎缩等现象。

3）脂肪代谢：糖皮质激素可促进脂肪分解，增强脂肪酸氧化，有利于糖原异生。肾上

腺皮质功能亢进时，可使体内脂肪重新分布，出现满月脸、水牛背、躯干部发胖而四肢消瘦的向心性肥胖的特殊体形。

（2）对水盐代谢的影响：糖皮质激素可降低肾小球入球小动脉的阻力，增加肾血浆流量，增大肾小球滤过率。肾上腺皮质功能不全的患者，肾排水功能减弱，严重时可出现水中毒。此外，糖皮质激素还有较弱的保钠排钾作用。

（3）对血液系统的影响：①糖皮质激素可刺激骨髓的造血功能，使血液中红细胞和血小板的数量增加；②动员附着在血管边缘的中性粒细胞进入血液循环，使中性粒细胞计数增加；③抑制胸腺和淋巴组织细胞的有丝分裂，使淋巴细胞减少；④可使嗜酸粒细胞被收留在脾和肺内，引起外周血中的嗜酸粒细胞计数减少。

（4）对循环系统的影响：糖皮质激素可增强儿茶酚胺的缩血管作用。糖皮质激素的这种作用称为允许作用。另外，糖皮质激素可降低毛细血管壁的通透性，减少血浆的滤过，有利于维持血容量。

（5）在应激反应中的作用：当机体受到多种有害刺激如感染、缺氧、饥饿、创伤、手术、疼痛、寒冷及精神紧张等刺激时，垂体释放 ACTH 增加，导致血液中糖皮质激素增多，并产生一系列反应，称为应激（stress）。在应激反应中，下丘脑-腺垂体-肾上腺皮质轴的活动增强，从而提高机体对应激刺激的耐受和生存能力；同时，交感-肾上腺髓质系统的活动也加强，血液中儿茶酚胺的含量增加；其他激素如生长激素、催乳素、胰高血糖素、血管升压素及醛固酮的分泌也增加。

2. 糖皮质激素分泌的调节

（1）下丘脑-腺垂体对肾上腺皮质功能的调节：下丘脑可合成和分泌促肾上腺皮质激素释放激素（CRH），作用于腺垂体促肾上腺皮质激素细胞，使促肾上腺激素（ACTH）分泌增多，进而刺激肾上腺皮质对糖皮质激素的合成与释放。下丘脑 CRH 的释放呈日周期律和脉冲式释放，一般在清晨 6~8 时分泌达高峰，午夜分泌最少。

（2）糖皮质激素对下丘脑和腺垂体的反馈调节：当血中糖皮质激素浓度升高时，可反馈性地抑制下丘脑 CRH 神经元和腺垂体 ACTH 神经元的活动，使 CRH 释放减少，ACTH 合成及释放受到抑制。这种反馈称为长反馈。腺垂体分泌的 ACTH 也可反馈性地抑制 CRH 神经元的活动，称为短反馈（图 11-6）。糖皮质激素对 CRH 和 ACTH 分泌的负反馈调节作用，是通过抑制下丘脑 CRH 及腺垂体 ACTH 的合成和降低腺垂体 ACTH 细胞对 CRH 的反应性等方式实现的。在应激时这种负反馈调节被抑制或甚至消失，血中 ACTH 和糖皮质激素的浓度升高。

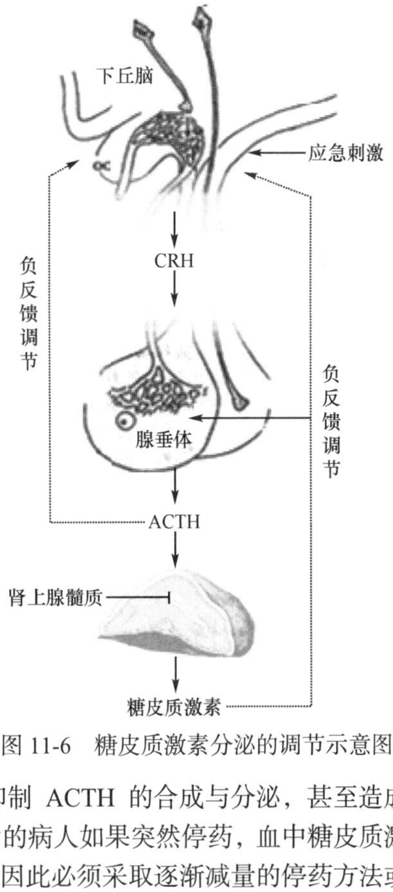

图 11-6 糖皮质激素分泌的调节示意图

由于存在这种复杂的反馈调节，长期大量应用糖皮质激素的病人，外源性糖皮质激素可通过长反馈抑制 ACTH 的合成与分泌，甚至造成肾上腺皮质萎缩，分泌功能停止。长期服用糖皮质激素的病人如果突然停药，血中糖皮质激素水平低下，可引起肾上腺皮质危象，甚至危及生命。因此必须采取逐渐减量的停药方法或间断给予 ACTH，以防止肾上腺皮质萎缩。

(二)盐皮质激素

肾上腺皮质分泌的盐皮质激素主要包括醛固酮、11-去氧皮质酮和11-去氧皮质醇。醛固酮对水、盐代谢的作用最强。

1. **盐皮质激素的生物学作用** 醛固酮可促进肾远端小管和集合管对 Na^+ 和水的重吸收和排出 K^+,即有较强的保 Na^+、保水和排 K^+ 作用,对维持细胞外液及循环血量的稳态起重要的作用。因此,当醛固酮分泌过多时,可导致机体 Na^+ 和水的储留,引起高血钠、高血压、低血钾及碱中毒;相反,如醛固酮缺乏,则会导致 Na^+ 和水排出过多,出现低血钠、低血压、高血钾及酸中毒。

有关肾上腺皮质网状带合成与分泌的性激素及性激素的生物学作用,将在生殖章中述及。

2. **盐皮质激素分泌的调节** 醛固酮的分泌主要受肾素-血管紧张素-醛固酮系统的调节。血 K^+、血 Na^+ 浓度的改变也可以直接作用于球状带细胞,影响醛固酮的分泌。一般情况下,腺垂体释放的 ACTH 对醛固酮的分泌并无调节作用,只有当机体受到应激刺激时,ACTH 释放增加,才对醛固酮的分泌起一定的支持作用。

二、肾上腺髓质

肾上腺髓质嗜铬细胞分泌肾上腺素(epinephrine,E)和去甲肾上腺素(norepinephrine,NE)。它们均属于儿茶酚胺类化合物。体内最重要的儿茶酚胺有肾上腺素、去甲肾上腺素及多巴胺(dopamine,DA)三种。

(一)肾上腺髓质激素的生理作用

肾上腺素和去甲肾上腺素比较复杂,其生理作用已在相关章节中分别介绍,现以列表对比的形式说明二者的生理作用如下(表11-3)。

表11-3 肾上腺素与去甲肾上腺素的主要生理作用

	肾上腺素(E)	去甲肾上腺素(NE)
心脏	心率加快、收缩力增强、输出量增加	离体心脏:心率加快、收缩力增强在体心脏:心率减慢(减压反射)
血管	皮肤、胃肠、肾等血管收缩;冠状血管骨骼肌血管舒张	全身血管广泛收缩,外周阻力显著增加
血压	升压效果不明显	升压效果显著
胃肠活动	活动抑制	抑制,作用较弱
支气管平滑肌	舒张	舒张,作用较弱
瞳孔	扩大	扩大
代谢	升高血糖,脂肪分解增多,增加产热	升血糖,分解脂肪,增加产热较E弱

(二)交感-肾上腺髓质系统

肾上腺髓质受交感神经节前纤维支配,二者关系密切,组成交感-肾上腺髓质系统。当机体遭遇特殊紧急情况时,如畏惧、焦虑、剧痛、失血、缺氧、创伤及剧烈运动等,这一系统活动增强,肾上腺髓质激素分泌明显增多,可提高中枢神经系统的兴奋性,使机体反应灵敏;同时心率加快,心肌收缩力加强,心输出量增加,血压升高;呼吸频率和每分通气量增加;全身血液重新分布,保证重要器官的血液供应;血糖升高,脂肪分解加速,葡萄糖与脂肪酸氧化过程增强,以适应在应急情况下机体对能量的需要。上述变化都是在紧急情况下,交感-肾上腺髓质系统发生的适应性反应,故称之为应急反应。实际上,应急与前文述及的应激是两个不同但又相关的概念。引起应急反应的刺激，往往也可以引起应激反应，两者既有区别，又相辅相成，使机体的适应能力更加完善。

(三) 肾上腺髓质激素分泌的调节

1. 交感神经的作用　肾上腺髓质受交感神经节前纤维支配。节前纤维的末梢释放 ACh，作用于嗜铬细胞上的 N 受体，引起肾上腺素和去甲肾上腺素的释放。

2. ACTH 与糖皮质激素的作用　摘除动物垂体后，肾上腺髓质的酪氨酸羟化酶、多巴胺 β-羟化酶与 PNMT 的活性降低。补充 ACTH 可使这三种酶的活性恢复，但如给予糖皮质激素，则后两种酶的活性恢复，而对酪氨酸羟化酶则无明显影响。这些结果说明 ACTH 和糖皮质激素对合成儿茶酚胺的重要性。糖皮质激素可直接影响多巴胺 β-羟化酶和 PNMT 的含量；ACTH 除可通过糖皮质激素发挥作用外，还可能直接影响酪氨酸羟化酶的活性。

3. 儿茶酚胺合成的反馈性调节　当细胞内儿茶酚胺浓度增加到一定程度时，可抑制某些合成酶的活性，使儿茶酚胺的合成减少。反之，当胞质中儿茶酚胺减少时，则可解除上述的负反馈作用，使儿茶酚胺合成增多。

第五节　胰　　岛

胰岛是散在分布于胰腺组织中的内分泌腺，人胰腺中有 100 万～200 万个胰岛。人类的胰岛由下列细胞组成：A 细胞约占胰岛细胞的 20%，分泌胰高血糖素（glucagons）；B 细胞数量最多，约占 75%，分泌胰岛素（insulin）；D 细胞占胰岛细胞的 5% 左右，分泌生长抑素（somatostatin，SS）；而 PP 细胞数量很少，分泌胰多肽（pancreatic polypeptide，PP）。本节主要讨论胰岛素和胰高血糖素。

一、胰　岛　素

胰岛素是含有 51 个氨基酸残基的小分子蛋白质，分子量为 6000。正常人在空腹状态下，血清胰岛素浓度为 35～145pmol/L。血液中的胰岛素以与血浆蛋白结合及游离的两种形式存在，二者间保持动态平衡。只有游离形式的胰岛素才具有生物活性。胰岛素在血中的半衰期仅 5～6min，主要在肝脏内灭活，肾与肌肉组织也能灭活一部分胰岛素。

(一) 胰岛素的生理作用

胰岛素是促进合成代谢，维持血糖浓度稳态的主要激素。

1. 对糖代谢的影响　胰岛素通过增加糖的去路与减少糖的来源，使血糖降低。胰岛素能促进全身组织，特别是肝脏、肌肉和脂肪组织摄取和利用葡萄糖，促进肝糖原和肌糖原的合成，抑制糖原异生，从而降低血糖水平。当胰岛素缺乏时，血糖浓度升高。血糖水平如超过肾糖阈，尿中就可出现葡萄糖。

2. 对脂肪代谢的影响　胰岛素可促进肝脏合成脂肪酸，并转运到脂肪细胞贮存；促进葡萄糖进入脂肪细胞，合成甘油三酯和脂肪酸；还可抑制脂肪酶的活性，减少脂肪分解。胰岛素缺乏时，糖的利用受阻，脂肪分解增强，会产生大量脂肪酸，后者在肝内氧化成大量酮体，可引起酮血症和酸中毒。同时，血脂升高引起动脉硬化。

3. 对蛋白质代谢的影响　胰岛素可促进蛋白质合成，并抑制蛋白质分解。胰岛素促进氨基酸进人细胞；从而使蛋白质合成增加。胰岛素因能增强蛋白质的合成，故对机体的生长发育有促进作用。但胰岛素单独作用时，其促进生长的作用并不强，在与生长激素共同作用时，能发挥明显的协同效应。

4. 对电解质代谢的影响　胰岛素可促进 K^+、Mg^{2+} 及磷酸根离子进入细胞，使血钾降低。

（二）胰岛素分泌的调节

1. 血糖、氨基酸及脂肪酸水平对胰岛素分泌的调节

（1）血糖水平：血糖水平是调节胰岛素分泌的最重要的因素。B 细胞对血糖水平的变化十分敏感，血糖水平升高时，胰岛素分泌增加，使血糖水平降低；当血糖水平降至正常时，胰岛素分泌也迅速恢复到基础水平。

（2）血中氨基酸和脂肪酸的水平：许多氨基酸都有刺激胰岛素分泌的作用，以精氨酸和赖氨酸的作用为最强。长时间的高血糖、高氨基酸和高脂血症可持续刺激胰岛素分泌，致使胰岛 B 细胞衰竭，引起糖尿病。临床上常用口服氨基酸后血中胰岛素水平的改变作为判断胰岛 B 细胞功能的检测手段。

2. 激素对胰岛素分泌的调节

（1）胃肠激素：在胃肠激素中，促胃液素、促胰液素、缩胆囊素和抑胃肽均有促进胰岛素分泌的作用。但目前认为，只有抑胃肽才是葡萄糖依赖的胰岛素分泌刺激因子，而促胃液素、促胰液素及缩胆囊素则可能是通过升高血糖而间接刺激胰岛素分泌的。

（2）生长激素、皮质醇及甲状腺激素：这三种激素可通过升高血糖而间接刺激胰岛素分泌。如长期大剂量应用这些激素，有可能使 B 细胞衰竭而导致糖尿病。

（3）胰高血糖素和生长抑素：胰岛 A 细胞分泌的胰高血糖素和 D 细胞分泌的生长抑素，可分别刺激和抑制 B 细胞分泌胰岛素。胰高血糖素引起的血糖升高又可进一步引起胰岛素的释放。

除上述激素外，促甲状腺激素释放激素（TRH）、生长激素释放激素（GHRH）、促肾上腺皮质激素释放激素（CRH）和血管活性肠肽（VIP）等能促进胰岛素分泌；肾上腺素可抑制胰岛素分泌。

3. 神经调节　胰岛受迷走神经和交感神经双重支配。刺激右侧迷走神经，可直接促进胰岛素分泌，也可通过刺激胃肠激素释放而间接地引起胰岛素分泌。交感神经兴奋时，抑制胰岛素分泌。

二、胰高血糖素

胰高血糖素（glucagon）是胰岛 A 细胞分泌的，由 29 个氨基酸残基组成的多肽，分子量为 3 485。胰高血糖素在血清中的浓度为 50～100ng/L，主要在肝脏内降解失活，也有一部分在肾脏中降解。

（一）胰高血糖素的生理作用

胰高血糖素具有很强的促进肝糖原分解和糖异生作用，引起血糖升高；还可以促使氨基酸转化为葡萄糖，抑制蛋白质的合成，促进脂肪分解，使血酮体增加，因此被认为是促进分解代谢的激素。另外，胰高血糖素可促进胰岛素和生长抑素的分泌。

（二）胰高血糖素分泌的调节

血糖浓度是调节胰高血糖素分泌的重要因素。当血糖水平降低时，可促进胰高血糖素的分泌；反之则分泌减少。饥饿可促进胰高血糖素的分泌，这对维持血糖水平，保证脑的代谢和能量供应具有重要的意义。高蛋白餐或静脉注射氨基酸可刺激胰高血糖素分泌。胰岛素和生长抑素可抑制胰高血糖素的分泌；胰岛素又可通过降低血糖间接地刺激胰高血糖素分泌。此外，胰高血糖素的分泌还受到神经的调节，交感神经兴奋可通过 β 受体促进胰高血糖素的分泌；而迷走神经则通过 M 受体抑制胰高血糖素的分泌。

人工合成结晶牛胰岛素

结晶牛胰岛素（crystallized bovine insulin）是牛的胰岛素结晶。牛胰岛素是牛胰脏中胰岛β-细胞所分泌的一种调节糖代谢的蛋白质激素。从1958年开始，中国科学院上海生物化学研究所、中国科学院上海有机化学研究所和北京大学生物系三个单位联合，以钮经义为首，由龚岳亭、邹承鲁、杜雨花、季爱雪、邢其毅、汪猷、徐杰诚等人共同组成一个协作组，在前人对胰岛素结构和肽链合成方法研究的基础上，开始探索用化学方法合成胰岛素。经过周密研究，他们确立了合成牛胰岛素的程序。并在1965年9月17日完成了结晶牛胰岛素的全合成。经过严格鉴定，它的结构、生物活力、物理化学性质、结晶形状都和天然的牛胰岛素完全一样。这是世界上第一个人工合成的蛋白质。实现了世界上首次人工合成蛋白质的壮举。这项成果获1982年中国自然科学一等奖。

知识链接

（蒋 凯）

思 考 题

1. 激素之间有哪些相互作用？试举例说明。
2. 试述腺垂体和神经垂体的主要功能。
3. 简述生长素的主要作用。
4. 甲状腺素有什么生理作用？寒冷条件下甲状腺激素的分泌发生什么样的变化？为什么？
5. 试述糖皮质激素的生理作用及其分泌的调节？长期大量使用糖皮质激素类药物的患者为什么不能突然停药？
6. 试述胰岛素对糖、蛋白质、脂肪代谢的作用，并说明胰岛素缺乏对人体的影响。

第十二章 生殖功能

> **学习要点**
> 1. 生殖、月经、月经周期的概念。
> 2. 雄激素、雌激素和孕激素作用。
> 3. 睾丸生精作用和卵巢的生卵作用及其月经周期的调节。

生物体生长发育到一定阶段后能够产生与自己相似的子代个体的生理过程称为生殖。它是维持生命延续和种系繁衍的重要生命活动,是生命活动的基本特征之一。高等动物中存在的是有性生殖即卵式生殖。人类的生殖活动属于有性生殖方式,通过两性生殖器官的共同活动参与才能实现,其过程包括两性生殖细胞(卵子和精子)的形成、交配、受精、着床、胚胎发育及分娩等重要环节。生殖不仅是生物学行为,而且还与政治、经济、教育及伦理等有关。因此,学好本章知识对指导临床工作和计划生育工作具有重要意义。

第一节 男 性 生 殖

男性的主性器官是睾丸,具有生精功能;附性器官包括附睾、输精管、前列腺、精囊、阴囊、阴茎等,具有储存和输送精子并使精子获能的作用。

一、睾丸的功能

(一)睾丸的生精作用

精子是男性的生殖细胞,在睾丸精曲小管部位生成。从青春期开始,紧贴于精曲小管基膜上的精原细胞分阶段逐步发育成精子。其发育顺序为:精原细胞、初级精母细胞、次级精母细胞、精子细胞、精子,整个生精过程历时约两个半月。在精子生成过程中,睾丸内各级生精细胞周围的支持细胞分泌多种活性物质为各级生精细胞提供营养并起着保护和支持作用,为生精细胞的分化和发育提供了合适的微环境,同时可以防止生精细胞的抗原物质进入血液循环而引起免疫反应。另外精子的生成还需要有适宜的温度,因为阴囊壁具有调节作用,所以阴囊内温度一般较腹腔内温度低2℃,以适合于精子生成。临床上某些隐睾症患者发生不育的主要原因就是睾丸受到腹腔较高温度的作用,影响了精子的生成,这是男性不育症的原因之一。

精子在精曲小管生成后,暂时储存于附睾、输精管等处。且在附睾内精子进一步成熟。在男性性活动过程中,精子连同附睾和输精管内的液体一起被移送到阴茎根部的尿道内,在此处与精囊、前列腺和尿道球腺所分泌的液体混合形成精液,在性高潮时射出体外。正常男子每次射出的精液3~6ml,每毫升精液0.2亿~4亿个精子,当每毫升精液含的精子数少于0.2亿个时,则不易使卵子受精。

精 子 库

精子库是一种精液冷藏技术。采用液氮将精液在-196℃环境下与等量介质溶液一起进行长时间保存,pH为7.2~7.4,需要时在女性排卵期前后取精子库的冷冻精液溶化后供人工授精。我国于1981年11月在中南大学湘雅医学院建立了人类精子库。随后在北京、沈阳、上海等地方陆续建立了一批人类精子库。在临床上主要用于解决男性不育症。

知识链接

(二)睾丸的内分泌功能

睾丸间质细胞分泌雄激素,雄激素是男性的性激素,主要成分为睾酮。除睾丸分泌睾酮外,肾上腺皮质和卵巢也可分泌少量睾酮。睾酮的生理作用如下。

1. **促进男性生殖器官的生长发育** 睾酮能刺激阴茎长大并逐渐增进勃起功能,使阴囊增大、前列腺和精囊增长并分泌液体以维持其成熟状态。

2. **激发男性副性征出现并维持其正常体态** 进入青春期后,男性和女性在外形上所出现的一系列与性别有关的身体特征,称为第二性征,也叫副性征。男性主要表现有生长胡须、出现阴毛和腋毛并且呈三角形的男性型分布,骨骼粗壮、肌肉发达、喉头突出、声音低沉等。这些男性副性征都是受睾酮的刺激与激发作用才出现的,并且在出现后能够继续维持其正常状态。

3. **维持生精作用** 睾酮自睾丸间质细胞分泌后,可经支持细胞进入精曲小管,在支持细胞中转变成为活性更强的双氢睾酮与生精细胞的受体结合,促进精子的生成。

4. **维持男性正常的性欲** 血液中雄激素水平降低,常出现阳痿和性欲低下。

5. **促进蛋白质合成** 主要刺激肌肉和生殖器官的蛋白质合成,同时还能促进骨骼生长与钙磷沉积。

6. **促进红细胞生成** 睾酮可以直接作用于骨髓,使骨髓造血功能增强。

考点提示:
睾酮的生理作用

二、睾丸功能的调节

睾丸功能受下丘脑-腺垂体-睾丸轴的调节。

(一)下丘脑-腺垂体对睾丸的调节

进入青春期后,下丘脑发育成熟分泌促性腺激素释放激素(GnRH),经垂体门脉系统运输到腺垂体调控腺垂体对促卵泡激素(FSH)和黄体生成素(LH)的分泌,进而影响睾丸的功能。促卵泡激素(FSH)可以刺激睾丸精曲小管的精原细胞发育生成精子,对生精过程发挥启动作用,并使支持细胞分泌抑制素。而黄体生成素则可以作用于睾丸间质细胞促进和调节睾酮的分泌,使青春期以后的男性血液中睾酮浓度维持在一定的水平。

(二)睾丸激素对下丘脑-腺垂体的负反馈调节

下丘脑通过释放促性腺激素释放激素调控腺垂体对促卵泡激素和黄体生成素的分泌,进而影响睾丸的功能。而睾丸通过睾酮和抑制素对下丘脑和腺垂体发挥反馈调节作用(图12-1)。

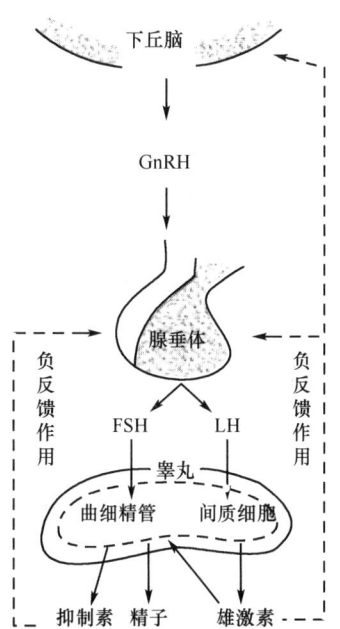

图12-1 睾丸内分泌功能的调节作用示意图

实验证明睾酮对下丘脑促性腺激素释放激素的合成及腺垂体对黄体生成素的分泌，都具有负反馈抑制作用。当血液中的睾酮浓度升高到一定程度后即能反馈性的作用于下丘脑和腺垂体，以抑制下丘脑促性腺激素释放激素分泌以及腺垂体黄体生成素分泌；相反，当血液中的睾酮浓度下降时，则负反馈作用会减弱，使腺垂体分泌黄体生成素增多，从而达到维持血液中睾酮浓度相对稳定。

第二节　女 性 生 殖

女性的主性器官是卵巢，附性器官有输卵管、子宫、阴道、外生殖器等。卵巢既可以产生和排放卵子，也可以分泌雌激素、孕激素和少量雄激素。

一、卵巢的功能

（一）卵巢的生卵功能

卵子是女性生殖细胞，由卵巢内的原始卵泡逐渐发育而成。女性出生后两侧卵巢中约有数万个原始卵泡，每个原始卵泡内含有一个初级卵母细胞，周围被一层卵泡细胞所包绕。自青春期起，在腺垂体促性腺激素的影响下，部分处于静止期的原始卵泡开始发育。发育全过程可分为原始卵泡，经生长卵泡（初级卵泡、次级卵泡）阶段，最后发育为成熟卵泡。在每个月经周期中，通常有 15~20 个原始卵泡同时发育，但通常只有一个卵泡能发育成熟而排卵。女性一生中有 400~500 个卵泡发育成熟，其余卵泡在不同的阶段退化成闭锁卵泡。成熟卵泡壁破溃，将卵细胞和它周围的放射冠、透明带随卵泡液等一起排入腹腔的过程，称为排卵。

由于人的原始卵泡发育成熟大约需要 14d，所以排卵通常发生在一个月经周期的第 14 天。排卵后残余的卵泡壁塌陷，残留卵泡的细胞转变为黄体细胞，而形成黄体。排卵后的 7~8d，黄体发育达到顶峰状态。若排出的卵子受精，则黄体继续发育生长，成为妊娠黄体。若排出的卵子没有受精，则黄体在排卵后第 9~10 天开始退化，细胞被结缔组织代替转变成白体。

（二）卵巢的内分泌功能

卵巢分泌的激素主要有雌激素、孕激素，另外还分泌少量雄激素。雌激素主要由发育卵泡和黄体分泌，妊娠期的胎盘也可分泌雌激素。孕激素主要是黄体酮，黄体及妊娠期的胎盘均可分泌，也称黄体酮。

1. 雌激素生理作用　促进女性生殖器官的生长发育和激发女性副性征的出现。

（1）促进女性生殖器官的生长发育并维持正常功能：刺激阴道上皮细胞的分化和角化并使其合成大量糖原，在糖原分解过程中产生的乳酸，可增强阴道的抗菌能力；使子宫内膜增生变厚，内膜中的腺体和血管增生变大并且迂曲，但腺体尚不具有分泌能力。增强妊娠子宫对催产素的敏感性，提高子宫平滑肌的收缩力，使子宫颈腺体分泌的黏液变得稀薄清亮，有利于精子的穿透；可增进输卵管平滑肌的蠕动，利于卵子和精子的运输。

（2）促进副性征的出现：雌激素可以促进女性乳房的发育，使乳腺导管增生并产生乳晕；使脂肪和毛发分布具有女性特征，另外音调变高、骨盆变得宽大、臀部肥厚等。

（3）对代谢的影响：雌激素可以促进肾小管对 Na^+ 和水的重吸收，加速骨骼生长及促进骨骺愈合。因此，正常女性在月经期前可有轻度水肿，而身高与同年龄男性相比，一般较早停止生长，以致身高一般矮于男性。

2. 孕激素的生理作用　主要作用是在雌激素作用的基础上，为受精卵着床做准备，并维持正常妊娠。

（1）对子宫的作用：在雌激素作用的基础上，孕激素可以使子宫内膜进一步增生变厚，血管腺体进一步增大变粗，并且使子宫内膜中的腺体具有了分泌功能；使子宫平滑肌的兴奋性降低，从而抑制了子宫平滑肌的收缩活动，给胚胎提供一个安静的生长环境，起到安胎作用；使子宫颈腺体分泌的黏液量少而黏稠，以阻止精子通过。

（2）对乳腺的作用：孕激素可以促进乳腺腺泡和导管的发育，为分娩后泌乳创造有利条件。

（3）产热作用：孕激素可以增加机体产热，使基础体温升高。故临床上常通过测定基础体温的变化，确定排卵日，以指导计划生育。

考点提示：
雌、孕激素的作用

二、月经周期

女性自青春期起，性激素的分泌和生殖器官的形态、功能每月均发生周期性变化，称为月经周期。每月一次的子宫内膜剥离、出血，血经阴道流出的现象，称为月经。从上一次月经来潮的第1天开始到下次月经来潮的第1天为止所经历的时间，为一个月经周期。月经周期的长短因人而异，在成年女性平均为28天左右。在我国，女性通常在13～15岁开始来第一次月经，叫初潮；至45～55岁月经周期停止，此后称为绝经期。

三、卵巢内分泌与月经周期的调节

在月经周期中，卵巢和子宫内膜会发生一系列形态和功能方面的变化。根据子宫内膜的变化，可将月经周期分为月经期、增生期、分泌期；根据卵巢的变化，可将月经周期分为月经期、分泌期和增殖期。

考点提示：
月经周期

（一）月经周期的分期

1. **增生期** 从月经停止到排卵为止，即月经周期的第5～14天为增生期。在该期内，卵巢进入所谓卵泡期，表现为卵泡开始发育成熟，雌激素大量分泌，造成子宫内膜增生变厚、血管腺体增生变大，但腺体不分泌。此期末，卵泡发育成熟并发生排卵。

2. **分泌期** 从排卵后到下次月经前，即月经周期的第15～28天为分泌期。在该期内，卵巢进入所谓黄体期。表现为成熟卵泡排卵后形成黄体，一方面继续分泌雌激素，另一方面开始大量分泌孕激素。雌、孕激素共同作用，尤其是孕激素的作用使子宫内膜进一步增生变厚、血管扩张充血、腺体增生迂曲并能分泌生物活性物质。这样子宫内膜变得松软并且富含营养物质，而子宫平滑肌又相对静止，为受精卵着床和发育准备好了必要的条件。

3. **月经期** 从月经来潮到出血停止，即月经周期的第1～4天为月经期。该期内，卵巢内黄体退化成白体丧失内分泌功能，因而血液中雌激素和孕激素水平迅速下降。子宫内膜由于失去了雌激素和孕激素的支持作用，子宫内膜中血管痉挛、子宫内膜缺血坏死，发生脱落和出血现象，即月经来潮。月经一般持续3～5d，出血量约为50～100ml，剥脱的子宫内膜混于月经血中。由于子宫内膜组织中含有丰富纤维蛋白溶酶激活物，使月经血中的纤溶酶原被激活成纤溶酶，故正常情况下月经血中的纤维蛋白会被纤维蛋白溶酶所降解液化，不再凝固。

（二）月经周期的形成机制

月经周期是在下丘脑-腺垂体-卵巢轴的活动调控下形成并逐渐规律起来的（图12-2）。

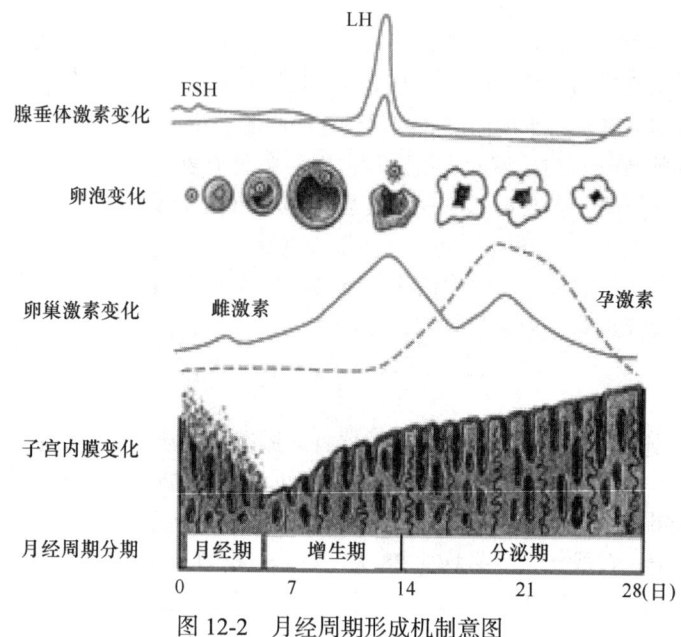

图 12-2 月经周期形成机制意图

1. 青春期前由于下丘脑发育尚未完全成熟，促性腺激素释放激素（GnRH）分泌很少，使腺垂体分泌促性腺激素 FSH 和 LH 很少，原始卵泡保持静止状态，血中雌激素和孕激素处于低水平，子宫内膜不会发生周期性变化，故无月经来潮。

2. 进入青春期后下丘脑发育成熟，促性腺激素释放激素（GnRH）分泌增多，使腺垂体分泌促性腺激素 FSH 和 LH 增加，原始卵泡开始周期性发育，雌激素和孕激素也表现一种周期性分泌，导致子宫内膜发生周期性变化，形成月经周期。

（1）增生期的形成：受尿促卵泡素和黄体生成素的影响，卵泡生长发育成熟并分泌雌激素，在血中出现雌激素第一次分泌高峰，引发子宫内膜呈现增殖期变化。在增殖期末，血液中雌激素的浓度达到最高水平，通过正反馈作用使尿促卵泡素特别是黄体生成素增加，受其影响成熟卵泡破溃发生排卵。

（2）分泌期的形成：成熟卵泡排卵后，在黄体生成素的作用下，卵泡壁塌陷形成黄体，继续分泌雌激素和孕激素，在血中形成第二次雌激素分泌高峰以及孕激素分泌高峰。两种激素共同作用，使子宫内膜发生分泌期的变化。到排卵后 8～10d，该两种激素在血液中的浓度达高峰。

（3）月经期的形成：随着黄体的不断增长，雌激素和孕激素分泌也不断增加 8～10d，上述两种激素在血液中的浓度达到最高水平。高浓度的雌、孕激素通过负反馈作用抑制下丘脑和腺垂体，使促性腺激素释放激素、雌激素和孕激素分泌减少。由于黄体生成素的减少，黄体在排卵后 9～10d 开始退化萎缩成为白体，从而丧失内分泌功能，致使血中雌激素和孕激素水平急剧下降，对分泌期子宫内膜的支持作用减弱，子宫内膜崩溃出血，形成月经期。

3. 绝经期后　在经历 30～40 年的生育期后，女性到 50 岁左右时，卵巢中闭锁卵泡增多，功能衰退，对促性腺激素的反应性下降，卵泡发育停滞，雌激素分泌急剧减少，不能刺激子宫内膜发生增生变化，故月经不再发生。

四、妊 娠

卵子与精子相结合成为新个体以及新个体的孕育和产生过程,叫妊娠,包括受精、着床、妊娠的维持、胎儿的生长发育和分娩等诸多环节。

(一)受精

受精是指精子和卵子结合形成受精卵的过程(图12-3)。正常情况下受精的部位在女性输卵管壶腹部。卵子在排出后 6～24h 内具有受精能力,精子进入女性阴道后只能存活 1～2d。精子到达受精部位,需要通过数道生理屏障。因此,只有极少数精子才能到达受精部位与卵子结合。

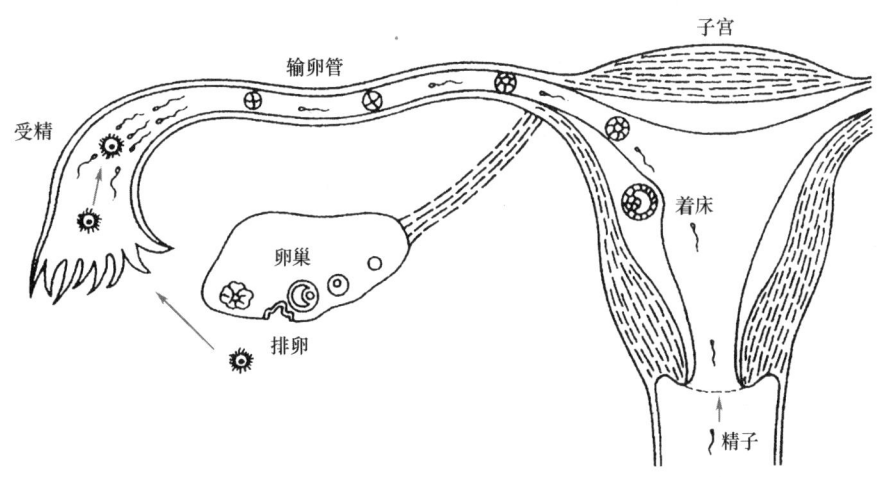

图 12-3 受精与着床示意图

1. **精子获能** 精子和卵子适时到达输卵管壶腹部是受精的基本条件。精子进入阴道,借助女性生殖管道平滑肌的节律性收缩力量和精子自身的鞭毛摆动作用,经子宫颈、子宫腔向输卵管方向运行。同时,因受子宫内和输卵管内水解酶的水解作用而获能。而排入腹腔的卵子则由输卵管伞捕获抓取,依靠输卵管上皮的摆动作用,向输卵管壶腹部位运行。

2. **受精过程** 精子与卵子相遇时,已获能的精子释放顶体酶,穿过放射冠及透明带,与卵母细胞接触融合,卵母细胞完成第二次减数分裂。精子与卵子分别 形成雄性原核和雌性原核,两核融合形成受精卵。

(二)着床

胚泡埋入子宫内膜的过程,叫着床(图 12-3),开始于受精后的第 6d。受精卵受输卵管平滑肌蠕动和纤毛摆动的双重作用影响,逐渐运行至子宫腔。在运行途中,一边移动一边进行细胞分裂形成胚泡进入子宫腔。通过定位、黏着、穿透三个阶段完成着床过程。正常妊娠的维持有赖于丘脑下部、腺垂体、卵巢和胎盘分泌的各种激素的相互配合。在受精和着床之前,在腺垂体促性腺激素的调控下,卵巢黄体分泌大量的雌激素和孕激素,使子宫内膜呈现分泌期的变化,以适应妊娠的需要。在受精后第 6 天左右,月经黄体转变为妊娠黄体继续分泌雌激素和孕激素以维持 12 周以内的早期妊娠。胚泡植入后,其最外层的一部分细胞发育成为滋养层,其他大部分细胞则发育成为胎儿。与此同时,子宫内膜也增生成为蜕膜,蜕膜与绒毛膜相结合而形成胎盘。

考点提示：
受精、着床

五、胎盘的内分泌功能

妊娠的重要标志是胎盘的形成。胎盘不仅是胎儿与母体之间进行物质交换的重要器官，还是一个内分泌腺体，它能分泌多种激素，以调节母体和胎儿的代谢活动，对维持正常妊娠起主要作用。胎盘分泌的激素主要有以下几种。

（一）人绒毛膜促性腺素（HCG）

HCG 是一种糖蛋白，其主要生理作用如下。

1. 刺激妊娠黄体形成，并且使妊娠黄体继续分泌雌激素和孕激素，以维持妊娠过程的顺利进行。

2. 抑制母体淋巴细胞活动，防止母体对胎儿产生排斥作用，具有安胎效应。

3. HCG 在受精后第 8～10 天就在母体血液中出现，妊娠 2 个月左右血中浓度达高峰并由尿排出。故测定血中 HCG 或尿中的 HCG 浓度，可作为早期妊娠诊断的可靠指标。

（二）雌激素和孕激素

在妊娠 2 个月左右时，妊娠黄体逐渐萎缩，胎盘开始分泌雌激素和孕激素并且逐渐增加，可接替黄体功能继续维持妊娠直到分娩。在整个妊娠期中，母体血液中的雌激素和孕激素始终保持在较高水平。由胎盘分泌的雌激素主要为雌三醇（E_3），其前体是胎儿肾上腺皮质分泌的脱氢表雄酮，因此孕妇尿中 E_3 含量的测定，可以反映胎儿在子宫内的情况，若尿中排出的 E_3 量正常，预示胎儿在子宫内安全，如果 E_3 量突然减少，预示胎儿发生子宫内死亡。

（三）人绒毛膜生长素（HGS）

HGS 是一种糖蛋白，它的主要作用是调节母体与胎儿的糖、脂肪、蛋白质的代谢过程，促进胎儿的生长。

分娩是指成熟胎儿及其附属物自母体子宫产出体外的过程。胎儿在母体内生长约 280d，即 10 个月经周期。至妊娠末期，子宫平滑肌对催产素敏感性增高以及胎儿的扩张牵拉等原因，使子宫平滑肌兴奋性提高，子宫收缩逐渐频繁且收缩强度增大，子宫颈口开放，迫使胎儿从母体娩出。分娩是一个正反馈过程。分娩时胎儿对子宫颈形成牵拉作用，可反射性地引起催产素释放，催产素使子宫平滑肌的收缩更加强烈，迫使胎儿下降，胎儿的下降又使子宫颈受到更强的刺激，如此反复直到胎儿娩出为止。目前，人工分娩过程的发动机制尚有待研究。

（周弘建）

思 考 题

1. 名词解释：生殖　月经周期　月经　妊娠。
2. 简述雄、雌、孕激素的生理作用。
3. 试述月经周期形成原理。
4. 睾丸和卵巢各有何功能？

第十三章 生长发育与健康

学习要点

1. 生长发育、健康及衰老的概念。
2. 生长发育的生理特征。
3. 促进健康的途径与方法。

第一节 人体生长发育

一、生长发育的概念

人一生中要经过儿童、少年、青年、成年和老年的生长发育过程，直至衰老死亡。人的生长过程即是从受精卵开始，直至个体或组织衰亡持续过程。在外观上表现为从出生到成年，组织、器官的大小、长度和重量的增加，以及组织的更新和修复。发育指身体各系统、器官和组织的构造和功能从简单到复杂的变化过程。广义上包括心理、智力和行为的改变。生长是发育的前提，发育包括生长，两者相互依存、相互促进、密切相关。当人体各器官系统的发育在功能上达到完善，使心理和智能得到发展时，生长发育才到达一个比较完善的阶段，标志着个体发育在形态、生理和心理上已经达到成熟阶段。

二、人体各主要阶段生长发育的生理特征

人体在生长发育过程中，不同年龄会表现出不同的生理特征，主要有以下几个方面：

（一）胎儿期和婴儿期

从胚胎的形成到出生后一年称为胎儿期和婴儿期。此期是人一生中生长最快的时期，也是人生过程中的第一个身体突增期。如 7~10 个月的胎儿，在 3 个月的时间里身长可增加 27.5cm，体重可增加 2300g。出生后，生长速度和胎儿期相比较缓慢，但生后第一年内身高可增至出生时的 1.5 倍，体重增加可达出生时的 2 倍。

（二）幼儿期

此期是指 1~6 岁的阶段，是人类语言、智力和肢体协调发展最快的时期。幼儿期小儿体格发育相对减慢，但中枢神经系统发育较快，特别是活动能力增强，与周围环境接触增多，促进了智能的开发，语言和思维的发育。对危险的识别能力较低，容易受到意外伤害，如中毒、电击、溺水等。自身免疫力较低，应注意培养其良好的生活习惯和卫生习惯，预防疾病传染。

（三）儿童期

儿童期又称学龄期，指 6~11 岁的阶段。此期是人类知识扩展最快的时期。

（1）在身体形态发育的过程中，由于骨骼的发育快于肌肉，所以表现为人体各生长指数的增长领先于围度指数。如身高、上下肢长、手长、足长领先于胸围、臂围、大腿围等。身

高与体重相比较，身高的增长领先于体重。因此，在这个时期主要表现为骨增长较快，软骨成分较多，骨组织内水分和有机物（骨胶原）多，无机盐（磷酸钙、碳酸钙）多，骨密质较差，使骨骼具有弹性，但坚固性能差。由于骨的硬度小、韧性大，所以不易骨折，但易弯曲、变形。

（2）肌肉的增长主要表现在长度上，肌纤维细长，肌内水分较多，蛋白质和无机盐减少，收缩功能弱，造成肌肉的力量和耐力较差，容易疲劳。

（3）在内脏功能上，心肌纤维细，心脏收缩力弱，心脏泵血力小、心率快、收缩压低、每搏量较青年人小，植物性神经对心脏调节功能尚不完善。胸廓狭小，呼吸肌较弱，呼吸较浅，频率较快，肺活量小，肺通气量的绝对值也较小。

（4）大脑皮质神经过程的兴奋和抑制过程不均衡，兴奋占优势，易扩散，活泼好动，注意力不集中，神经细胞的工作能力较成年人弱，疲劳出现早，但神经过程的灵活性与神经细胞的物质代谢旺盛，出现疲劳后恢复也快。在身体形态发育中具有性别的差异，9岁前男、女孩这种差异不明显，9~10岁后女孩的各项发育指标高于男孩。但14~16岁时，男孩各项指标超过女孩，以后继续保持这种差距。

（四）青年时期

青春期是人生成长过程中的关键阶段，正值人体生长发育的高峰期。这一时期表现为精神饱满、思想活跃、记忆力强、血气方刚，可谓人生最美好的黄金时代，是青春期教育的重要时期。了解和掌握生理发育的特点和规律，对于青少年正确认识自我，维护身心健康至关重要。此期生理特点主要表现如下：

1. **身高和体重迅速增长** 骨骼、肌肉生长迅速，身高、体重出现陡增现象。在青春发育期之前，身高平均每年增长 3~5cm，体重每年增加不超过 5kg。青春发育期，身高平均每年增长 6~8cm，多则 10~11cm，肌肉随骨骼的增长而发达起来，肌肉比重加大，体重平均每年增加 5~6kg，甚至可增加到 8~10kg。男孩显得壮美、有力；女孩脂肪增多，显得丰满、柔软。

2. **人体器官的发育和机能的完善** 随着年龄的增长和机能的完善，心肺功能日趋成熟和健全，如心脏重量增加到出生时的 12~14 倍，心肌纤维增粗，心肌收缩力增强，心容积和心排血量都增加，血压和脉搏接近成年人。呼吸肌的力量增强，呼吸深度加大，呼吸的频率逐渐减少，肺活量可增至 2 000~2 500ml。大脑发育臻于完善，12 岁时脑重已达 1 400g 左右，已接近成年人，内部结构和功能也逐渐发育完善。加之脑下垂体、甲状腺、肾上腺等激素，到青春发育期也都活跃起来，影响到脑和神经，使脑的兴奋性增加，接受和传递信息以及对事物的反应能力也随之增加。记忆力、理解力、思维力、想象力都有较大的飞跃。这些都为机体进行繁重的脑力劳动和体力劳动奠定了基础。

3. **性器官和性功能的发育** 人体生殖系统的发育是最迟的，进入青春期后，才开始发育。此期性功能成熟和第二性征出现，如男子皮肤粗糙，肌肉发达，皮下脂肪少，喉结突出，声音变粗，体毛呈男性分布，开始遗精；女子嗓音尖细，皮肤细腻，皮下脂肪丰富，乳房隆起，骨盆变宽，臀部变圆，肢体丰满，月经初潮和阴毛、腋毛先后出现。月经初潮是女性发育成熟的主要标志。经过青春期的发育，男孩逐渐长成粗犷、健壮的青年雏形；女孩逐渐长成圆润、丰满的女青年雏形。到青春期后期，各器官系统功能日趋成熟和健全，身高体重逐渐趋向稳定，这时身体形态发展平衡，显示出一种外在的美。

（五）中年时期

中年期，在生理上已达到成熟阶段，是人体生命中由盛转衰的过渡期。此期生理特点如下：

1. 神经系统 在 30 岁以后脑细胞逐渐衰减，记忆力逐渐减退。50 岁以后，随着年龄的增长，神经细胞的数目开始减少，脑组织开始萎缩，重量逐渐减轻。神经纤维出现退行性变化，信息传递速度随着年龄的增长而减慢。脑血管逐渐硬化，血流阻力增大，脑血流量和氧耗量逐渐降低，易疲劳。40~55 岁大脑的神经活动功能的老化并不明显，活动比较稳定，对情绪性刺激不像青年人那样激烈，能在不同的环境条件下保持稳定的工作效率。虽然记忆力有所下降，但思维活动达到鼎盛时期，分析与思维能力较强，特别是抽象思维、创造性思维得以迅速发展。所以中年期是承上启下大有作为的时期。

2. 心血管系统 心脏工作能力从 30 岁起开始走下坡路。当年龄到达 40~50 岁时，心脏的自律性随年龄增加而降低，50 岁以后心率减慢，心脏和血管逐渐老化，心肌收缩力减弱，心排血量逐渐减少，主动脉内膜增厚，使动脉血管弹性降低，因而容易产生高血压和直立性低血压。研究表明，进入中年以后，每过 10 年，心脏的输血功能下降 6%~8%，而血压上升 5%~6%。

3. 呼吸系统 呼吸系统的变化约从 35 岁开始，随着年龄的增长，其功能约以每年 1% 的比率递减。肺功能在 20 岁时为 100%，60 岁时下降到 75%。胸廓前后径逐渐增大，活动受限，肺组织弹性减弱，肺总容量和肺活量一般从 30 岁起开始逐步减少，20~80 岁之间的动脉血氧下降 10%~15%。由于肺功能下降及输出 O_2 能力的减弱，可导致在进行较大体力活动时由于供氧不足而易出现疲劳感。因此中年人的体力不如青年人。

4. 运动系统 进入中年以后，骨密质降低，弹性下降，脆性增加，易发生骨质疏松、骨折和骨关节病等容易发生；肌细胞活动减少，开始萎缩减少，肌肉的力量逐渐减弱，易疲劳。

5. 免疫系统 人体的免疫系统从 30 岁开始随着年龄的增长逐渐下降，脆弱的免疫系统容易导致炎症和癌症，是衰老的标志之一。人到中年，胸腺开始萎缩，功能下降，T 淋巴细胞和 NK 细胞（自然杀伤细胞）数量减少，免疫功能下降。

6. 其他 在 50 岁左右，皮肤上可出现斑痕等老化标志；由于皮下脂肪减少，会出现皱纹，头发脱落和头发变白等衰老体征。消化和代谢功能在中年期开始减弱，基础代谢在 30 岁后平均每年以 0.5 的速度下降。随着年龄的增长，热量的需要和代谢率日益减少，多余的热量会转化为脂肪储存起来，这是中年人发胖的一个重要原因，并且易患胃肠疾病。在中年期向老年转化的过程中，还要经历一个更年期，一般认为，女性的更年期多发生在 45~55 岁，男性的更年期多在 55~65 岁。在更年期，人在生理上会出现一系列反常现象，如眩晕、心悸、脾气怪、固执、失眠多梦、记忆力下降等症状。

（六）老年时期

我国中华医学会 1982 年提出：45~59 岁为老年前期，60 岁以上为老年人，60~89 岁为老年期，90 岁以上为长寿期。进入老年期后，人体的生理功能在缓慢地衰退。随着年龄的不断增长，心脏功能逐渐减弱，各种心血管系统的疾病开始增加。老年人的呼吸功能随年龄的增长而明显下降，由于呼吸肌、膈肌和韧带的萎缩，肺和气管弹性下降，呼吸功能降低，肺活量下降，80 岁的老人肺活量只有 20 岁时的一半。消化系统的功能下降，且易发生病变。骨骼系统变化明显，如关节腔变窄；无机物含量高，骨骼的弹性、韧性变差，骨组织疏松变脆，容易发生骨折、骨裂；肌肉和韧带的弹性变差，体能减弱。老年人的脑组织功能减退，听觉、视觉、触觉的敏锐性都下降，向中枢神经系统传导的信息减少，导致脑功能降低。所以老年人宜进行节奏慢和轻微的活动。总之，人体在生长发育过程中，虽然会产生不同的生理特点，但总的规律是不可变的。科学和实践证明，身体锻炼可以促进人体的生长发育、强身健体、抗衰防老、延年益寿。

第二节 衰 老

一、衰老的概念

衰老（ageing，senescence）又称老化，通常是指在正常状况下生物发育成熟后，随年龄增加，自身机能减退，内环境稳定能力与应激能力下降，结构、功能逐步退行性变，趋向死亡，不可逆转的现象，即人体在生长发育达到成熟后，生态结构和生理功能等方面所表现的一系列退行性变化。

二、衰老的主要表现

（一）衰老的外在表现

人的衰老首先体现在体型和外貌的改变，如在外表上，呈现白发逐渐增多，失去光泽，皮肤出现褶皱，弹性变差；视觉功能下降，一些人在40～50岁时就出现"老花眼"；听力减退，一般从30岁开始逐渐减退；由于椎间盘萎缩变薄，脊柱变短弯曲，可使身高降低，出现驼背；行动迟缓，步态蹒跚，逐渐变为老态龙钟的样子。

（二）器官组织功能的变化

随着机体的不断衰老，各个系统和器官的结构、形态也发生了一些改变，导致器官功能的改变。

1. 循环系统的变化 随年龄的增加而变化，因心肌萎缩，瓣膜变硬，心功能减退，血管壁脂质沉积，使血管壁弹性日趋减退、脆性增加。

2. 呼吸系统的变化 呼吸肌萎缩及胸廓变形，肺泡、气管及支气管弹性下降，肺泡数量减少，肺活量下降，静脉血在肺部O_2更新和CO_2排出效率下降。呼吸道管壁萎缩、变薄，管腔扩大，肺泡融合，换气功能下降。

3. 泌尿系统的变化 肾脏萎缩，肾单位数量减少，肾血管硬化，血流量减少，肾小球滤过率及肾小管重吸收能力下降，导致肾功能减退。膀胱逼尿肌萎缩，括约肌松弛，功能下降，易引起尿频、尿失禁和夜尿增多等现象。

4. 内分泌及代谢系统的变化 性激素的分泌自40岁以后逐渐降低，性功能减退。甲状腺功能减退，代谢水平降低，血胆固醇升高，引起动脉硬化。内分泌功能下降，机体代谢活动减弱，生物转化过程减慢，解毒能力下降。

5. 神经系统的老化 随着年龄的增长，老年人大脑逐渐萎缩、退化、大脑皮质表面面积和脑血流量均相应减少，大脑皮质神经活动过程的灵活性减弱，神经调节能力较差，对外界刺激的反应因潜伏期延长而迟钝。

6. 消化系统的变化 出现牙齿明显的磨损或脱落，使味觉和嗅觉降低。胃黏膜变薄、肌纤维萎缩，消化道运动能力降低，消化腺体萎缩，消化液分泌量减少，含酶量低，消化能力下降。

7. 其他系统的变化 衰老时，男性精子减少甚至生精功能丧失，性功能减退；女性月经逐渐停经，失去生育能力。另外，免疫功能也随着机体的衰老而逐渐下降。

三、衰老的发生机制

衰老是死亡的前奏。人体衰老过程是人体内部环境各因素间、人体与外环境各因素间在生命活动的过程中不断相互作用、相互影响的综合性结果，衰老原因是多方面的，衰老的机制也是极为复杂的。很多国内外科学家对衰老产生的机制进行了大量的研究,提出了几百种的衰老学说,但都是从一个侧面来解释衰老这一复杂现象,有其局限性。迄今尚且没有得出可以全面地解释衰老全过程的统一理论。目前,在众多学说中,被认可的衰老发生机制有如下两种。

(一)衰老是由基因和生物钟决定的

有学者认为,人从胚胎到死亡,是由体内基因或生物钟决定的。细胞中的遗传物质(核糖核酸和脱氧核糖核酸)发生了变化,使脱氧核糖核酸自身复制过程产生误差,如此长期反复误差积累,导致后代细胞功能的改变,甚至发生细胞死亡,从而出现衰老现象。另外,生物钟学说认为,寿命的长短是由生物钟决定的,即生物钟规定了细胞分裂的次数和时间间隔。研究发现,人体细胞大部分从胚胎时期就开始分裂,分裂次数为(50 ± 10)次,之后便停止正规的分裂,细胞死亡,使人体衰老。

(二)衰老是由一系列的问题造成的

例如,1956年哈曼提出的自由基学说认为,自由基对细胞脱氧核糖核酸造成损伤,引起衰老;人体蛋白质大分子发生交联或合成时出现差错;在一些有害的内外环境因素作用下,体细胞可以发生突变等,这些都可以导致衰老。一些疾病引起的衰老也应归属于此类。

四、延缓衰老的途径

自然条件下,逐渐衰老的趋势是不可逆转的。但如果能有效地延缓衰老,则可以延长"健康老人"的生命时间,让人们更接近自然衰老的进程和最大寿命。目前,抗衰老研究,最为重要的主要有以下几个方面。

(一)基因研究进展

大量研究资料表明,人的寿命在一定程度上受衰老基因和长寿基因的控制。

1. 衰老基因　近年来,人类在衰老基因方面的研究也取得了较大进展。如以细胞融合的方法,将永生细胞和正常细胞融合,发现永生细胞缺乏相关的衰老隐性基因。一些对人的寿命有影响的因物质也可被看做是衰老基因,如 *Apoli* 蛋白质E,这种蛋白质可以控制人体内胆固醇的转化,它有多种与基因相关的变异体。人携带有变异体 *ApoE*2 基因,很少患心脏病,而携带有变异体 *ApoE*4 基因则会得痴呆症。

2. 长寿基因　机体内存在一些与长寿和抗衰老相关的基因,可统称为长寿基因。衰老或长寿基因的研究,是衰老和抗衰老研究中的一个十分重要的核心。现代科学通过遗传工程学和分子生物学控制遗传基因,可以培育出人体多种抗衰老物质。这些研究发现将可能对延缓衰老和延长人类的寿命产生积极意义。

3. 基因治疗措施　采用基因治疗的方式延缓衰老前景诱人。一方面对已经研究清楚的无其他重要生理功能的衰老基因,可以考虑使用基因治疗的方法予以破坏或抑制;另一方面,对已经阐明的具有促进长寿作用,而对人体又无不利影响的基因可考虑用基因工程的方法促进其表达,已达到延年益寿的目的。

(二)抗衰老制剂研究进展

中医在数千年的历史长河中,一直不懈努力,不断吸收各种先进技术和理论,研究衰老,总结摸索出了许许多多的养生之道以及具有一定延年益寿作用的药物。研究表明,似乎可以肯定地说所有具有抗氧化作用的药物或制剂都具有抗衰老作用。如褪黑素(melatonit,MT),近年来发现它有多种新的生物学活性作用,特别是MT强大的自由基清除作用和衰老的关系已引起学术界的重视。MT已在临床上作为抗氧化剂应用。另外,一些微量元素,如Zn、Mn、Se、Cu等与保护生物膜、提高人体免疫功能、清除自由基、维护正常的代谢功能、调节血脂代谢防止动脉硬化以及维护脑细胞能量代谢和改善脑细胞功能等具有密切关系。

（三）注重保健养生，延缓衰老

无数事实证明，病理衰老是可以推迟、延缓，甚至是年龄、性别、身体状况以及自然、社会和工作环境，甚至精神状态等因素在不断变化。每种营养素又都存在于多种食物中，而且同一种粮食或蔬菜，不同的烹饪方法，从中吸收的营养素可能相差很多。因此，人们要把所有营养素都控制在最佳量是很难做到的。因此，生活中要不断改掉不良生活习惯，坚持正确的生活方式并持之以恒；与医生很好的配合，及时治疗严重危害健康的疾病，才能更健康长寿。

五、寿命的概念及规律

所谓寿命，是指从出生经过发育、成长、成熟、老化以至死亡前机体生存的时间，通常以年龄作为衡量寿命长短的尺度。人类的寿命究竟有多长呢？科学家研究证实，人的正常寿命应为120～150岁，而且还没有达到最大极限。其推算方法有几种。

1. 根据性成熟期推算　一般认为，生物的最高寿命为性成熟期的8～10倍，而人类的性成熟期为14～45岁，按此推算，人类的最高自然寿命应是112～150岁。

2. 根据生长期推算　哺乳动物的寿命是其生长期的5～7倍，人的生长发育期为20～25岁，则人类的自然寿命为100～175岁。

3. 根据细胞传代次数来推算　研究试验证明，人体细胞体外分裂传代50次左右，按平均每次分裂周期2.4年推算，人类的平均寿命应是120年。

根据上述几种推算，人类的自然寿命在100岁以上是确切无疑的。但由于人与人之间的寿命有一定的差别，所以，在比较某个时期，某个地区或某个社会的人类寿命时，通常采用平均寿命。平均寿命常用来反映一个国家或一个社会的医学发展水平，它也可以表明社会的经济、文化的发达状况。目前平均寿命只达到70岁左右，距离人类真正"寿终正寝"的年限还差之甚远，这有待于我们进一步去探索研究。

> **自然寿命**
>
> 科学家研究发现人的自然寿命都应该达到100岁以上。但在实际生活过程中，超过100岁的人并不多，这主要是由于遗传、环境、生活水平、生活方式等因素，促使了疾病的发生和衰老的早到，有的直接引起了死亡，故使人的实际寿命远远低于自然寿命。科学技术的不断发展将为医学提供防治疾病、增进健康、提高生命质量、颐养天年的理论依据，并通过卫生保健的实践，使人的实际寿命接近并达到自然寿命。
>
> 知 识 链 接

第三节　健　　康

一、健康的概念

健康是指一个人在身体、精神和社会等方面都处于良好的状态。传统的健康观是"无病即健康"，现代人的健康观是整体健康，世界卫生组织提出"健康不仅是躯体没有疾病，还要具备心理健康、社会适应良好和有道德"。因此，现代人的健康内容包括：体格健康、心智健康、心灵健康。健康是人的基本权利，是人生最宝贵的财富之一；健康是生活质量的基础；健康是人类自我觉醒的重要方面；健康是生命存在的最佳状态，有着丰富的内涵。

二、促进健康的途径与方法

健康高于一切。没有一个强健的身体，一切将无从谈起。因此，促进健康被越来越多的人所关注，并通过健康促进使人们的精神和身体保持在最优状态，其途径有以下几种：

（一）定期体检

"健康长寿"说明了只有身体健康，才会有生命长寿。但临床实践证明，许多老年病不是到了老年才发病，而大多数疾病是发生在中年时期。有些疾病因早期症状不明显而被忽视，一旦发现就已是晚期了，所以定期体检是非常重要的。体检可以使一些疾患在早期就被发现，以便早治疗，以防患于未然。

（二）养成良好的作息习惯

生活方式是影响寿命的主要因素。现代科学证明，良好的生活方式是人类身心健康的重要保证，是具有积极意义的卫生保健措施之一。生活和工作要劳逸结合，按时作息，科学安排时间，遵循人体生物钟的规律。人要延年益寿，就要顺应生物钟，不能随便打破人体原有的生物节律，要有规律的生活，按时起居，定时进餐，一旦生活、工作、休息都有规律的进行，就可形成良性条件反射，使机体各器官有规律的各司其职。如人体在夜间会分泌一些使人体组织再生和提高免疫系统功能的物质，如果休息不好，就会降低机体的免疫力，为病毒入侵提供条件，身体就可能出问题。因此，好的生活方式有利健康，能延年益寿；不良生活习惯则有害健康，缩短寿命。

（三）坚持锻炼

生命在于运动，其内涵是：生命的产生在于运动，运动是生命诞生的前提条件，没有物质运动就不会有生命的产生；生命的存在在于运动，运动也是生命存在的基础，要维持生命体存在，也离不开物质运动；生命的发展在于运动，运动又是生命发展的动力和源泉。因此，经常参加有氧运动，如健身跑、打球、游泳等，使人精力充沛，加快机体的新陈代谢，及时排除体内的废物和毒素，增强了机体免疫力和抵抗力，起到强身健体预防疾病的作用。坚持锻炼对中年人的健康是大有益处的。

（四）及时消除疲劳，保持心情舒畅和良好心态

快速的生活节奏和压力会让人身心疲惫。及时消除疲劳则有利于身心健康。消除疲劳的方式较多，如心情不好时，可找朋友聊天或参加一些健康有益的文娱活动，及时宣泄自己的不良情绪，讲究心理卫生，加强品德修养，进行心理调节，经常保持愉快的心情，做一个乐天派；适时参加一些强度不太大的体育活动；睡眠是消除疲劳的最有效途径，睡前可以洗一个热水澡或用热水泡泡脚，可促进睡眠，更有效的消除疲劳。

（五）注意科学饮食

饮食决定健康。健康饮食体现在两个方面：一是饮食要规律，饮食要按时定量。不规律饮食会损害健康，带来疾病。如经常不吃早餐，饥一顿饱一顿，或暴饮暴食、大吃大喝。这样会引起消化不良，导致肠胃疾病，造成营养不良，有的还会导致肥胖，高血压、糖尿病、冠心病等。二是饮食要合理搭配，营养均衡。原则上饮食搭配应该低脂、低盐、低糖饮食，多吃五谷杂粮，控制总热量摄入，增加优质蛋白，注意补充钙、维生素及膳食纤维。

（张义伟）

思 考 题

1. 名词解释：生长发育　健康　衰老
2. 人体各主要阶段生长发育的生理特征。
3. 促进健康的途径有哪些。

生理学实验指导

实验 1 神经肌肉实验

Ⅰ. 刺激与反应

【实验目的】 掌握蛙类动物的捉拿和破坏脑脊髓的方法、坐骨神经-腓肠肌标本的制备技术;了解阈下刺激、阈刺激、阈上刺激、最适刺激;理解刺激与反应的关系;观察不同强度、不同频率刺激对骨骼肌收缩反应及形式的影响。

【实验原理】 蛙类一些基本的生命活动和生理功能与温血动物相似,其离体组织所需的生活条件比较简单,容易维持良好的机能状态。因此蛙类的神经-肌肉标本常用以观察研究刺激反应、兴奋性、兴奋过程的一些规律及骨骼肌的收缩特点等。

【实验用品】 蛙或蟾蜍。计算机生物信息采集、分析处理系统 1 套,蛙类手术器械,保护电极、张力换能器、铁支架、双凹夹、任氏液等。

【实验方法和步骤】
(一)标本制备

1. 破坏脑脊髓 取蟾蜍一只用自来水冲洗干净,左手握蟾蜍,小指和无名指夹住后肢,拇指按压背部,中指放在胸腹部,用示指下压头部前端使头前俯,右手持金属探针由枕骨沿正中线向脊柱端触划,当触到凹陷处即枕骨大孔处(可用左手固定蟾蜍躯干,右手捏住蟾蜍上嘴唇上下摇动,查看凹陷处找到枕骨大孔),由此通过皮肤垂直刺入探针,进入枕骨大孔后,将针转向前方颅腔并左右搅动捣毁脑组织,而后退针转向刺入脊椎管捣毁脊髓(实验图1-1),当蟾蜍四肢松软、呼吸消失则表示脑脊髓完全毁坏,否则应按上法重复操作。

2. 剪除躯干上部及内脏 在骶髂关节水平以上 1 cm 处用铁剪刀剪断脊柱(实验图1-2),

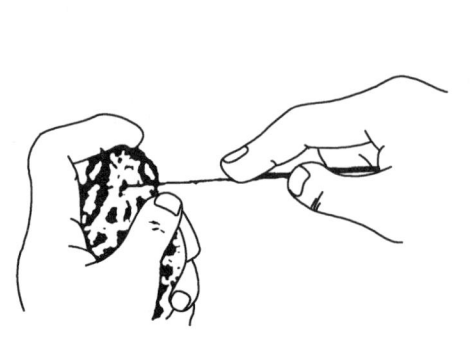

实验图 1-1 捣毁蛙脑髓方法示意图

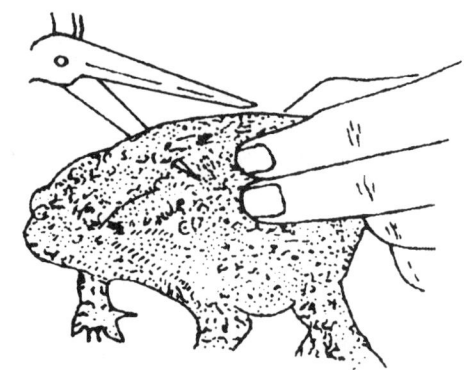

实验图 1-2 横断脊柱

左手持镊子夹紧脊柱断端(骶骨端)并稍向上提起,使蟾蜍头与内脏自然下垂,右手持铁剪刀，沿两侧将蟾蜍头、前肢和内脏全部剪除仅保留两后肢（实验图 1-3），可见坐骨神经丛（呈灰白色）从腰背部脊柱发出。

3. 剥皮　左手持粗镊夹住脊柱断端，不要夹住或触及神经，右手捏住其上的皮肤边缘用力向下剥掉全部后肢的皮肤（实验图 1-4）。将手和用过的全部手术器械用自来水冲洗干净，再行以下操作。

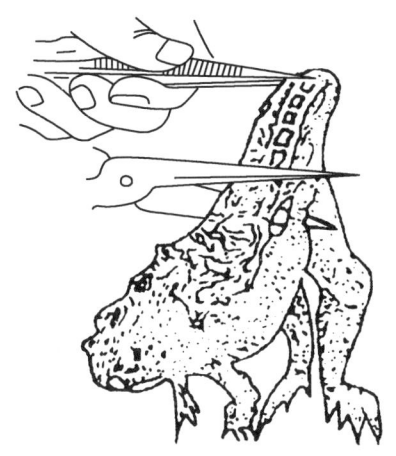
实验图 1-3　剪处躯干及内脏

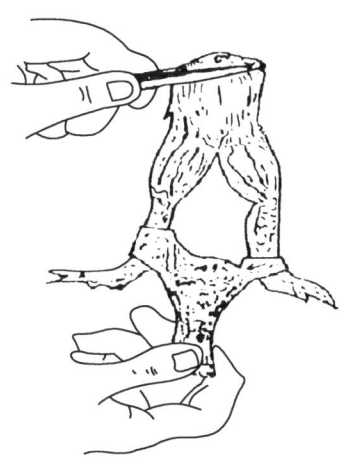
实验图 1-4　剥去皮肤

4. 分离两腿　沿正中线将脊柱剪分为两半（勿损伤坐骨神经），并从耻骨联合中央剪开双侧后腿，使双后腿完全分离，将双后腿浸于盛有任氏液的烧杯中。

5. 游离坐骨神经　取一后肢，腹面向上认清坐骨神经及其走向后，两端用图钉固定于蛙板上，用玻璃分针在半膜肌和股二头肌之间分离出坐骨神经。注意分离时要仔细用剪刀剪断坐骨神经的分支，勿伤神经干，前面分离至脊柱坐骨神经丛基部，向下分离至膝关节。保留与坐骨神经相连的一小块脊柱，将分离出来的坐骨神经搭于腓肠肌上，去除膝关节周围以上的全部大腿肌肉，用铁剪刀刮净股骨上附着的肌肉，保留下半段股骨（实验图 1-5）。

6. 分离腓肠肌　在跟腱上扎牢一线，提起结线，剪断结扎线外的跟腱，游离腓肠肌至膝关节处，将膝关节以下小腿其余部分全部剪去。至此，标本制成（实验图 1-6）。

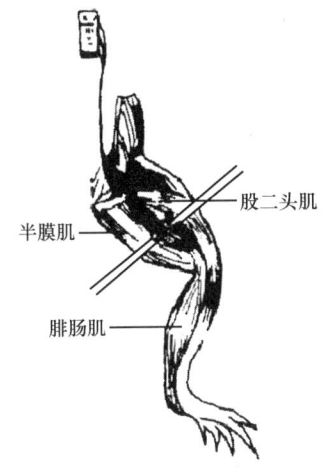
实验图 1-5　游离坐骨神经方法

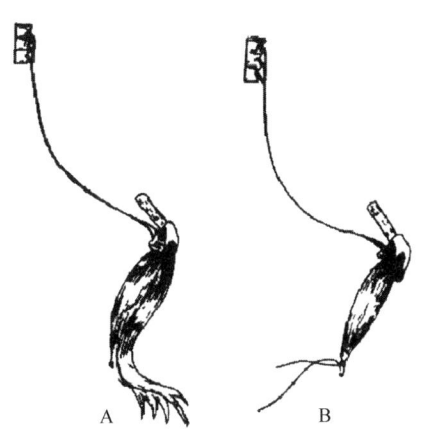
实验图 1-6　蛙坐骨神经标本
A. 坐骨神经小腿标本；B. 坐骨神经-腓肠肌标本

7. 标本的检验　将标本置于蛙板上，用锌铜弓刺激坐骨神经，若腓肠肌收缩表明标本的兴奋性良好。将标本放入任氏液中待用。

（二）观察项目

1. 连接标本与仪器　将肌张力换能器用双凹夹固定在铁支架底部，将结扎于跟腱的手术线水平连接于肌张力换能器上，轻移蛙板，使线有一定张力。将肌张力换能器与计算机的输入通道连接。用玻璃分针轻轻提起坐骨神经，置于保护电极上；保护电极固定在铁支架上，并与计算机程控刺激输出连接。

2. 观察刺激强度和肌肉收缩的关系　打开计算机进入生物信息采集处理系统，选中肌肉神经实验，在向右弹出的具体实验子菜单中选定"刺激强度与反应的关系"项，根据实验需要选择参数。实验方式建议选程控（非程控时，每一次刺激都要重新设置刺激强度，然后按启动刺激后才有刺激输出）。

观察生物信息显示：用弱刺激开始肌肉无收缩反应，逐渐增大刺激强度，能引起肌肉收缩的最小刺激强度称为阈强度（阈值），刚好达到阈强度的刺激称为阈刺激，此前未产生收缩波的较弱刺激为阈下刺激，超过阈强度的刺激称为阈上刺激。继续增加刺激强度，肌肉收缩幅度随之加大，直至三四个收缩幅度不再随刺激发生改变的最小刺激强度为最适强度，此刺激即为最适刺激。可根据结果调节填入程控刺激器的参数（主要是起始刺激强度、刺激强度增量的设置），以得到满意图形。

3. 肌肉的单收缩和强直收缩　在"实验项目"中选定"刺激频率与反应的关系"项，出现对话框后选择双"现代实验"或"经典实验"，填入合适的数据后便进入实验的监视。经典实验是指以对话框中设置的刺激强度、频率进行刺激，只画出三组图形；现代实验是指刺激强度不变，每次刺激频率递增量按设置的量一次次递加，画出许多组图形。

观察生物信号显示：选择的实验类型不同（经典实验或现代实验），将记录出不同形式的实验结果。可根据图形调节填入对话框的数据［经典实验主要是调节三种收缩的刺激频率（Hz）和刺激强度（V）；现代实验主要是刺激强度、刺激频率增量即频率阶梯的设置，以期把图形做得满意，即记录出几个单收缩曲线和一段不完全强直收缩及完全强直收缩曲线图（实验图1-7）。

4. 试验结果处理　根据实验结果练习图形剪辑，并在剪辑页上书写实验题目，标出阈强度、最适刺激强度；单收缩、不完全强直收缩、完全强直收缩；练习实验人员名单输入、打印设置及存盘等操作。

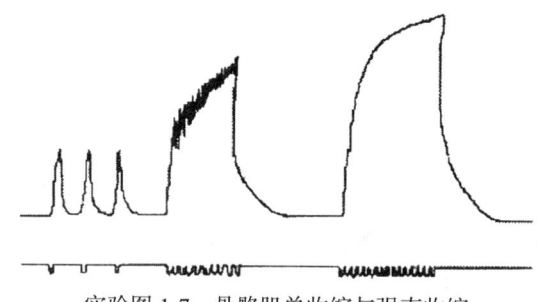

实验图1-7　骨骼肌单收缩与强直收缩

【实验要求与注意事项】

1. 制备标本过程中，应随时用任氏液润湿神经和肌肉，防止干燥。

2. 游离神经时，切勿用玻璃分针逆向剥离，以防损伤神经干，又要避免金属器械对神经的不必要触碰。

3. 避免蟾蜍皮肤分泌物和血液等污染标本，也不能用水冲洗标本。

4. 有时标本兴奋性过高，可放置20min待其稳定后再用于以下实验。必要时可接地予以分流。

5. 每次连续刺激一般不超过3～4s。单刺激或连续刺激后，让肌肉短暂休息，以免神经肌肉疲劳。

Ⅱ. 反射弧的分析与反射时的测定

【实验目的】　观察某些脊髓反射，学习测定反射时的方法，分析反射弧组成部分的功能及其完整性与反射活动之间的关系。

【实验原理】　在中枢神经系统参与下，机体对刺激产生的规律性反应称为反射。反射过程中生物信号经反射弧传递需要一定时间，从刺激开始至反射出现所需的时间为反射时，即兴奋通过反射弧而引起外周效应所需要的时间。反射时可通过简单的方法初步测定。同时，反射只有在反射弧结构和功能完整的基础上才能进行，若组成反射弧的感受器、传入神经、神经中枢、传出神经和效应器五部分中的任何一部分受到破坏，反射均不会发生。

【实验用品】

BL-410 生物机能实验系统，蛙类手术器械一套，蛙板，玻璃板，铁支架，肌夹，双凹夹，刺激电极，培养皿，滴管，线，干棉球，秒表；任氏液，0.5%稀硫酸。

【实验对象】

蟾蜍。

【实验方法和步骤】

1. 制备脊蟾蜍取蟾蜍一只，用纱布裹紧蟾蜍的上下肢和躯干，露出头部。用剪刀开口的一侧伸入蟾蜍口裂根部，另一侧置于背部，齐鼓膜后缘剪去动物的头部，保留下颌和脊髓，即成脊蟾蜍。用棉球作创口止血。

2. 固定用肌夹固定蟾蜍下颌，将其悬挂在铁支架上。

3. 仪器调试打开计算机，进入 BL-410 生物机能实验系统操作界面，选择输入信号→1通道→肌电信号。调整刺激参数为：波宽 1ms，强度 3～6V，频率 50～70Hz，连续单刺激。

4. 观察项目

（1）反射时测定：将蟾蜍右下肢的趾尖浸入稀硫酸液中，同时开动秒表记录从浸入至肢体反射的时间。反射发生后用清水反复洗去皮肤上的稀硫酸，用棉球擦去清水。重复测定三次，求时间平均值，此值即为反射时。

（2）反射弧的分析：①在右下踝关节上方作一环行皮肤切口，将趾部皮肤剥去，再用硫酸分别刺激左右双侧趾尖，观察双侧肢体各有何反应。②剪开左侧大腿内侧皮肤，在股二头肌和半膜肌之间找出坐骨神经，游离 1cm 后做双结扎，并在两结扎线中间剪断神经，再用稀硫酸刺激该侧脚趾，观察反应如何。③启动 BL-410 生物机能实验系统的电刺激器，以重复电刺激坐骨神经中枢端观察同侧和对侧肢体的反应有何不同。④用金属探针破坏脊髓后，重复步骤③，观察反应。⑤重复电刺激坐骨神经外周端，观察同侧反应。⑥直接电刺激左侧腓肠肌，观察反应如何。

【实验要求与注意事项】

1. 剥掉趾部皮肤时，一定注意趾尖不要残留皮肤，否则，刺激仍能引起反射。

2. 每次用稀硫酸刺激时，足趾浸入硫酸中的面积应相同；每次刺激后，应迅速用清水冲洗并用棉球擦干。

3. 浸入稀硫酸的部位应限于趾尖，勿浸入太多。

【分析与思考】

1. 反射弧由哪几部分组成？分别起什么作用？

2. 反射的生理意义及种类有哪些？

3. 反射时的长短与哪些体内外因素有关？

（高明灿）

实验 2 血液实验

Ⅰ. 红细胞渗透脆性测定

【实验目的】 观察红细胞在不同低渗溶液中的情况，学会测定红细胞脆性的方法和配制不同浓度的 NaCl 溶液，加深对渗透压、红细胞渗透脆性等知识的理解；正确判断和记录实验结果，根据结果分析血浆晶体渗透压的生理意义。

【实验原理】 正常情况下，哺乳类动物红细胞内的渗透压与血浆渗透压相等，约相当于 0.9% NaCl 溶液的渗透压。因此，将红细胞悬浮于等渗的 NaCl 溶液中，其形态和容积可保持不变。若红细胞置于低渗的 NaCl 溶液中，则水分进入红细胞使之膨胀甚至破裂溶解发生溶血。故临床上常用不同浓度的低渗 NaCl 溶液来测定红细胞膜的渗透脆性。开始出现溶血现象的低渗盐溶液浓度为该血液红细胞的最小抵抗力，即最大脆性（正常值为 0.42%~0.46% NaCl 溶液）；出现完全溶血时的低渗溶液浓度，则为该血液中红细胞的最大抵抗力，即最小脆性（正常值为 0.32%~0.34% NaCl 溶液）。对低渗盐溶液的抵抗力小表示红细胞的脆性大，反之表示脆性小。

【实验用品】 试管架，10ml 小试管 10 支，滴管，2ml 注射器 1 个，8 号针头，1%NaCl 溶液，蒸馏水，1ml 吸管 2 支，家兔。

【实验方法】
1. 低渗 NaCl 溶液的配制 取小试管 10 支，编号排列在试管架上，按实验表 2-1 所示成分加入试管，配制 10 种浓度的低渗 NaCl 溶液。
2. 加抗凝血 用干燥的 2ml 注射器，从兔耳缘静脉取血 1ml，向每号试管内各加 1 滴，摇匀，在室温下，静置 1h。

实验表 2-1 不同浓度的 NaCl 溶液配制表

试剂	试管号									
	1	2	3	4	5	6	7	8	9	10
1% NaCl（ml）	0.9	0.65	0.6	0.55	0.5	0.45	0.4	0.35	0.3	0.25
蒸馏水（ml）	0.1	0.35	0.4	0.45	0.5	0.55	0.6	0.65	0.7	0.75
NaCl 浓度（%）	0.9	0.65	0.6	0.55	0.5	0.45	0.4	0.35	0.3	0.25

3. 结果判断 根据各管混合液的颜色和混浊度的不同，判断最大脆性和最小脆性。所出现的现象可分为下列三种：

（1）未发生溶血的试管：液体下层为混浊红色，上层为无色透明，表明无红细胞破裂。

（2）部分溶血的试管：液体下层为混浊红色，而上层出现透明红色，表明部分红细胞已破裂，称为不完全溶血。出现不完全溶血的最大低渗盐溶液，是该血液红细胞的最小抵抗力，表示红细胞的最大脆性。

（3）全部溶血的试管：液体完全变成透明红色，表明红细胞完全破裂，称为完全溶血。出现完全溶血的最大低渗溶液，为该血液红细胞的最大抵抗力，表示红细胞的最小脆性。

4. 记录 开始溶血的 NaCl 溶液浓度与完全溶血时的 NaCl 溶液浓度，即红细胞脆性范围。

【注意事项】

1. 配制不同浓度的低渗盐溶液时，小试管的口径与大小应一致。加抗凝血量要准确一致，只加 1 滴。

2. 混匀时，用手指堵住试管口，轻轻倾倒 1~2 次，减少机械振动，避免人为溶血。

3. 抗凝剂最好用肝素，其他抗凝剂可改变溶液的渗透压。

【思考题】

1. 红细胞在低渗溶液中为什么会出现体积膨胀甚至破裂？
2. 红细胞被置于低渗溶液中并不会立即破裂，其中机制如何？

Ⅱ. 红细胞沉降率的测定

【实验目的】 了解红细胞沉降率试验的方法，观察红细胞沉降现象。

【实验原理】 将正常抗凝的血液静置一段时间后，其中的红细胞将发生沉降，但沉降的速度缓慢，正常男性为第一小时不超过 3mm，女性不超过 10mm，这说明正常时红细胞在血浆中有一定的悬浮稳定性。本实验是将一定量的抗凝全血灌注于特制的韦氏血沉管（Westrgren 沉降管）中，直立于血沉架上静置。1h 后读取红细胞下沉后所暴露出的血浆段高度。通常以第一小时末红细胞下降的距离作为沉降率的指标。在临床上某些疾病可显著地引起患者红细胞沉降率加速，因此测定红细胞沉降率具有一定的临床诊断意义。

【实验用品】 5ml 容量小瓶、韦氏沉降管、血沉架、5ml 注射器、8 号注射针头、3.8%枸橼酸钠、家兔。

【实验方法】

1. 抗凝血液的制备　准备一只盛有 3.8%枸橼酸钠溶液 0.4ml 的 5ml 容量小瓶；然后用注射器从兔耳缘静脉取血 2ml，准确地将 1.6ml 血液注入小瓶内，颠倒小瓶 3~4 次，使血液与抗凝剂充分混匀，但需避免剧烈振荡，以免破坏红细胞。

2. 红细胞沉降　用韦氏血沉管吸取上述抗凝血液到刻度"0"处，不能有气泡混入。擦去尖端周围的血液，将血沉管垂直固定于血沉架上静置，并记录时间。

3. 记录　室温中静置 1h，观察血沉管内血浆层的高度并记录毫米（mm）数值，该值即为红细胞沉降率（mm/1h）。

【注意事项】

1. 抗凝剂与血液的比例为 1∶4，混合应充分。
2. 用韦氏血沉管吸取抗凝血液时，不能有气泡混入。
3. 在颠倒、摇匀抗凝剂与血液的混合液时，应避免剧烈振荡，以免破坏红细胞。
4. 无凝血及溶血，并在 3h 内完成测定。
5. 有些患者红细胞沉降率先快后慢，有的先慢后快，因此绝不允许只观察 30min 沉降率乘以 2 作为 1h 的红细胞沉降率结果。
6. 观察结果必须准确掌握在 1h 末。

【思考题】

1. 红细胞沉降率的改变提示血液的何种理化特性发生了变化？
2. 如何证明影响红细胞沉降率的因素是血浆而不是红细胞，试解释其原因。

Ⅲ. 出血时间和凝血时间测定

【实验目的】 学会测定出血时、凝血时的方法和记录测定结果并判定是否正常。

【实验原理】 出血时间指从伤口出血起至自行停止出血所需时间，实际是测量微小血管伤口封闭所需时间，用以检查凝血过程是否正常。出血时间的长短与小血管的收缩、血小板的黏着、聚集、释放以及血小板血栓形成等有关。凝血时间指血液流出血管到出现纤维蛋白细丝所需时间，用以检查血凝过程的快慢，反映有无凝血因子缺乏或减少。

【实验用品】　采血针、75%酒精棉球、干棉球、秒表、滤纸条、载玻片及大头针等。

【实验方法】

1. 出血时间的测定　以75%酒精棉球消毒耳垂或指端后，用消毒后的采血针刺入皮肤2~3mm深，让血自然流出，勿用手挤压，记下时间。每隔30s用滤纸条轻触血液（不要触及皮肤），吸干流出的血液，使滤纸上的血点依次排列，直到无血液流出为止，记下开始出血至停止出血的时间，或以滤纸条上血点数除以2即为出血时间。正常值1~4min。

2. 凝血时间的测定　操作同上，刺破耳垂或指端，用干棉球轻轻擦去第一滴血，待重新血液流出开始计时。用玻片接下自然流出的第二滴血，记下时间，然后每隔30s用大头针针尖挑血一次，直至挑起细纤维血丝表示开始凝血。从开始流血到挑起细纤维血丝的时间为凝血时间。此法正常值2~8min。

【注意事项】

1. 采血针应锐利，刺入深度要适宜，让血自然流出，不可挤压；如果刺入过深，组织受损过重，会使凝血时间缩短。

2. 针尖挑血，应朝向一个方向横穿直挑，勿多方向挑动和挑动次数过多，以免破坏纤维蛋白网状结构，造成不凝假象。

Ⅳ. 血液凝固及其影响因素观察

【实验目的】　观察血液凝固过程的影响因素，加深对血液凝固基本过程的理解。

【实验原理】　血液由流动状态变为不流动的胶冻状凝块的过程，称为血液凝固。血液凝固过程可分为三个阶段：凝血酶原激活物形成，凝血酶原被激活成凝血酶，纤维蛋白原转变为纤维蛋白。依启动凝血的因子不同，分为内源性凝血和外源性凝血。如果直接从血管中抽血观察血液凝固，此时因血液几乎没有组织因子参与，其凝血过程主要由内源性途径所激活，若用兔脑粉（脑组织含有丰富的组织因子）启动外源性途径，则主要反映凝血过程的第二、三阶段。若在血浆中加入外源性凝血酶，则可直接观察凝血过程的第三阶段。

血液凝固是一系列的化学酶促反应过程，受多种理化因素影响。

【实验对象与材料】

1. 对象　家兔

2. 器材　恒温水浴器、秒表、哺乳动物手术器械一套、兔手术台、动脉夹、塑料动脉插管、清洁小试管（10mm×7.5mm）11支、50ml小烧杯2个、100ml烧杯1个、0.5 ml吸管6支、10ml注射器、5号针头、滴管、试管架、吸管架。

3. 药品　20%氨基甲酸乙酯、富血小板血浆、少血小板血浆、兔脑粉悬液、40mol/L的$CaCl_2$溶液、生理盐水、肝素8单位（置小试管内）、草酸钾1~2mg（置小试管内）、稀释凝血酶溶液、液体石蜡、碎冰块。

4. 其他　带橡皮刷的玻棒或竹签、棉花。

【实验步骤】

1. 手术操作　由兔耳缘静脉按1g/kg体重的剂量注入20%氨基甲酸乙酯，将兔麻醉后背位固定于兔手术台上。剪去颈部兔毛，沿正中线切口约7cm，分离出一侧颈总动脉，在其下穿过两条丝线。一线将颈总动脉干头端结扎，另一线备用（供固定动脉插管）。在颈总动脉近心端向心脏方向插入动脉插管，用丝线固定。需放血时开启动脉夹即可。

2. 观察纤维蛋白原在凝血过程中的作用　由颈总动脉插管放血 10ml，分别注入两个小烧杯内，一杯静置；另一杯用带橡皮刷的玻棒或竹签不断搅拌，观察血液的凝固现象。取出玻棒或竹签，用水洗净，观察缠绕在玻棒或竹签上的纤维蛋白，用手触之有何感觉？经过这样处理的血液是否会发生凝固？

3. 血液凝固的加速和延缓　取干洁的小试管 7 支，按（实验表2-2）准备各种不同的实验条件。由颈总动脉插管放血，各管加血 1ml，每隔 30s 倾斜一次试管，若液面不随着倾斜，表示已经凝固。观察并记录各试管凝血时间，分析其原因。

实验表2-2　影响血液凝固的因素

试管编号	实验条件	凝血时间
1	室温	
2	放棉花少许	
3	用石腊油润滑试管内面	
4	保温 37℃水浴中	
5	浸在盛有碎冰的烧杯中	
6	加入肝素 8 单位，加血后摇匀	
7	加入草酸钾 1~2mg，加血后摇匀	

如果肝素管及草酸钾管不出现血液凝固，两管各加 2~3 滴 40mol/L 的 $CaCl_2$ 溶液，观察血液是否会凝固。

4. 观察内源性及外源性凝血过程　取干洁的小试管 3 支，按（实验表2-3）分别加入富血小板血浆、少血小板血浆、生理盐水和兔脑粉悬液。然后同时加入 $CaCl_2$ 溶液，摇匀，每 15s 倾斜试管一次，分别记录三支试管的血浆凝固时间。血浆加钙后为什么会发生凝固？ 比较第一和第二管、第一和第三管、第二和第三管的血浆凝固时间，分析产生差别的原因。

实验表2-3　内源性和外源性凝血系统的观察

	第1管	第2管	第3管
富血小板血浆	0.2ml	–	–
少血小板血浆	–	0.2ml	0.2ml
生理盐水	0.2ml	0.2ml	–
兔脑粉悬液	–	–	0.2ml
$CaCl_2$（40mol/L）	0.2ml	0.2ml	0.2ml
血浆凝固时间			

注："–"表示未加任何物品

5. 凝血酶时间的测定　取小试管 1 支，加入少血小板血浆 0.2ml，迅速加入稀释的凝血酶溶液 0.2ml，开始计时，摇匀后置 37℃水浴中。不断倾斜试管，密切观察并记录血浆凝固时间，此即凝血酶时间。

【注意事项】
1. 第 1 和第 2 两个观察项目可同时进行，可只放血一次。
2. 由动脉插管放血时，最先由插管内流出的血液应弃去。

附：试剂的配制

1. 富血小板血浆和少血小板血浆的制备 取1%乙二胺四乙酸钠或0.1mmol/L枸橼酸钠抗凝全血（1份抗凝剂加9份全血）。以1000r/min的速度离心10min，取上层血浆即为富血小板血浆。取同样抗凝全血以4000r/min的速度离心10min，上层血浆即为少血小板血浆。由于血小板容易破坏，最好在实验当天制备。不用时保存于4℃冰箱。

2. 兔脑粉悬液的制备

（1）兔干脑粉的制备：将新鲜兔脑彻底除去软脑膜及血管网，用生理盐水洗净，置乳钵中研碎。除去研不碎的杂质，加3倍量的丙酮，研磨30s（注意不要研磨太久致成胶状，丙酮不易分离；如已成胶状，则需要加少量丙酮，轻轻混匀即可分离）。静置数分钟后，倒去上清液，再加适量丙酮，如此反复5~6次，使脑组织完全脱水成灰白色微细粉末状。用滤纸过滤可能挤去丙酮，将脑粉摊开，在空气中干燥成为无黏着性的颗粒状粉末（亦可用真空抽气机或置于37℃温箱中1h使其干燥），干脑粉制成后应分装密封，保存于普通4℃冰箱内，半年之内活性不变。

（2）兔脑悬液的制备：取干脑粉0.3g放入大试管内，加生理盐水5ml，混匀，置45℃水浴内10min，并经常摇动。然后以1 000r/min的速度离心1min（或静置）将大颗粒沉淀弃去，取上层乳白色液体即为脑悬液。应用前应先检查其活性：取血浆0.1ml，脑悬液0.1ml加40mol/L的$CaCl_2$ 1ml，观察其凝固时间，如凝固时间在12~14s内，即可采用；否则应调整其浓度（为使学生实验容易掌握时间，本实验所要求的脑悬液活性须使血浆凝固时间为1min左右）。脑悬液置普通冰箱保存2周内其活性恒定。

3. 凝血酶溶液的制备

（1）浓缩凝血酶溶液的制备：取枸橼酸钠抗凝血浆100ml，加冷蒸馏水1 000ml，保持0~5℃，边搅拌，边缓缓慢加入2%醋酸，调节pH至5.3（约需3.2ml）。此时产生白色混浊，置冰箱过夜。离心后弃其上清液，沉淀物用25ml生理盐水溶解，用2% Na_2CO_3调节pH至7.0（约需2滴，碱过量时可用醋酸纠正），再加0.25mol/L $CaCl_2$ 3ml，立即用玻棒搅拌，以除去不断生成的纤维蛋白丝。待2h使凝血酶充分形成，即得粗制凝血酶溶液。若加入等量丙酮，离心后弃去上清液，所得沉淀用生理盐水25ml溶解，10min后离心，收集上清液，即为精制凝血酶溶液，分装保存于-20℃。

（2）稀释凝血酶溶液的制备：以生理盐水将上述浓凝血酶溶液稀释，使该稀释液0.1ml能将0.1ml正常血浆在16~18s内凝固为度。

【临床意义】

1. 临床工作中，有时需要对血液凝固过程加以控制，以加速、延缓或阻止血液凝固。如：外科手术时，加速切口血液凝固可尽快止血。在血液检验和输血过程中，需要延缓或阻止血液的凝固。

2. 凝血酶时间是反映血浆内纤维蛋白原水平及血浆中肝素样物质的多少。前者增多和后者减少时凝血酶时间缩短，否则延长。可用于肝素用量的检测。

V. ABO血型鉴定与交叉配血试验

【实验目的】 学会用玻片法测定ABO血型，并说明注意事项；根据测定结果确定血型。

【实验原理】 红细胞膜上的血型抗原与相应的血型抗体会发生凝集反应（A抗原与抗A抗体相遇或B抗原与抗B抗体相遇时要发生红细胞凝集反应）。因此，用已知的标准血清的抗体（即A型标准血清含抗B，B型标准血清含抗A）去测定受检者红细胞膜上未知的抗原，根据是否发生红细胞凝集反应来确定血型。

【实验用品】 显微镜、采血针、A 型和 B 型标准血清、双凹玻片、小试管、试管架、吸管、竹签、生理盐水、75%酒精棉球、消毒棉签、玻璃蜡笔。

【实验方法】
1. 标记 取干净双凹玻片一块，用玻璃蜡笔在两端分别标明 A、B 字样。
2. 采血 以 75%酒精棉球消毒中指指端腹侧（或耳垂）。待酒精自然挥发后，用消毒采血针刺破皮肤，采血 1 滴。
3. 红细胞混悬液的制备 将采血针采的血置于盛有 1ml 生理盐水的试管内摇匀。
4. 加样
（1）在两侧凹面内各加一滴红细胞混悬液。
（2）在 A 端、B 端凹面中央分别滴 A 型和 B 型标准血清各一滴，注意不可混淆。
（3）用吸管吸红细胞混悬液，在双凹玻片的 A、B 标准血清中各加一滴，分别用竹签使其充分混匀。放置 10~15min。
5. 观察：用肉眼观察有无凝集现象，肉眼不易分辨者用低倍显微镜观察。结果判断见第三章第四节表 3-4、图 3-12。

【注意事项】
1. 采血针和采血时必须严格消毒，以防感染。
2. 制备红细胞混悬液不能过浓或过稀，以免造成假结果。
3. 滴标准血清的滴管和作混匀用的竹签各 2 只（根），专用，两种标准血清绝对不能混淆。
4. 注意区别凝集现象与红细胞叠连。发生红细胞凝集时，肉眼观察呈朱红色颗粒，且液体变得清亮。

【思考题】
说明 ABO 血型系统的分型依据；阐明血型与输血的关系。

（高明灿）

实验 3 血液循环实验

Ⅰ. 蛙心起搏点的观察

【实验目的】 利用结扎的方法观察蛙心搏动，分析蛙心起搏点和不同部位的自律性高低。

【实验原理】 两栖类动物的心脏特殊传导系统含有自律细胞，但各部分自律性高低不等。两栖类动物心脏自律性最高的是静脉窦，为其正常起搏点，由它发出的兴奋依次传给心房和心室。如果在静脉窦和心房之间、心房和心室之间结扎，就会阻断兴奋的传导，从而验证蛙心正常起搏点和潜在起搏点自律性的高低不同。

【实验对象】 蛙或蟾蜍
【实验用品】 蛙类手术器械一套、丝线、滴管、蛙心夹、任氏液和烧杯等。
【实验方法】
1. 暴露心脏 破坏蛙脑和脊髓后仰卧位固定于蛙板上，从胸骨下端起向上呈"V"形分别将皮肤、肌肉和骨骼剪开，并用眼科剪仔细剪开心包膜，暴露心脏。
2. 识别心脏各部位 从心脏胸面可看到心室、心房和主动脉干，用细镊子在主动脉干下面穿一线备用。用蛙心夹在心室舒张时夹住心尖并翻向头端，此为心脏背面观，可看到心房下端的静脉窦以及心房与静脉窦之间的半月形白色条纹，即窦房沟（实验图3-1）。

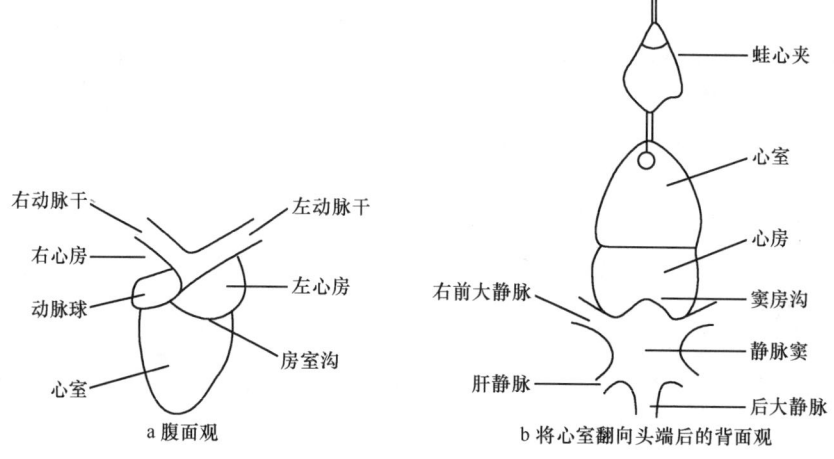

实验图3-1 蛙心结构示意图

3. 实验观察项目

（1）观察蛙心静脉窦、心房、心室的活动顺序，记录它们每分钟各自跳动的次数。

（2）斯氏第一结扎：用丝线在窦房沟处进行斯氏第一结扎，以阻断兴奋在静脉窦与心房之间的传导。观察静脉窦、心房、心室跳动及频率的变化，比较静脉窦与心房、心室频率的高低。

（3）斯氏第二结扎：待心房、心室恢复搏动后，在心房和心室交界的房室沟处作斯氏第二结扎，观察记录静脉窦、心房、心室活动有无改变，分别记录其搏动频率。比较心房、心室频率的高低。

【注意事项】

1. 结扎窦房沟时，部位一定要准确、彻底，不要扎及静脉窦，否则会出现假象。
2. 实验过程中，应经常向心脏滴加任氏液，以保持其兴奋性。

Ⅱ. 期前收缩和代偿间歇

【实验目的】 观察蛙心肌对额外刺激的反应，理解心肌兴奋性变化的特点及意义。

【实验原理】 心肌每次兴奋后，其兴奋性会出现周期性变化。心肌兴奋性变化的特点是有效不应期特别长，包括整个收缩期和舒张早期。在有效不应期内，不能给予心肌多强的刺激都不能引起心肌兴奋；只有在舒张早期以后，进入相对不应期和超常期时，当正常兴奋未到达之前，给予心肌一个适当刺激，可引起心肌提前发生一次收缩，称为期前收缩。期前收缩也有一较长的有效不应期，正常起搏点传来的兴奋落在该有效不应期内，不引起心肌收缩，必须等到下一次起搏点的兴奋传到时才能引起心脏收缩。所以，期前收缩后出现一较长的舒张期，称为代偿间歇。

【实验对象】 蛙或蟾蜍

【实验用品】 生物机能实验系统、刺激电极、肌张力换能器、蛙类手术器械一套、小烧杯、丝线、滴管、铁支架、双凹夹、任氏液。

【实验方法】

1. 蛙心标本的制备 破坏脑和脊髓后将蛙仰卧位固定于蛙板上，打开胸腔，暴露心脏。

2. 实验系统连接　用蛙心夹在心室舒张时夹住心尖，将系于蛙心夹上的丝线连在张力换能器上，将换能器与生物机能实验系统的通道相连。将刺激电极安放好后与生物机能实验系统连接（实验图3-2）。

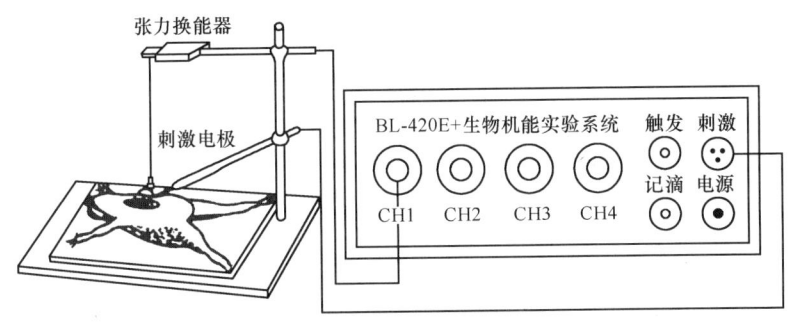

实验图3-2　期前收缩实验连接示意图

3. 实验系统进入和参数设置　打开生物机能实验系统，选择"期前收缩和代偿间歇"实验模块，设定刺激参数为单刺激，刺激强度为3.50V（可以调节）。

4. 观察项目

（1）在计算机描记的正常心室收缩曲线上用中等强度的单个阈上刺激在心室舒张中期刺激心室，注意心搏曲线的变化。如能引起期前收缩，观察其后是否出现代偿间歇。

（2）用同等强度的刺激在心室舒张晚期刺激心室，又是否出现期前收缩和代偿间歇？

（3）在心室收缩期刺激心室，是否能引起心搏曲线的变化，为什么？

【注意事项】

1. 在刺激心室之前，先刺激一下腹部肌肉以检查电刺激是否有效。
2. 刺激电极的两极无论在心室收缩和舒张时，均要与心室肌接触良好。
3. 每刺激一次心室，要让心室恢复2～3次正常搏动后，再行下一次刺激。
4. 实验过程中应经常用任氏液湿润心脏。

Ⅲ. 蛙心灌流观察体液因素对心脏活动的影响

【实验目的】　学习离体蛙心灌流方法，观察某些因素对心脏活动的影响。

【实验原理】　心脏离体以后进行人工灌流，如灌流液成分、性质同其内环境一致，则心脏仍可保持自动有节律地兴奋和收缩；如改变灌流液中离子浓度比例或给予某些药物，均可引起心脏活动的改变。

【实验用品】　生物机能实验系统、蛙类手术器械一套、蛙板、蛙心插管、蛙心夹、长滴管、烧杯、铁支架、肌夹、棉线、张力换能器；任氏液、0.65%NaCl、2%$CaCl_2$、1%KCl、3%乳酸、2.5%$NaHCO_3$、1/10 000去甲肾上腺素、1/10 000乙酰胆碱。

【实验对象】　蛙或蟾蜍

【实验方法】

1. 离体蛙心插管

（1）取蛙或蟾蜍一只，破坏脑和脊髓，将其仰卧固定于蛙板上，自剑突向上呈"V"形剪开皮肤和胸骨，并剪开心包膜，充分暴露心脏。

（2）在静脉窦下方穿一线供结扎静脉备用，在主动脉干下方穿一线作固定插管备用，在主动脉左侧分支下方穿一线并将其结扎。

（3）左手持线固定主动脉，用眼科剪在左主动脉近动脉球处剪一斜口，将盛有少量任氏液的蛙心插管自斜口插入主动脉球,然后将插管稍稍后退,在心室收缩时向心室后壁方向经主动脉瓣口插入心室腔内。此时可见插管中的液面随心跳而上下移动。用滴管吸去插管中的血液,更换新鲜任氏液,以免产生血凝块堵塞插管口。用线将动脉结扎并固定在插管的小玻璃钩上。

(4)轻轻提起插管和蛙心,结扎静脉窦下方的备用线。剪去结扎线的远心端所有组织,游离蛙心。更换新鲜任氏液多次,并始终保持灌流液液面高度恒定(1~2cm)。

2. 连接实验装置　将蛙心插管固定于铁支架上,将蛙心夹于心舒期夹住心尖并连于张力换能器,再与生物机能实验系统连接(实验图3-3),选择系统内蛙心灌流实验项目。

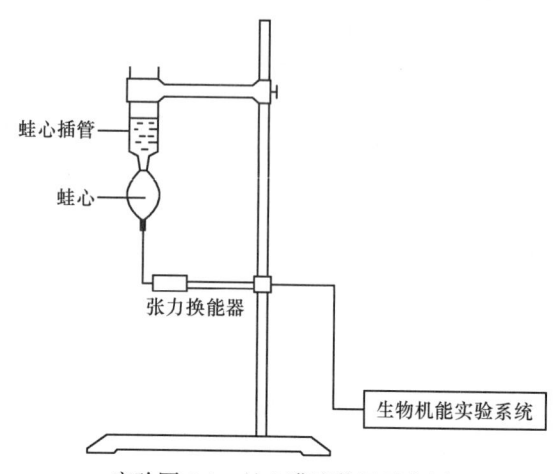

实验图3-3　蛙心灌流装置示意图

3. 观察项目

(1)观察、描记正常心脏活动曲线。

(2)蛙心插管内换入等量的 0.65%NaCl 溶液,观察心脏活动曲线变化。作用明显后,立即用新鲜任氏液换洗2~3次,直至心脏活动曲线恢复正常后进行下一实验项目的观察。

(3)向蛙心插管内加入 2%$CaCl_2$ 溶液1~2滴,观察及换液方法同上。

(4)向蛙心插管内加入 1%KCl 溶液1~2滴,观察及换液方法同上。

(5)在蛙心插管内加入 1:10 000 肾上腺素溶液1~2滴,观察及换液方法同上。

(6)在蛙心插管内加入 1:10 000 乙酰胆碱溶液1~2滴,观察及换液方法同上。

(7)在蛙心插管内加入 3%乳酸溶液1~2滴,当作用出现后立即进行下一步。

(8)在蛙心插管内加入 2.5%$NaHCO_3$溶液1~2滴,观察心脏活动变化。

【注意事项】

1. 蛙心插管及结扎时,勿损伤心脏及静脉窦等。
2. 在每项实验观察前,应保持蛙心插管内液面在同一高度。
3. 药物作用明显时应立即用新鲜任氏液换洗,直至心脏活动曲线恢复正常后再做下项实验。
4. 分别用不同滴管加入各种溶液,以免影响实验结果。

Ⅳ. 微循环血流的观察

【实验目的】　用显微镜观察蛙肠系膜的小动脉、毛细血管和小静脉,了解其血流特点和某些因素对血管舒缩活动的影响。

【实验原理】 微循环是指微动脉和微静脉之间的血液循环。组成微循环的血管壁薄，血流缓慢，是血液与组织之间物质交换的主要场所。利用显微镜直接观察蛙类的肠系膜微循环血流的特征。小动脉内血流较快，不均匀，有时可见脉搏样波动，能分辨出轴流与壁流；小静脉内流速较慢，但比毛细血管中的血流快，没有脉搏样波动，看不到壁流。

【实验对象】 蛙或蟾蜍

【实验用品】 显微镜，蛙类手术器械、蛙板、1ml注射器、大头针、大烧杯、棉球，20%氨基甲酸乙酯、3%乳酸、0.01%组胺、0.01%去甲肾上腺素、任氏液。

【实验方法】
1. 手术操作
（1）麻醉：用20%氨基甲酸乙酯溶液（2mg/g）进行皮下淋巴囊注射，10~15min后蛙进入麻醉状态，将蛙固定在蛙板上。
（2）肠系膜标本制备：在蛙腹部旁侧剪开腹壁，拉出一段小肠，将肠系膜展开用大头针固定在蛙板上。
2. 观察项目
（1）低倍镜观察：观察区分出小动脉、小静脉和毛细血管，观察其中血流速度的特征及血细胞在血管内的流动情况。
（2）高倍镜观察：观察各种血管的血流状况和血细胞形态。
①滴加3%乳酸2~3滴，观察血管有何变化？观察后用任氏液冲洗。
②滴加0.01%去甲肾上腺素1滴，观察血管及血流的变化，观察后用任氏液冲洗。
③滴加0.01%组织胺1滴，观察血管有何变化。

【注意事项】
1. 麻醉不可过深。
2. 展开、固定肠系膜时，牵拉不可太紧，以免损伤肠系膜或阻断血流。
3. 随时滴加任氏液，防止肠系膜干燥。

实验4 血液循环实验（哺乳动物）

Ⅰ. 哺乳动物动脉血压调节

【实验目的】 了解哺乳动物动脉血压的直接描记方法，观察神经、体液因素及药物对动脉血压的影响，加深对动脉血压调节机制的理解。

【实验原理】 在整体中，心血管活动受神经与体液因素的调节。神经调节主要通过各种心血管反射来实现，其中较重要的是颈动脉窦和主动脉弓压力感受器反射，该反射的感受器、传入神经、传出神经等任何一部分受到刺激都可通过心脏和血管功能改变而影响血压。体液调节的因素主要有去甲肾上腺素和肾上腺素等，它们通过与心肌、血管平滑肌上相应受体结合而发挥生理作用。

此外，心血管活动还受药物的影响。其作用原理是这些药物均能与心肌、血管平滑肌上相应受体结合而发挥作用。

【实验对象】 家兔

【实验用品】 生物机能实验系统、刺激电极、血压换能器，哺乳类动物手术器械一套、动脉插管、动物手术台、纱布、手术线、玻璃分针、注射器、小烧杯、滴管、铁支架、血压换能器夹持器，20%氨基甲酸乙酯溶液（3%戊巴比妥钠溶液）、0.3%肝素溶液（或5%柠檬酸钠溶液）、0.01%酒石酸去甲肾上腺素溶液、0.01%盐酸肾上腺素溶液、生理盐水、1%酚妥拉明溶液、0.01%盐酸普萘洛尔溶液、0.01%硫酸阿托品溶液。

【实验方法】

1. 手术操作

（1）麻醉与固定：用20%氨基甲酸乙酯溶液按4~5ml/kg（或3%戊巴比妥钠溶液1ml/kg）通过兔耳缘静脉注射麻醉，然后仰卧位固定兔于手术台上。

（2）气管插管：剪去颈部的毛，沿颈部正中线切开皮肤5~7cm，分离皮下组织及肌肉，暴露和分离气管，在气管下方穿一条线备用，在甲状软骨下端2~3cm处作一倒"T"形切口，插入气管插管，用线将其结扎固定。

（3）颈部血管、神经分离：分离右减压神经（穿1根线）→右颈交感神经（穿1根线）→右迷走神经（穿2根线）→右颈总动脉（穿1根线），最后分离左颈总动脉3~4cm（穿2根线）备用。本实验使用左颈总动脉作动脉插管，右侧神经及右颈总动脉作刺激用，左侧神经作为备用。

（4）左颈总动脉插管：用动脉夹在左侧颈总动脉的近心端夹闭动脉，再结扎颈总动脉的远心端，结扎部位距动脉夹约3cm。在结扎线与动脉夹之间用眼科剪作一向心方向的斜形剪口，将连于血压换能器并充满抗凝剂（0.3%肝素溶液或5%柠檬酸钠溶液）的动脉插管向心脏方向插入动脉内，然后用线将其结扎固定。松开动脉夹后可见血液冲进动脉插管内，血压换能器连于调试好的生物机能实验系统，进入"动脉血压调节"实验模块。

2. 观察项目

（1）描记一段正常动脉血压作对照。

（2）用动脉夹夹闭右侧颈总动脉阻断血流15s，观察兔血压变化的情况。

（3）刺激右减压神经，观察血压有何变化？

（4）刺激右侧迷走神经，观察血压变化；用2条线在该条神经中段分别作结扎，于两结扎线之间剪断神经，分别刺激其中枢端和外周端，观察血压有何变化？

（5）耳缘静脉注射0.01%盐酸肾上腺素0.5ml后，观察血压有何变化？

（6）耳缘静脉注射0.01%酒石酸去甲肾上腺素0.5ml后，观察血压又有何变化？

（7）耳缘静脉注射1%酚妥拉明溶液0.5ml，观察兔血压变化的情况。

（8）耳缘静脉注射0.01%盐酸普萘洛尔溶液1.0ml，观察血压和心率的变化。

（9）静脉注射0.01%硫酸阿托品0.2ml，观察兔血压变化的情况。

【注意事项】

1. 最好用头皮针作耳缘静脉注射麻醉，麻醉时需缓慢。麻醉后用动脉夹固定建立静脉给药通道。

2. 注意插管后应保持插管与动脉的方向一致，避免插管将动脉壁刺破。

3. 在实验过程中应等待血压恢复到对照血压后再进行下一个项目的实验。

4. 实验过程中要经常观察动物呼吸是否平稳、手术区有无渗血等，如出现问题，应及时处理。

Ⅱ. 人体心电图描记

【实验目的】 初步学习心电图机的使用方法，学会辨认和测量正常Ⅱ导联心电图波形。

【实验原理】 心脏兴奋时产生的生物电变化，通过心脏周围的导电组织和体液传导到体表。将心电图机的引导电极置于体表一定部位描记下来的图形称为心电图。心电图反映整个心脏兴奋的产生、传导和恢复过程中的电变化，在临床上有很大的实用价值。

【实验对象】 人

【实验用品】 心电图机、导联线、分规、导电膏、75%酒精棉球。

【实验方法】

1. 接通心电图机电源线，打开电源开关，预热 5min。

2. 让受试者静卧检查床上，肌肉放松，分别用酒精棉球、导电膏擦涂受试者左、右前臂屈侧腕关节上方和左、右脚内踝上方。将心电图机的导联线按红、黄、绿、黑色分别连接在右臂、左臂、左腿、右腿相应位置。白色为胸导联导线。

3. 调整心电图机的参数和描笔位置，然后依次描记 Ⅰ、Ⅱ、Ⅲ、avR、avL、avF、V_1、V_3、V_5 导联的心电图。在所描记的心电图纸上标明导联、日期、受试者姓名、性别和年龄。

4. 心电图的测量与分析（实验图 4-1）

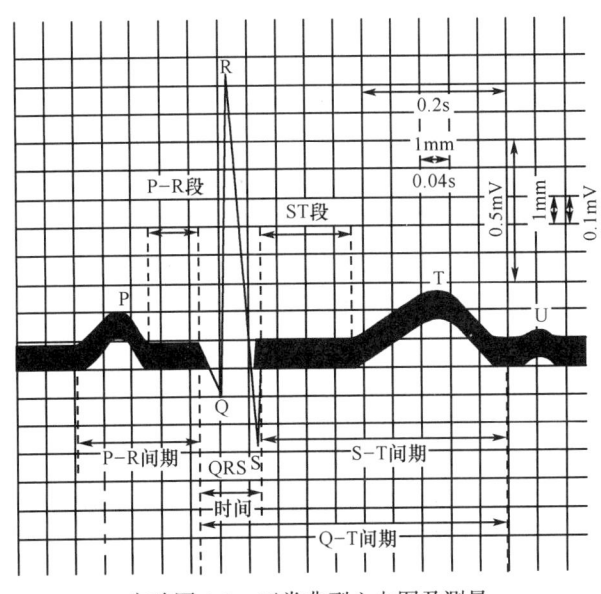

实验图 4-1　正常典型心电图及测量

（1）辨认Ⅱ导联波形：在心电图上辨认并标记出 P 波、QRS 波群、T 波、P-R 间期、ST 段、Q-T 间期。

（2）测量波幅和持续时间：心电图纸上的纵坐标表示电压，每小格为 1mm，代表 0.1mV。向上的波用分规从基线上缘量至波峰顶点，向下的波则从基线下缘量至波谷底点。横坐标表示时间，纸速为 25mm/s 时，每小格为 1mm，代表 0.04s。持续时间的测量是向上的波在基线下缘进行测量，向下的波在基线上缘进行测量。分别对 P 波、QRS 波群、T 波、P-R 间期、Q-T 间期、ST 段进行测量。

（3）测定心率：测量相邻两个心动周期的 R-R 间期或（或 P-P 间期）所经历的时间，根据以下公式计算。心率=60 / R-R 间期（次/min）。

（4）心律的分析：包括主导节律的判定、心律是否规则整齐等。（窦性心律表现为：P 波在Ⅱ导联直立，avR 导联中倒置；P-R 间期≥0.12s。如果心电图中最大的 P-P 间隔和最小的 P-P 间隔时间相差＞0.12s，称为窦性心律不齐。）

【注意事项】
1. 描记心电图时，受检者的呼吸应保持平稳，肌肉一定要放松，避免肌紧张而出现干扰；引导电极与皮肤应紧密接触，以防基线漂移和干扰。
2. 在描记人体心电图时首先应该注意安全，防止漏电伤人。

（张义伟）

实验5　呼吸系统实验

Ⅰ．呼吸运动的调节

【实验目的】
1. 学习记录兔呼吸运动的方法。
2. 观察血液理化因素改变对呼吸运动的影响。
3. 了解肺牵张反射在呼吸运动中的作用。

【实验原理】
呼吸运动能够有节律地持续进行，并适应机体代谢的需要，是神经和体液调节的结果。体内外各种刺激可作用于中枢和外周感受器，反射性地引起呼吸运动改变。肺的牵张反射参与呼吸节律的调节。血液中CO_2分压、O_2分压、H^+浓度的改变刺激中枢和外周化学感受器，产生反射性调节，是保证血液中气体分压稳定的重要机制。

【实验对象】
家兔

【器材药品】
生物信号采集处理系统、换能器、注射器（20ml 及 1ml）、橡皮管（长 1m，内径 0.7cm）、20%氨基甲酸乙酯、生理盐水、3%乳酸、兔手术台、哺乳类手术器械、气管插管、保护电极、动脉插管、动脉夹、钠石灰瓶一只、CO_2气体、球胆一只、细线。

【方法步骤】
急性动物实验时，记录呼吸运动的方法有三种：一是通过与气管插管连接的压力换能器记录；二是通过系在胸（或腹）部的张力或压力换能器记录；三是通过张力传感器记录膈肌运动。

1. 麻醉固定　将家兔称重后，按 5 ml/kg 用 20%氨基甲酸乙酯从耳缘静脉进行注射。待兔麻醉后，仰卧固定于手术台上。
2. 手术操作
（1）颈部手术　剪去颈部与剑突腹面的被毛，切开颈部皮肤，分离气管并插入气管插管，再分离出一侧颈总动脉与双侧迷走神经，穿线备用。
（2）膈肌运动描记法的胸腹部手术：剪开胸骨下端剑突部位的皮肤，再沿腹白线切开长约 2cm 左右的切口。细心分离剑突表面的组织（勿伤及胸腔），暴露出剑突软骨和骨柄，用金冠剪剪去一段剑突软骨的骨柄，使剑突软骨与胸骨完全分离，但必须保留附于其下方的膈肌片，并使之完好无损。此时膈肌的运动可牵动剑突软骨。
3. 实验装置
（1）将换能器一端与气管插管或剑突软骨相连，另一端连接到生物信号采集处理系统。
（2）打开计算机，启动生物信号采集处理系统，接入相应传感器的输入通道，调节记录系统，使呼吸曲线清楚地显示在显示器上。

4. 观察项目

（1）记录并观察正常呼吸运动曲线，注意区分吸气相与呼气相。

（2）CO_2对呼吸运动的影响：将装有CO_2的球胆管口对准气管套管的一侧管开口，并将CO_2球胆管上的螺旋逐渐打开，观察呼吸运动的变化。

（3）缺O_2对呼吸运动的影响：将气管套管的一侧管通过一只钠石灰瓶与盛有一定容量空气的球胆相连，操作者用食指堵塞气管套管的另一侧管，使动物呼吸球胆内的空气。此时，动物呼出的CO_2可被钠石灰吸收，故随着呼吸的进行，球胆内的O_2愈来愈少，观察呼吸运动的变化。

（4）增大无效腔对呼吸运动的影响：将长约1m、内径0.7cm的橡皮管连于气管插管的一个侧管上，用止血钳夹闭另一侧管，使无效腔增加，观察呼吸运动的变化。

（5）从耳缘静脉注入3%乳酸溶液1ml，观察呼吸的变化。

（6）迷走神经在呼吸运动中的作用：剪断右侧迷走神经，呼吸运动有何变化?用两条线在左侧迷走神经中部结扎，并于两结扎线之间剪断迷走神经，呼吸运动有何变化?再用电刺激分别刺激近心端和远心端，观察呼吸的有何变化?

【注意事项】

1. 剪开气管进行插管时，应注意止血，并将气管内分泌物清理干净再插管。
2. 每项实验前均应有正常呼吸曲线为对照，各项观察时间不宜过长，出现效应后立即停止

【思考题】

1. 血液中CO_2增多或缺O_2时，呼吸运动有何改变，通过哪些途径?
2. 双侧切断迷走神经以后，呼吸运动的变化说明什么问题?

Ⅱ. 胸膜腔负压的测定

【实验目的】

1. 学习胸内负压的测定方法。
2. 观察在呼吸周期中胸内负压的变化。

【实验原理】

胸膜腔是由胸膜脏层与壁层所构成的密闭而潜在的间隙。胸膜腔内的压力通常低于大气压，称为胸内负压。胸内负压的大小随呼吸周期的变化而改变。吸气时，肺扩张，回缩力增强，胸内负压加大；呼气时，肺缩小，回缩力减小，负压降低。一旦胸膜腔与外界相通造成开放性气胸，则胸内负压消失。

【实验动物】

家兔

【实验用品】

手术台、常用手术器械、止血钳、粗注射针头、"U"形水检压计、橡皮管、20%氨基甲酸乙酯。

【方法步骤】

1. 将动物麻醉后，背位固定于兔体手术台上。剪去颈部与右前胸部的被毛。
2. 分离气管，插入气管插管。
3. 将粗针头与水检压计连接。插入胸膜腔之前，需将针头尖部磨钝，并检查针孔是否通畅，连接处是否漏气。

4. 在右腋前线第4、5肋骨上线，将针头垂直刺入胸膜腔内。当看到检压计内的红色水柱随呼吸运动而上下移动时，说明针头已进入胸膜腔内，应停止进针，并固定于这一位置。

穿刺时，针头斜面应朝向头侧，首先用较大的力量穿透皮肤，然后控制进针力量，用手指抵住胸壁，以防刺入过深。

5. 观察吸气与呼气时检压计水柱移动的幅度，记下平静呼吸时胸内负压的数值，此时吸气与呼气均为负值。

6. 在气管插管的一个侧管上接一长约1m，内径为0.7cm的橡皮管，夹闭另一侧管，使呼吸运动加强，观察呼气和吸气时检压计水柱之波动，记下其胸内负压之数值。

【注意事项】
1. 进行穿刺时，要控制好进针力度，以免刺破肺组织。
2. 穿刺针头与橡皮管和检压计的连接须严密，不可漏气。

【思考题】
胸内负压是如何形成的？维持胸内负压有何条件？

III. 肺通气功能的测定

【实验目的】
1. 学会使用肺量计测量肺通气功能的方法。
2. 了解正常肺通气量。

【实验对象】
人

【实验器材】
肺量计，橡皮吹嘴，鼻夹，75%酒精，记纹鼓。

【实验过程】
先按实验图5-1将肺量计的下筒（断面图①）装满水。筒的中央有两条通气管⑧⑨与外界相通，管的上口露出水面。上筒②较下筒的直径略小，倒浸入下筒盛的水中，该筒的重量与滑轮③对侧的平衡锤④保持平衡。通气管的下端有三通活门⑦，当活门开放时，呼吸气可经过通气管进出肺量计，上筒随之上下移动，这时对侧平衡锤上的指针就可指出筒内的气量。在指针上按上一杠杆⑩，使墨水笔尖与记纹鼓面接触，以便将筒内的气量变化描记下来。

1. 潮气量、补吸气量、补呼气量和肺活量的测定　将肺量计气筒内充入空气4～5L，然后关闭活门。受试者衔好消毒的橡皮吹嘴，夹鼻，闭眼静坐，平静呼吸。待受试者习惯用口呼吸后，启动肺量计并打开其活门。这时，受试者呼吸气量的改变便可由平

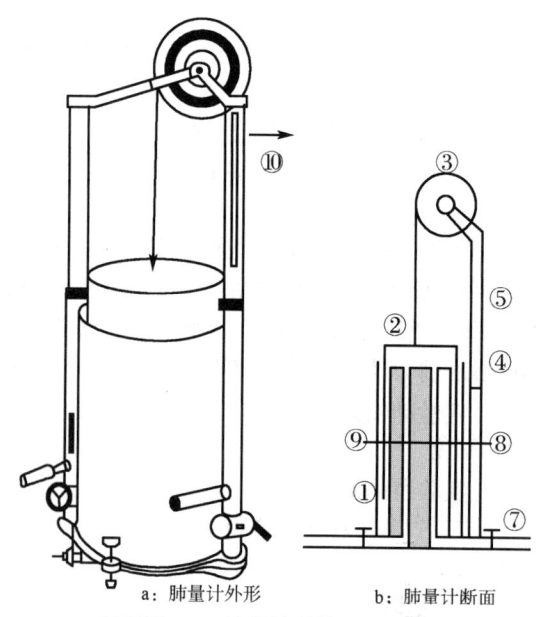

实验图5-1　肺量计的外形及断面图
a.肺量计外形；b.肺量计断面

衡锤上的指针描记在记录纸上。先描记3~4次平和呼吸曲线，让受试者在一次平和吸气之末做一次最大限度吸气，然后，在一次平和呼气之末做一次最大限度呼气。最后让受试者做一次尽力的深吸气继之以尽力深呼气。描记在记纹鼓上的曲线可根据平衡垂旁边标尺量出肺量计上筒上下所移动的距离，计算潮气量、补吸气、补呼气以及肺括量。潮气量可由数次潮气量平均，取其平均值。

2. 时间肺活量的测定　将肺量计内重新装满新鲜空气4~5L。先记录平和呼吸3~4次后，令受试者做最大限度的吸气，在吸气之末屏气1~2s，加快鼓速，再尽力尽快深呼气，直到不能再呼为止。由记录纸上可测出1、2和3s内呼出的气量（实验图5-2）。

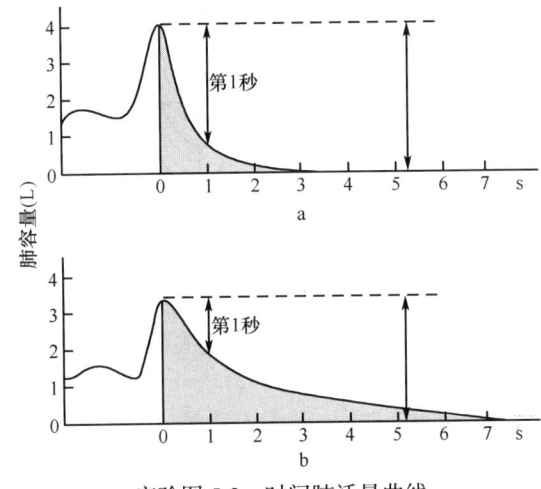

实验图5-2　时间肺活量曲线

【注意事项】
1. 每次肺量计前要检查是否漏水、漏气。
2. 测定时要注意防止从鼻孔和口角漏气。

【思考题】
试分析肺活量与时间肺活量各有何意义。

（叶颖俊）

实验6　生命体征的测量

Ⅰ. 人体心音听诊及脉搏测量

【实验目的】　学会听诊器的使用方法，掌握各瓣膜听诊区的部位以及第一心音与第二心音的分辨。

【实验原理】　心音是由心脏收缩和舒张、瓣膜关闭等振动引起的声音，通过周围组织传到胸壁。将听诊器置于受试者心前区的胸壁，可以听到第一心音和第二心音。

【实验对象】　人

【实验用品】　听诊器

【实验方法】

1. 确定听诊部位

（1）受检者保持安静后坐在检查者对面，解开上衣。检查者仔细观察或用手触诊受检者心尖搏动的位置。

（2）确定心音听诊部位（实验图 6-1）。

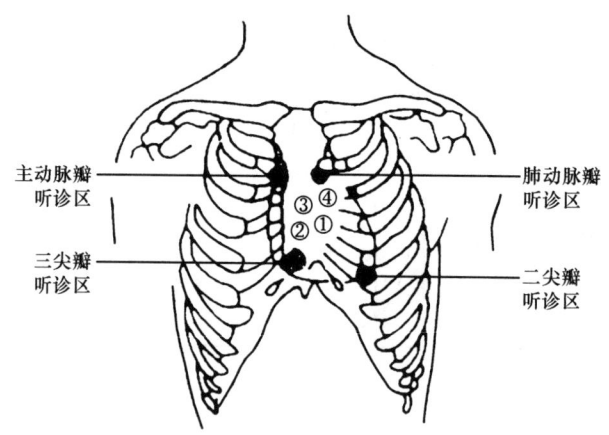

实验图 6-1　人体心音听诊部位

二尖瓣听诊区：左锁骨中线第五肋间稍内侧（心尖部）。

三尖瓣听诊区：胸骨右缘第四肋间或剑突下。

主动脉瓣听诊区：胸骨右缘第二肋间；胸骨左缘第三肋间为主动脉瓣第二听诊区，主动脉瓣关闭不全时，在该处可听见杂音。

肺动脉瓣听诊区：胸骨左缘第二肋间。

2. 听取心音

（1）检查者将听诊器的耳器塞入外耳道，耳器向前弯曲与外耳道弯曲方向一致。以右手的拇指、示指和中指持听诊器的胸件，紧贴受检者胸壁皮肤，依次（二尖瓣听诊区→肺动脉瓣听诊区→主动脉瓣听诊区→三尖瓣听诊区）仔细听取心音，反复分辨第一、二心音。

（2）如果难以分辨，可同时用手指触诊心尖搏动或桡动脉脉搏，与搏动同时听到的心音即为第一心音，之后听到的心音即为第二心音。

（3）比较第一、二心音听诊的最响部位。

3. 脉搏测量　受检者手腕放于舒适位置。检查者以示、中、无名指（三指并拢），指端轻按于手腕内侧桡动脉处，压力的大小以清楚触到搏动为宜，测定一分钟的脉搏数。

【注意事项】

1. 必须保持实验室安静，如果呼吸音影响心音听诊，可令受试者暂时屏住呼吸。

2. 听诊器按压不宜过紧或过松，其橡皮管不得与其他物体接触，以免发生摩擦音，影响听诊。

Ⅱ. 正常人体呼吸音的听取

【实验目的】　掌握正常肺部可听到的三种呼吸音，各自的特点及一定的分布区域。

【实验原理】　呼吸时气流进出各级呼吸道及肺泡产生涡流而引起振动，即产生声音，经过肺组织传至胸壁，在体表可听到。正常肺部可以听到：支气管呼吸音、肺泡呼吸音、支气管肺泡呼吸音。

【实验对象与材料】　正常人、听诊器。

【实验步骤】
1. 受检者取坐位，解开上衣，暴露胸壁。
2. 支气管呼吸音听诊区在喉部、胸骨上窝、背部6~7颈椎及第1~2胸椎附近。特点是：①声音似将舌抬高后，在呼气时发出的"哈——"音；②呼气时相较吸气时相略长；③呼气音较吸气音强且调高。
3. 肺泡呼吸音在正常肺组织均可听到，但在乳房下部、肩胛下部、腋区下部较清晰。其特点是：①声音很像上齿咬下唇吸气时发出的"夫——"音，声音较软似吹微风；②吸气相较呼气相长；③吸气音较呼气音强，且调高。
4. 支气管肺泡音听诊区在胸骨附近，肩胛间区的第3~4胸椎水平。特点是：①吸气音与肺泡呼吸音的吸气音相似，但音响略强，音调略高。呼气音与支气管呼吸音的呼气音相似，但音响较弱，音调较高；②吸气与呼气的时相大致相等。

【注意事项】
1. 室内保持安静、温暖。
2. 受检者应体位舒适，肌肉松弛，以免因肌紧张而产生杂音。听诊器胸端必须直接与皮肤紧贴。听诊器的皮管不得接触其他物品，以免摩擦音的干扰。
3. 受检者闭口用鼻自然呼吸，深呼吸时听到的呼吸音会更清晰。

【临床意义】 异常呼吸音及其临床意义
1. 异常肺泡呼吸音
（1）肺泡呼吸音减弱或消失：呼吸肌疾病、阻塞性肺气肿、胸腔积液、气胸。
（2）肺泡呼吸音增强：贫血、酸中毒。
（3）呼吸音延长：支气管哮喘、阻塞性肺气肿。
（4）断续性呼吸音：肺结核、肺炎。
（5）粗糙性呼吸音：支气管和肺部炎症早期。
2. 异常支气管呼吸音
（1）肺组织实变：大叶性肺炎实变期。
（2）肺内大空腔：肺脓肿或空洞型肺结核。
（3）压迫性肺不张：胸腔积液。
3. 异常支气管呼吸音：肺结核、支气管肺炎、大叶性肺炎初期

III. 人体动脉血压的测量

【实验目的】 了解血压计的主要结构，初步学会间接测量人体动脉血压的方法，能准确测量人体的收缩压和舒张压。

【实验原理】 测量人体动脉血压的常用方法是间接测量法，即用血压计的袖带在肱动脉外加压，根据血管音的变化来测量血压。通常血液在血管内连续流动时听不到声音，如果用气球将空气打入缠于上臂的袖带内，当其压力超过收缩压时，肱动脉的血流被完全阻断，此时用听诊器在肱动脉处听不到任何声音。如果缓慢放气，以降低袖带内压力，当其外加压力稍低于收缩压而高于舒张压时，血液可断续流过受压血管形成涡流而发出声音。听到第一声时检压计上的值相当于收缩压。如果继续放气，当其外加压力刚低于或等于舒张压时，血液在血管内恢复连续流动，声音突然由强变弱或消失。此时，检压计上的值相当于舒张压。

【实验对象】 人
【实验用品】 血压计、听诊器。

【实验方法】

1. 熟悉血压计的结构　常用的水银台式血压计由检压计、袖带和气球三部分组成。检压计是一个标有 0～300mm 刻度的玻璃管，上端通大气，下端和水银储槽相通。袖带是一个外包布套的长方形橡皮囊，借橡皮管分别和检压计的水银储槽及橡皮球相通。气球是一个带有螺丝帽的球状橡皮囊，供充气或放气之用。

2. 驱净袖带内的气体后再拧紧螺帽。

3. 受试者安静数分钟后裸露一侧手臂，将其前臂平放桌上，掌心向上，使前臂与心脏处于同一水平。将袖带缠于该上臂，袖带下缘应在肘关节上约 2cm 处为宜，松紧适度。

4. 正确放置听诊器　在受试者肘窝内侧先用手指触及肱动脉脉搏后，用左手持听诊器的胸件放于其上。将检压计与水银槽之间的旋钮旋至开的位置，水银柱液面应与"0"刻度平齐（实验图 6-2）。

5. 测量收缩压和舒张压　用气球将空气打入袖带内，使检压计上的水银柱上升到 160mmHg 左右（或使水银柱上升到听诊器听

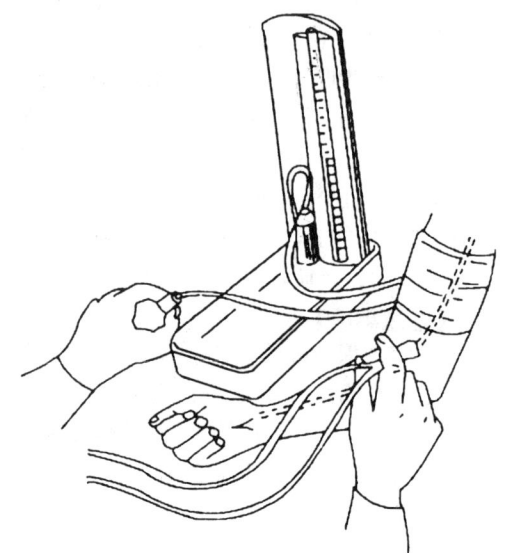

实验图 6-2　人体动脉血压的测定

不见血管音后再继续打气，使水银柱再上升约 20mmHg），随即松开气球螺帽缓慢放气，逐渐降低袖带内压力，在水银柱缓慢下降的同时仔细听诊，当听见"崩崩"样第一声动脉音时，检压计上所示水银柱刻度即代表收缩压。继续缓慢放气，声音逐渐增强后又逐渐变弱至最后消失，在声音由强突然变弱（或消失）这一瞬间，检压计上所示水银柱刻度即代表舒张压。

以测准为止，一般可重复测量 1～2 次，取其平均值。注意在重测时应将水银柱放至"0"刻度后再打气。血压记录方式为：收缩压/舒张压 mmHg

6. 测量完毕，应将检压计与水银槽之间的旋钮旋至关的位置。妥当收放血压计内物件，气球螺帽一定要向下放置，避免关闭时压断玻璃刻度管。

【注意事项】

1. 室内必须保持安静，以利听取声音。

2. 袖带松紧要适度，听诊器胸件应放在肱动脉搏动位置上，而不应放在袖带内，按压时不宜过重或过轻。

3. 避免袖带胶管与听诊器胶管的摩擦音。

Ⅳ. 人体体温测量

【实验目的】　掌握人体体温的正确测量方法

【实验原理】　体温是指人体深部的平均温度。实际工作中通常测量腋窝、口腔或直肠的温度来代表体温。人体的体温是相对恒定的，但有一定的生理差异。

【实验用品】　水银体温表（腋表、口表）、酒精棉球、消毒纱布。

【实验方法】

1. 熟悉水银体温表的结构　水银体温表是由一根标有刻度的真空玻璃管构成，其下端贮有水银。水银遇热膨胀，沿毛细管上升，可以通过刻度来读取所测温度。水银体温表有腋

表、口表和肛表三种。腋表的水银端扁而长，口表的水银端细而长，肛表的水银端粗而短。

2. 实验准备　将浸泡于消毒液中的体温表取出，用酒精棉球擦试，并将水银柱甩至35℃以下，甩表时防止碰撞它物，以免破碎。

3. 测量体温

（1）腋窝测温法：被测者解开上衣，有汗时擦干腋窝，将体温表的水银端放在腋窝深处紧贴皮肤，屈臂内收夹紧体温表。10min后取出，读取温度并纪录。

（2）口腔测温法：检查者将口表水银端斜放于受检者舌下，令其闭口用鼻呼吸，勿用牙咬体温表。3min后取出，读取温度并纪录。

（3）比较运动前后体温的变化：受检者静坐10min后，按上述方法测量并纪录体温；再令受检者室外运动10min（跑步、弹跳等），立即回室测量体温。比较运动前后体温的变化。

（高明灿）

实验7　胃肠运动与消化道平滑肌生理特性观察

Ⅰ．胃肠运动观察

【实验目的】
1. 直接观察麻醉状态下家兔在体胃肠的运动形式，加深对蠕动和分节运动的认识。
2. 观察神经因素和体液因素对家兔胃肠运动的影响。

【实验原理】　食物的机械性消化是通过胃肠运动实现的，而正常人和动物的胃肠运动是在神经和体液因素共同调节下进行的。胃肠运动受自主神经系统和内在神经系统的支配，自主神经又包括交感神经和副交感神经，通常情况下两者在对同一器官进行调节时既相互拮抗又相互协调，但以副交感神经的作用占优势。交感神经兴奋时，使胃肠运动减弱；副交感神经兴奋时，使胃肠运动加强。胃肠的内在神经由黏膜下神经丛和肌间神经丛构成了一个完整的、相对独立的整合系统，在胃肠活动的调节中具有十分重要的作用，但在整体情况下，受外来神经的支配。同时，胃肠运动及消化液分泌还受一些体液因素的影响。神经、体液因素的改变必然影响消化道功能。

【实验对象】　家兔

【实验用品】　哺乳类动物手术器械，婴儿秤，兔手术台，电刺激器，保护电极，玻璃分针，纱布，烧杯，滴管，注射器，20%氨基甲酸乙酯溶液，1∶10 000的乙酰胆碱，1∶10 000的肾上腺素，阿托晶注射液，新斯的明注射液，温热的生理盐水。

【实验步骤】

1. 手术操作过程

（1）称重、麻醉、固定　取家兔1只，称重，由耳缘静脉注射20%氨基甲酸乙酯溶液（按5 mL/kg体重），待家兔麻醉后，取仰卧位固定在兔手术台上。

（2）颈部手术操作　剪去颈部的毛，沿颈中线作5~7cm的皮肤切口，分离皮下组织及肌肉，暴露、分离气管。在气管的一侧，找出颈总动脉鞘，用玻璃分针分离出迷走神经，用棉线穿过其下方，打活结，备用，或从膈肌下方食管的末端用玻璃分针分离出迷走神经的前支，穿线备用。

（3）腹部手术操作。

①将腹部的毛剪去，自剑突下 0.5cm 沿腹正中线切开腹壁 4～5cm，并在切口两边缘正中位置，用止血钳夹住腹壁向外上方牵拉，充分暴露胃肠，在切口两侧敷以温热的生理盐水纱布。

②找出并分离内脏大神经　用温热的生理盐水纱布将小肠轻轻推向右侧，暴露左侧肾脏，在肾脏的上方近中线处找到一粉红色黄豆大小的肾上腺，沿肾上腺向上可找到左侧内脏大神经（或在与肾上腺静脉成 45°角的方位寻找）。用玻璃分针分离出神经后，安置上保护电极，备用。

2. 实验项目的观察

（1）观察正常情况下胃肠的运动状况，主要观察胃的蠕动、小肠的蠕动和分节运动，再用手指触摸胃肠以了解其紧张度。

（2）结扎并剪断颈部迷走神经，用中等刺激强度的电刺激连续刺激其外周端，观察胃肠运动的变化；或者用中等刺激强度的电刺激连续刺激膈下迷走神经，观察胃肠运动的变化。

（3）用连续电刺激（5～10 V，30～40 Hz）刺激内脏大神经，观察胃肠运动的变化。

（4）在胃肠上直接滴加 1:10 000 的肾上腺素 5～10 滴，观察胃肠运动的变化。

（5）在胃肠上直接滴加 1:10 000 的乙酰胆碱 5～10 滴，观察胃肠运动的变化。

（6）经耳缘静脉缓慢注射新斯的明（0.2～0.3mg），观察胃肠运动的变化。

（7）在新斯的明作用的基础上，经耳缘静脉缓慢注射阿托品 0.5g，观察胃肠运动的变化。

【注意事项】

1. 实验前应给动物喂食。
2. 麻醉前抽取的药量要比实际计算的药量多一些，给药时要缓慢，并密切观察麻醉深度的指标，应尽量避免出现麻醉过浅而影响实验进程或麻醉过深导致动物死亡的情况。
3. 在手术操作过程中手法要轻重适当，禁止粗暴操作，避免因出血而影响实验进行。
4. 为便于观察，可在腹部切口两侧用止血钳夹住腹壁，向外上方提起。
5. 用温热的生理盐水为胃肠提供湿润的环境，避免胃肠暴露时间过长而影响其运动。
6. 每完成一个实验项目后，间隔数分钟后再进行下一个实验项目。

【思考题】

1. 胃肠运动形式有何异同？
2. 如何理解自主神经对胃肠运动的影响？

Ⅱ. 消化道平滑肌的生理特性的观察

【实验目的】

1. 了解离体小肠平滑肌运动的模拟实验操作。
2. 理解小肠平滑肌运动的特点及影响因素。

【实验原理】　消化道平滑肌具有肌组织的共同特性，如兴奋性、自律性、传导性和收缩性，但消化道平滑肌的这些特性又不同于心肌和骨骼肌，有明显的自身特点。如小肠平滑肌兴奋性较骨骼肌低，收缩的潜伏期、收缩期和舒张期所占的时间比骨骼肌的长得多，而且变异很大；离体后置于适宜的环境内，仍能进行良好的节律性运动，但其收缩很缓慢，节律性远不如心肌的规则；经常保持一种微弱的持续收缩状态，即紧张性；对电刺激较不敏感，但对于牵张、温度变化和化学刺激则特别敏感等。本实验意在观察，当内环境理化因素改变时消化道平滑肌生理特性的变化。

【实验对象】　家兔。

【实验用品】　离体肠肌运动模拟实验窗口，麦氏浴槽，离体肠肌，仿真二道记录仪，试剂架，试剂滴瓶，氢氧化钠，1∶100 000 的乙酰胆碱，25℃台氏液，1∶100 000 的肾上腺素，盐酸。

【实验步骤】

1. 打开离体肠肌运动模拟实验窗口。

2. 鼠标点击麦氏浴槽放水口连接胶管上的螺丝夹，可使麦氏浴槽内的台氏液流出、麦氏浴槽进水口连接胶管上的螺丝夹打开，正常台氏液流入麦氏浴槽内，达到冲洗、换液功能。

3. 离体肠肌上端用棉线与张力换能器相连，适当调节换能器的高度，使标本与换能器的连线松紧度合适，正好悬挂在药液管中央，避免与药液管的管壁接触而影响实验结果。肠肌活动的频率和幅度可通过离体肠肌运动的动画和换能器弹性悬臂梁的动画展现。

4. 打开仿真二道记录仪，上线记录离体肠肌收缩曲线，收缩曲线基线的高低表示小肠平滑肌紧张性的高低，收缩曲线的幅度大小表示小肠平滑肌收缩活动的强弱，下线记录实验项目标记。仿真记录仪面板设有灵敏度、位移、纸速、停止按钮，面板上还设有数字显示框，分别显示记录仪上线灵敏度、肠肌收缩力度、实验项目、实验时间。

5. 选择试剂架上放置试剂滴瓶，鼠标器左键点击某一药品或试剂瓶的滴头并拖动至麦氏浴槽上方释放，分别滴加：

（1）盐酸，观察并记录其收缩幅度，待反应稳定后换液冲洗；

（2）氢氧化钠，记录其收缩幅度，待反应稳定后换液冲洗；

（3）25℃的台氏液灌流肠肌，观察并记录其收缩幅度，待反应稳定后换液冲洗；

（4）1∶100 000 的肾上腺素溶液，观察其反应，待反应稳定后换液冲洗；

（5）1∶100 000 的乙酰胆碱，观察其反应，记录反应结果。

【注意事项】

1. 每次滴加药物之前均应换液冲洗。

2. 每项实验出现作用后，待肠肌恢复正常运动后再观察下一项目。

3. 严格遵守操作次序。

【思考题】

1. 为什么离体小肠具有自律性运动？

2. 消化道平滑肌的生理特性与骨骼肌、心肌的相比较有何特点？

3. 能够明显刺激小肠活动的因素有哪些？试分析这些因素与消化功能的关系。

（张义伟）

实验 8　影响尿生成的因素

【实验目的】　观察若干因素对家兔尿生成的影响；如实记录实验结果，并分析其作用机制。

【实验原理】　尿的生成过程包括肾小球滤过、肾小管和集合管的重吸收和分泌过程。肾小球滤过受滤过膜通透性、血浆胶体渗透压、肾小球血浆流量和肾小球毛细血管压等因素的影响，后二者又受肾交感神经以及肾上腺素、去甲肾上腺素等体液因子的影响，肾小管重吸收受小管液中溶质浓度等因素的影响。此外，影响尿液浓缩和稀释机制的因素，影响抗利尿激素释放的因素，影响肾素—血管张素—醛固酮系统的因素以及循环血容量、全身动脉血压等都能对尿生成发生影响。

【实验动物】　家兔

【实验器材和用品】　生物信号采集系统、计算机、哺乳类动物手术器械一套、保护电极、受滴器、压力换能器、输尿管插管或膀胱插管、动脉插管、气管插管、注射器、尿糖试纸、培养皿、滴管、1％戊巴比妥钠（或20％的氨基甲酸乙酯）、0.1％肝素溶液、20％葡萄糖溶液、1∶10 000去甲肾上腺素溶液、垂体后叶素、速尿、生理盐水。

【实验步骤】

1. 一般手术的称重，麻醉，仰卧固定（麻醉、固定的方法与前面的相同）。

2. 颈部手术和血压描记与哺乳动物动脉血压调节实验相同。分离右侧颈迷走神经，穿线备用，有条件时可做一外静脉插管，外端连一三通开关，以备静脉注射药物用。

3. 尿液收集可以采用膀胱插管或输尿管插管的方法：

（1）膀胱插管：在耻骨联合上缘沿正中线向前作2~3cm长的纵行皮肤切口，沿腹白线切开腹腔，注意不要切到充盈的膀胱壁，将膀胱慢慢移出体外（动作轻柔以免刺激强烈引起家兔排尿）。将膀胱向上翻转分离出尿道入口并穿线结扎。再翻转膀胱在其顶部毛细血管稀少的区域做一荷包缝合，在荷包中心做一小切口，插入注满水的膀胱插管，收紧缝合线扎紧。手术完毕，将插管的膀胱送回腹腔，腹部切口缝合，并用温盐水纱布覆盖术区，以保持腹腔内温度膀胱插管通过橡胶管连接记滴装置。

（2）输尿管插管：在耻骨联合上缘沿正中线向前作4cm长的纵行皮肤切口，沿腹白线切开腹腔，将膀胱慢慢移出体外，在其底部找到膀胱三角，仔细辨认输尿管，将两侧输尿管与周围组织轻轻分离。穿线将双侧输尿管近膀胱端结扎，在结扎点的上方剪一斜切口，切口约为管径一半，将两根充满生理盐水的细塑料管向肾脏方向分别插入输尿管内，并穿线结扎固定，随后可见尿液从细塑料管内慢慢逐滴流出。手术完毕，将膀胱送回腹腔，腹部切口缝合，并用温盐水纱布覆盖术区，以保持腹腔内温度，细塑料管另一端连至受滴器。

4. 连接并开启实验装置

【实验观察】

（1）观察并记录正常的血压和尿量作对比。

（2）增加循环血量，降低血浆体渗透压：经耳缘静脉或颈外静脉插管缓慢注射37℃注射用生理盐水20ml，观察血压和尿量变化。

（3）间歇刺激颈迷走神经外周端：剪断右侧颈迷走神经，以中等强度重复脉冲，采取短暂间歇多次的刺激方法，刺激右侧颈迷走神经外周端，使血压下降并维持在50mmHg左右大约2min，观察尿量有何变化。

（4）注射高渗葡萄糖：注射前先取2滴尿液作尿糖定性试验，观察是否阳性。然后由耳缘静脉或颈外静脉插管注射20％葡萄糖溶液5ml，观察血压和尿量变化。在尿量明显增多时，重新取2滴尿液作尿糖定性试验，待尿量恢复至注射葡萄糖前水平时，再取2滴尿液作尿糖定性试验。

（5）注射速尿：经耳缘静脉或颈外静脉插管注射速尿2mIUmg/ml），观察血压和尿量变化。

（6）注射垂体后叶素：经耳缘静脉或颈外静脉插管注射，观察血压和尿量变化。

【拓展项目】

1. 注射去甲肾上腺素：经耳缘静脉或颈外静脉插管注射1∶100 000去甲肾上腺素溶液5ml，观察血压和尿量变化。

2. 放血：分离另一侧股动脉，插管放血，使血压迅速下降至10.7kPa（80mmHg）以下，观察血压和尿量变化。

3. 补充生理盐水：放血后，再迅速从耳缘静脉或颈外静脉插管注射温热（约37℃）生理盐水，观察血压和尿量变化。

【注意事项】
1. 每项观察前后均须有对照血压和尿量记录。
2. 腹部切口不宜过大，并注意保温。
3. 手术操作应轻柔，避免损伤性尿闭。不能过度牵拉输尿管，防止输尿管挛缩导致不能导出尿液，必要时可局部敷用2%普鲁卡因。
4. 输尿管插管时，注意不要插入其黏膜层，并避免反复插，损伤黏膜面造成出血，以致血液凝固而堵塞管道。
5. 输尿管插管不能扭曲，以免引流不畅。
6. 本实验要作多次静脉注射，应注意保护耳缘静脉，静脉穿刺从耳尖开始，逐步移向耳根部。
7. 若采取经颈外静脉插管注射给药的方法，则应在药物注射完毕后，再推入少许生理盐水，以便将留在插管内的药物全部注入动物体内。
8. 每进行一次实验，均应等待血压和尿量基本回复到对照值后再进行。

【思考题】
静脉注射高渗葡萄糖后，尿量为什么会增多？

（张义伟）

实验9 感觉器官功能实验

Ⅰ．瞳孔对光反射和近反射

【实验目的】 观察视调节反射和瞳孔对光反射现象，学会瞳孔对光反射和近反射的检查方法。

【实验用品】 人、手电筒。

【实验准备】 布置一暗室，实验最好在暗室中进行。

【实验步骤】
1. 瞳孔对光反射
（1）受试者坐在较暗处，检查者先观察受试者两眼瞳孔的大小，后用手电筒照射受检者一眼，立即可见受照眼瞳孔缩小（直接对光反射）；停止照射，瞳孔恢复原状。
（2）用手沿鼻梁将两眼视野分开，再用手电筒照射一侧眼，可见另一眼瞳孔也缩小，此称间接对光反射，又称互感性对光反射。
2. 瞳孔近反射 受检者注视正前方5m外某一物体（但不要注视灯光），检查者观察其瞳孔大小。告诉受试者，当物体移近时必须目不转睛地注视物体。然后将物体迅速地移向受检者眼前，观察其瞳孔有何变化，并注意两眼球会聚现象。正常成人瞳孔直径2.5~4.0mm（可变动于1.5~8.0mm）。

【注意事项】 作视调节反射，当目标由远移近时，受视者眼睛必须始终注视目标。

Ⅱ．视力的测定

【实验目的】 学习视力测定的方法，理解视力测定的原理。

【实验用品】 人、远视力表、指示棒、米尺。

【实验准备】

1. 将视力表挂在光线充足、照明均匀的墙上，使表上的第10行符号与受试者眼睛处于同一处水平高度。

2. 在距视力表5m处画一横线，受试者面对视力表，站在横线处。

【实验步骤】

1. 遮住受试者一眼，测试另一眼。检查者用指示棒从上往下逐行指示表上符号，每指一符号，令受试者说出表上"E"或"C"缺口的方向，直至不能辨认为止。受试者能分辨的最后一行符号的表旁数值，代表受试者的视力。

2. 用同法检查另一眼的视力。

III. 色盲检查

【实验目的】 学会检查色盲的方法。

【实验用品】 人、色盲检查图。

【实验步骤】

1. 色盲检查图种类多，在使用前，应详细阅读说明书。

2. 在充足均匀的自然光线下，检查者逐页翻开检查图，让受试者尽快回答所见的数字或图形，注意回答正确与否，时间是否超过30s。倘若有误，应按色盲检查图的说明进行判定。

IV. 声波的传导途径

【实验目的】 比较声波气导和骨导两条途径的听觉效果；学习临床上常用的鉴别神经性耳聋和传导性耳聋的检查方法。

【实验用品】 人、音叉（频率为256次/s或512次/s）、棉球。

【实验步骤】

1. 比较同侧耳的气导和骨导（任内试验）。

（1）受试者背对检查者而坐，检查者敲响音叉后，立即将音叉置于受试者一侧颞骨乳突处（骨导）。当受试者表示听不见声音时，立即将音叉移至同侧的外耳道处（气导），询问受试者能否听到声音。然后，先将敲响的音叉置于外耳道口处，当受试者听不见声音时，立即将音叉移至同侧乳突部，询问受试者能否听到声音。如气导时间>骨导时间，称为任内试验阳性。

（2）用棉球塞住受试者一侧外耳门（模拟气导障碍），重复上述实验，如气导时间<骨导时间，称为任内试验阴性。

2. 比较两耳骨导（魏伯试验）

（1）将敲响的音叉柄置于受试者前额正中发际处，正常时两耳感受的声音强度应相同。

（2）用棉球塞住受试者一侧耳孔，重复上述实验，此时塞棉球一侧感受的声音强度高于对侧。

【注意事项】

1. 室内必须保持安静，以免影响听觉效果。

2. 敲击音叉不可用力过猛，更不可在坚硬物体上敲击。

3. 音叉置于外耳道时，不要触及耳郭和头发，且应将音叉振动方向对准外耳道。

（张义伟）

实验 10　神经系统功能

Ⅰ．小鼠去小脑观察

【实验目的】　观察破坏一侧小脑而引起的肌张力变化，随意运动障碍及平衡失调。

【实验原理】　小脑是躯体运动的重要调节中枢，小脑具有维持身体平衡，调节肌紧张，协调解随意运动的功能。小脑虽不直接控制骨骼肌活动，但却对运动皮层发动的随意运动起矫正和调节作用，使随意活动能协调、准确。若小脑损伤可表现出明显的躯体运动障碍。

【实验对象】　小白鼠

【实验用品】　剪子、镊子、解剖刀、圆头直缝针、青霉素空瓶、药棉、乙醚。

【实验步骤和观察指标】

1. 先观察小白鼠在实验桌上正常活动的情况，然后将小鼠倒扣在装有蘸乙醚药棉的烧杯内，将其麻醉（注意防止麻醉过深）。

2. 将麻醉后的小白鼠俯卧位固定在蛙板上，沿头部正中线切开头皮直达耳后部，暴露顶骨和顶间骨。

3. 用左手的拇指和示指捏住鼠头两侧，用干棉球把顶间骨上面一层薄薄的皮下肌肉轻轻向后推压分离，使包在小脑外的顶间骨能更多的显示出来，通过透明的顶间骨即可看到小脑的位置。

4. 用尖探针尽量在远离中线处穿透一侧顶间骨进针约 2mm（实验图 10-1），将针伸向前方，再自前向后，将一侧小脑捣毁，然后将针去处，用棉球止血。

5. 待小白鼠苏醒后观察其活动，就会出现小脑部分损伤的症状。注意其姿势不平衡的情况以及肢体的屈伸和肌肉的紧张度。

6. 再按步骤（1）麻醉小白鼠，毁坏另一侧小脑，待清醒后观察躯体运动的变化。

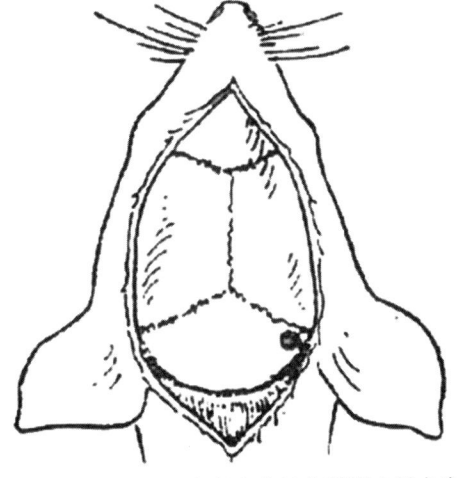

实验图 10-1　破坏小鼠小脑的位置图中黑点为破坏小脑刺入处

【注意事项】

1. 在麻醉小白鼠时须密切注意呼吸反应的存在，以免麻醉过度而死亡。

2. 分离头部肌肉时不能用力过大，避免过多的肌肉纤维被损伤。

3. 穿刺头骨时，针不要从骨缝中插入，避免出血过多。捣毁小脑时进针深度不能超过 3 毫米，以免损伤延髓而使小白鼠死亡。捣毁的范围也不能太大。

【思考题】

1. 一侧小脑损伤会导致动物躯体运动和站立姿势发生什么变化？为什么？2.

2. 试比较一侧小脑损伤与双侧小脑损伤的区别

3. 试述小脑各部对躯体运动的调节机制

II. 大脑皮质运动机能定位

【实验目的】 通过电刺激兔大脑皮质不同部位，观察相关肌肉收缩活动，了解大脑皮质运动区与肌肉运动的定位关系。

【实验原理】 大脑皮质运动区是调节躯体运动功能的最高级中枢，具有精细的功能定位，大脑皮质的不同部位具有不同功能，刺激动物大脑皮质一定部位能引起特定肌肉或肌群的收缩。

【实验对象】 家兔。

【实验用品】 哺乳类动物手术器械一套，小骨钻、小咬骨钳、电刺激器、刺激电极、气管插管；3%戊巴比妥钠（或者20%乌拉坦）、生理盐水、液体石蜡、骨蜡（或止血海绵）、丝线，纱布。

【实验步骤和观察指标】

1. 家兔1只，称重后以3%戊巴比妥钠以1ml/kg体重从耳缘静脉注射，待麻醉后背位固定手术台上。

2. 剪去颈部的毛，自颈正中线切开皮肤，暴露气管，安置三通气管插管。

3. 将兔改为俯卧位固定，剪去头部的毛，从眉间至枕部沿矢状线切开皮肤及骨膜，用刀柄向两侧剥离肌肉并刮去颅顶骨膜。暴露头顶骨缝标志，选择矢状缝后，在矢状缝旁开0.5cm处用颅骨钻钻孔（钻孔时注意不要伤及矢状缝，以免大出血），再用咬骨钳小心向四周咬骨扩大创口，咬骨时切勿损伤硬脑膜并注意随时止血（颅骨创口出血用骨蜡止血，皮层表面血管出血用明胶海绵止血）。

4. 用小镊子夹起硬脑膜并用眼科剪小心剪掉，暴露脑皮质，将温热（39～40℃）的少许液体石蜡滴在暴露的皮质上，以防皮质干燥。手术完毕后即放松动物的四肢，以便观察躯体运动效应。

【观察项目】

1. 观察刺激皮质的效应：按操作规程连接实验用的电刺激器和刺激电极。逐点依次刺激大脑皮质不同区域，观察躯体运动反应，并将结果标记在大脑半球侧面观的示意图上（实验图10-2）。刺激参数：波宽1～2ms，电压10～20V，频率20～100Hz。每次刺激时间持续1～5s；每次刺激后休息1～2min。

2. 绘制一张皮质轮廓图，以备记录使用（实验图9-2）。

3. 用连续电刺激由前向后，由内向外依次刺激大脑皮质不同部位引起的肢体和头面部运动的情况，并将观察的结果标记在皮质轮廓图上。

4. 在另一侧大脑皮质重复上述实验。

【注意事项】

1. 注意刺激强度不宜太强，选用的刺激强度可先用同心圆电极刺激切口附近皮下肌肉，用引起肌肉收缩的最小刺激强度作为参考值，在此基础上调整即可。

2. 刺激点自头部前端向后，自内向外按顺序刺激，每隔0.5mm为一点，每次刺激由弱渐强，以出现反应为度，因为刺激大脑皮层引起骨骼肌收缩的潜伏期较长，所以每次刺激持续5～10s才能确定有无反应。

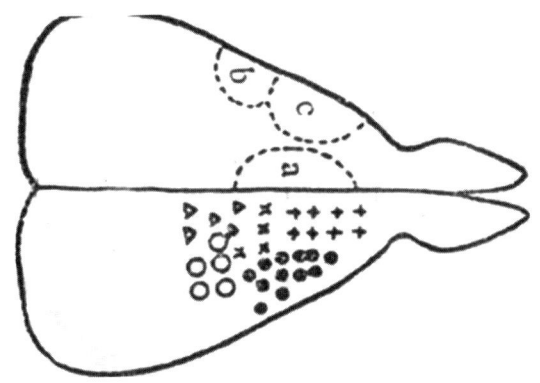

实验图 10-2 兔大脑皮质的刺激效应

a.中央后回；b. 脑岛区；c. 下颌运动区；+.颈面肌和下颌动；·下颌动；·头动；×前肢东和后肢动；△前肢动

3. 颅骨扩大创面出血较多时，可先行短暂夹闭双侧颈总动脉，开颅术后即松开动脉夹恢复血流。

4. 动物应呈中等麻醉状态，即表现为动物瞳孔扩大，夹趾反应引起的屈肌反射减弱，肌张力中度松弛而不是显著松弛，角膜反射明显减弱而不是完全消失。

【思考题】
1. 大脑皮层运动区的机能分布位置有何特点？
2. 刺激大脑皮层引起骨骼肌收缩的神经路径是什么？

III. 去大脑僵直

【实验目的】 观察去大脑僵直现象，分析高位中枢对肌紧张的调节作用，加深脑干对肌紧张易化作用和抑制作用的理解。

【实验原理】 中枢神经系统对伸肌的紧张度既有易化作用又有抑制作用，二者的协调平衡使骨骼肌保持适当的紧张度，以维持机体的正常姿势。若在中脑上、下丘之间离断动物的脑干，则抑制伸肌紧张的作用减弱而易化伸肌紧张的作用相对加强，动物将出现四肢伸直，头尾昂起，脊柱后挺的角弓反张现象，这就是去大脑僵直。僵直的发生是由于中枢对伸肌肌紧张的抑制作用减弱，易化作用加强，使伸肌的紧张性亢进，其本质是牵张反射的加强。

【实验对象】 健康家兔，体重 2.0~3.0kg。

【实验器材和药品】 哺乳动物手术器械一套、骨钻、骨蜡、小咬骨钳、竹刀、明胶海绵、纱布、脱脂棉、丝线、3%戊巴比妥钠、生理盐水。

【实验步骤与观察指标】
1. 从兔耳缘静脉按 1ml/kg 体重的量缓慢注入 3%戊巴比妥钠。
2. 将兔俯卧固定。剪去头顶部的毛，由两眉连线中点上方至枕部将头皮纵行切开，将颈肌上缘附着在头骨的部分切开，用刀柄自上而下地剥离扩大顶骨暴露面，并刮去颅顶骨膜；兔头水平放置，在旁开矢状缝 0.5mm 左右的颅顶处用骨钻各钻一孔，再以小咬骨钳将创口扩大至枕骨结节，暴露整个大脑皮质的后缘。手术过程中，若颅骨出血可用骨腊止血，扩展时，要注意勿伤及颅骨内壁的矢状窦，以免大出血。用小镊子夹起硬脑膜，剪开硬脑膜，并滴少许石蜡油以防脑表面干燥。结扎两侧颈总动脉。
3. 横断脑干 松开动物四肢，左手将动物的头托起，右手用手术刀柄从大脑半球后缘与小脑之间伸入，轻轻翻开枕叶，暴露四叠体，在上、下丘之间果断向颅底横切（实验图10-3），将脑干完全切断。使兔侧卧，几分钟后可见兔的脊柱和四肢慢慢伸直变硬，头后仰，尾上翘，呈角弓反张状（实验图10-4）。

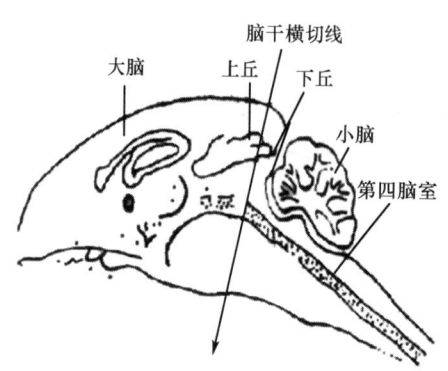

实验图10-3　脑矢状切面图示实验横切线　　　实验图10-4　兔去大脑僵直状

4. 明显的僵直现象出现后，在下丘稍后方再次切断脑干，观察肌紧张变化。

【注意事项】
1. 麻醉不能过深，可给半量以免去大脑僵直不出现。
2. 切断脑干处的定位要准确，若切割部位太低，可损伤延髓呼吸中枢，引起呼吸停止；反之，横切部位过高，则可能不出现去大脑僵直现象。
3. 僵直往往与切断脑干数分钟后出现，故术后应等待10min左右。横断脑干后僵直仍不明显，可试用牵拉四肢（肢体伸肌传入）、扭动颈部（颈肌传入）、动物仰卧（前庭传入）等办法，使僵直易于出现。
4. 如动物横断脑干后5~10min仍不出现僵直现象，呼吸尚平稳，可在原切断面再向后2mm处重新切一刀。

（高明灿）

【思考题】
1. 家兔产生去大脑僵直的机制是什么？
2. 去大脑僵直实验对临床神经反射检查有何启示？
3. 将动物脊髓的背根切断，会出现什么结果？

生理学教学大纲

一、课程性质和任务

生理学是医学类高等职业院校的一门主干专业基础课程,主要内容包括人体在正常情况下所表现的各种生命现象、活动规律、产生机制、调节方式及其过程。任务是使学生掌握本课程的基本理论和基本技能,为学习相关医学专业的知识与技能、做好医药卫生健康服务工作打下基础。

二、课程教学目标

(一)知识教学目标

1. 熟悉和掌握正常人体主要器官的生理功能及各器官系统功能的调节。
2. 理解人体结构与功能活动的关系。

(二)能力培养目标

1. 能够正确理解、表述和运用生理学的基本理论知识。
2. 学会测试人体功能活动的一些基本操作技能。

(三)思想教育目标

1. 培养勤思好学和严谨求实的科学精神。
2. 树立准确的健康观。

三、教学内容和要求

本课程教学内容分为基础模块、实践模块和选学模块。基础模块和实际模块是本课程的必学内容,选学模块供各学校根据情况选择使用。

基 础 模 块

教学内容	了解	理解	掌握	教学内容	了解	理解	掌握
一、绪论				(一)细胞膜的基本结构和功能			
(一)概述				1. 细胞膜的化学组成和分子结构	√		
1. 生理学研究的内容和任务	√			2. 细胞膜的跨膜物质转运功能			√
2. 生理学的研究方法	√			3. 细胞膜受体的跨膜信号转导功能	√		
3. 生理学研究的三个水平		√		(二)细胞的生物电现象			
(二)生命活动的基本特征			√	1. 静息电位			√
1. 新陈代谢			√	2. 动作电位			√
2. 兴奋性			√	(三)肌细胞的收缩功能			
3. 适应性	√			1. 横纹肌的兴奋与收缩		√	
4. 生殖	√			2. 平滑肌的兴奋与收缩	√		
(三)人体与环境				三、血液			
1. 人体与外环境	√			(一)血液的组成和理化特性			
2. 内环境与稳态			√	1. 血液的组成			√
(四)人体功能的调节				2. 血液的理化特性			√
1. 人体功能的调节方式			√	(二)血细胞生理			
2. 人体功能调节的自动控制		√		1. 红细胞生理		√	
二、细胞的基本功能				2. 白细胞生理		√	

续表

教学内容	了解	理解	掌握	教学内容	了解	理解	掌握
3. 血小板生理		✓		2. 肺通气的阻力	✓		
（三）血液凝固和纤维蛋白溶解				3. 肺通气功能的评定指标			✓
1. 血液凝固		✓		（二）气体交换			
2. 纤维蛋白溶解		✓		1. 气体交换的原理			✓
（四）血量、血型与输血				2. 气体交换过程及影响因素			
1. 血量			✓	（三）气体在血液中的运输			
2. 血型			✓	1. 气体在血液中运输的主要形式			✓
3. 输血		✓		2. 氧气的运输		✓	
四、血液循环				3. 二氧化碳的运输		✓	
（一）心脏生理				（四）呼吸运动的调节			
1. 心脏泵血过程与机制		✓		1. 中枢神经性调节	✓		
2. 心脏泵血功能的评定	✓			2. 呼吸的反射性调节		✓	
3. 影响心输出量的因素			✓	六、消化和吸收			
4. 心脏泵血功能的储备		✓		（一）概述			
5. 心音		✓		1. 消化系统的概念			
（二）心肌细胞的生物电活动及生理特性				2. 消化道平滑肌的生理特性			✓
1. 心肌细胞的生物电现象				3. 胃肠道的神经支配及其作用			✓
2. 心肌的生理特性		✓		4. 消化腺的分泌功能		✓	
3. 体表心电图			✓	（二）口腔内的消化			
（三）血管生理	✓			1. 咀嚼与吞咽		✓	
1. 各类血管的功能特点				2. 唾液及其作用		✓	
2. 血流量、血流阻力和血压		✓		（三）胃内消化			
3. 动脉血压和动脉脉搏		✓		1. 胃液及其作用			✓
4. 静脉血压和静脉血流			✓	2. 胃的运动			✓
5. 微循环		✓		（四）小肠内的消化			
6. 组织液和淋巴液的生成与回流		✓		1. 胰液及其作用			✓
（四）心血管活动的调节	✓			2. 胆汁及其作用			✓
1. 神经调节				3. 小肠液及其作用	✓		
2. 体液调节			✓	4. 小肠的运动		✓	
3. 社会心理因素对心血管活动的影响		✓		（五）大肠的功能			
（五）器官循环	✓			1. 大肠液及大肠内细菌的作用	✓		
1. 冠脉循环				2. 大肠的运动及排便	✓		
2. 肺循环			✓	（六）吸收			
3. 脑循环	✓			1. 吸收的部位和机制		✓	
五、呼吸	✓			2. 小肠内主要营养物质的吸收		✓	
（一）肺通气				（七）消化器官活动的调节			
1. 肺通气的动力				1. 神经调节			✓

续表

教学内容	教学要求			教学内容	教学要求		
	了解	理解	掌握		了解	理解	掌握
2. 体液调节				3. 肾内自身调节	✓		
3. 社会、心理因素对消化功能的调节	✓			（六）尿液及其排放			
七、能量代谢和体温	✓			1. 尿量及尿的理化特性			✓
（一）能量代谢				2. 尿的输送与储存		✓	
1. 机体能量的来源和利用			✓	3. 排尿			✓
2. 能量代谢的测定		✓		九、感觉器官的功能			
3. 影响能量代谢的因素	✓			（一）概述			
4. 基础代谢	✓			1. 感受器与感觉器官的概念			✓
（二）体温及其调节				2. 感受器的一般生理特性		✓	
1. 体温及其生理变动			✓	3. 感觉分类		✓	
2. 机体的产热和散热		✓		（二）一般感觉			
3. 体温调节		✓		1. 触、压觉		✓	
八、肾脏的排泄功能				2. 温度觉		✓	
（一）概述				3. 痛觉		✓	
1. 排泄的概念及途径			✓	（三）本体感觉			
2. 肾脏的功能		✓		1. 意识性本体感觉		✓	
3. 肾脏结构和血液循环的特征	✓			2. 非意识性本体感觉		✓	
（二）肾小球的滤过功能				（四）特殊感觉			
1. 滤过膜及其通透性			✓	1. 视觉		✓	
2. 有效滤过压			✓	2. 听觉与平衡觉		✓	
3. 影响肾小球滤过的因素			✓	3. 嗅觉		✓	
（三）肾小管和集合管的重吸收与分泌功能				4. 味觉		✓	
1. 重吸收的部位和途径		✓		（四）神经系统对躯体运动的调节			
2. 重吸收的方式		✓		1. 脊髓对躯体运动的调节			✓
3. 各段肾小管和集合管的重吸收与分泌		✓		2. 脑干对肌紧张的调节		✓	
4. 重吸收的特点			✓	3. 小脑对躯体运动的调节	✓		
5. 血浆清除率及其意义		✓		4. 基底神经节对躯体运动的调节	✓		
（四）尿液的浓缩和稀释				5. 大脑皮质对躯体运动的调节			✓
1. 尿浓缩和稀释的机制	✓			（五）神经系统对内脏活动的调节			
2. 肾髓质高渗梯度的形成和保持	✓			1. 自主神经系统的结构和功能特征		✓	
3. 尿液浓缩和稀释的过程	✓			2. 自主神经的递质及受体		✓	
4. 影响尿浓缩及稀释的因素			✓	3. 中枢对内脏活动的调节	✓		
（五）尿生成的调节				（六）脑的高级功能与脑电活动			
1. 体液调节	✓			1. 人类大脑皮质的活动特征			✓
2. 肾交感神经	✓			2. 学习与记忆	✓		

续表

教学内容	教学要求			教学内容	教学要求		
	了解	理解	掌握		了解	理解	掌握
3. 大脑皮质的电活动	√			2. 甲状旁腺素		√	
4. 觉醒与睡眠	√			3. 降钙素、维生素 D_3	√		
十、神经系统功能				（四）肾上腺			
（一）神经元活动的一般规律				1. 肾上腺皮质		√	
1. 神经元和神经纤维的功能			√	2. 肾上腺髓质		√	
2. 神经元的信息传递		√		（五）胰岛			
3. 神经递质		√		1. 胰岛素		√	
（二）反射活动的一般规律				2. 胰高糖素	√		
1. 反射和反射中枢		√		十二、生殖功能			
2. 中枢神经元的联系方式	√			（一）男性生殖			
3. 中枢兴奋传递绵特征			√	1. 睾丸的功能		√	
4. 中枢抵制	√			2. 睾丸功能的调节		√	
（三）神经系统的感觉功能				（二）女性生殖			
1. 脊髓的感觉传导功能	√			1. 卵巢的功能			√
2. 丘脑的感觉分析功能		√		2. 月经周期		√	
3. 大脑皮质的感觉分析功能			√	3. 卵巢内分泌与月经周期的调节	√		
4. 痛觉	√			4. 妊娠	√		
十一、内分泌				5. 胎盘的内分泌功能	√		
（一）概述				十三、生长发育与健康			
1. 内分泌系统与激素		√		（一）人体生长发育			
2. 激素的分类			√	1. 生长发育的概念		√	
3. 激素的作用机制		√		2. 人生各主要阶段生长发育的生理特征		√	
4. 激素作用的一般特征	√			（二）衰老			
5. 激素分泌的调控		√		1. 衰老的概念		√	
（二）下丘脑与垂体				2. 衰老的主要表现		√	
1. 下丘脑的内分泌功能	√			3. 衰老的发生机制		√	
2. 下丘脑与垂体的功能联系	√			4. 延缓衰老的途径	√		
3. 腺垂体的功能			√	5. 寿命的概念及其规律	√		
4. 神经垂体		√		（三）健康			
（三）甲状腺及甲状旁腺				1. 健康的概念			√
1. 甲状腺激素			√	2. 促进健康的途径与方法	√		

实 践 模 块

序号、单元题目（对应基础模块单元序号）	教学内容	教学要求		
		会	掌握	熟练掌握
一、神经肌肉实验	1. 刺激与反应	√		
	2. 反射弧的分析与反射时的测定		√	

续表

序号、单元题目（对应基础模块单元序号）	教学内容	教学要求		
		会	掌握	熟练掌握
二、血液实验	1. 红细胞渗透脆性试验（示教）			
	2. 红细胞沉降率的测定（示教）			
	3. 出血时间和凝血时间测定（示教）			
	4. 血液凝固及其影响因素观察	√		
	5. ABO 血型鉴定与交叉配血试验		√	
三、血液循环实验	1. 蛙心起搏点的观察	√		
	2. 期前收缩和代偿间歇	√		
	3. 蛙心灌流观察体液因素对心脏活动的影响	√		
	4. 微循环血流的观察	√		
四、血液循环实验（哺乳动物）	1. 哺乳动物动脉血压调节	√		
	2. 人体心电图描记	√		
五、呼吸系统实验	1. 呼吸运动的调节	√		
	2. 胸膜腔负压的测定	√		
	3. 肺通气功能的测定	√		
六、生命体征的测量	1. 人体心音听诊及脉搏测量			√
	2. 正常人体呼吸音的听取			√
	3. 人体动脉血压的测量			√
	4. 人体体温测量			√
七、胃肠运动与消化道平滑肌生理特性观察	1. 胃肠运动观察	√		
	2. 消化道平滑肌的生理特性的观察	√		
八、影响尿生成的因素				
九、感觉器官功能实验	1. 瞳孔对光反射和近反射	√		
	2. 视力的测定	√		
	3. 色盲检查	√		
	4. 声波的传导途径	√		
十、神经系统功能	1. 小鼠去小脑实验	√		
	2. 大脑皮质运动功能定位	√		
	3. 去大脑僵直	√		

生理学教学课时建议

内容	课时分配		
	总课时	理论	实验
1. 绪论	4	3	2
2. 细胞的基本功能	6	5	
3. 血液	6	4	2
4. 血液循环	12	8	4

续表

内容	课时分配		
	总课时	理论	实验
5. 呼吸	6	4	2
6. 消化和吸收	5	4	2
7. 能量代谢和体温	3	2	1
8. 肾脏的排泄功能	7	5	2
9. 感觉器官功能	5	3	4
10. 神经系统的功能	10	8	
11. 内分泌	6	6	
12. 生殖功能	2	2	
13. 生长发育与健康	自学		
合计	72	54	18

主要参考文献

白波. 2013. 生理学. 第7版. 北京：人民卫生出版社

白波，高明灿. 2009. 生理学. 第6版. 北京：人民卫生出版社

范少光. 2006. 人体生理学. 第3版. 北京：北京大学医学出版社

高明灿. 2012. 生理学. 第3版. 北京：科学出版社

高明灿. 2013. 生理学. 第2版. 北京：高等教育出版社

韩济生. 2009. 神经科学. 第3版. 北京：北京大学医学出版社

刘春波. 2010. 人体解剖生理学. 第2版. 北京：人民卫生出版社

刘玲爱. 2007. 生理学. 第5版. 北京：人民卫生出版社

彭波. 2009. 生理学. 北京：人民卫生出版社

彭波. 2014. 生理学. 北京：人民卫生出版社

唐四元. 2012. 生理学. 第3版. 北京：人民卫生出版社

王爱梅，丁玉琴，周裔春. 2010. 生理学. 武汉：华中科技大学出版社

王庭槐. 2008. 生理学. 第2版. 北京：高等教育出版社

姚泰. 2003. 生理学. 第6版. 北京：人民卫生出版社

姚泰. 2010. 生理学. 第2版. 北京：人民卫生出版社

朱大年. 2008. 生理学. 第7版. 北京：人民卫生出版社

朱大年，王庭槐. 2013. 生理学. 第8版. 北京：人民卫生出版社

Barrett KE, Susan MB, Boitano S, et al. 2012. Ganong's Review of Medical Physiology. 24th edition. Stamford: McGraw-Hill

John G. Nicholls, A. Robert Martin, Bruce G. Wallace, et al. 2003. Fuchs. From Neuron to Brain. 杨雄里译. 北京：科学出版社

Raymond P. Kesner, Joe L. Martinez, JR. 2007. Neurobiology of Learning and Memory. 2th edition. 北京：科学出版社